РОССИЙСКИЙ ЭТНОГРАФИЧЕСКИЙ МУЗЕЙ
КАТАЛОГ АЙНСКИХ КОЛЛЕКЦИЙ

ロシア民族学博物館所蔵アイヌ資料目録

RUSSIAN MUSEUM OF ETHNOGRAPHY
CATALOGUE OF THE AINU COLLECTIONS

2007   Tokyo

編 者：荻原　眞子、古原　敏弘、ヴァレンチーナV.ゴルバチョーヴァ
発　行：草風館　浦安市入船3－8－101　☎047－723－1688
印刷所：㈱北海道機関紙印刷所　☎011－716－6141
発行日：2007年2月25日

Составители: Шинко Огихара, Валентини В.Горбачева, Тосихиро Кохара; Издательство: Софукан; Типография: Хоккайдо Киканси-Инсацу; Дата издания: 25 февраля 2007

Edited by Shinko Ogihara, ValentinaV.Gorbachova and Toshihiro Kohara; Printed by Hokkaido Kikanshi-Insatsusho, Sapporo; Published by Sofukan, Tokyo; 25 February 2007

ISBN978-4-88323-174-4　C3639

ПРЕДИСЛОВИЕ

Эта книга итог совместной плодотворной работы сотрудников Российского этнографического музея и японских специалистов из Университета Чиба, Центра по изучению культуры айнов префектуры Хоккайдо и музеев Японии, проводившейся в рамках проекта «Айнские коллекции в собрании РЭМ» в течение 1997-1999 гг.

Российский этнографический музей хранит одну из крупнейших в мире и уникальную по своей научной значимости коллекцию по культуре айнов Хоккайдо и Сахалина, насчитывающую 2600 экспонатов и 274 фотографии. До недавнего времени она была практически неизвестна за пределами России. Эта коллекция формировалась в основном в течение 10 лет с 1902 по 1912 г, однако самые ранние экспонаты, имеющиеся в собрании, относятся к последней четверти XIX. Среди собирателей айнских коллекций РЭМ были известный ихтиолог и зоолог П.Ю.Шмидт, российский консул в Нагасаки А.Е.Олоровский, смотритель поселений Корсаковского округа П.П. Вержбинец, исследователь культуры, языка и фольклора айнов Б.О.Пилсудский. Однако основу айнского собрания РЭМ, свыше 1800 предметов, составляют коллекции, собранные в 1912 г. на Сахалине и Хоккайдо, известным знатоком культуры народов Сибири и Дальнего Востока, внештатным сотрудником музея В.Н.Васильевым.

Российский этнографический музей (РЭМ) – один из крупнейших этнографических музеев мира, был основан в 1902 году. В настоящее время его уникальные коллекции насчитывают свыше 500 тысяч экспонатов, фото - и иллюстративных материалов по культуре более чем 150 народов. К числу редких и ценных относится собрание по культуре айнов, составляющее золотой фонд Российского этнографического музея. Музейные коллекция обладают богатейшей и разнообразной информацией о народе. Они фиксируют не только определяющие черты культуры этноса в целом, но и специфические особенности отдельных его локальных групп. Это в полной мере относится и к айнской коллекции, содержащей разнообразный и многочисленный материал, характеризующий основные занятия, одежду, утварь и верования айнов Хоккайдо и Сахалина на период конца XIX - начала XX века.

Значительная часть этого коллекционного собрания до сих пор не была опубликована. Благодаря творческому сотрудничеству специалистов Российского этнографического музея и японских исследователей из Университета Чиба, Центра по изучению культуры айнов Префектуры Хоккайдо и музеев Японии, было введёно в научный оборот богатейшее собрание РЭМ по айнам. Эта совместная работа послужила своеобразным толчком для целого ряда проектов. Среди них выставки: «Островные люди айны» (Санкт-Петербург 2000г) и «Островные люди глазами России» (Саппоро, Кавасаки. 2005г.), которые прошли с заметным успехом в Санкт- Петербурге и Японии, а также публикация данной книги: « Каталог айнских коллекций Российского этнографического музея».

Мы надеемся, что настоящее издание, содержащее большой по объёму информационный и иллюстративный материал, расширит знания о самобытной культуре айнов и даст возможность показать богатство и уникальность собрания Российского этнографического музея.

Я глубоко признателен японским и российским специалистам, вложившим свой труд в подготовку этой книги.

Директор Российского этнографического музея

В.М. Грусман.

май 2006 г.   Сантк- Петербург

序

　本書は、ロシア民族学博物館研究員および日本の千葉大学、北海道立アイヌ民族文化研究センターと各博物館の専門家が1997－1999年に「ロシア民族学博物館収蔵アイヌ資料」調査プロジェクトとして実施した創造的な共同作業の成果である。

　ロシア民族学博物館は北海道、サハリンのアイヌ文化のコレクションとしては世界でもっとも大きな、学術的にも重要なコレクションを保有しており、その数は民族資料2,600点、写真資料274点を数える。近年まで、このコレクションは実際上ロシア国外では知られていなかった。このコレクションが出来たのは基本的には1902－1912年の10年間であるが、しかし、コレクションのなかでもっとも早い時期の資料は19世紀最後の四半世紀のものである。

　ロシア民族学博物館（REM）のアイヌコレクションの収集者のなかには、著名な魚類学者・動物学者のP.Yu.シュミット、在長崎ロシア領事A.E.オロロフスキー、サハリン・コルサコフ郡の監視官P.P.ヴェルジュビーネッツ、アイヌ文化・言語・フォークロアの研究者B.O.ピウスツキがいた。しかしながら、ロシア民族学博物館のアイヌコレクションの主体をなす1,800点余りの資料は、シベリア・極東諸民族文化に通暁した著名な研究者で博物館嘱託員であったV.N.ヴァシーリエフが1912年にサハリンと北海道で収集した資料である。

　世界でも有数の民族学博物館の一つであるロシア民族学博物館は、1902年に設立され、今日、所蔵する資料は150余りの民族の民族資料、写真・絵画資料など50万点以上にもなる。そのなかで貴重なコレクションに挙げられるのがアイヌ文化の収集品であり、それはロシア民族学博物館の至宝となっている。博物館のコレクションはある民族の伝統文化の研究にとってはもっとも大切な資料の一つであり、その民族についてきわめて豊富、多様な情報を与えてくれ、民族文化を全体として規定している特徴ばかりでなく、その文化の地域集団の特質をも明らかにしてくれる。このことはREMのアイヌコレクションについて完璧に当てはまることである。すなわち、このコレクションは多岐にわたる、しかも数多くの資料を擁しており、それによって19世紀末～20世紀初頭の北海道やサハリンのアイヌの基本的な生業、衣服、生活用具、信仰の特徴が明らかにすることができる。

　このコレクションの大部分はこれまで公にされていない。ロシア民族学博物館の研究員と日本の千葉大学、北海道立アイヌ民族文化研究センター、諸博物館の研究員との創造的な共同研究によってREMの豊かなアイヌ文化資料が学術的に紹介される運びとなった。また、この共同研究はその後の一連のプロジェクトに重要なきっかけを与えることになった。すなわち、サンクト・ペテルブルグや日本の都市で大好評を博した展覧会「島の人々－アイヌ』（サンクト・ペテルブルグ　2000年）、「ロシアの眼に映った島の人々」（札幌市、川崎市　2005年）の開催、それに、本書『ロシア民族学博物館所蔵アイヌ資料目録』の刊行である。

　本書には膨大な情報と写真資料が収録されており、それによってアイヌの固有の文化についての知見が広められ、また、ロシア民族学博物館の豊富で特徴ある収蔵品が披瀝できるものと私共は期待している。

　本書の出版に尽力された日本側とロシア側の研究者たちに深く感謝したい。

ロシア民族学博物館館長
V.M.グルースマン

　2006年5月　サンクト・ペテルブルグ

Вступление

Каталог айнских коллекций в Российского Этнографического Музея составлен по итогам исследования, проведенного японско-российской совместной группой. Проект был осуществлен в 1997-1999 на пособие по научной работе (КАКЭНХИ) Министерства просвещения и наук Японии.

Японско-российкая группа совместного исследования айнских коллекций работала в музеях городов Санкт-Перетбурга, Омска, Южно-Сахалинска, Хабаровска и Владивостока, где проводилось документирование и фотографирование каждого предмета. В результате совместной работы удалось издать каталог, «Айнские коллекции Музея антропологии и этнографии им. Петра Великого (Кунсткамера) Российской Академии Наук»(1998, Токио). Данный выпускается как вторая публикация по нашему проекту.

Благодарность

Работа по исследованию айнских коллекций в Российском Этнографическом Музее проводилась каждым летом трех года, в течение которых российской стороной оказывалась всевозможная помощь и предлагались необходимые условия для работы. Наша успешная и плодотворная работа обязана всем сотрудникам РЭМ, их теплому приему и вниманию. Нам хотелось бы принести сердечную благодарность директору Музея Владимиру М. Грусману, Валентине В.Горбачевой, Ирине А. Карапетовой и Татьяне Ю.Сем.

Мы приносим также благодарность бывшим стажоркам в Чиба университете: Зине Янковой, Наталияи Неустороевой и Елене Рыбиной, за их помощь в подготовке русских текстов.

Мы выражаем сердечную признательность и покойному Шогоро Дайдодзи, президенту Банка Мичиноку, за его теплую поддержку.

май 2006 г.

Чиба Университет, Профессор
Шинко Огихара

緒言

　本書はロシアのサンクト・ペテルブルグにある「ロシア民族学博物館」に所蔵されているアイヌ民族資料の調査にもとづいて、その全容を網羅したものである。この調査は1997～1999年度文部科学省科学研究費補助金「第2次在ペテルブルグ博物館アイヌ資料の民族学的研究」（課題番号 09041008、研究代表者 荻原眞子）として、日本・ロシア共同研究班によって行われた。

　私共ロシア・アイヌ民族資料調査団は1995－2001年にサンクト・ペテルブルグをはじめオムスク、ユジュノ・サハリンスク、ハバロフスク、ウラジオストクの博物館において所蔵されているアイヌ民族資料を調査・記録し、その成果を「カタログ」として出版し、ロシア側の協力と関心に応えるとともに、アイヌおよびアイヌ文化研究に寄与するために広く一般に情報を公開することを目的とした。本書は「ロシア科学アカデミー人類学民族学博物館所蔵アイヌ資料目録」（1977年）につづく第2冊目である。

謝辞

　「ロシア民族学博物館」における調査は3夏に及んだが、ロシア側の共同研究者に終始一貫して誠意と熱意をもって協力態勢を整えていただき、共同調査の作業はたいへん友好的に運び、学問的にも相互に利するところ大であった。V.M.グルースマン館長をはじめ、長期にわたる作業を共にしてくださったV.ゴルバチョーヴァ、I.カラペートヴァ、T.セム諸氏、私共の共同作業を温かく支えてくださった館員の方々に篤くお礼を申しあげたい。ほぼ一世紀前のアイヌ民族資料が今ここに日本とロシアの研究者の間に固い絆をつくりだすきっかけを与えてくれた奇しき因縁に想いを深くする。

　本書の編集に当たり、資料のロシア語入力・翻訳には千葉大学の留学生であった、ジーナ・ヤンコーヴァ、ナターリア・ネウストロエヴァ、エレーナ・ルィビナ氏のお手伝いを頂いた。記して謝意を表したい。みちのく銀行会長故大道寺小五郎氏には本調査について温かなご理解とご支援を賜った。ここに篤く感謝申しあげる。
　2006年5月

研究代表者　千葉大学文学部
荻原　眞子

Preface

　The catalogue covers the whole collections of Ainu culture in the Russian Museum of Ethnography (REM), St.-Petersburg. It is based on the result of joint research by Japanese-Russian group. The working group carried the research in 1997–1999 by Grant-in-Aid for Scientific Research of KAKENHI, Japan Society for the Promotion of Science (JAPS).

　We the Japanese group with the Russian museum-fellows had three projects in 1995–2001. We intended to make clear the Ainu collections that had been kept deep in the museums in Russia and not known to us. The first project was materialised in Peter the Great Museum of Anthropology and Ethnography, Russian Academy of Sciences, in 1995–1997. The result is reflected in the publication *"Ainu collections of Peter the Great Museum of Anthropology and Ethnography, Russian Academy of Sciences, Catalogue"* (1997,Tokyo). The second project was with the Russian Museum of Ethnography, where the joint group worked in 1997–1999. And the third project was held in the museums in Omsk, Khavalovsk, Vladivostok and Yuzhno-Sakhalinsk in 2000–2001.

　We hope that the research presented in this catalogue will help many to know and understand much more about the Ainu culture and contribute to the further existence of some of the tradition of the Ainu culture.
　May 2006

Shinko Ogihara
Professor, Chiba university

СОДЕРЖАНИЕ

Группа СПб-Айну Проекта

Предисловие

Вступление

Ⅰ Айнские коллекции в России ······11

Ⅱ Айнские коллекции в Российском этнографическом музее ······39

Ⅲ Характеристика айнских предметов
   1. Орудия труда и промыслов в системе жизнеобеспечения айнов ······85
   2. Одежда и украшения айнов ······93
   3. Утварь для хранения и употребления пищи. Табакокурение ······105
   4. Жилище, предметы убранства и утварь. ······109
   5. Средства передвижения и приспособления для переноски грузов ······115
   6. ритуальные и культовые предметы
      A. *пасуй/икуниси* и обряда проводов ······121
      B. *Инау* ······127
   7. Семиотика ритуальных предметов айнов в коллекции
      Российского этнографического музея ······135

Иллюстрация ······143

Фотография ······383

目　次

SPb-アイヌプロジェクト・調査団

序

緒言

Ⅰ　ロシアのアイヌコレクションについて ······23
Ⅱ　ロシア民族学博物館のアイヌコレクション ······57
Ⅲ　アイヌコレクションについて
  1．生業に関わる資料 ······90
  2．衣服と服飾品 ······99
  3．食に関わる資料 ······107
  4．住居に関わる資料 ······112
  5．移動手段・運搬具、履物 ······118
  6．儀礼・信仰に関わる資料
    A．パスイ・イクニシと送り儀礼に関する資料 ······125
    B．イナウ ······131
  7．REMコレクション　アイヌの儀礼用具意味論 ······140

図　版 ······143

写真資料 ······383

CONTENTS

Preface

Introduction

I　Ainu collections in Russia ·· 30

II　Ainu collections in the Russian Museum of Ethnography ································ 68

Plate ···143

Photograph ··383

Группа по СПб-Айну Проеку
SPb-アイヌ民族資料調査団
Group of St.-Peterburg Ainu Research Project

Valentina V.Gorbachova(REM)	Валентина В.Горбачёва (РЭМ)
Irina A.Karapetova(REM)	Ирина А.Карапетова (РЭМ)
Tatiana Yu.Sem(REM)	Татьяна Ю.Сем (РЭМ)

DERIHA Koji(Historical Museum of Hokkaido)	出利葉浩司（北海道開拓記念館）
FUKUSHI Hiroshi(Rumoi city Board of Education)	福士　廣志（留萌市教育委員会）
HASEBE Kazuhiro(Hakodate City Museum)	長谷部一弘（市立函館博物館）
KODAMA Mari(The Ainu Museum)	児玉　マリ（アイヌ民族博物館）
KOHARA Toshihiro(Hokkaido Ainu Culture Research Center)	古原　敏弘（北海道立アイヌ民族文化研究センター）
KOIZUMI Ken(formaly student at Moscow University)	小泉　健（前モスクワ大学）
KOTANI Yoshinobu(formaly Nagoya University)	小谷　凱宣（前名古屋大学）
MURAKI Miyuki(The Ainu Museum)	村木　美幸（アイヌ民族博物館）
OGAWA Kumiko(Pushkin State Russian Language Institute)	小川久美子（前国立プーシキン記念ロシア語大学）
OGIHARA Shinko(Chiba university)	荻原　眞子（千葉大学）
OOTANI Youichi(Hokkaido Ainu Culture Research Center)	大谷　洋一（北海道立アイヌ民族文化研究センター）
SASAKI Toshikazu(National Museum of Ethnology)	佐々木利和（国立民族学博物館）
SUZUKI Kuniteru(Nayoro Kitaguni Museum)	鈴木　邦輝（名寄市北国博物館）
TAMURA Masato(Historical Museum of Hokkaido)	田村　将人（北海道開拓記念館）
UCHIDA Yuichi(Obihiro Centenary Museum)	内田　祐一（帯広百年記念館）
YABUNAKA Takeshi(Shinhidaka shizunai Regional Museum)	藪中　剛司（新ひだか町静内郷土館）
YOSHIDA Atsushi(Chiba University)	吉田　睦（千葉大学）

［所属は現職　belonging is at present］

本書の刊行は独立行政法人日本学術振興会の平成18年度科学研究費補助金（研究成果公開促進費）（課題番号185155）により実現した。

Каталог издан на средства Гранта публикации научных исследовательских результатов,КАКЭНХИ, Общества для Продвижения Наук Японии

The catalogue is published by Grant-in-Aid for Publication of Scientific Research Results of KAKENHI, Japan Society for the Promotion of Science (JAPS).

I Айнские коллекции в России

ロシアのアイヌコレクションについて

Ainu Collections in Russia

Айнские коллекции в России

Огихара Шинко, Кохара Тосихиро

С середины 1980х годов начался новый этап в области изучения культуры айнского народа. Это исследование айнских собраний хранящихся за пределами Японии: в музеях и научных учреждениях Европы и Америки. Первым событием в этом новом направлении айноведения была случайная находка восковых цилиндров, записанных Б.Пилсудским у айнов (и других народов) на о.Сахалин. Это было началом ряда последовательных международных совместных проектов по изучению работы В.О.Пилусудского: международные симпозиумы, многочисленные публикации, и, можно добавить, даже открытие Института наследия Бронислава Пилсудкого при Сахалинском государственном областном краеведческом музее. Почти одновременно с этим историческим памятным событием, в 1983-1985 был затеян проект по изучению айнских коллекций в Европе. Совместная немецко-японская группа под руководством профессора Боннского университета, доктора Иозефа Крейнера проводила исследование более чем в двадцати музеях Западной Европы, в результате чего было выяснено, что в целом в европейских музеях имеется примерно шесть тысяч предметов по культуре айнов. Самые крупные коллекции хранятся в немецких музеях в городах Берлин, Бонн и Лейпциг. Этот факт оказался сенсацией для японских специалистов, у которых до тех пор не было представления о том, чтобы айнские коллекции являлись равно как «*укиё–э*» на Западе.

Вскоре после этого подобные исследования были проведены в Северной Америке международным проектом под руководством профессора Йосинобу Котани из университета Нагоя (в то время). Японско-американская рабочая группа осуществляла исследования с 1990 по 1996г. в Канаде и США. Она выяснила факт, что в американских музеях и научных учреждениях имеется около пяти тысяч айнских предметов. В процессе работы проф. Котани обращал особое внимание на документы, записки и корреспонденции, составленные собирателями, главным образом, антропологами. Параллельно с этой работой велось изучение айнских собраний в России совместной японско-российской группой под руководством автора этой статьи.

В течение семи лет с 1995 по 2001 г. эта совместная группа осуществила три проекта по исследованию айнских коллекций в шести музеях России, а именно; в 1995-1996 гг. в Музее антропологии и этнографии им. Петра Великого (Кунсткамера) РАН, в 1997-1999 гг. в Российском этнографическом музее; в 2000-2001 гг. в Омском музее изобразительных искусств им. Врубеля; в Сахалинском государственном областном краеведческом музее г. Южно-Сахалинск; в Хабаровском краевом краеведческом музее им Н.И.Гродекова и Приморском государственном объединенном музее им. В.А.Арсеньева во Владивостоке. В этих музеях нашему непосредственному осмотрению подверглись примерно 4,500 айнских экспонатов. Работа эта может быть охарактеризована как попредметной «документацией», которая состояла в проверке описи экспоната, описании размеры, свойств и фиксировании фотоаппаратом. Айнские коллекции в

России в общем со своими некоторыми особенностями отличаются научной ценностью в сравнении с коллекциями других стран, не говоря о Японии, о чем будет изложено ниже.

Общее представление айнских коллекций музеев России

1. Музей антропологии и этнографии им. Петра Великого (Кунсткамера) РАН

Согласно документам айнский фонд МАЭ состоит из 25 коллекций, насчитывающих примерно 1890 предметов. Однако нашей совместной группе удалось проверять 27 коллекций, 1,400 предметов. Эта разница объясняется следующим: во-первых, часть экспонатов в описи с указанием «о», что означает «отсутствует», во-вторых, предметы с указание «Д» в описи нам не удалось посмотреть из-за недоступности к этому «Д» хранилищу; в-третьих, немало предметов с указанием «Л» не было на месте; они были отправлены в обмен в Этнографический музей в Лейпциг, Германии; в-четвертых, один предмет с указанием «В» также отправлен в Этнографический музей в Вене; в-пятых, одна коллекция (но.4974) оказалась археологическими находками, доставленными из кладбища, к тому же, предметы находились не в состоянии для осмотра. Наконец, в процессе работы были обнаружены некоторые экспонаты, которые не было заф иксированы в описи.

В 1996 г. после работы в МАЭ японская группа в свою очередь отправилась в Лейпциг, где в Музее этнографии занималась изучением тех предметов, которые были переданы по обмену из Кунсткамеры. Все предметы в Лейпциге были избраны из трёх крупнейших коллекций в Кунсткамере, т.е. В.О.Пилсудского (Колл.№ 700, 829), совместного собрания Пилсудским с В.Серошевским на Хоккайдо (Колл.№ 839). Однако в Музее этнографии в Лейпциге нам удалось идентифицировать лишь 50 предметов из 109, указанных в описи МАЭ.

Таб.1

Айнские коллекции в Музее Антропологии и Этнографии им. Петра Великого (Кунсткамера) МАЭ РАН

Данные основаны на описи МАЭ, кроме предполагаемого «года**».

год* указывает время регистрации или приобретения экспонатов музеем

год** фактического сбора

колл.№.	объект	год*	год**	собиратель	место сбора
820	13	—	до 1747	Кунсткамера	Курильские о.
4685	3	1894-95	1806-07	Г.И.Давыдов	Сахалин
810	4	1826	—	Адмиралтейский департамент	Курильские о.
809	24	1840е	1839	И. Г.Вознесенский	Курильские о.
615	1	1868	—	Русское геогр. общество	Сахалин
178	2	1888	1853-57	Л.И.Шренк	Амур
733	1	—	1854-55	M.A.Maak	Сахалин
811	27	1879	1879-80	А.В.Григорьев	Сахалин
345	32	1897	1879-80	А. В.Григорьев	Сахалин
138	3	1882	1880-82	П.С.Поляков	Сахалин
1052	9	1880е	1880-82	П.С.Поляков	южн.Сахалин

202	22	1890	—	П.И.Супрненко		Сахалин
209		1891		П.И.Супруненко		Сахалин
629	1	1891	—	Русское геогр.общество		северо-вост.Азии
482	2	1899	—	К.Н.Посьет		Сахалин, о.Алеутские
656	14	1902	—	Л.Я.Штернберг		Сахалин, Приамурск. Край
700	350	1903	1902-05	Б.Пилсудский		Сахалин
837	15	1904	1902-05	Б.Пилсудский.		Сахалин
839	374	1904	1903	Б.Пилсудский, В.Л.Серошевский		Езо
829	241	1906	1902-05	Б.Пилсудский		Сахалин
1039	1	1906	1902-05	Б.Пилсудский		Сахалин
3125	15	1925	1903-05	Б.Пилсудский		Сахалин
2803	12	1914	—	Б.Пилсудский		Сахалин
4974	10	1947	1947	И.П.Лавров, М.Г.Левин		Сахалин
4375	1	—	—			—
1802	2 шт.	(картина: портрет айнки)	фабрика императорск. фарфора			
1928	1шт.	(картина: портрет айна)				

1,189 предметов

2. Российский Этнографический Музей (РЭМ)

Российский этнографический музей владеет самым крупным из собраний культуры народа айнов не только в России, но, несомненно, и в мире. Основу его составляют коллекции, собранные П.Ю.Шмидтом, В.Н.Васильевым, Б.О.Пилсудским и др. А среди собирателей коллекцией РЭМ особое место занимает Виктор Николаевич Васильев, который был отправлен в Японию в 1912 г. с целью специально собрать экспонаты у айнов для новооткрытого в 1902 году этнографического отдела Русского музея имени Императора Александра III. Прибывший в Японию, В.Н.Васильев из Хоккайдо сразу переплавал на о. Сахалин. Там он объездил всего 15 пунктов проживания айнов и занимался интенсивным сбором экспонатов : 10 на восточном берегу, два на западном, а три внутри острова на востоке. После удачной экспедиции Васильев возвратился на Хоккайдо, где в селении Пиратори ему удалось приобрести богатство экспонатов за несколько дней. Экспедиция В.Н.Васильева была осуществлена за три летних месяца, но, несмотря на столь короткий срок работы, его сборы охватывают всесторонние сферы жизни и культуры айнского народа. Им было приобретено для музея свыше 1800 предметов, насчитывающих 17 коллекцией из общего 22, что составляет главный корпус айнских коллекций РЭМ.

В коллекциях РЭМ две с номерами 8761 и 8762 являются нечто гетерогенными по происхождению. Они под общим названием как «Коллекции московского Государственного музея народов СССР» (подробность см. «II Айнские коллекции в Российском этнографическом музее») и насчитывают двести с лишним экспонатов. Продолжительным изучением выяснился интересный факт, что среди них есть сборы Б.Пилсудского, А.Е. Олоровского, и П.П.Вержбинца и даже удалось подбирать экспонаты отдельного из этих собирателей. Оказывается, что названия в описи были даны самыми собирателями, включая и айнские.

Собрание РЭМ насчитывает всего 22 коллекции, составляющейся из примерно 2600 предметов. А кроме этнографических материалов в музее хранятся ценные фотоколлекции В.Н.Васильева, Б.Пилсудского и др. Их около 274 снимков.

Основываясь на результате совместного исследования коллекций, в мае 2001 г. в РЭМ была открыта выставка «Островые люди - айны», где экспонировалась лишь часть музейного собрания, однако она с достаточной полнотой отразила культуру айнов начала XX века. В основном та же самая выставка состоялась в двух городах в Японии в 2005 г. Многозначно, что эта первая «демонстрация» для айнских коллекций РЭМ за ребежом осуществилась именно в Японии. И многие потомки создателей тех экспонатов познакомились с наследием своих предков.

Таб.2 Айнские коллекции в Российском Этнографическом Музее (РЭМ)

а) Этнографические материалы

колл.№		предмет год сбора	собиратель	место сбора
64	33	1902(регистрации)	П.Ю.Шмидт	Сахалин
2806	101	1912	В.Н.Васильев	Сахалин
2807	60	1912	В.Н.Васильев	Иезо, Сахалин
2808	29	1912	В.Н.Васильев	Сахалин
2809	15	1912	В.Н.Васильев	Сахалин
2810	85	1912	В.Н.Васильев	Сахалин
2811	57	1912	В.Н.Васильев	Иезо
2812	186	1912	В.Н.Васильев	Сахалин
2813	102	1912	В.Н.Васильев	Иезо
2814	63	1912	В.Н.Васильев	Иезо
2815	70	1912	В.Н.Васильев	Сахалин
2816	107	1912	В.Н.Васильев	Сахалин
2817	101	1912	В.Н.Васильев	Иезо
3006	63	1912	В.Н.Васильев	Иезо, Сахалин
4926	127	1912	В.Н.Васильев	Иезо, Сахалин
5102	296	1913	В.Н.Васильев	Иезо, Сахалин
5110	271	1913	В.Н.Васильев	Иезо, Сахалин
6756	86	1913	В.Н.Васильев	Иезо, Сахалин
6831	7	(сборная коллекция)		
6957	1	(сборная коллекция музыкальных инструментов, собиратель неизвестен)		
8761	150	(Коллекции Олоровского, Лопатина, Вержбинца, Пилсудского)*		
8762	61	(Коллекции Олоровского, Лопатина, Вержбинца, Пилсудского)*		

в общем 22 кол.

* место и год сбра Пилсудского: 1910, Сару, Хоккайдо; А.Е.Олоровского: 1877, Сахалин; П.Г.Вержбинца: 1902, южный Сахалин; И.А.Лопатина: 1867, Сахалин.

б) Фотоколлекци

колл.№.	фотографии	год	собиратель	место сбора
2448	120	1909(приобретено)	Б.Пилсудский	Сахалин
2584	35	1912	В.Н.Васильев	Сахалин
2611	76	1912	В.Н.Васильев	Сахалин
2625	20	1912	В.Н.Васильев	Сахалин
2626	8	1912	В.Н.Васильев	Япония
8764	6	1868	Г.Гарязин	Сахалин
105429	9	1884	Н.Н.Андреев	Мацмай(ошибка: Хоккайдо)

Всего   7 кол.   274 фотографий

3. Омский музей изобразительных искусств им. М.А. Врубеля

Айнская коллекция Омского музея Изобразительных искусств была доставлена перед рабочей группой случайно, и она, можно сказать, была самым сюрпризом для рабочей группы в целом ряде исследований айнских коллекций в России. Эта коллекция, состоящая из 12 акварелей, была до тех пор не известна никому и даже ничего не было ясно, что это за картины. А на деле те акварельные картины оказались т. н. «*айну-э*», («э» значит рисунки, картины), специфический жанр рисунков, которые изображают разные моменты и сцены из жизни айнов, выполненные в манере *укиё-э*.

Акварели были подлинными творчествами одного из самых известных художников «*айну-э*» - Хирасава Бёзан (1822-1876). Это подтвердилось его собственной печатью, поставленной на работах. История как эти работы попали на руки коллектора академика Михаила Лавренко, геоботаника, не ясна. Только известно, что, видимо, М.Лавренко приобрел их в одном букинистическом магазине Ленинграда в 1949 г. В 1984 эта оригинальная коллекция была передана в музей супругой покойного академика.

Таб. 3 Сюжеты картин «*айну-э*» художника Хирасава Бёзана

(В скобках   дается более конкретное описание, сделанное японскими специалистами).

1. КР8771-Гз3692   жанровая   сцена   (танец «*танкал*» после окончания провода медведя)
2. КР8772-Гз3693   ловля рыбы   с   зажженным факелом.
3. КР8773-Гз3694   исцеление   больных   (принудительная прививка от оспы)
4. КР8774-Гз3695   охота на медведя зимой (вытаскивание убитого медведя из берлоги)
5. КР8775-Гз3696   охота на косулей
6. КР8776-Гз3697   казнь (акварель,   изображающая японцев)
7. КР8777-Гз3698   ритуальная   встреча   с   князем   Мацумаэ   «*уймам*»
8. КР8778-Гз3699   трапеза с медведем (обряд проводов медведя)
9. КР8779-Гз3700   охота на медведя,   повредившего   лошадь
10. КР8780-Гз3701   жанровая сцена   (почетный визит князя   Мацумаэ   «*омша*»)
11. КР8781-Гз3702   ловля трубачаа - «*цубу*»   острогой
12. КР8782-Гз3703   у кост ра на берегу моря (в ожидании прибытия гостей – японских чиновников)

Сюжеты картин разнообразны: охота на медведя, косули; ловля морских моллюсков, ночная ловля рыбы с факелом; разные моменты из обряда медвежьего провода; сцены официальных церемоний в замке местной феодальной власти Мацумаэ на о. Эзо; и, наконец, исключительный образец, отражающий казнь у японцев. Эта последняя тема картины сама собой оригинальна, что дает возможность в дальнейшем переоценивать творческую жизнь художника Бёзан, у которого, может быть, была интересованность шире, чем нам предполагалось.

4. Хабаровский краевой краеведческий музей им.Н.И.Гродекова

В Хабаровском краевом краеведческом музее имеется небольшая коллекция айнских предметов. Дата приобретения отсутствует. Исследовательская группа могла подтвердить, сопоставляя с экспонатами, лишь некоторых собирателей, как С.Н.Таскина и венгерского этнографа Б.Варатос.

Среди экспонатов особое внимание привлекли халат из волокон луба, который связан с именем Варатос и две деревянные с резьбой катушки, которые были приобретены А.Н.Липским у нанайцев Приамурья.

Таб. 4 Айнские коллекции в Хабаровском краевом краеведческом музее

колл.№	предмет	год	собиратель	место
1176	1	1873	—	—
2349	1	1894	Таскин С.Н.	—
2428	1	1909	Таскин С.Н.	—
7401	1	1913	Баратос В.	—
266	2	1913	—	—
282	2	1928	Баратос В.	—
10187	6	1950(?)	Музей	—
235	5	—	—	—
8083	2	1925(?)	—	—

всего   22 предметов

5. Приморский Государственный объединенный музей им.В.К.Арсеньева

Айнские коллекции в Приморком государственном объединенном музее им.В.К.Арсеньева в г. Владивосток хранятся с данными сбора. Экспонаты были собраны в конце 19-го в начале 20-го века на Сахалине. По описи видно, что некоторые экспонаты были отданы в Сахалинский областной краеведческий музей в обмен. Айнские коллекции в музее им.Арсеньева состоит из 10 коллекций, насчитывающих предметов 70.

Таб. 5 Айнские коллекции в Музее им. В.А.Арсеньева

колл.№	предмет	год	собиратель	место сбора
2433	6	1885	Семенов Я.Л.	Сахалин, Маука
829	8	1888	Тропин Н.В.	Сахалин, Корсаков
1107	3	1898	Кропоткин Л.А.	Сахалин
2137	4	1899	Кириллов Н.В.	Сахалин
916	1	1899	Неприлов	Сахалин
2183	3	1901	Ошаров А.Е.	Сахалин
904	27	1903	Пилсудский Б.О.	Сахалин
2131 1	3	1904	Пилсудский Б.О.	Сахалин
3031/14523	2(Фотография)	1904-05		Сахалин
526	2(Неизвестно)	—		Сахалин, Маука
Всего	72 предметов			

6. Сахалинский областной краеведческий музей

До второй мировой войны, когда остров Сахалин находился под японским протекторатом, музей назывался «Карафуто-чо музей» т.е. Музей губернии Карафуто (Сахалин). После войны в 1946 г. музей заново открылся под названием «Государственный областной музей Южно-Сахалинска», наследуя коллекции предыдущего музея. Сейчас экспонаты музея составляют из несколько коллекций, именно: a) Карафуто-чо музея; b) послевоенных сборов музея, c) поступления 1959 г. из музея им. В.К.Арсеньева г. Владивостока ; d) сборов В.А.Жеребцова и e) японского археолога Осаму Баба.

Экспонаты, собранные при губернии Карафуто, являются самой крупной коллекцией в музее, но к нашему большому сожалению, они абсолютно лишены данных, которые разъясняли бы их происхождение. Среди коллекций переданных из музея им.Арсеньева находятся и сборы Б.Пилсудского. Более оригинальные материалы принадлежат В.А.Жеребцову (1921-1984), который с 1945 г. работал заместителем директора музея, а позже - директром. Жеребцов, владевший японским языком, близко общался с японскими сотрудниками музея - Тосио Ямамото, директором Карафуто-чо музея, врачом-айноведом Бундзиро Вада и другими. В 1948 Жеребцов совершил объезд тех мест на острове, где еще остались айны (их было около ста человек) после эвакуации айнов в Японию на Хоккайдо. В поездке Жеребцова сопровождал фотограф И.С.Квач, который снимал сахалинских айнов перед самым их отъездом на Хоккайдо.

Фотографии Квача представляют собой ценнейшие свидетельства о последних страницах народной истории айнов, поскольку на них зафиксированы последние моменты жизни айнов на о.Сахалин, - ныне уже потерянной родине. Айны на о. Сахалин как этническая группа, перестали существовать.

Таб. 6 Айнские коллекции в Сахалинском областном краеведческом музее

колл.№	предмет	год	Собиратель	место
1860	1	1889	Н.В.Тропин	Сахалин
1287	9	1899	Н.В.Кирилов	Сахалин
1828	4	1899	Б.О.Пилсудский	Сахалин
1840	1	1901	А.Е.Ошаров	Сахалин
1308	8	1903	Б.О.Пилсудский	Сахалин
1824	58	1904	Б.О.Пилсудский	Сахалин
1846	1	1905	Б.О.Пилсудский	Сахалин
6062-4	3	1937	О.Баба	Сахалин
39	241	до 1945	Карафуто-чо музей	
5033	1	1946	—	—
2270	140	1948	Б.А.Жеребцов	Сахалин

в общем   467 предметов

Характеристики айнских коллекций в России
а) Итоги

В целом японско-русская группа совместными исследованиями в шести музеях России непосредственно изучила примерно 4500 предметов по культуре айнов. А это не является результатом т.н. «исчерпающего» исследования. В действительности количесво экспонатов может быть больше, потому что некоторые части музейных экспонатов, в частности, в Музее антропологии и этнографии им. Петра Великого (МАЭ) не проходили исследование по объективным причинам. За то были и новые находки в результате энтузиазма сотрудников музея, и прибавлены заново в список фонда экспонаты, которые были либо вне регистрации описи, либо в «заблуждении» в иных коллекциях или полках фонда.

Таб. 7 Айнские коллекции в России

Музей	кол-во номеров	кол-во предметов
МАЭ	27	1,400
РЭМ	22	2,577
Музей г. Омск	1	12
Музей г. Хабаровска	-	24
Музей г.Владивосток	15	71
Музей г. Южно-Сахалинска	-	462
Всего		4,546
РЭМ фото	7	274
СОКМ фото	1	

Среди таких неожиданно найденных коллекций надо подчеркнуть особенной значимости акварели «*айну-э*» в хранении Омского музея изобразительных искусств им. М.А.Врубеля. Эта коллекция работы японского художника Хирасава Бёзан несомненно обогащала фундаментальными материалами для изучения этого японского художества.

Итоги коллекций, проходивших тщательное непосредственное изучение совместной группой, ниже показаны. Что касается фотоколлекций, то исследовательской группе удалось познакомиться с ними только в Российском этнографическом музее и Сахалинском областном краеведческом музее.

б) Годы сбора

Айнские коллекции, хранящиеся в Российских музеях, охватывают период с 19 по середину 20 в. Самые ранние коллекции имеются в Музей антропологии и этнографии им. Петра Великого Академии Наук (МАЭ). Они были приобретены на Курильских островах в первые годы 19в. и доставлены позже в музей. Хотя не имеется собственных данных, одна исключительно ранняя коллекция в МАЭ может датироваться началом 18 в. Об этой коллекции в описи сказано «1747 г. из Кунсткамера». Это объясняется тем, что экспонаты, спасенные от пожара Кунсткамеры в 1747 г., были переданы в МАЭ. Этот факт позволяет предположить, что те экспонаты собирания на курильских островах уже находились во владении Кунсткамерой уже при ее создании в 1714 г.

Самые поздние по времени поступления относятся к 40ым годам 20 в. после того, как в результате Второй мировой войны остров был передан во власть Советского Союза. Одна из них – коллекция (№ 4974 МАЭ) была собрана М.Г.Левиным и И.П.Лавровым, которые были в составе амурско-сахалинской антрополого-этнографической экспедиции под руководством антрополога Н.П.Дебец. Но экспонаты были в основном подъёмными материалами из могил, и не в состоянии чтобы потерпеть непосредственный осмотр. Эта коллекция была исключена из совместной исследовательской работы. Другая послевоенная коллекция находится в Сахалинском областном краеведческом музее. Экспонаты были приобретены Б.А.Жеребцовым, зам-директром государственного музея в Южно-Сахалинске (нынешнего Сахалинского областного музея).

Таким образом более продолжительное время сбора охватывают коллекции МАЭ: коллекции разбросаны в разные годы в течение полутора века. В этом отношении коллекции в остальных музеях были собраны в принципе в последние годы 19 и в начале 20 в. Кстати говоря, сбор В.Н.Васильева может отметить особенно, когда в 1912 г. на Хоккайдо и о.Сахалин и успешно собрал громадное количество экспонатов за лето.

в) Место сбора

Исторически айны проживали в трех территориях: на Курильских островах, на о. Сахалин и на Хоккайдо. В МАЭ имеются три коллекции (Колл.№ 820,809,810) с Курильских островов. Одна из этих коллекций (Колл.№ 820), первоначально принадлежавшая музею «Кунсткамера», включает некоторые уникальные вещи, такие, как колчан и два хлопчатобумажных халата. Вторая (Колл.№

810), имеющая в себе трубки и халаты, была передана из Адмиралтейского департамента. Третья (Колл.№ 809), поступившая в музей от И.Г.Вознесенского, служившего в Русско-Американской кампании, содержит, наряду с луком и стрелой, три макета морского корабля и лодок - долбленок. К сожалению, никто из собирателей коллекций не оставил сведений о том, на каком из островов курильской гряды приобрели экспонаты. Однако же все эти коллекции курильских айнов имеют в настоящее время, когда на свете уже не стало этой народности, особенно ценные сведения об их культуре, их деятельности на северных морях, их средствах передвижения и общении с народами окружающих районов.

Этнографические материалы по курильским айнам имеются только в МАЭ, и больше нигде в других музеях в России, как стало известным рабочей группе проекта. Что касается других стран, то в немногочисленых музеях в Японии хранятся эспонаты курильских айнов, и отдельные образцы в музеях Европы и северной Америки [Kotani, Ogihara: 2004].

Можно сказать, преобладающую часть экспонатов в музеях в России, где совместная группа проекта работала, занимают те от айнов о.Сахалин, который под японской властью назывался *Карафуто*. Коллекции сахалинских айнов имеются во всех музеях России, кроме Омского музея изобразительных искусств им. М.А.Брубеля. В этом-то есть отличие российских коллекций в сравнение с музейными коллекциями в странах западной Европы и северной Америки, где вообще больше имеется экспонатов с Хоккайдо.

Экспонаты с Хоккайдо можно найти только в МАЭ и РЭМ в Санкт-Петербурге, а их нет в музеях Дальнего Востока. Особое внимание следует обратить на коллекцию Колл.№ 839 МАЭ, которая была собрана Б.Пилсудским вместе с В.Серошевским на Хоккайдо в 1903г. Также с Хоккайдо собрана крупнейшая коллекция в хранении РЭМ (около 800 предметов) В.Н.Васильевым в 1912 г., которая была приобретена в с.Пиратори в Хидака.

Как было отмечено выше, коллекции по сахалинским айнам имеются во всех вышеперечисленных музеях России и составляют основной корпус фондов, что, следовательно, дает возможность реконструировать более полный этнографический обзор материальной культуры айнов на Сахалине, что еще изучено слабо.

г) Значение коллекций в музеях России

В принципе айнские коллкции в российских музеях охватывают все сферы жизни этого народа в разных локальностях. Коллекции более или менее сопровождены сведениями о времени, месте сбора, собирателе, и нередко бывают с лингвистическими данными, т.е. айнским названием. Это считается фактором особого значения. В часности, надо отметить, что прямо на предметах коллекций В.Пилусудского часто бывали записаны айнские названия самым собирателем. Хотя было не легко расшифровать уже неясные почерки из-за течения большого времени после сбора, но те айнские слова тем не менее прибавляли запас слов сахалинского айнского, говорящих на этом диалекте нынче уже почти не стало.

Уникальной являлась коллекция акварелей Омского музея изобразительных искусств им. М.А.Врубеля. Она состоится из 12 картин «*айну-э*» работы художника Хираса(фамилия) Бёзан(имя). Это была буквально крупнейшим открытием во всем процессе совместной работы в музеях

России.

С одной стороны это правда, что картины «*айну-э*» дают нам ценные информации и свидетельства об айнах и их жизни, однако же, в общем говоря, художники нередко рисовали объект образно с точки зрения японцев, что может быть назван как «ориентализмом». В этом отношении Хирасава Бёзан заметно в значительной мере стоял ближе к айнам, хотя о его биографии известно не очень много.

Тем не менее подробное изучение картин художника Бёзан в коллекции Омского музея способствовало подтвердить некоторые важные факты о его работах и художественной манере, как он кроме краска *морской синевы* использовал и бумагу европейского производства, о чем говорит *водяной знак* на бумаге. Из-за этого нам позволяется соблазнить личность Бёзана, как человек с новизной мыслей, и в то же время преимущество места «Мацумаэ», где прожил художник. Дело в том, что в середине 19 в. Япония стояла на пороге большой перемены политики: из замкнутости к открытию страны. При том Мацумаэ находился близко от портового города Хакодатэ, куда заходили иностранные суда.

В связи с этим вспоминается и о российском консуле в Нагасаки А.Е.Олоровском. Специальным изучением выяснилось, что коллекция Олоровского составляет 19 экспонатов, в том числе и станок. Это вызывает чрезвычайно интесный вопрос, а именно, каким образом послу в Нагасаки, место как раз на самом южном отдаленном от Хоккайдо краю, удалось приобрести предметы айнов?

И акварели художника Бёзан и коллекция российского посла А.Е.Олоровского могут быть примерами, которые воздвигнут широкие вопросы, на каком историческом фоне жили айны на северных территории Японии, с одной стороны, и кто мог заинтересоваться инородцами на северном районе японских островов.

Некоторые музеи в России хранят фотоматериалы айнов, отснятые собирателями, либо фотографами. Они являются документальным свидетельством об образе жизни айнов, показывают разные детали материальной культуры. В частности, фототека РЭМ сохраняет 120 фотографий от Б.О.Пилсудского и 139 от Н.В.Васильева. Это - портреты людей разного пола и возраста, вид селений, разные моменты обыденной жизни и обрядов. Одна фотоколлекция (No.10542), относящаяся к 1880-ым г. была отснята в студии на Хоккайдо. Она находилась в личном владении корабельного врача-Н.Н.Андреева.

Особо следует отметить фотоколлекцию, хранящуюся в Сахалинском областном краеведческом музее. Это работы фотографа И.С.Квача, относящейся к октябрю 1948 г. На фотографиях запечатлены самые последние дни айнов в жизни на Сахалине.

Обобщая итоги исследваний в шести музеях России, можно заново подтвердить, что культура айнов имела общие черты с одной стороны, но и отдельные особенности в зависимости от локальностей их проживания, с другой. Те разницы в культурах на Хоккайдо, Сахалине и Курильских островах могут восходить от того, в каких международных кругах жили айны каждой территории, что в свою очередь имело сильные влияния от больших исторических, политических и экономических передвижений держав мира. Те новые сведения, доставленные исследованиями в российских музеях, несомненно способствуют не только углублять изучение этнической культуры айнов, но и расширить его масштабы.

Библиография:

Группа СПб-айну проект 1998

    Айнские коллекции Музея Антропологии и Этнографии Им. Петра Великого, РАН: Каталог, Токио

Kotani Y. & Ogihara S. 2004

    A Complete Catalogue of Ainu Collections Overseas. (in Japanese) Nanzan Univ. Nagoya

V.M.Latyshev, M.M.Prokof'ev 1988

    Katalog etnograficheskikh kollektsii B.O.Pilsudskogo, Yuzhno-Sakhalinsk

С.А.Артюнов(ред.) 1988

    Materialy issledovanii B.A.Zherebtsova po etnografii ainov Yuzhnogo Sakhalina(1946-1948 gg.), Yuzhno-Sakhalinsk

Toshihiro Kohara, Gabor Wilhelm(ed.) 1999

    Budapest Barátosi Balogh Collection Catalogue, Hokkaido Ainu Culture Research Center/Museum of Ethnography, Budapest

ロシアのアイヌコレクションについて

荻原　眞子・古原　敏弘

はじめに

アイヌの民族文化に関する資料が日本国内ばかりでなく、海外にも存在しているということが明らかになった最初のきっかけは、ポーランドでの蠟管の発見とそれにつづく国際的な調査研究であった。この蠟管にはポーランド人のブロニスラウ・ピウスツキがサハリンに流刑されていた間にアイヌをはじめ先住民のもとで録音したさまざまなジャンルの口承文芸と歌などが入っていた。この蠟管の再生作業とそれにつづいて1985年に北海道大学において開催された国際シンポジュウム「B.ピウスツキ古蠟管とアイヌ文化」によって、ピウスツキその人の業績やアイヌ文化に対する関心は一挙に広まったといえよう。

このピウスツキ関連の新たな研究領域の動きと相前後して、J.クライナー教授（当時ボン大学）が主導する独日共同研究班によってヨーロッパ各地の博物館、大学などに所蔵されているアイヌ資料の全容が明らかにされた。それは日本では予期されなかった新たな情報であったと言ってよかろう。アイヌ資料とはアイヌの生活全容にわたる民具や祭具などのことで、一部には江戸時代から明治時代に描かれたアイヌの風俗画「アイヌ絵」も含まれる。1990年代に入り、カナダ、合衆国各地の博物館、美術館、大学などのアイヌ資料の実態調査が小谷凱宣教授（当時名古屋大学）のもとで日米共同研究班によって行われた。ロシアにおけるアイヌ資料の調査はこのような一連の流れと軌を一にしていたといえよう。

具体的には、ロシアでの調査研究は1995〜2002年の7年間、3次に亘り5都市、6博物館で実施された。その結果、各館に所蔵されているアイヌ民族資料のほぼ全容を明らかにすることができた。調査した博物館は以下の通りである。

1) 1995〜1997年
「ロシア科学アカデミー人類学民族学博物館」
（サンクト・ペテルブルグ市）
2) 1997〜2000年
「ロシア民族学博物館」
（サンクト・ペテルブルグ市）
3) 2000〜2002年
「オムスク造形美術館」（西シベリア、オムスク市）
4) 2000〜2002年
「ハバロフスク州郷土博物館」（ハバロフスク市）
5) 2000〜2002年
「アルセーニエフ郷土博物館」（ウラジオストク市）
6) 2000〜2002年
「サハリン州郷土博物館」
（ユジュノ・サハリンスク市）

I. 博物館の所蔵アイヌ資料について

1) ロシア科学アカデミー人類学民族博物館（MAE）

ロシアの古都、サンクト・ペテルブルグ、ネヴァ川河畔にあるこの博物館は1714年に創設されたロシアでもっとも古い博物館で、ロシア近代化の先駆者ピョートル大帝によって礎石が据えられ、正式な博物館の名称はその名を冠して「ロシア科学アカデミー・ピョートル大帝人類学民族博物館」である。開館当初はヨーロッパで集められた自然科学、博物学関係の陳列館「クンストカメラ」の名で知られ、今日もこれが通称として用いられている。本プロジェクトではロシア語名称の頭文字をとってMAEとラテン文字で呼び慣わしており、以下これに準ずることにする。

MAEの台帳によれば、アイヌ資料は25コレクション、約1,890点所蔵されていることになっているが、1995、96年度の調査段階で実際に確認することができたのは27コレクション、約1,400点であった。この資料点数の相違は、1) 台帳上に記載はあるが、実際には欠如しているもの（台帳上表示は"O"）、2) 収蔵場所の関係で実見することが出来ないもの（台帳上表示は"D"）があり、その他に3) ライプツィッヒ民族学博物館に移譲されたもの（"L"）、4) ウィーン民族学博物館に移譲されたもの1点（"W"）が含まれているためである。さらに、5) 1コレクション（Col.№4974）は墓地での（発掘）採集品であり、しかも、資料の保存状態が観察不能であったために、調査の対象から除外したこと、6) また、台帳には記載がなかったが、館内から新たに発見された資料があったことによる。

1996年には、サンクト・ペテルブルグでの調査を終えたあとに、ライプツィッヒ民族学博物館においてMAEの台帳上"L"表示のある資料の確認を行った。この資料

が含まれているコレクションはB.ピウスツキの収集品（Col.№700, 829, 839）であるが、MAEの台帳に"L"表示のある109点の資料のうちライプツィッヒ民族学博物館で同定できたのは50点のみであった。この資料については、1999年に「在外アイヌ関係資料にもとづくアイヌ文化の再構築」（課題番号10044006　研究代表　小谷凱宣）のプロジェクトにより、同館のアイヌ資料の悉皆調査がなされ、所蔵品目録が公にされているため［小谷 2001：185-216］、MAE資料との対照が可能となっている。[1]

2）ロシア民族学博物館（REM）

同じサンクト・ペテルブルグにある「ロシア民族学博物館」は1902年創設され、2002年1月には盛大な創立100周年記念行事が行われた。この館は隣接する「ロシア美術館」とともにニコライⅡ世の勅令によってロシア皇帝アレクサンドルⅢ世を顕彰すべく企画された総合博物館の一つである。この企画には当初「野外博物館」も計画されていたというが、折からの第一次大戦のために実現ならずそのまま今日に至っている。本館はソ連時代には

表1　ロシア科学アカデミー人類学民族博物館（MAE）

Col.№	点数	収蔵・登録年	推定収集年	収集者	収集地
820	13	――	1747年以前	クンストカメラ	千島列島
4685	3	1894-95	1806-07	G.I.ダヴィドフ	サハリン
810	4	1826	――	海軍省	千島列島
809	24	1840	1839	I.G.ヴォズネセンスキー	千島列島
615	1	1868	――	ロシア地理学協会	サハリン
178	2	1888	1854-56	L.I.シュレンク	アムール
733	1	――	1854-55	R.K.マーク	ハリン
345	32	1879-80	1879	A.V.グリゴーリエフ	エゾ
811	27	1879-80	1879	A.V.グリゴーリエフ	エゾ
1052	9	1880	1880-82	P.S.ポリャコフ	南サハリン
138	3	1883	1880-82	P.S.ポリャコフ	サハリン
202	22	1890	――	P.I.スープルネンコ	サハリン
209	9	1891	――	P.I.スープルネンコ	サハリン
629	1	1891	――	ロシア地理学協会	北東アジア
482	2	1899	――	K.N.ポシエット	サハリン，アリュシャン列島
656	14	1902	――	L.Ja.シュテルンベルグ	サハリン，沿アムール地方
700	350	1903	1902-05	B.ピウスツキ	サハリン
837	15	1904	1902-05	B.ピウスツキ	サハリン
3125	15	1903-05	1903-05	B.ピウスツキ	サハリン
839	374	1904	1903	B.ピウスツキ、W.シェロシェフスキ	エゾ
829	241	1906	1902-05	B.ピウスツキ	サハリン
1039	1	1906	1902-05	B.ピウスツキ	南サハリン
2803	12	1914	――	B.ピウスツキ	サハリン
4974	10	1947	1947	M.G.レーヴィン、I.P.ラヴロフ	サハリン
4375	1	――			
1802	2	――	（絵画：アイヌ女性像）	（帝室磁器工場）	
1928	1	――	（絵画：アイヌ男性像）		

27コレクション　1,189点

MAEからライプツィッヒ民族学博物館に移譲された資料

MAEの台帳には"L"表示のある資料が109点ある。

ライプツィッヒ民族学博物館での調査結果は以下のとおりである。

（注：OAsはライプツィッヒ民族学博物館の整理番号）

a）OAs番号とMAE番号とが一致するもの　　　　約50点
b）MAE番号とOAs番号が一致しないもの
c）OAs番号だけで、MAE番号の付されていないもの
d）MAEの台帳にはないが、MAE番号のあるもの

計　約150点

「ソ連邦諸民族博物館」と称しており、基本的にはロシア・ソヴィエト時代の国内の諸民族を対象とした厖大な民族資料を所蔵し、民族学研究においてMAEとともに主導的な役割を担ってきた。（REMはロシア民族学博物館のロシア語名のラテン文字による略称。）

本館のアイヌ資料は22コレクション、約2,600点にのぼるが、そのうちの大部分は人類学民族学博物館職員、帝国地理学協会会員で、REMの臨時職員であったヴィクトル.N.ヴァシーリエフによって1912（大正元）年に収集された。その収集地はサハリンの東西海岸の各地と北海道の平取である。ヴァシーリエフはロシア帝国から外交ルートを通じて日本へ来訪し、収集活動を行ったという点で、アイヌ資料収集者としては異例ともいえるが、それだけに驚くべき成果をあげ、一個人の収集品として短期間にサハリンと北海道で2,400点もの資料を集めたということは特筆に価する。REMがアイヌ資料を館の誇るべき至宝として喧伝するにはそれだけの理由があるといえよう。

2001年5月から翌年3月にはサンクト・ペテルブルグの当館において「島の人々－アイヌ」という展覧会が開催され、好評を博した。かつて、戦後まもなく、「樺太」がソ連の「サハリン」となった直後にアイヌ展が行われたことがあるが、それは多分に政治的な性格を帯びていたという。したがって、今回はロシアにおける最初の民族学的な展覧会であったわけで、その意義は大変大きいといえよう。

民族資料の他にREMには写真資料が7コレクション、274葉ある。[2] その大部分はヴァシーリエフおよびピウスツキによって撮影されたものである。そのうち、ピウスツキの写真は同一のものがロシア国内ばかりでなく、西欧やアメリカの博物館、研究機関にひろく流布しており、このことはアイヌ文化をめぐる20世紀初頭の国際的な関心のあり方、研究動向を把握する上に興味深い手がかりを提供している。

3）オムスク造形美術館

正式名称「M.A.Vrubel'名称オムスク造形美術館」は、西シベリアのイルティッシュ河畔にある古都オムスク市に所在する。この博物館には平澤屏山筆の「アイヌ絵」12葉が所蔵されている。これはロシア科学アカデミー会員で植物地理学者、エヴゲーニー・ミハイロヴィッチ・ラヴレンコ（1900-1987）の蒐集品であったが、1985年にサンクト・ペテルブルグの「ロシア美術館」の仲介により当館に寄贈されたものである。江戸時代の絵師、平澤屏山の真筆になる12葉がどのような経緯をたどってこの蒐集家ラブレンコの所有するところとなったのかは明らかでないが、現時点で判明していることは、ラヴレンコはこの稀覯品を1949年にレニングラードの「古書店第8」で入手したということだけである。12葉は水彩画で、紙型は約20×33cmと24×41cmの2種あり、画題のなかにはこれまで知られていなかった初見のものが数点あり、屏山研究にとってはきわめて貴重な発見資料である。

12葉の作品の資料番号と画題は以下の通りである。

表2　ロシア民族学博物館（REM）

a）民族学的資料

Col.No.	点数	収集年	収集者	収集地
64	33	1902（登録）	P.Yu.シュミット	サハリン
2806	101	1912	V.N.ヴァシーリエフ	サハリン
2807	60	1912	V.N.ヴァシーリエフ	エゾ
2808	29	1912	V.N.ヴァシーリエフ	サハリン
2809	15	1912	V.N.ヴァシーリエフ	エゾ、サハリン
2810	85	1912	V.N.ヴァシーリエフ	サハリン
2811	57	1912	V.N.ヴァシーリエフ	エゾ
2812	186	1912	V.N.ヴァシーリエフ	サハリン
2813	102	1912	V.N.ヴァシーリエフ	エゾ
2814	62	1912	V.N.ヴァシーリエフ	エゾ
2815	70	1912	V.N.ヴァシーリエフ	サハリン
2816	107	1912	V.N.ヴァシーリエフ	サハリン
2817	101	1912	V.N.ヴァシーリエフ	エゾ
3006	63	1912	V.N.ヴァシーリエフ	エゾ、サハリン
4926	127	1912	V.N.ヴァシーリエフ	エゾ、サハリン
5102	296	1913	V.N.ヴァシーリエフ	エゾ、サハリン
5110	270	1913	V.N.ヴァシーリエフ	エゾ、サハリン
6756	86	1913	V.N.ヴァシーリエフ	エゾ、サハリン
6831	7	---	（日本の収集品）	
6957	1	---	（多様な収集者による多様な民族の楽器コレクション）	
8761	150	---	（モスクワ万博委員会）*	
8762	62	---	（モスクワ万博委員会）*	

計22コレクション　2,070点

* B.ピウスツキ（1910、北海道、サル/記載なし）、A.E.オロロフスキー（1877、サハリン）、P.G.ヴェルジュビーネッツ（1902年、南サハリン）の収集資料を含む。

b）写真資料

Col.No.	点数	収集年	収集者	収集地
2448	120	1909（収蔵）	B.ピウスツキ	サハリン
2584	35	1912	V.N.ヴァシーリエフ	日本
2611	76	1912	V.N.ヴァシーリエフ	サハリン
2625	20	1912	V.N.ヴァシーリエフ	サハリン
2626	8	1912	V.N.ヴァシーリエフ	日本
8764	6	1868	G.ガリャージン	サハリン
105429	9	1884	N.N.アンドレーエフ	マツマエ島（北海道）

計7コレクション　274点

表3　オムスク造形美術館

1.	KP8775-G3696	鹿猟図
2.	KP8771-G3692	踏舞図
3.	KP8780-G3701	オムシャ図
4.	KP8773-G3694	種痘図
5.	KP8779-G3700	熊猟図
6.	KP8776-G3697	斬首図
7.	KP8774-G3695	穴熊引き出し図
8.	KP8781-G3702	貝突き図
9.	KP8772-G3693	夜間サケ漁図
10.	KP8777-G3698	ウイマム図
11.	KP8778-G3699	熊送り図
12.	KP8782-G3703	眺望図

4）ハバロフスク郷土博物館

正式には「N.I.Grodekovハバロフスク州郷土博物館」と称するこの博物館は、周知のように、ハバロフスク市のアムール河畔にある。ここに所蔵されているアイヌ資料は点数も少なく、しかも関連するデータが不完全である。台帳上で確認できた収集者はS.N.タスキン、B.バラトシだけで、本館が所蔵する靱皮衣2点と魚皮衣1点はこの両者の収集品である。興味深い資料としてアイヌのものと思われる糸巻が2点あるが、これはアムール川流域で1920年代に調査を行なったA.N.リープスキーがナーナイのもとで入手したことが明らかになっている。

表4　ハバロフスク郷土博物館

Col.No.	点数	収集年	収集者	収集地
1176	1	1873	---	---
2349	1	1894	タスキン	---
2428	1	1909	タスキン	---
266	2	1913	---	---
2260/7401	2	1913	バラトシ	---
282	1	1928	バラトシ	---
233	1	1929	---	---
10187	6	1950(?)	博物館	---
235-269	5	---	---	---
8083	2	1925(?)	(写真) ---	---
計	22点			

5）アルセーニエフ郷土博物館

正式名称は「V.K.Arsen'ev沿海州国立総合博物館」である。ウラジオストク市に所在するこの博物館のアイヌ資料には収集者、収集地、年代が明記された台帳があり、資料の保存状態もきわめて良好である。収集年代は1800年代末から1900年初頭、収集地がサハリンに限定されており、収集者のなかには本館とユジュノ・サハリン

表5　アルセーニエフ郷土博物館

Col.No.	点数	収集年	収集者	収集地
2433	6	1885	Ya,L.セミョーノフ	サハリン、マウカ
829	8	1888	N.V.トローピン	サハリン、コルサコフ管区
1107他	3	1898	L.A.クロポトキン	サハリン
2137他	4	1899	N.V.キリーロフ	サハリン
916	1	1899	ネプリーロフ	サハリン
2183	4	1901	AE.オシャロフ	サハリン
904	28	1903	B.ピウスツキ	サハリン
2131	13	1904	B.ピウスツキ	サハリン
766	1	---	---	---
3031/14523	2	1904-05	(写真) ---	サハリン、ナイブチ
526	2	---	(石斧) ---	サハリン、マウカ
計	72点			

スクの「サハリン州郷土博物館」にだけ見いだすことのできる名前が幾人かある。本館では全体で15コレクション、65件、72点の資料が確認された。

6）サハリン州郷土博物館

サハリン州郷土博物館は戦前には「樺太庁豊原博物館」であったが、戦後1946年に「ユジュノ・サハリンスク州国立郷土博物館」として新規に開館した。この転換期の準備期間中には「樺太庁博物館」の山本利雄館長や和田文治郎などとソ連側の館員との緊密な交流があったようで、その一人が後になって一時的に館長を務めたB.A.ジェレプツォフである。

本館には、56コレクション、467点の資料が所蔵されている。それは1）樺太庁時代の収集品、2）サハリン州立博物館の収集品、3）1959年にウラジオストクの「アルセーニエフ郷土博物館」から移譲された資料、4）B.A.ジェレプツォフの収集品、5）馬場脩の収集品が大別される。樺太庁時代の資料には関連する文書が具わっていないために、収集地や収集年は不明であるが、一応「樺太庁時代のサハリンで集められたもの」と想定してよかろう。ウラジオストクからの資料には、「アルセーニエフ博物館」の資料収集者と共通の名が認められ、台帳にも年代や地名が記されている。なかでも、ピウスツキの資料が大きな比重を占めていることは注目される。本館でもっとも主要な資料はB.A.ジェレプツォフ（1921-1984）が1948年に集めたもので、当時はまだサハリン南部の諸処に100人ほどのアイヌがいた。したがって、ジェレプツォフの収集品はサハリン・アイヌのものとしては最後の資料である。換言するなら、海外資料全体を

表6　サハリン州郷土博物館

Col. No.	点数	収集年	収集者	収集地
1860	1	1889	N.Vトローピン	サハリン
1287他	9	1899	N.V.キリーロフ	サハリン
1828	4	1899	B.ピウスツキ	サハリン
1840他	1	1901	A.E.オシェロフ	サハリン
1308他	8	1903	B.ピウスツキ	サハリン
1824他	58	1904	B.ピウスツキ	サハリン
1846	1	1905	B.ピウスツキ	サハリン
6062-4	3	1937	馬場　脩	サハリン
39他	241	1945以前	樺太庁	---
5033	1	1946	---	---
2270	140	1948	B.A.ジェレプツォフ	サハリン
計	467点			

通じて歴史的にはもっとも新しいものといえよう。また、このときにジェレプツォフと行動を共にした写真家I.S.クバチが数多くの写真を残しており、これは当地におけるアイヌの最後の記録として非常に貴重である。

II．ロシア・アイヌ資料の特質

ロシアの5都市6博物館における日本・ロシア共同調査によって実際に確認できたアイヌ資料の全容は以下のようである。特に、MAEについては調査実施の数量である。実際の所蔵資料はこれよりも30％ほど上回る可能性があるが、それには発掘資料も含まれることになる。本プロジェクトの調査研究の結果からロシアの各地に所蔵されているアイヌ資料の全体について、次のような特徴を挙げることができよう。

写真資料については、所蔵資料の全体を確認できたのはREMのみである。その他の博物館については未調査もしくは暫定的である。

表7

博物館	コレクション数	件数	点数
M A E	27		1,400
R E M	22		2,600
オムスク造形美術館	1	1	12
ハバロフスク郷土博物館	－	15	24
アルセーニエフ郷土博物館	15	65	71
サハリン州郷土博物館		56	462
合　計			4,546点
R E M 写真	7		274点
サハリン州郷土博物館	1		

a）収集年代について

収集は19世紀を通じ20世紀前半にまで及んでいるが、時代的にもっとも古いものはMAE所蔵の19世紀前半の資料で、その他の資料は大体において19世紀末から20世紀初頭に集中している。例外は、MAEの前身である「クンストカメラ」時代の千島アイヌの資料で、年代は明確ではないが、1700年代初期のものと推定される。一方、時代的にもっとも新しいのは、戦後にサハリンがソ連領となった直後の1947年に実施された科学アカデミー民族学研究所による「アムール・サハリン人類学民族学調査」（人類学者N.P.デーベッツの指揮のもとでI.P.ラーブロフ、M.G.レーヴィン、B.A.ジェレプツォフが参加）で収集された資料（MAE所蔵）と、当時「国立ユジュノ・サハリン州郷土博物館」（現サハリン州郷土博物館）の副館長であったB.A.ジェレプツォフによって1948年に集められた資料である。

年代的にもっとも長期にわたる資料を所蔵しているのはMAEであり、上述の「クンストカメラ」資料を除いても、収集年代は19世紀前半から20世紀半ばまでの100年以上に亘る。

また、特定の年代に収集が限られている資料は、REM所蔵の1912（大正元）年のもので、N.V.ヴァシーリエフによって一夏で集中的に膨大な資料収集がなされたという点で特異である。

b）収集地について

千島列島で収集されたコレクションがMAEに3つ（Col.No.820, 810, 809）あり、このうち、No.820はMAEの前身である「クンストカメラ」の所蔵品であるところから、その収集時期は1700年代初期と推定される。このコレクションには鞘6点、木綿の着物2点など全部で13点がある。No.810（煙管や着物など4点）は海軍省、No.809は露米会社に属していたI.G.ヴォズネセンスキーの収集であるが、後者には弓矢のほか外洋船や丸木舟の精巧な模型3点がみられる。この2つのコレクションの採集地が千島列島のどこであるかについては台帳に記載がないが、17世紀末にアトラーソフがカムチャトカ半島を制覇してのち、18, 19世紀を通じて北太平洋海域では目まぐるしい探検調査が展開され、千島列島の住民たちとも接触があったことを証拠づける資料として興味深い。千島アイヌの資料はロシアにおいても限定され、確認できたのはMAEのこの3コレクションのみである。

これに対して、サハリン、北海道の資料は豊富である。しかしながら、博物館の所蔵状況からみると、北海道で収集された資料はサンクト・ペテルブルグのMAEおよびREMにはあるが、極東の博物館にはない。そのうち、特筆すべきはMAEのNo.839で、これは1903年6～9月にB.ピウスツキとW.シェロシェウスキーによって集めら

れた膨大なコレクションである。しかしながら、台帳には北海道という記載だけで、例外的に「シキウ」という表示がある以外、細かな地名は明らかでない。また、REMの北海道資料は約800点にものぼるもので、これはV.N.ヴァシーリエフが1912年に平取で収集したが、実際には平取だけでなく近隣の村々から持ち込まれたものも含まれていると思われる。

以上のような千島資料および北海道資料を別とすると、ロシア各地の博物館では一般的に所蔵品の圧倒的多数がサハリン資料であるといえよう。特に、極東の3博物館には、千島はもとより、北海道での収集品はみられない。

c）資料の性格

ロシアのアイヌ資料は基本的にあらゆる生活領域を網羅した物質文化（民具）であり、しかも、精粗の差はあるものの大体において収集地や年代、収集者が明らかである。この点で、資料的には非常に価値が高いといえる。物質文化のコレクションに加えて、次には収集者自身などによって撮影された写真資料があり、これは民族資料の理解を補足するものとして非常に重要である。REM所蔵の写真にはB.ピウスツキが撮影した120枚（Col.№2448）がある。台帳の記載では撮影場所としていくつかの例外をのぞくと「サハリン島」としか記されていないが、背景などの状況から撮影地を特定することができるものもある。

題材は人物のほか、集落の風景、日常生活のスナップ、イラクサの加工、クマ送り儀礼など多彩である。V.N.ヴァシーリエフの資料では、サハリン各地の集落で撮影された人物写真が大部分（75枚）（Col.№2611）を占めているが、そのほかに平取などで撮られたものがある。Col.№10542は、REMに収蔵されたのは1984年であるが、寄贈者の祖父にあたるN.N.アンドレーエフ（船医）が松前で撮影したというもので、台帳には1880年代の記載がある。

REMのほかに写真資料を確認できたのは、サハリン州郷土博物館であるが、ここにはI.S.クヴァチが1948年10月にサハリンの各地で撮影した写真がある。クヴァチはこのとき先にも触れたB.A.ジェレプツォフとともにアイヌの残留している各地の集落を回り、サハリンにおける終戦後の、つまりは故郷におけるアイヌの最後の瞬間をおさめている。（この写真は次の書に収録されている。『B.A.ジェレプツォフの南サハリンアイヌ民族学調査資料（1946-1948）』1988　ユジュノ・サハリンスク刊）

ロシアのアイヌ資料のなかで特筆すべきもうひとつのコレクションはオムスク造形美術館所蔵の12枚の「アイヌ絵」である。これは従来全く知られていなかっただけに、きわめて貴重な発見である。

d）収集者について

ロシアのアイヌ資料の収集者の特性を考えることは同時に収集の背景や経緯を明らかにすることでもある。きわめて多様な収集者のなかから、特に3人の傑出した貢献者を挙げることができる。すなわち、B.O.ピウスツキ、V.N.ヴァシーリエフ、B.A.ジェレプツォフである。ヴァシーリエフはREM、B.A.ジェレプツォフはサハリン州郷土博物館の資料収集に与ったが、この両者と異なり、B.O.ピウスツキはMAE、REM、アルセーニエフ郷土博物館、サハリン州郷土博物館と広くまた密に関わっている。ピウスツキがサハリンで収集活動をおこなったのは1902～1905年のことであり、どの博物館の台帳にもピウスツキの資料には大体においてこの年代が記されている。1903年にはピウスツキは同胞のセロシェウスキとともに北海道で資料収集を行っているが、このコレクションはMAEに所蔵されているだけで、他館にはみられない。ただ、このときのコレクションの一部が台帳上ではライプツィッヒ民族学博物館に移譲されている。

ピウスツキ収集のサハリンアイヌ資料がロシア各地に分散しているということは、とりもなおさず、ロシアにおけるサハリンアイヌ資料についてピウスツキの果たした役割がいかに大きかったかということでもあり、その重要性は幾重にも強調されてよいであろう。さらに、ピウスツキの関与するサハリンアイヌの資料はロシアばかりでなく、ヨーロッパにも散見されることを考慮するなら、アイヌ文化研究におけるピウスツキの業績について改めて検討することは重要な課題であろう。

アイヌ資料の収集者、収集地、収集年代は収集された「もの」にとって重要な情報であるが、同時に、この三つのファクターはアイヌをめぐる外の世界の歴史・政治的、社会的な背景を想像する上でも見逃すことはできない。このことは、何故にロシアに、それも極東からもっともかけ離れたサンクト・ペテルブルグにアイヌ資料があるのかという疑問に対する説明を見いだすことでもある。

1995-2001年に日本とロシアの共同研究プロジェクトは、アイヌ資料の所蔵が判明しているロシア国内の博物館における悉皆調査を目標とし、これをほぼ完遂したといえる。しかしながら、「オムスク造形美術館」での「アイヌ絵」の発見のように、まだ、どのような資料がどのような博物館に所蔵されているかは不明である。実際、

REMの共同研究者の熱意によって、調査終了後にもいくつかの資料の発見があった。[3]その意味では、ロシアにおけるアイヌ資料の「悉皆調査」は未完である。

注
（1） ライプツィッヒ民族学博物館におけるMAEからの資料には整理番号Nasに41点、Oasに214点、計255点（数点Hans Meyer名だけのものを含む）が登録されている。
　　収集者別ではI.S.Poljakorff－48点、A.V.Grigojeff－2点、B.Pilsudskij/W.Sjeroschewskij－205点である。
　　このうち、最後の205点のなかにはMAEのCol.№700.829.839が含まれているが、Col.№700.829はピウスツキによるサハリンでの収集品、Col.№839はピウスツキとシェロシェウスキによる北海道での収集品である。
（2） 1997－2000年の調査の後、新たに写真6葉の所蔵が明らかになった。これは1868－69年にサハリンのナイブチで写真家G.ガリャージンが撮影したもので、1883年にI.A.ロパーチンが寄贈した資料の一部である。
（3） サンクト・ペテルブルグにあるロシア科学アカデミーの植物園にはV.N.ヴァシーリエフ収集の資料（ござ、アットゥシ、イラクサ繊維の標本）が保存されていることが、2004年に偶然判明した。

参考文献

SPb-アイヌプロジェクト調査団
『ロシア科学アカデミー人類学民族学博物館所蔵アイヌ資料目録』 1998　草風館
小谷　凱宣・荻原　眞子（編）『海外アイヌコレクション総目録』 2004　南山大学
V.M.Latyshev, M.M.Prokof'ev 1988
Katalog etnograficheskikh kollektsii B.O.Pilsudskogo, Yuzhno-Sakhalinsk
С.А.Артюнов(ред.) 1988
Materialy issledovanii B.A.Zherebtsova po etnografii ainov Yuzhnogo Sakhalina (1946-1948 gg.), Yuzhno-Sakhalinsk
古原　敏弘・ヴィルヘルム　ガボール（編）『ブダペスト民族学博物館所蔵　バラートシ　バログコレクション調査報告書』 1999　北海道立アイヌ民族文化研究センター

Ainu collections in Russia

Shinko OGIHARA · Toshihiro KOHARA

Since middle of 1980s' a new sphere of the Ainu study has begun with a historical discovery of an Ainu collection in Poland: cylinders of songs and folklore of the Ainu recorded by Blonislaw Pilsudski who had been exiled to Sakhalin Island in 1896-1901. Thence a series of workshops and conferences has followed, dedicating to B.Pilsudski, his works and contributions in linguistics, ethnology and folklore study of the Ainu and other peoples on Sakhalin. Meanwhile another series, namely, research projects of Ainu collections overseas were organized in Germany and in Japan. The joint research by German-Japanese specialists, conducted by Prof. Josef Kreiner, Bonn University, made investigations of Ainu collections in European countries in middle of 1980s, then in the first half of 1990s the Japanese-American joint research organized by Prof. Yoshinobu Kotani, Nagoya University at that time, took place in Canada and US. The third part of this series of the projects consist in the Japanese-Russian joint researches that took place in six museums of five cities in Russia as follows.

1. 1995-1996: Peter the Great Museum of Anthropology and Ethnography (Kunstkamer), Russian Academy of Sciences (MAE) St.-Petersburg
   1996: Museum fur Volkerkunde zu Leipzig (additionally)
2. 1997-1999: Russian Museum of Ethnography (REM), St.-Petersburg
3. 2000: Omsk Museum of Fine Arts named after M.A.Vrubelya, Omsk
4. 2000: Khabarovsk Regional Lore Museum named after Grodekov, Khabarovsk
5. 2000: Arseniev Regional Museum in Vladivostok
6. 2000-2001: Sakhalin Regional Museum in Yuzhno-Sakhalinsk

Some features of the Ainu collections in Russia

As the result the Japanese-Russian joint research group could directly observe about four thousand five hundred items of Ainu collections in all. However, the real quantity of the materials held in Russian museums could be more than this, so far as a number of objects were left in conditions unfavorable for direct observation. Concerning the photo materials, the research group could check in REM and Sakhalin Regional Museum. But it is possible that other museums might own some.

a) Years of the collections

In general the collections in Russia cover the period from the nineteenth through the middle of the twentieth century; the older ones are in possession of MAE, while the others are concentrated around the late nineteenth-beginning of the twentieth century. An exception in MAE is supposed to be as old as early of the eighteenth century. It was inherited from former "Kunstkammer" to the museum. On the other hand the newest collections are the one that was collected in Sakhalin in 1947, soon after the island became to be under Soviet government by the "Anthropologic-ethnological expedition in Amur-Sakhalin" conducted by N.P.Debets and the other collected in 1948 by B.A.Zherebtsov, vice director of the "National Yuzhno-Sakhalin Museum" (present Sakhalin regional museum). As a whole the longer period covers the collections in MAE; from middle of the nineteenth century for more than a hundred years, while the collections by V. N.Vasil'ev in REM are gathered intensively in a very short period in 1912, that appears to be an extremely peculiar case of collecting work.

b) Regions of the collections

MAE has three collections (No.820,809,810) from Kuril Islands, among those No.820 formerly belonged to "Kunstkammer" that contains quivers, two pieces of garments etc. No.810 (pipes and garments) is from Admiralty, while No.809 (three models of ocean ship, dugout and others) of I.G. Voznesenski from Russian-American Company. Though there is no detailed information about the collecting sites, these collections may be helpful in reconstructing some of the culture of the Kuril Ainu, who has been ever disappeared from the earth as an ethnic group. Even in Russia these three collections of MAE are the all from the Kuril Ainu.

On the other hand, materials of the Ainu from Hokkaido and Sakhalin are much more abundant. However, collections from Hokkaido are found in MAE and REM in St.-Petersburg, while they are lacking in the Far East. Among others we should mention about the rich collection No.839 in MAE, that was collected by B.Pilsudski and W. Seroszewski in 1903 in Hokkaido. The collections from Hokkaido in REM is ascribed to V.N. Vasil'ev who obtained about 800 items in 1912 in Piratori, Hidaka region.

The collections from Kuril and Hokkaido are held not everywhere in Russia, while the collections from Sakhalin Ainu are generally the main in the all museums except that of Omsk.

c) Some distinguished collectors

If we take in account the collectors of those collections that form the main body in each museum in Russia, we could mention first of all Blonislaw Pilsudski in Peter the Great Museum of Anthropology and Ethnography (Kunstkammer), then V.N.Vasil'ev in Russian Museum of Ethnography and B.A.Zherebtsov in the Sakhalin Regional Museum. In particular the contribution made by B.Pilsudski appears so significant that his collections are found in every museum in Russia; besides the MAE, a good number of items are kept in REM and in Sakhalin Regional Museum, while a small number in Khabarovsk and Vladivostok.

As a rather different sort of collector we should add here the "Karafuto-cho museum" (until the end of the World War II Sakhalin had been under the Japan's government and called as Karafuto. Nowadays Sakhalin Regional Museum) that made a great collection for themselves. However, it is regretful that no documents concerning the collections are left to us.

d) General features of the collections

Generally the collections in Russia are the material cultures covering the whole sphere of living of the Ainu in Hokkaido and Sakhalin. In principle the documents attached to the collections show the data of collecting year, place and name of the collectors, the functions or the use of the items. Moreover, the items collected by B.Pilsudski, in particular, appeared with the Ainu words written by himself that enriched our arsenal of the Sakhalin dialects. Consequently the Russian collections of the Ainu could be characterized as specified contributions of those who more or less had direct contact with the natives in their proper habitats.

Then there are some photo collections taken by collectors and others, which are highly helpful in understanding the Ainu culture through the collections. REM has 120 pictures taken by B.Pilsudski in Sakhalin. They are portraits, views of villages, snapshots of daily life, preparing nettle fibers, rituals sending-off bear, etc. V.N.Vasil'ev also left pictures taken on east and west coasts of Sakhalin, and some in Hokkaido. A collection (col. No.10542) obtained by REM in 1984 are of special interest because they were taken in 1880s obviously in Hokkaido by a ship doctor N.N.Andreev, the grandfather of the donator. Another photo collection, so far as the research group could investigate, is kept in the Sakhalin Regional Museum. The pictures were taken in October 1948 by I.S. Kvach who worked with B.A.Zherebtsov. These pictures make us easy to draw out the last days of the Ainu life on Sakhalin, as the majority of them left the homeland to immigrate to Hokkaido after the end of the War.

It may be said that the collection in Omsk Museum of Fine Arts consisting of 12 sheets of drawings ("Ainu-e") by a painter Hirasawa Byozan (19th century) is the biggest discovery through the whole investigations of Ainu collections in Russia. The 12 watercolors may hereafter enable more detailed study of the artist H. Byozan and his works.

References

SPb-Ainu Project Group
    1998 Ainu Collections of Peter the Great Museum of Anthropology and Ethnography, Russian Academy of Sciences Catalogue, Tokyo

Kotani Y. & Ogihara S. (ed.)
    2004 A Complete Catalogue of Ainu Collections Overseas. (in Japanese) Nanzan Univ. Nagoya

Latyshev V.M., Prokof'ev M.M.
    1988 Katalog etnograficheskikh kollektsii B.O.Pilsudskogo, Yuzhno-Sakhalinsk
    1988 Materialy issledovanii B.A.Zherebtsova po etnografii ainov Yuzhnogo Sakhalina (1946-1948 gg.), Yuzhno-Sakhalinsk

Kohara T. & Wilhelm G. (ed.)
    1999 Budapest Baratosi Collection Catalogue, Hokkaido Ainu Culture Research Center/Museum of Ethnography, Budapest

Postscript.

1. In 2004 a collection was newly found in the Botanic Garden of the Academy of Sciences of Russia, St.-Petersburg. The collection (a mat, a garment of nettle fiber-Atushi and a sample of nettle fiber) belonges to V.N.Vasil'ev.

2. The collections of the Museum fur Volkerkunde zu Leipzig from MAE are 255 items in all: 41 under collection Nas; 214 under Oas (including some with the name Hans Meyer). The original collectors are I.S.Poljakoff (48 items), A.V. Grigorijeff (2 items), and B.Pilsudskij with W.Sjeroschewskij (205 items, including materials from col.No.700, 829, 839 of MAE) [Kotani & Ogihara 2002: 369-397].

3. After the investigation in 1997-2000 a collection of 6 photos was found in REM. They were taken by a photographer G.Garyazin in 1868-1869 in Naibuchi, Sakhalin and consisted in the collection of I.A.Lopatin.

Table 1. [Ainu collections in MAE]

Year* indicates either of registration or obtention by the museum
Year** indicates the supposed year of actual collection (S.O.)

Col.No.	items	Year*	Year**	Collector	Place
820	13	---	before 1747	Kunstkammer	Kuril Is.
4685	3	1894-95	1806-07	G.I.Davydov	Sakhalin Is.
810	4	1826	---	Admiralty department	Kuril Is.
809	24	1840	1839	I.G.Voznesenskii	Kuril Is.
615	1	1868	---	Russian Geographical Society	Sakhalin Is.
178	2	1888	1854-56	L.I.Shrenk	Amur
733	1	---	1854-55	R.K.Maak	Sakhalin Is.
345	32	1879-80	1879	A.V.Grigor'ev	Eso Is.
811	27	1879-80	1879	A.V.Grigor'ev	Eso Is.
1052	9	1880	1880-82	P.S.Polyakov	South Sakhalin Is.
138	3	1883	1880-82	P.S.Polyakov	Sakhalin Is.
202	22	1890	---	P.I.Suprunenko	Sakhalin Is.
209	9	1891	---	P.I.Suprunenko	Sakhalin Is.
629	1	1891	---	Russian Geographical Society	North-east Asia
482	2	1899	---	K.N.Pos'et	Sakhalin Is. Aletian Is.
656	14	1902	---	L.Ja.Shternberg	Sakhalin Is.
700	350	1903	1902-05	B.Pilsudski	Sakhalin Is.
837	15	1904	1902-05	B.Pilsudski	Sakhalin Is.
3125	15	1903-05	1903-05	B.Pilsudski	Sakhalin Is.
839	374	1904	1903	B.Pilsudski W.Sieroszewski	Eso Is.
829	241	1906	1902-05	B.Pilsudski	Sakhalin Is.
1039	1	1906	1902-05	B.Pilsudski	South Sakhalin Is.
2803	12	1914	---	B.Pilsudski	Sakhalin Is.
4974	10	1947	1947	M.G.Levin, I.P.Lavrov	Sakhalin Is.
4375	1	---		---	---
1802	2	---	---(Picture: Ainu Female Figure)	Imperial Porcelain Factory	
1928	1	---	---(Picture: Ainu Male Figure)		

total: 27cols. 1,189 items

Collections transferred from MAE to Museum für Völkerkunde zu Leipzig
    register-book in MAE: 109 numbers with the indication"L"(Leipzig)
        Results in Leipzig: (OAs is the name of the collection including Ainu materials)
a) Leipzig OAs No. with MAE Col.No(identified)   about 50 items
b) MAE Col. No. not identified with OAs No.
c) Leipzig OAs No. only (without MAE Col.No.)
d) MAE Col.No.known in Leipzig, but not in MAE
in all about 150 items(to be checked)
*According to the register book of the MAE all the materials with indication"L"are of Col.No.700, 829 and 839.

Table 2. [Ainu collections in Russian Museum of Ethnography]

a) Ethnological materials

Col.No	Items	Year	Collector	Place
64	33	1902(registered)	P.Yu.Shmit	Sakhalin
2806	101	1912	V.N.Vasil'ev	Sakhalin
2807	60	1912	V.N.Vasil'ev	Ezo,Sakhalin
2808	29	1912	V.N.Vasil'ev	Sakhalin
2809	15	1912	V.N.Vasil'ev	Sakhalin
2810	85	1912	V.N.Vasil'ev	Sakhalin
2811	57	1912	V.N.Vasil'ev	Ezo
2812	186	1912	V.N.Vasil'ev	Sakhalin
2813	102	1912	V.N.Vasil'ev	Ezo
2814	63	1912	V.N.Vasil'ev	Ezo
2815	70	1912	V.N.Vasil'ev	Sakhalin
2816	107	1912	V.N.Vasil'ev	Sakhalin
2817	101	1912	V.N.Vasil'ev	Ezo
3006	63	1912	V.N.Vasil'ev	Ezo,Sakhalin
4926	127	1912	V.N.Vasil'ev	Ezo,Sakhalin
5102	296	1913	V.N.Vasil'ev	Ezo,Sakhalin
5110	271	1913	V.N.Vasil'ev	Ezo,Sakhalin
6756	86	1913	V.N.Vasil'ev	Ezo,Sakhalin
6957	1	(col.of instruments by different collectors)		
6831	7	(Japanese col.)		
8761	150	(Expo-Committee in Moscow)*		
8762	61	(Expo-Committee in Moscow)**		

Total 22cols. 2,070 items

* includes 71 items of Pilsudski,1910, Hokkaido,Saru/unmentioned; 5 items of A.E Olorovskii, 1877, Sakhalin; 5 items of P.G.Verzhbinets, 1902, South Sakhalin
**includes 11 items of Pilsudski,1910, Hokkaido,Sarumonpetsu; 9 items of P.G.Verzhbinets, 1902, South Sakhalin

b) Photo materials

Col.No	Pictures	Year	Collector	Place
2448	120	1909(obtained)	B.O.Pilsudski	Sakhalin
2584	35	1912	V.N.Vasil'ev	Japan
2611	76	1912	V.N.Vasil'ev	Sakhalin
2625	20	1912	V.N.Vasil'ev	Sakhalin
2626	8	1912	V.N.Vasil'ev	Japan
8767	6	1868	G.Garyazin	Sakhalin
105429	9	1884	N.N.Andreev	Hokkaido

Total 7cols. 274 pictures***

Table 4. [Ainu collections in Khavarovsk Regional Lore Museum]

Col.No	Items	Year	Collector	Place
1176	1	1873	---	---
2349	1	1894	Taskin S.N	---
2428	1	1909	Taskin S.N	---
7401	1	1913	Baratos B.	---
266	2	1913	---	---
282	2	1928	Baratos B.	---
---	1	1929	---	---
10187	6	1950(?)	The Museum	---
---	5	---	---	---
---(photo)	2	1925(?)	---	---

Total 22 items

Table 5. [Ainu collections in Arsen'ev Regional Museum in Vladivostok]

Col.No	Item	Year	Collector	Place
2433	6	1885	Semenov Ya,L.	Sakhalin.Mauka
829	8	1888	Tropin N.V.	Sakhalin,Korsakovs,okr.
---(1107)	3	1898	Kropotkin L.A.	SakhalinItem
916	1	1899	Neprillov	Sakhalin
---(2137)	4	1899	Kirillov N.V.	Sakhalin
2183	4	1901	Osharov A.E.	Sakhalin
904	28	1903	Pilsudskii B.O.	Sakhalin
2131	13	1904	Pilsudskii B.O.	Sakhalin
766	1	---	---	---
3031/14523 2	2	1904-05	(photo)	Sakhalin
526 1	2	---	(stone ax)---	Sakhalin

Total 72 items

Table 6. Ainu collection in Sakhalin Regional Museum

Col.No	Items	Year	Collector	Place
1860	1	1889	N.V.Tropin	Sakhalin
---(1287)	9	1899	N.V.Kirirov	Sakhalin
1828	4	1899	B.O.Pilsudski	Sakhalin
---(1840)	1	1901	A.E.Osharov	Sakhalin
---(1308)	8	1903	B.O.Pilsudski	Sakhalin
---(1824)	58	1904	B.O.Pilsudski	Sakhalin
1846	1	1905	B.O.Pilsudski	Sakhalin
6062-4	3	1937	O.Baba	Sakhalin
---(39)	261	before1945	Karafutocho Museum	---
5033	1	1946	---	---
2270	140	1948	B.A.Zherebtsov	Sakhalin

Total 467 items

II Айнские коллекции в Российском этнографическом музее

ロシア民族博物館のアイヌコレクション

Ainu Collections in Russian Museum of Ethnography

Айнские коллекции в Российском этнографическом музее

В.В. Горбачёва, И.А. Карапетова

Коллекционное собрание Российского этнографического музея (РЭМ) по культуре айнов является одним из крупнейших в мире. Комплектование его началось со времени создания музея – Этнографического Отдела Русского музея Императора Александра III в 1902 году.

Начало собирательской деятельности РЭМ по айнам было положено коллекцией, переданной в дар музею в 1902 г. начальником Корейско-Сахалинской экспедиции, известным ихтиологом и зоологом Петром Юльевичем Шмидтом. В декабре 1899 года П.Ю. Шмидт возглавил экспедицию Русского Императорского Географического общества. Целью ее было изучение ихтиофауны морей, омывающих Дальневосточное побережье России, а также "состояние и возможность развития морских промыслов по побережью Приморской области и острова Сахалина".[1] Ввиду важности поставленных задач, часть средств на эту экспедицию была выделена по личному распоряжению Императора Николая II.[2] Экспедиция, в состав которой входило три человека, длилась с конца декабря 1899 г. по октябрь 1901. В течение этого времени работы велись в бухте Петра Великого, на Сахалине, на территории Кореи и Японии. За время экспедиции был собран богатейший материал, положивший начало систематическому изучению биологии морей бассейна Тихого океана, принесший П.Ю. Шмидту известность в научных кругах. Попутно им были собраны коллекции по зоологии, энтомологии, ботанике, минералогии и этнографии. Будучи человеком с широким кругом научных интересов, П.Ю. Шмидт не мог пройти мимо яркой и самобытной культуры народов, на территории проживания которых ему довелось работать. В Этнографический отдел Русского музея (до 1934 г. РЭМ был частью Русского музея) он передал четыре коллекции по культуре корейцев, японцев и айнов. Айнская коллекция, насчитывавшая 39 номеров и 42 предмета по охоте, рыболовству, утвари, одежде, была собрана им в селении Маука на западном побережье Сахалина. В Мауку П. Ю. Шмидт прибыл изучать селедочно-туковый промысел. Для ознакомления с морскими промыслами им были обследованы важнейшие населённые пункты по западному и восточному побережью Сахалина. Маршрут экспедиции пролегал по следующим пунктам: Маука – Косунай – Мануй - Найбучи - Корсаков. Весь путь от Мауки до Найбучи им был проделан пешком вдоль побережья и по таежным тропам.[3] В 1901 г. на Сахалине было 190 промысловых участков, которыми владели 60 промышленников: 116 из них принадлежали японцам, 71 - русским и 3 - айнам.[4] Ознакомившись с условиями жизни айнов, П.Ю.Шмидт писал: "Аборигены страны айно вымирают, стесненные в рыбных ловлях…, мы же лишили их пушного зверя, которого …загнали лесными пожарами в дальние горные хребты."[5]

К началу XX века культура айнов в этнографическом плане была еще недостаточно изучена, хотя уже появился ряд работ, главным образом по фольклору и языку. С начала XX века начинается систематическое изучение культуры айнов и целенаправленный сбор музейных коллекций.

В 1912 г. Этнографическому Отделу Русского музея Императора Александра III удалось организовать первую, и, к сожалению, оказавшуюся последней, экспедицию к айнам. Возглавил ее действительный член Русского географического общества, внештатный сотрудник Этнографического отдела Русского музея - Виктор Николаевич Васильев, которому был поручен сбор экспонатов у айнов, проживающих на островах - Сахалин и Иезо (Хоккайдо). Имея богатый экспедиционный опыт работы в различных регионах Сибири, он согласился выполнить это поручение. Принятию такого решения во многом способствовал успех его последней экспедиции 1910-1911 гг., организованной Этнографическим Отделом для исследования и сбора памятников культуры у нивхов и ороков Низовьев Амура и Сахалина. Фактически эта экспедиция явилась своеобразной подготовкой к новой полевой работе в сложном, многонациональном районе, среди неизвестного ему народа.

В экспедицию к айнам, В.Н. Васильев отправился из Петербурга 9 мая 1912 г. Проехав поездом через южную и юго-восточную часть Сибири, он прибыл 23 мая в Хабаровск и встретился там с Приамурским Генерал – Губернатором Николаем Львовичем Гондатти. Тот помог Виктору Николаевичу в решении таможенных вопросов и обещал содействие в дальнейшем со стороны японцев, которым он сам неоднократно помогал. На другой день В.Н. Васильев отправился пароходом через Николаевск во Владивосток, а оттуда 14 июня отплыл пароходом Добровольного Флота в Японию. Из портового г. Цуруги до Токио, он добрался 16 июня на поезде, следовавшем через г. Майбара и Иокогаму.

Согласно первоначальному плану Виктор Николаевич рассчитывал остаться в Токио на короткое время для решения с властями страны и посольством Российской империи некоторых организационных вопросов. Но эта остановка затянулась на три недели. Встреча с послом А.М. Малевским несколько огорчила его. Посол, в достаточно резкой форме, выразил своё недовольство тем, что до отправления экспедиции в Японию с ним из Этнографического Отдела никто не посоветовался, в том числе и граф С.М. Толстой, которого он хорошо знал. Кроме того, во время этой встречи посол подчеркнул, что без специальной подготовки и знания японского, испанского или английского языка экспедиция В.Н. Васильева обречена на провал. «Я уверен, что Вы, - произнёс он, - ничего не достанете у айнов».[6] В ответ на возражения Виктора Николаевича о том, что многое зависит и от оказанного ему содействия, в том числе и со стороны посла, тот ответил: « Если Вам удастся, собрать что - нибудь, так это будет просто чудо!»[7] Однако, в последствии посол,после разговора с ним старшего драгомана поездки Павла Юрьевича Васковича, написал В.Н. Васильеву две рекомендации: одну – в Токийский музей, а другую в университет к профессору геологического факультета Джимбо Котора. К нему же Виктору Николаевичу посоветовали обратиться так же русские геологи Н.Н Тиханович и Полевой. Рекомендательные письма, данные профессором Д.Котора собирателю, оказались для него весьма ценными. Одно из них было адресовано английскому миссионеру и знатоку культуры айнов Джону Бэчелору, проживающему в Саппоро, а другое – губернатору о. Сахалин.

Во время длительного пребывания в столице Японии Виктор Николаевич активно занимался поиском переводчика для работы в экспедиции. Большую помощь в этом ему оказали настоятель Русской православной Духовной миссии епископ Сергий и ректор духовной семинарии Иван Сенума, которые порекомендовали преподавателя семинарии Найто и разрешили ему сопровождать экспедицию. Отправиться на Хоккайдо, где проживала основная часть айнов, переводчик смог только 3 июля 1912 г. после сдачи студентами экзаменов. Прибывшие на остров члены экспедиции были радушно встречены российским вице-консулом Василием Васильевичем Траутшольдом, который с пониманием отнёсся к необходимости проведения здесь собирательской деятельности. На другой день экспедиция отправилась из Хакодатэ - крупного морского порта острова Хоккайдо в его культурно - административный центр г. Саппоро. Помощь, оказанная российским вице - консулом из Хакодатэ и выделенный им для сопровождения чиновник Цунэкити Коно позволили успешно контактировать с губернатором и населением.

В Саппоро В.Н Васильев встретился и с английским миссионером Джоном Бэчелором, который посоветовал ему начать сбор вещественных памятников у сахалинских айнов. Культура этой группы айнов была, в то время, практически не изучена и Виктор Николаевич решил последовать совету этого известного учёного. Он вернулся 8 июля из г. Саппоро в порт Отару и вскоре, 10 июля, был уже в г. Отомари, расположенном на юге о. Сахалин. Благодаря конкретной помощи российского вице-консула В.В. Траутшольда из г. Хакодатэ (о. Хоккайдо), В.Н. Васильеву было оказано губернатором о. Сахалин разностороннее содействие. Во-первых, ему была предоставлена льготная оплата передвижения железнодорожным и морским транспортом; во-вторых, было дано распоряжение местным властям об оказании помощи собирателю, а в третьих - с ним мог отправиться на всю поездку чиновник г. Сасаки, ведавший делами айнов и владевший айнским языком. Первоначально Виктор Николаевич решил обследовать и собрать этнографические предметы у айнов восточного побережья. Работа здесь оказалась очень напряжённой и, ему не хватало времени даже на ведение полевого дневника. Но, тем не менее, результаты её были весьма плодотворны, вопреки предсказаниям в Токио русского посла А.М. Малевского.

Первые, небольшие приобретения этнографических предметов были сделаны В.Н. Васильевым в с. Большой Такой, расположенном недалеко от административного центра о. Сахалин г. Тоёхара (бывшее русское селение Владимировка, ныне г. Южно-Сахалинск). Среди предметов оказался первый ткацкий станок, и у собирателя появилась надежда на успешную работу. На другой день, 14 июля 1912 г. Виктор Николаевич отправился поездом из г. Тоёхара до конечной железнодорожной станции г. Сакаэхама. Отсюда на лошадях и лодке он совершил в течение недели несколько поездок как в небольшие селения (Рёри, Найбучи, Айхама), так и в более крупные (Одасан, Сирарока). Из первых трёх селений более успешным оказались сборы в с. Рёри и совсем неблагоприятными в с. Айхама. С продвижением на север восточного побережья острова собирательская деятельность стала приносить ощутимые результаты. В с. Одасан, благодаря помощи местного полицейского В.Н. Васильеву удалось приобрести не только значительную по объёму коллекцию, но первые предметы культа (*инау*, ритуальные палочки - *икуниси* для кропления саке и поднятия усов при питие священного напитка, изображение духа охранителя детей, амулеты, бубен шамана и т.д.). Успешный сбор этих предметов продолжился 20 июля в большом селении Сирарока. Здесь наряду с праздничной утварью были приобретены -

икуниси, инау различного назначения, шаманский головной убор и ряд других вещей. Несколько культовых предметов было собрано в ближайших от Сирарока селениях Мануэ и Охакотан. Дальнейшее продвижение на север из-за разбросанности поселений айнов, трудности передвижения не имело смысла и В.Н. Васильев, воспользовавшись попутным пароходом, отправился на юг острова в с. Тоннайча. Здесь удалось приобрести не только предметы культа, но и женскую одежду из нерпичьих шкур, ткацкий станок с тканью в процессе изготовления (большую редкость уже в то время) и клетку для выращивания медвежонка к медвежьему празднику. Очень сокрушался Виктор Николаевич о том, что ему не удалось приобрести там уникальные намогильные памятники. «Не могу простить до сих пор японским чиновникам в сел. Тоннайча, - писал он заведующему Этнографическим Отделом Николаю Михайловичу Могилянскому, - айнских могильных памятников, которые там ещё сохранились. Будь там вместо высших чиновников простой городовой, хоть один памятник я, несомненно, достал бы».(8) В основном же представители местной администрации, как неоднократно отмечал В.Н. Васильев, старались помочь ему в его собирательской деятельности.

После успешных сборов на восточном побережье он собирался продолжить их в западной части острова. «Теперь, - писал он 29 июля 1912 г. Н.М. Могилянскому,- могу сообщить Вам о первых результатах работы, показывающих, что пророчества посла не сбудутся и, надеюсь, сообщение это уже не обескуражит, как оно могло бы, если бы я не написал Вам в Токио. Собрано мной пока вещей свыше 500 номеров. Надеюсь, что западный берег, куда направляюсь я завтра, также даст № 300-400».(9) Это предположение В.Н Васильева вполне оправдалось. Несмотря на значительные изменения в культуре айнов западного побережья комплектование этнографических памятников здесь проходило весьма успешно. В с. Маука в течение дня айны сами приносили ему как предметы, относящиеся к материальной и духовной культуре. При приобретении *инау* «хозяев жилища» Виктор Николаевич даже участвовал в обряде моления божествам с окроплением священным напитком саке. В сборе и упаковке собранных в этом селении экспонатов существенное содействие ему оказал помощник старосты Кавамура Асакичи и учитель айнской школы Куросава Сецуя. Особенно продуктивными на западном побережье оказались сборы в большом с. Тарантомари. Здесь удалось приобрести не только амулеты, различные *инау*, "медвежий" пояс, комплекс предметов медвежьего праздника, уникальный шест с места ритуального убиения выращенного медведя, но и намогильные памятники. Денег оставалось уже немного и В.Н. Васильев, закончив здесь работу, отправился в административный центр о. Сахалин – г. Тоёхара. Во время небольшой поездки он забрал заказанные им предметы в с. Сакаэхама, провел съёмку в с. Большой Такой и приобрёл там *инау*, предназначенное "хозяину" жилища, которое долго искал в других селениях. Серьёзной опорой в собирательской деятельности В.Н. Васильева, как на Сахалине, так и на о. Хоккайдо были конкретные рекомендации и советы, данные ему в Токио епископом Сергием. Весьма ценными для него оказались также рекомендательные письма профессора геологического факультета Токийского университета Джимбо Котора. К нему Виктор Николаевич обратился от имени русских геологов Н.Н. Тихановича и Полевого.

По завершении очень плодотворной работы на Сахалине В.Н. Васильев отправляется 14 августа 1912 г. на о. Хоккайдо. После принятия в Хакодатэ груза, пришедшего с Сахалина, он в сопровождении археолога г. Коно отправился через г. Томакомай, с. Сарабуто в с. Пиратори. Здесь, также как в последних селениях на Сахалине, айны в течение четырёх дней сами приносили экспонаты. Причём это были жители не только с. Пиратори, но и соседних селений. Так что Виктору Николаевичу не удалось из-за большой занятости по оформлению поступивших предметов посетить, кроме с. Нибутани, другие населённые пункты айнов. В течение пяти дней им было собрано свыше 800 этнографических предметов айнов о. Хоккайдо и только недостаток финансовых средств, приостановил 24 августа 1912 г. дальнейший процесс приобретения.

Результатом успешной собирательской деятельности В.Н. Васильева среди айнов двух островов – Сахалина и Хоккайдо, согласно финансовому отчёту, стало коллекционное собрание, состоящее из 1835 номеров и около 2500 предметов. Из них свыше 1000 предметов было собрано у айнов Сахалина и свыше 800 – на Хоккайдо. Большинство этнографических предметов уже в то время было большой редкостью, и собирательская деятельность В.Н Васильева оказалась весьма своевременной. Его коллекции составляют основу собрания РЭМ по культуре айнов.

Последними, по времени, в 1948 году поступили в Российский этнографический музей айнские коллекции московского Государственного музея народов СССР, закрытого в том же году на основании Постановления Совета Министров РСФСР.

Айнский фонд московского музея комплектовался из двух основных источников. Основу его составили четыре коллекции Дашковского этнографического музея, основанного в 1867 году при Публичном и Румянцевском музее, влившиеся в последствии в состав Музея народов СССР и две коллекции Антропологического музея Московского Государственного Университета /МГУ/, переданные в Музей народов СССР в 1932 году. Всего 6 коллекций общей численностью 220 номеров и 235 предметов.

Собирателями этих коллекций были А.Е. Олоровский, И.А. Лопатин, П.П. Вержбинец, и Б.О. Пилсудский.

Первая коллекция по айнам поступила в Дашковский музей в 1877 г. от российского консула в Нагасаки А.Е. Олоровского. Собрана она была у сахалинских айнов. Коллекция А.Е. Олоровского первоначально насчитывала 60 номеров и 78 предметов и включала в себя орудия рыбной ловли, предметы, связанные с ткачеством из древесного луба, разнообразную утварь, мужские и женские халаты и другие предметы одежды, музыкальный инструмент - *тонгори*, а также *инау*.[10]

В 1883 г. от горного инженера Иннокентия Александровича Лопатина, командированного на Сахалин для геологических изысканий была получена в дар небольшая коллекция айнских предметов, собранных в 1867 г. в селениях Ай, Найбучи и Такой. Всего 8 предметов, главным образом украшений: подвески к серьгам и поясу, пуговицы из янтаря и агата, а также кольцо костяное, используемое при стрельбе из лука. В том же году им было подарено музею 6 снимков /типажи/, переснятых с фотографий, сделанных в 1868 г. фотографом Г.Гарязиным в селении Найбучи.

В 1896 г. из Музея прикладных знаний /ныне Московский Политехнический музей/ был передан музыкальный инструмент. Последней по времени в 1902 г. была приобретена в Дашковский музей коллекция Петра Пантелеймоновича Вержбинца.

Территория Сахалина, служившего местом ссылки, была поделена на округи, имевшие свои посты. Старшим смотрителем одного из таких постов - Корсаковского и был П.П. Вержбинец. Человек образованный и, по-видимому, не чуждый научных интересов, он собрал на территории своей округи - южной части Сахалина у айнов, проживающих по берегам Охотского моря и Татарского пролива "подробную и разнообразную", - как он сам писал - коллекцию айнских предметов.[11] Эту коллекцию он одновременно предложил в Дашковский музей в Москве и в Этнографический отдел Русского музея в Петербурге. Дашковскому музею помогла приобрести ее Ю.П. Базанова, известная своей благотворительностью. Коллекция П.П. Вержбинца состояла из 102 этнографических предметов и пяти скульптурных композиций выполненных японским мастером из мастики, изображавших различные сцены из жизни айнов: медвежий праздник, айнскую усадьбу, рыболовов, собачью нарту, айна и айнку. К сожалению, эта часть коллекции не сохранилась, но имеются фотографии, дающие представление о том, как она выглядела.(см. фотографии ниже)

В коллекции П.П. Вержбинца большое место занимала: мужская, женская и детская одеждаиз луба, крапивного полотна, рыбьей кожи и собачьего меха. В коллекции имелись орудия охоты и рыболовства, а также различные инструменты, среди них - каменный топорик и долото, и целый ряд предметов, связанных с ткачеством из волокон крапивы. Широко была представлена разнообразная утварь из дерева. Значительное место в его собрании занимали предметы культа: *инау* и *икуниси*, шаманский бубен, обтянутый рыбьей кожей, корытце для кормления медведя, деревянное изображение медведя – *исо*, обвитое стружками-*инау*, которое хранилось как талисман для удачи в охоте на медведя. В описи коллекции, составленной самим П.П. Вержбинцем, хранящейся в архиве РЭМ, имеются сведения о бытовании вещей, а также приводятся айнские названия предметов.[12]

Из Этнографического отдела Антропологического музея МГУ в Музей народов СССР поступили 2 коллекции. Это, прежде всего, коллекция, приобретенная известным исследователем айнской культуры Б.О. Пилсудским на Японской выставке в Лондоне в 1910 г., где ее представляли восемь айнов с Хоккайдо. Коллекция была собрана в юго-восточной части Хоккайдо в долинах рек Сару и Момбецу. Первоначально она состояла из 111 номеров 124 предметов. Вещевой материал коллекции был представлен следующими комплексами: охота, рыболовство, домашние занятия, утварь. Значительное место в коллекции занимали циновки, плетенные из камыша и травы и сумки из того же материала. Имелась в коллекции, приобретенной Б.О.Пилсудским, одежда, предметы, связанные с курением табака и *инау*. Среди них женское *инау*, посвященное духу домашнего очага; *инау*, приносимые в жертву духу дома и другим духам. Целый ряд предметов был связан с культом медведя и медвежьим праздником, среди них церемониальный головной убор - *сапаунпэ*, японская лакированная посуда для разливания и питья сакэ на медвежьем празднике и *икуниси*. В обнаруженной в Архиве "Краткой объяснительной записке к вещам", составленной Б.О. Пилсудским, приводится терминология на айнском языке и краткая информация о назначении вещей.[13]

Вторая коллекция, поступившая из Антропологического музея МГУ, значилась как "коллекция айнских предметов, неизвестно кем приобретенных". В ней было 7 номеров.[14]

Коллекции бывшего московского Музея народов СССР имели сложную судьбу. Фактически музей перестал существовать уже в 1943 г., когда здание музея было передано другой организации, и фонды в течение длительного времени не имели стационарного помещения.[15] Все это привело к тому, что когда московские коллекции в 1948 г. поступили в РЭМ (тогда он именовался Государственный музей этнографии), то часть экспонатов и документации были утрачены. В частности оказалась утраченной Книга поступлений бывшего Музея народов СССР, куда был зарегистрирован под новыми номерами айнский фонд Дашковского этнографического музея. Отсутствие значительной части документации по айнскому собранию бывшего Музея народов СССР внесло путаницу при регистрации московских коллекций в РЭМ. Так, предметы из коллекции А.Е. Олоровского, И.А Лопатина и П.П. Вержбинца оказались ошибочно зарегистрированными как переданные 1923 года из Выставочного комитета. Часть предметов из их коллекций ошибочно значилась в описи как собранные Б.О. Пилсудским. Четыре предмета числились как дар Н.Л. Гондатти.

В результате проведенной атрибуции удалось выявить и опознать значительную часть экспонатов из этих коллекций. О том, как первоначально выглядела айнская коллекция Дашковского музея, дают представление фотографии, сделанные с экспонатов в 1918 году (РЭМ 8764 № 22512 - 22533) и рисунки, выполненные тушью и акварелью в 1913 году художницей Н.М. Павловской, хранящиеся в иллюстративном фонде РЭМ (8764 № 22537-22561). В настоящее время по уточненным данным коллекция Б.О. Пилсудского насчитывает 70 номеров, И.А. Лопатина –8, П.П. Вержбинца и А.Е. Олоровского свыше 120 номеров.

Коллекционное собрание Российского этнографического музея не только объемно по количеству вещевого материала, но разнообразно по тематике. В нём представлено несколько комплексов системы жизнеобеспечения айнов. И среди них: рыболовство, охота, орудия обработки дерева, ткачество из крапивного волокна и луба, утварь, пища, табакокурение, средства передвижения, одежда, украшения, игрушки. Особую группу составляют ритуальные и культовые предметы, в том числе комплекс вещей, связанных с медвежьим праздником и погребальным обрядом.

ПРЕДМЕТЫ ПО ТЕМАТИКЕ
Предметы по занятиям

Значительную часть собрания РЭМ составляют предметы, связанные с основными занятиями айнов: рыболовством, охотой и морским зверобойным промыслом. Рыба составляла основу их пищевого рациона в течение всего года. Коллекция музея по рыболовным орудиям дает довольно полное представление и об объектах рыболовства, и о способах добычи рыбы. Прежде всего, это различные сети и сетевые снасти на кету, горбушу, сельдь, мелкую рыбу и крабов (Колл.№ 2814 - 64,65; № 2815 - 68, 69 - 73; № 5110 - 24; № 6756 - 90), а также крючковая снасть: удочки и крючки для ловли кеты, камбалы и мелкой рыбы (Колл.№ 2815 -40, 41, 42, 44, 45, 47, 59, 63; №.2815 - 63).

Среди них имеются удочки для подледного лова (Колл.№ 2815 - 43,54), пешня для разбивания льда (Колл.№ 2815 - 58), крюки для вытаскивания рыбы (Колл.№ 2815 - 55,60). При ночной рыбалке пользовались берестяными факелами (Колл.№ 2814 - 45/аб) и стрелами с копьевидными наконечниками. Одна из таких стрел была приобретена у айнов Хоккайдо (Колл.№ 2814- 41).

Ни один из собирателей не обошел своим вниманием оригинальную острогу со съемным крюком - *марек* (Колл.№ 64 - 22; № 2814 - 42-43; № 2815 - 65; № 8761 - 10176,10179,11358). *Марек* была у айнов Сахалина и Хоккайдо излюбленным орудием лова лососевых. Аналогичным орудием пользовались береговые коряки и нивхи.

Крупную рыбу айны ловили с помощью гарпунов, наконечники к которым также имеются в коллекциях (Колл.№ 2814 - 47/1-4; № 2815 - 58; № 8761 - 10178).

Вторую по значимости роль в хозяйственном цикле айнов играла охота, основными объектами которой были олени, кабарга, медведи. Охотились и на пушных: лисиц, выдру. В коллекциях РЭМ представлен основной комплекс охотничьих орудий, используемых айнами в конце Х1Х - начале ХХ вв.: самострелы, копья, луки и стрелы. Для охоты айны применяли стрелы, наконечники которых смазывали ядом. В коллекциях В.Н.Васильева и Б.О. Пилсудского есть ряд предметов, связанных с приготовлением яда (Колл.№ 5102 -201,126; № 8761 - 10228).

Одним из интереснейших охотничьих приспособлений, использовавшихся айнами вплоть до начала ХХ в., были манки, служившие для подманивания копытных во время гона. Два таких манка - костяной и деревянный были приобретены на Хоккайдо В.Н. Васильевым (Колл.№ 2814-27,28). Кроме того, в коллекциях имеются предметы охотничьего снаряжения: сумки из медвежьего меха и домотканины (Колл.№ 2814 - 5,6,7); нарукавники охотничьи из меха медведя (Колл.№ 2814 - 62/1,2), ножи для сдирания шкурок пушных животных, один из которых, сделанный из кости, украшен точечным орнаментом (Колл.№ 2814 - 32).

Добычу переносили в своеобразных "рюкзаках" - *понягах*. Делали их либо из развилки дерева (Колл.№ 2815 - 15), либо в виде прямоугольной рамы из дощечек (Колл.№ 2814 - 21) и носили на лямках за спиной. Подобные вещи широко бытовали у народов Восточной Сибири, на Амуре и Сахалине. Для переноски груза айны использовали также специальные плетеные верёвки. Широкая часть верёвки охватывала лоб, а груз, располагавшийся на спине, обвязывали концами верёвки.

Зимой на охоту айны Сахалина и Хоккайдо надевали для хождения по глубокому снегу ступательные лыжи овальной формы, состоящие из деревянного ободка, переплетенного ремнями (Колл.№ 64 - 13/1-2; №. 2814 - 38,39; № 8761 - 10185). У айнов Сахалина, кроме того, бытовали охотничьи лыжи, подбитые оленьим камусом (Колл.№ 2815 - 13), шкурой молодого сивуча (Колл.№ 2815 - 14) и лыжи голицы (Колл.№ 2815 - 12/1-2; № 6756 - 31/1-2). Лыжи голицы использовались для хождения по снегу и езде на собачьей упряжке. Сахалинских айны также как нивхи и ороки, садились на нарту верхом, ставя ноги на лыжи, в руках при этом держали по тормозу (Колл.№ 2815 - 2).

Для сахалинских айнов была характерна упряжка "елочкой" амуро-сахалинского типа, когда собаки пристегивались к потягу короткими ремешками. В коллекциях РЭМ по сахалинским айнам имеется два полных комплекта упряжи на 6 и 7 собак (Колл.№ 2815 -3,5) и ошейники. Некоторые из них украшены бисером и кисточками из окрашенного в красный цвет меха нерпы (Колл.№ 2815 - 6,11).

Айны Хоккайдо в качестве транспортного животного использовали лошадь. В коллекции В.Н.Васильева есть седло, приобретенное им в с.Нибутани (Колл.№ 2814 - 2).

В меньшей степени, чем сухопутной охотой, айны занимались морским зверобойным промыслом. Охотились весной с помощью гарпунов с костяными наконечниками (Колл.№ 62 -12; № 2815 -51,58), а также гарпунами *китэ* со съемным металлическим наконечником (Колл.№ 64 - 23; № 2815 - 49,58,67). Гарпуны и наконечники к гарпунам были собраны у сахалинских айнов. На Сахалине же в 1912 году была приобретена деревянная колотушка, которой добивали нерпу у лунок-отдушин (Колл.№ 2815 -75). Аналогичное орудие использовали сахалинские нивхи.

Подсобную роль в хозяйстве айнов Сахалина и Хоккайдо играло земледелие и собирательство, которым занимались женщины и дети. Среди земледельческих орудий в коллекциях имеются грабли, серпы для срезания травы, мотыги для прополки огорода и вскапывания поля. Особый интерес вызывают примитивные архаические орудия: "серпы" из раковин моллюсков для срывания колосьев (Колл.№ 2811 -35,36) и мотыга, служившая для выкапывания картофеля и клубней дикорастущих растений в виде палки- копалки (Колл.№ 2810-58), приобретённая в с. Большой Такой.

Пища

Айнам были хорошо известны полезные свойства растений, многие из которых они употребляли в пищу: морскую капусту, клубни сараны, дикий лук, стебли зонтичных (Колл. № 5102 - 49-53; № 6756 - 11), другие растения использовали в качестве лекарств. В.Н. Васильевым была собрана на Сахалине большая коллекция лекарственных трав и снадобий, изготовляемых из рыбьих пузырей, желчи сивуча, раковин, древесных гнилушек, дающая представление о медицинском опыте айнов (Колл.№ 5102 -198,200; № 5110 -208; № 209 -229; № 6756 -47,48). К сожалению, собирателем были зафиксированы в основном айнские названия растений, применяемых при тех или иных заболеваниях.

Некоторые виды растений айны употребляли для курения, наряду с покупным табаком, приобретаемым у русских и японцев.

В.Н. Васильев приводит название одного из таких растений на айнском языке: *ойаки метани*

(Колл.№ 5110-44). Табак курили и мужчины, и женщины. Сахалинские айны пользовались в основном самодельными трубками с деревянной или каменной чашечкой (Колл.№ 2808 - 16, 7-23), а айны Хоккайдо - покупными японскими (Колл.№ 2809 - 9,11,13). Трубки хранили в специальных деревянных футлярах (Колл.№ 2808 - 29,31; № 4926 -125). Кроме того, в коллекциях имеются кисеты для табака из рыбьей кожи и ткани (Колл.№ 2808-9,10), а также деревянные табакерки цилиндрической формы (Колл.№ 2808 - 25-28; № 2809 - 9,10-13). К ним обычно прикреплялись узкие дощечки, украшенные рельефной резьбой, в отверстии которых закрепляли трубки. Дощечки закладывали за пояс. Оригинальны по форме трутницы из кожи нерпы и осетра (Колл.№ 64- 10; № 2808- 15; № 2815 - 24; № 3006- 49) и мешочки для ношения на поясе кисета, трута и огнива, сшитые из нерпичьей кожи и украшенные меховой мозаикой и бусинами (Колл.№ 2808 - 4, 5-8).

Домашние промысла

Много внимания уделялось собирателями айнских коллекций домашним промыслам: обработке дерева, ткачеству из лубяных и крапивных нитей, изготовлению циновок. Собрание РЭМ содержит значительное количество различных инструментов. Большую часть их составляют плотницкие инструменты: молотки; сверла; тесла, используемые для изготовления лодок; ножи для строгания, резьбы, а также ножи для изготовления посуды, с изогнутым лезвием (Колл.№ 2810-69; №2811- 46). Кроме того, в коллекциях имеются кузнечные меха, напильники, правилки для зубьев пилы, клееварки, то есть весь тот необходимый набор инструментов, который позволял мужчине построить дом, сделать нарту, изготовить посуду и т.п.

Обработкой волокнистых растений (крапивы, луба), ткачеством, шитьем одежды и плетением циновок занимались женщины. В коллекциях музея имеются инструменты, использовавшиеся в процессе обработки волокнистых растений: скребки для чесания крапивы из раковин морских моллюсков (Колл.№ 2810-5,6; № 8761-10239), волокна и нити из крапивы и луба, веретена и резные дощечки для наматывания готовых нитей.

Для тканья полотна айны пользовались узконавойным горизонтальным станком. При работе конец вытканного полотна привязывался к вогнутой дощечке, одеваемой на пояс, а другой конец крепился к специальному колышку, врытому в землю (Колл.№ 2810-39, 44; № 3006-17а-д; № 8761- 10187).

Для изготовления поясов и мужских перевязей к саблям пользовались маленькими ткацкими станочками (Колл.№ 2810- 18; №2811- 16,17).

Циновки и сумочки плели из камыша и травы на вертикальных станках, представлявших собой деревянную планку, с зарубками через которые пропускали веревки с камнями - грузилами на концах (Колл. №2810 - 89; №2811- 57,58). Циновки и сумочки украшались узорами из окрашенного в черный цвет луба. Аналогичные станки для плетения циновок бытовали у нанайцев, а в Западной Сибири у хантов и манси.

В собрании РЭМ имеется свыше 20 айнских циновок длиною от 70см до 4,5 м. Циновками украшали стены легкого каркасного, обшитого тростником и соломой жилища айнов, их стелили на пол. Убранство дома дополняли сумочки из травы для хранения вещей, деревянные подголовники, утварь из дерева, бересты и сивучьих желудков. По стенам крепились деревянные крюки, на которых развешивалась одежда.

Украшением дома служила японская лакированная посуда, которой пользовались только в особых случаях. Все эти вещи имеются в собрании РЭМ. Особым многообразием и вариативностью отличается коллекция деревянной утвари. Это цельнодолблённые ковшики, черпаки, ложки, рукояти некоторых из них украшены тонколинейной резьбой, а также корытца, миски и тарелки. Среди них плоские тарелки круглой, квадратной и прямоугольной формы со скругленными краями. У многих тарелок внутренняя поверхность украшена резным орнаментом (Колл.№ 2812- 22-25,28,30,34,35; № 2813 - 15; № 4926 - 54,76,77; № 8761- 10206,10207).

Одежда

Большую часть собрания РЭМ по культуре айнов составляет одежда, причем численно преобладает коллекция, собранная у сахалинских айнов.

Материалы Российского этнографического музея не только дают полное представление о традиционном костюме айнов Сахалина и Хоккайдо, но и позволяют выявить его локальные особенности.

В собрании музея имеется летняя и зимняя мужская, женская и детская одежда, как повседневная, так и одевавшаяся в торжественных случаях.

В конце XIX - начале XX веков айны Сахалина, в отличие от айнов Хоккайдо, использовали для шитья одежды не только лубяное и крапивное полотно и покупную ткань, но и рыбью кожу, шкуры нерпы, сивуча и собаки, что нашло отражение в собрании музея. В коллекциях, собранных на Сахалине имеются женские халаты из рыбьей кожи (Колл. №64 - 33; №2806 - 23; №5110 - 120, 121; № 8762 - 17089), зимняя женская одежда из меха нерпы (Колл. №2806 - 19, 97), шубы из собачьего меха, которые носили мужчины и мальчики (Колл. № 2806 - 55,73; № 5110 - 117-119; № 8762 - 17081).

Зимний мужской костюм сахалинских айнов дополняли наголенники из меха собаки (Колл.№ 2806 -55,73; № 5110 -158,159-162; № 6756 - 54; № 8762 -17122) и юбки из рыбьих кож и нерпичьих шкур (Колл.№ 2806 -51; № 5110 -155; № 8762 -17091,17092). Их надевали в дорогу на собачьих упряжках. Аналогичные вещи бытовали у нивхов.

Значительную часть сахалинской коллекции, собранной главным образом В.Н. Васильевым, составляют халаты, сшитые из крапивного полотна. В коллекциях более ранних, относящихся к концу XIX – началу XX вв., приобретенных А.Е. Олоровским, П.П.Вержбинцем и П.Ю.Шмидтом, представлена в основном одежда из лубяного полотна.

Большую ценность представляют мужские церемониальные халаты из выбеленной крапивной ткани. Все они относятся к типу *тетарапе*[16] (буквально - белый предмет). Особенность этой одежды заключалась в ее декоративном оформлении. Она украшалась вышивкой и аппликацией. На ворот, нижнюю часть пол, концы рукавов и подол этого типа одежды нашивались полосы из черной ткани. Иногда они украшались вышивкой цветными нитями. Вдоль них располагался ступенчатый аппликативный орнамент из того же материала (Колл.№ 2806 -44,64, № 5110 -128,129,131-133,139-140). На одном экземпляре подобной одежды вышивкой украшен также и аппликативный орнамент (Колл.№ 2806-65). Мотив узоров - растительный. Другой вариант декорирования этого типа одежды заключался в том, что помимо ворота, нижней части пол и подола, вышивкой украшалась нижняя и верхняя часть спинки и переда халатов, а аппликация отсутствовала (Колл.№ 2806 - 66; № 5110 -122).

В собрании РЭМ по айнам Хоккайдо преобладает одежда из покупной японской ткани. В коллекции представлены все известные типы халатов, встречавшиеся у айнов Хоккайдо.[17]

Аттус - халаты из лубяной ткани, часть из которых украшена аппликативным орнаментом и вышивкой по аппликации (Колл.№ 2807 -38,55; № 5102-133 -136). *Чикаркарпе* - халаты из цветной хлопчатобумажной ткани, украшенные в той же технике - аппликации и вышивки (Колл.№ 2807 -33; № 5102 - 137,141,142).

Чижири - одежда из синей хлопчатобумажной ткани, декорированная вышивкой (Колл.№2807 -67; № 5102 -138). В "Объяснительной записке", хранящейся в архиве РЭМ, Б.О.Пилсудским приводится другое название этого типа одежды - *чининнинуп*" и сообщается, что "одежда…из японской материи с айнскими узорами…ныне самая распространенная".[18] В сахалинской коллекции имеется только один халат подобного типа (Колл.№ 5110-125). В целом, одежда сшитая из ткани, и, как правило, не украшенная составляет очень незначительную часть собрания по сахалинским айнам.

В коллекциях музея имеется один экземпляр одежды *руунпе* (Колл.№ 8762 -17086), характерной для айнов, живших в районе залива Функа–ван в селениях Мори, Дате, Якумо[19] и несколько церемониальных халатов, именуемых *капарамип*, приобретенных в селении Пиратори на Хоккайдо. Они сшиты из темной ткани и украшены белым аппликативным орнаментом в виде завитков. Согласно сведениям В.Н. Васильева, приведённым в коллекционной описи (Колл.№ 2807-49; №5102 - 139, 140, 143), *капарами*п является также "одеждой стариков и погребальной одеждой". Традиционный костюм айнов Сахалина и Хоккайдо состоял, помимо халатов, из обуви (причем в сахалинской коллекции преобладает обувь из кожи нерпы, сивуча, и рыб), наголенников, головных уборов и поясов. Частью женского костюма являлись передники из ткани, а также головные повязки. На Сахалине носили открытые головные уборы в виде обруча из ткани и меха. Их украшали вышивкой, аппликацией, бисером, обшивали мехом. На Хоккайдо носили головные повязки, завязывавшиеся на затылке. Украшались такие повязки вышивкой. Все эти вещи широко представлены в собрании РЭМ.

Нижняя одежда представлена в коллекциях мужскими штанами (Колл.№ 2807 -66; № 5102 -146,147) и женскими рубахами глухого покроя (Колл. № 2807 - 26,27) собранными у айнов Хоккайдо.

Разнообразна коллекция женских украшений (Колл.№ 2806 - 7, 8, 9; № 2807 - 1 -5, 8 -11, 13 -15, 17,18), большая часть которых была приобретена на Хоккайдо. В основном все они относятся к двум типам: шейным и шейно- нагрудным. Первый, наиболее многочисленный тип, представляет собой полоску ткани, на которую нашиты металлические бляшки (Хоккайдо). У сахалинских айнов она дополнялась длинной подвеской, украшенной гардой (цуба) от японского меча. Второй тип – это шейно-нагрудные украшения из крупных стеклянных бус, дополненных ажурной металлической бляхой.

Воспитание детей

В фондах музея имеются предметы, связанные с детским воспитанием. Это - колыбели, приобретённые у айнов о. Хоккайдо (Колл.№ 2813 -1; № 3006 -45; № 4926 -130), детские игрушки сахалинских айнов (Колл.№ 2812 -189, 190 -192 ; № 5102 -30-32, 178-186, 188-195; № 5110 -190, 191), деревянные валики, собранные у айнов о. Хоккайдо, использовавшиеся при переноске детей за спиной (Колл.№ 2813 -6, 13; № 3006 -46). Наибольший интерес в этом комплексе представляют две деревянные куклы, изображающие женщину (Колл.№ 2812 -189) и мужчину (Колл.№ 2812 -190), которые, по-видимому, осмыслялись одновременно и детскими охранителями.

Духовная культура

Уникальную часть собрания Российского этнографического музея составляют предметы, характеризующие духовную культуру айнов. Особый интерес вызывает комплекс предметов связанных с медвежьим праздником. Медведь занимал одно из центральных мест в культовой практике айнов. Он, по их представлениям, выступал посредником между миром божеств, миром людей и природой, оказывая тем самым влияние на удачу в промыслах и благополучие людей. В честь выращенного в неволе медведя устраивался праздник, обставлявшийся особой торжественностью.

Большую и чрезвычайно интересную коллекцию предметов по медвежьему празднику собрал на Сахалине и Хоккайдо В.Н. Васильев. Ценным дополнением к ней служат предметы, приобретенные Б.О.Пилсудским и П.П.Вержбинцем. Это, прежде всего, вещи связанные с содержанием медведя, а также ритуальные предметы, используемые на медвежьем празднике. Среди них редким и уникальным экспонатом является клетка для выращивания медвежонка – *исоцо* (Колл.№ 2816 -113/а-л), приобретенная в селении Тоннайча в 1912 г. Из вещей, относящихся к содержанию медведя имеется корытца для кормления этого животного в клетке и на празднике (Колл.№ 2816 -63,64; № 5102 -298; № 5110 -192; № 8762 -11368), намордник (Колл.№ 8761-15882) и ремень для вождения медвежонка (Колл.№ 2816 -67), деревянная игрушка для медвежонка (Колл.№ 8761 -10253). Представляют интерес ритуальные украшения - наушники и пояс из жгутов травы (Колл.№ 2816 - 62,84), надевавшиеся на медведя. Кроме того, в коллекциях имеются палка, которой "дразнили" медведя (Колл.№ 2816 - 65) и лук со стрелами, использовавшиеся в ритуале "отправления" души медведя в гору.

Другую группу предметов, имеющих отношение, в том числе и к медвежьему празднику, составляет мужская церемониальная одежда – халаты *капарамип* и *тетарапе*, безрукавки *дзинбаори* (Колл.№5110 -142,143), головные уборы из древесных стружек. Все эти предметы, как отмечал собиратель В.Н. Васильев, надевал человек, произносивший прощальное слово медведю (Колл.№ 2816 -59,61), и стрелявший в медведя на празднике (Колл.№ 2816 -60; №2817 -52,53,55; №5102 - 295,296; № 8761 -10288).

В память о медведе, ставилась священная изгородь из *инау*. Такая изгородь была привезена В.Н.Васильевым в 1912 г. с Хоккайдо (Колл.№ 2817 -56). На изгородь вешались циновки, на которых укреплялись ритуальные колчаны, модели сабель, развешиваемые на специальных перевязях, вытканных из волокон крапивы. Подобными же вещами украшались стены дома, во время праздника. Все эти предметы широко представлены в коллекциях музея. Среди них особый интерес вызывает перевязь, концы которой украшены вышивкой в виде стилизованных антропоморфных фигур (Колл.№ 2816 -86).

Часть коллекции по медвежьему празднику составляет японская лакированная посуда для разливания и питья саке. Её старались приобрести многие собиратели.

Важнейшую роль не только на медвежьем празднике, но и при выполнении айнами многих обрядов и ритуалов играли специально заструженные в одном или нескольких местах священные палочки *инау*. Культ *инау* охватывал практически все стороны жизни айнов. В коллекционном собрании музея насчитывается 107 священных палочек, отличающихся по форме, размерам и назначению. Самой большой группой среди них являются 20 *инау*, использовавшихся айнами селения Пиратори (Хоккайдо) во время молений при обращении к божествам (Колл. №2817 –12-24; № 3006 -59; № 5102-299,300 -302/2,303,304). Лучшими при молениях духам гор, тайге, реке у айнов считались *кикэ парисе инау*, имеющие длинные стружки (Колл.№ 2817 -32,38/ав,39/ав). Приобретены они были в том же селении. Значительный интерес представляют 8 *инау*, предназначенные духу – хозяину жилища (Колл.№ 2816-3/а-д, 6, 7, 29, 47; № 2817 - 30,31; № 3006 -60) и 7 - хозяйке жилища (Колл.№ 2816 -4/ав, 5/ас,9,15-17,20). Вместе с ними, чаще всего, ставили инау с длинным пучком стружек на верхнем конце (Колл.№ 2816 -8,19,32). Они были собраны В.Н.Васильевым у сахалинских айнов. Им же на о. Сахалин было приобретено 8 инау, изготовленных в связи с заболеванием членов семьи владельцев этих священных предметов. Наиболее интересными из них являются *такуса инау* из селений - Охакотан, Сирарока и Тоннайча (Колл.№ 2816 -11,14/а,22/ав,31/а-с,44). Как отмечал М.М. Добротворский, "*инау* такого типа в случае тяжёлого заболевания делались шаманом, который во время камлания мог с их помощью и через своих шаманских духов – помощников выяснить способы лечения тяжело заболевших".[20] От "злых" духов, виновников болезни, айны старались защитить своё жилище (Колл.№ 2816 - 23,24,25,30/ав), и особенно вход в него (Колл.№ 2817 - 29/1,2, 34/а-е; № 3006 -58).

Весьма почиталось айнами двух островов (Сахалина и Хоккайдо) божество домашнего очага, которому обязательно жертвовали *инау*. Несколько экземпляров таких *инау* (Колл.№ 2816 - 26, 27; № 2817 -27, 28; № 3006 -61/1-4, № 5102 -307) имеется в фондах музея.

Для удачного промысла рыбы сахалинские айны делали *инау* «хозяину» лодки (Колл.№ 2816 - 12), а айны о. Хоккайдо – альбатросу, находившемуся всегда рядом с передвигающимися в море косяками рыбы (Колл.№ 2817 -35,36).

Успешная охота на сухопутных животных во многом зависела, как считали айны, не только от меткости пущенной из лука стрелы, но и от яда растения аконит, которым смазывали наконечник стрелы. Поэтому, посвящая специальное *инау* духу - хозяину ядов (Колл.№ 2817 -33), они надеялись на его «помощь». Священные палочки айны устанавливали по случаю наступления Нового года (Колл.№ 2816 -76/ав)», на могиле умерших сородичей (Колл.№ 2816 –18), прикрепляли к предметам почитания (Колл. № 5102 –308).

Важнейшее место *инау* занимали в празднике медведя сахалинских айнов (Колл.№ 2816 -111/ав,112/ав, № 5110 –193,194 -196) и айнов Хоккайдо (Колл.№ 2817–56/а2,в,с,д,е/26). Здесь особенно ярко проявлялась посредническая функция этих сакральных предметов между божествами и людьми.

Аналогичной посреднической функцией в культовой практике айнов обладали священные палочки – *икунись* (Сахалин) или *икупасуй* (Хоккайдо). Остроконечная часть их, согласно представлениям айнов, являлась "языком", с помощью которого при выполнении обрядового действия передавалась божествам молитва конкретного человека. При бескровном жертвоприношении божествам – ритуальном «кормлении», так же как и перед обращением к ним с молитвой, остроконечную часть палочки - *икунись /икупасуй* окунали в священный напиток - *сакэ*, приготовленный из проса, и затем кропили им в том направлении, где, по представлениям айнов, это божество находилось. После кропления мужчины, совершающие обрядовое действие, выпивали из чашки остатки священного напитка. При этом они приподнимали свои усы священной палочкой *икунись /икупасуй*, что послужило основанием называть её – «палочкой для поднимания усов».

Существующее в РЭМ коллекционное собрание палочек *икуниси /икупасуй*, состоящее из 213 предметов, - одно из крупнейших в мире. Основная его часть была собрана в 1912 году В.Н.Васильевым на Хоккайдо (преимущественно в селение Пиратори, немного в Нибутани) и на Сахалине (селения – Маука, Тарантомари, Тоннайча, Мануэ, Б. Такой, Сирарока, Одасан, Никольское). Девять предметов, полученных в 1948 году из фонда бывшего московского Музея народов СССР, собрали в начале XX в Б.О. Пилсудский (о. Хоккайдо) и П.Вержбинец (о. Сахалин).

При общем для всех священных палочек *икуниси /икупасуй* функциональном назначении они отличаются большим многообразием декоративного оформления, имеющим, по данным исследователей, определённую смысловую нагрузку. Наиболее распространённым орнаментальным мотивом как у айнов Хоккайдо (Колл.№; 2813, №; 2817, №; 3006, №; 5102, №; 6756, №; 8761 –10242-10246,10373), так и у сахалинских айнов (Колл.№; 2812, №; 3006, №; 5110, №; 8761 -10266) был криволинейный и прямолинейный геометрический узор, выполненный в технике рельефной и многогранной резьбы. Чередующиеся друг с другом орнаментальные узоры располагались, особенно у айнов о. Хоккайдо, по всей поверхности палочки. У этой группы айнов нередким был растительный (Колл.№ 5102-227, 237,259), а иногда и зооморфный орнамент (Колл.№ 2813 -99,100,101; № 5102 -209,250). Но, чаще всего встречались изображения ящериц (Колл.№ 2812 -157,179), змей (Колл.№ 2812 -165,167; № 5110 -232, 236, 238, 240, 242,243,247,248,254,257,260, 262,265,280), рыб (Колл.№2812 -169,171,172; № 5110 -277), китов (Колл.№ 2812-175,181; № 5110 -252; № 8761 -11374,11375). Изображения медведей на священных палочках вырезали в основном сахалинские айны (Колл.№ 2812–156,158,161,167,168,177; № 5110-230,254). У них же В.Н.Васильевым были приобретены очень редкие священные палочки, сделанные из изогнутых веточек с сучками, изображающих переплетающихся или ползущих змей (Колл.№ 2812 -163-166; № 5110 -247,257,260,262,264,265). Он же собрал у айнов о. Хоккайдо особые праздничные палочки – *икуниси*, с застружками на поверхности (Колл.№ 5102-272,276 -279,285). Возможно, под влиянием японцев айны Сахалина и Хоккайдо стали окрашивать и лакировать поверхность *икуниси* в чёрно-красный цвет (Колл.№ 2813 -99; № 3006 –7; № 5102 - 231, 232, 247, 256; № 5110 -259). Особую ценность в собрании РЭМ представляют *икуниси / икупасуй*, имеющие " знаки предков" (*экаси итокпа*) и передававшиеся по наследству. Личные знаки (*сирось*) айны вырезали на нижней поверхности *икуниси / икупасуй* . По этим знакам, как считали айны, божества всегда могли узнать человека или семью, приносившую бескровную жертву и, впоследствии, в знак благодарности, послать им удачу в промысле или выполнить просьбу.

Наряду с "добрыми" божествами в окружающем мире, согласно представлениям айнов, обитали многочисленные существа и духи – виновники бед, несчастий и болезней. В течение всей жизни человека айны пытались при помощи различных предметов сакрального назначения «защитить» себя от их вредоносного влияния. Особую заботу айны проявляли по отношению к детям, и это подтверждается экспонатами РЭМ по культуре этого народа. Из 30 различных амулетов и «охранителей», собранных в основном В.Н.Васильевым на Сахалине и немного на Хоккайдо, 9 – непосредственно относятся к миру детства. Для облегчения родов айны о. Хоккайдо обматывали живот роженицы кишками медведя (Колл.№ 2817 -100), надеясь на помощь этого животного, который занимал важнейшее место в их культуре. Весьма интересными среди детских сакральных предметов являются два маленьких самострела, которые в качестве «охранителя» ребёнка подвешивались к люльке (Колл.№ 2816 -38; № 5110 -199). При боли в области пуповины, появившейся возможно в результате образовавшейся у младенца грыжи, ему привязывали на живот повязку из полосы ткани с пришитой пуговицей, расположенной напротив пупка (Колл.№ 5110 -204). Защитной функцией обладали и браслеты, сшитые из тонких полосок ткани с бисером на концах (Колл.№ 2816 -93/1,2). Интересно, что использование бисера в качестве «охранителя» при изготовлении, как детских, так и взрослых браслетов широко распространено на Северо – Востоке Сибири у чукчей и коряков. Бисер айны пришивали и к своеобразным медальонам - подвескам круглой (Колл.№ 2816 -95, 96,101) или ромбовидной формы (Колл.№ 2816 -100), которые одевали на шею ребёнку при появлении боли в груди.

При аналогичном заболевании и боли в спине айнские женщины носили на груди повязку из тёмной ткани с лямками на плечах и переплетением из полосок ткани на груди (Колл.№ 5110- 207). Спереди, на лицевой поверхности повязок нашивали одну горизонтальную полоску из красной ткани (Колл.№ 6756 -44), две полоски из светлой ткани - в виде креста, либо криволинейный геометрический орнамент из тонких пучков травы (Колл.№ 2816 -103).

Женские нагрудные подвески сахалинских айнов, одеваемые при болезни сердца, напоминают детские медальоны и подвески в виде медальонов, одеваемые на шею при заболевании груди. Одна из них представляет маленькую ромбовидную подушечку из ткани с металлическим украшением круглой формы в центре и двумя маленькими полуовальными полосками, украшенными бисером по краям (Колл.№ 2816 -98), другая – деревянный, ажурный кружок на ремешках из ткани с полуовальными полосками из ткани в месте крепления кружка с ремешками (Колл.№ 2816 -99). Некоторое сходство с последним имеет один из амулетов, который женщины носили при боли в шее (Колл.№ 2816 -97).

Другие амулеты, одеваемые айнскими женщинами о. Сахалин при заболевании шеи или в целях профилактики этого заболевания, представляют собой полоску тёмной ткани, с камешком внутри мешочка, тремя бусинами и пучками красной бахромы на концах (Колл.№ 2816 -14).

Подобного рода полосу черной ткани с горизонтальной полоской из красновато-оранжевой ткани одевали на Сахалине при появлении боли в горле (Колл.№ 5110 -205,206).

Сходная с ней, но украшенная орнаментом – зигзаг из светлой ткани, расположенным на красной полоске, является повязка от головной боли с о. Сахалин (Колл.№ 5110-203). Другие же тканевые повязки, которые носили мужчины при головной боли, имели на лицевой стороне переплетение из травы (Колл.№ 5110 -201, 202). При том же заболевании айны Сахалина надевали головные уборы, основой которых был обруч из полосы ткани с перекрестием из двух пучков травы на макушке и орнаментом из травы на ткани (Колл.№ 2816-91, 92). На о. Хоккайдо женщины, страдающие головными болями «для лечения одевали» на голову стружки – инау (Колл.№ 2817 -37/2). Амулеты и «охранители» нередко изготавливались айнами по указанию шаманов, к которым они обращались в случае заболевания.

Коллекционное собрание РЭМ по шаманизму весьма незначительно - всего 8 предметов. Основная их часть (5 предметов) была собрана В.Н.Васильевым на Сахалине, а 3 – там же П. Вержбинцем. Три бубна из этого собрания, аналогичные бубнам нивхов, проживающим на Сахалине, были приобретены в селениях – Одасан и Никольское (Колл.№ 2816 -48; № 5110 -200; №8761 -11370). Подвеска к бубну (Колл.№ 8761 -11372), принадлежащая нивхам, была ошибочно отнесена регистраторами к культуре айнов.[21] Ритуальные шаманские головные уборы из древесных стружек были собраны В.Н.Васильевым у сахалинских айнов в с. Б.Такой и Сирарока (Колл.№ 2816 -49,50,51). Шаманские обряды, связанные с лечением больных айны устраивали по мере необходимости.

В том случае, когда «помощь» амулетов, «охранителей», оберегов и шамана оказывалась безрезультатна и больной умирал, айны проявляли заботу об умершем, с тем, чтобы его душа смогла успешно достичь мира мёртвых. Вера айнов в существование потустороннего мира и продолжение жизни в нём служила основанием для обеспечения покойников сопроводительным одительным инвентарём. В фондах музея имеется несколько таких предметов (Колл.№ 2817 -8,9/1,2,10,40-42,44; № 6756 -17), в том числе орнаментированные лубяные верёвки для связывания (Колл.№ 2817-4,5; № 5102 -292,293) и переноски вещей к месту погребения (Колл.№ 5102 -288,289 -290). Лубяные налобные повязки, предназначенные для переноски вещей умершего, обязательно украшались геометрическим орнаментом (Колл.№ 5102 –291). Из всех предметов погребального культа айнов, собранных В.Н. Васильевым, наибольшую сложность в приобретении представляли намогильные памятники. Возможно, это было связано с представлениями айнов о том, что намогильные столбики «являлись духом – проводником умершего»[22] сопровождавшим его в мир мёртвых. Однако, несмотря на это, В.Н. Васильеву удалось приобрести мужские и женские намогильные памятники как на Сахалине (Колл.№ 2816 -1,2), так и на Хоккайдо (Колл.№ 2817 -1,2). Обязательным элементом таких памятников были специальные, пестрые веревки, сплетённые из волокон луба (Колл.№ 2817 -3; № 5102 -287).

ФОТОКОЛЛЕКЦИИ

Важнейшим дополнением к вещевой айнской коллекции Российского этнографического музея служат фотоколлекции. Всего в собрании РЭМ 274 фотографии, на которых запечатлены пейзажи Сахалина и Хоккайдо, население, различные типы хозяйственных и жилых построек айнов, основные занятия - рыболовство и охота, средства передвижения, одежда и украшения, медвежий праздник. Самая ранняя коллекция, состоящая из 6 снимков, была отснята в 1868 году фотографом Г.Гарязиным у сахалинских айнов. Но основу фотоколлекции составляют фотографии В.Н.Васильева (139 штук) и Б.О.Пилсудского (120 штук). Позднее, в 1980-х годах они были дополнены ещё 9 фотографиями, отснятыми в 1888 г. на Хоккайдо.

В целом собрание Российского этнографического музея, состоящее из 24 вещевых коллекций, насчитывает 2600 предметов. Оно отличается комплексностью и тщательностью в подборе этнографических памятников. Содержащийся в ней вещевой материал, фотодокументы, а также фактологические и терминологические сведения, имеющиеся в коллекционных описях, позволяют в полной мере охарактеризовать традиционный предметный мир айнов на тот период времени, когда их культура ещё в значительной степени не утратила своей этнической специфики. Современная культура этого народа, живущего на о. Хоккайдо – севере Японии, почти не отличается от культуры японцев. Лишь маленькие островки – этнографические деревни дают возможность познакомиться с яркой, традиционной культурой айнов. Поэтому коллекции Российского этнографического музея - ценнейший источник не только для исследователей культуры этого народа, но и для представителей данного этноса.

Примечание

(1) *Архив Российского Географического общества*. Ф.1, оп.1,№ 10, л.2.

(2) *Там же*. Л.5.

(3) *Шмидт П.Ю.* Рыбы восточных морей Российской империи. СПб., 1904. С. 54.

(4) *Шмидт П.Ю.* О сахалинских рыбных промыслах. Русское судоходство. 1904, № 8. С. 87

(5) *Там же*. С. 48.

(6) *Архив РЭМ*. Ф. 1, оп. 2, № 57, л. 91 об.

(7) *Там же*.

(8) *Там же*. Л. 85.

(9) *Там же*. Л.92 об.

(10) Отчет Московского Публичного и Румянцевского музеев за 1876 - 1878 гг., М., 1879. С 141-143.

(11) Архив РЭМ, ф. 1, оп. 2, № 65, л. 1.

(12) Архив РЭМ, ф. 5, оп. 2, № 81, л. 45-49.

(13) Коллекция № 5. Архив РЭМ, ф. 5, оп. 4, № 292.

(14) Коллекция № 36. Архив РЭМ, ф. 5, оп. 4, № 311, Л. 75-76.

(15) *И.И Шангина*. Русский фонд этнографических музеев Москвы и Санкт-Петербурга. История и проблемы комплектования 1867-1930 гг. СПб., 1994. Л. 140.

(16) *Жеребцов Б.А.* Материалы исследований Б.А. Жеребцова по этнографии айнов Южного Сахалина /1946-1948/. Южно-Сахалинск, 1988. С. 61.

(17) *Kodama M.* Clothing and Ornamentation. // Ainu Spirit of a Northern People. Washington, 1999. P. 117-119

(18) Архив РЭМ. Ф.5, оп.4, № 282. Л.99.

(19) Данная информация предоставлена Т. Кохара – руководителем отдела Центра по исследованию культуры айнов Хоккайдо.

(20) Добротворский М.М. Айнско – русский словарь. Казань, 1875. Приложение 1. С. 43.

(21) См. Архив РЭМ. Ф. 5, оп. 4, д. 92. Л.20.

(22) Спеваковский А.Б. Духи, оборотни, демоны и божества айнов. М.,1988. С. 150.

ロシア民族博物館のアイヌコレクション

V.V.ゴルバチョーヴァ・I.A.カラペトヴァ

Ⅰ．コレクションについて

ロシア民族博物館（以下REM）のアイヌ文化のコレクションは世界最大のものである。そのコレクションの収集が始められたのは、皇帝アレクサンドルⅢ世記念ロシア博物館の新たな民族学部の創設と時を同じくしている。

REMのアイヌ資料収集活動の最初は、1902年に朝鮮・サハリン調査団長で著名な魚類学・動物学者のピョートル・ユーリエヴィチ・シュミットが博物館に寄贈したコレクションである。1899年12月、シュミットはロシア帝室地理学協会の調査隊を指揮した。その目的はロシア極東地域の海洋魚類の研究と、沿海州及びサハリン沿岸における海洋漁業の開発の可能性を調査することにあった。[1]この課題の重要性に鑑み、調査隊の資金の一部はニコライⅡ世自らの指図により支出された。[2] 3人のメンバーからなるこの調査団の調査は1899年12月から1901年10月に及び、その間に作業はピョートル大帝湾（現ソビエトスカヤカバニ）、朝鮮、日本ならびにサハリンにおいて行われた。調査期間中、豊富な資料が収集され、それによって太平洋水域の生物の系統的研究の基礎が築かれることになり、シュミットは学界において広く知られることとなった。シュミットによって同時に、動物学、昆虫学、植物学、鉱物学、そして民族学資料も収集された。シュミットは学術的に広い視野をもつ人物であったため、彼の活動地域に居住している諸民族の鮮烈でユニークな文化を見逃すことはなかった。彼はロシア博物館民族学部（1934年までREMはロシア博物館の一部であった）に、朝鮮、日本、アイヌの文化に関する4つのコレクションを納めた。狩猟、漁撈、日用品、衣服に関する39項目、42品目にわたるアイヌ・コレクションは、サハリン西岸のマウカにおいて収集されたものである。シュミットがマウカに赴いたのはニシン肥料工場を研究するためであったが、彼は海洋魚操業に通暁するためにサハリン西岸及び東岸の主要な地点を調査した。その調査ルートはマウカ―クシュンナイ―マヌイ―ナイブチ―コルサコフであった。マウカからナイブチに至る全行程は沿岸部と森の小道を徒歩で踏破した。[3]

1901年サハリンには60の事業主の所有する190の漁場があり、うち116は日本人のもの、71がロシア人のもの、3つがアイヌのものであった。[4]シュミットはアイヌの生活条件を調査して次のように書いている。「この国の原住民アイノは漁撈において駆逐されて絶滅しつつある…、我々は彼らの毛皮獣を奪ってしまい、…毛皮獣は森林火災のために遠い山地に追われてしまった」。[5]

V.N.ヴァシーリエフ

民族学的には、20世紀の初めまでアイヌの文化は十分に研究されていたとは言えないが、とはいえ一連の研究、特にフォークロアと言語に関する興味あるものは出されていた。20世紀初めからアイヌ文化の系統的研究と明確な目的をもった博物館資料の収集が始まった。

1912年にはアレクサンドルⅢ世記念ロシア博物館民族学部は初めての、そして残念ながら最後のアイヌ調査を組織し、それを実施したのはロシア科学アカデミー人類学・民族学博物館（クンストカメラ）の職員、帝室地理学協会正会員、REMの臨時職員のヴィクトル・ニコラエヴィッチ・ヴァシーリエフであった。民族学部は彼にサハリンと蝦夷（北海道）に居住するアイヌのもとで博物館資料を収集することを委任した。ヴァシーリエフはシベリア各地での豊富な調査経験を有していたため、この任務の遂行を喜んで受け入れた。この決意の背景には、直前の1910－1911年にアムール川下流域およびサハリンのニヴフ、ウィルタのもとで行った文化遺産の調査・収集活動の成功があった。民族学部によって組織されたこの調査は事実上、多民族の混住する複雑な地域であるサハリンにおいて未知の民族のフィールド調査をするための別な準備段階となったのである。

ヴァシーリエフは1912年5月9日、アイヌ調査に向けてペテルブルグを出発した。彼はシベリアの南部と南東部を列車で経由して5月23日にハバロフスクに到着し、プリアムーリエ総督のニコライ・リヴォーヴィッチ・ゴンダッチと会見した。総督はヴァシーリエフの通関手続きを容易にするために尽力し、それまで再三面倒をみてきた日本人たちに先々で協力してもらえるよう取り計らうことを約束した。翌日ヴァシーリエフは、ニコラエフスク経由でウラジオストクに向けて蒸気船で出帆し、そこから義勇艦隊の蒸気船で6月14日、日本に向けて出港した。港町の敦賀から列車で米原と横浜を経由して、東

京に辿り着いたのは6月16日であった。当初の計画ではヴァシーリエフは、東京には日本側官憲とロシア大使館との若干の組織上の問題解決のために短期間滞留の予定であったが、状況の変化のために3週間に延びた。ロシア大使A.M.マレフスキーとの会見は、ヴァシーリエフを些か落胆させるものであった。大使は非常に厳しい口調で、ヴァシーリエフ調査の日本派遣について旧知のトルストイ伯爵を含め民族学部の誰からも事前の協議がなかったという不満を表明した。その他にもこの会見中、大使は日本語、スペイン語、ないし英語の訓練や知識がなければ、調査は失敗間違いなしだろうと強調した。「私は、あなたがアイヌの許で何も得られないであろうことを確信する」と大使は述べた。(6)ヴァシーリエフが、多くは大使も含めて彼に対して与えられる支援如何であると反論したところ、大使はこう答えた。「もし、あなたが何がしかを収集することができるとしたら、それはまったくの奇跡であろう」。(7)しかしながら、後で大使はヴァシーリエフに2通の紹介状を認めてくれた。1通は東京博物館宛、もう1通は東京大学地質学部の神保小虎教授宛であった。神保小虎教授はロシア人の地質学者N.N.チハノヴィッチとポレヴォイからも紹介されていた。神保教授がヴァシーリエフにくれた紹介状は非常に役立った。そのうちの1つは札幌在住の英国の宣教師でアイヌ文化に通暁しているジョン・バチェラー宛、もう1つはサハリン総督宛てであった。

ヴァシーリエフは日本の首都での長期滞在中、調査に必要な通訳探しに奔走した。そのために絶大な協力を惜しまなかったのは、ロシア正教使節団主任司祭のセルギー主教と正教会男子神学校（セミナリヤ）校長瀬沼イヴァン（恪三郎）で、二人は神学校の内藤教官に話をし、調査同行を許可してくれたが、アイヌの主たる居住地である北海道に向けて出発できたのは、学生たちの期末試験が終わった後の1912年7月3日になってからのことであった。北海道に到着したヴァシーリエフたちはロシア副領事のヴァシーリィ・ヴァシーリエヴィッチ・トラウトショリドに歓迎され、彼は当地での収集活動の必要性に理解を示してくれた。翌日、調査団は港湾都市函館から文化・行政の中心都市である札幌に向け出発した。札幌ではトラウトショリド副領事の紹介状と、同行者河野常吉のおかげで北海道庁や住民と自由に接触することができ、また、英国の宣教師バチェラーと会見したが、彼は物品の収集はサハリン島から開始するのがよかろうと助言した。サハリンのアイヌは当時、事実上調査がなされておらず、ヴァシーリエフは彼の助言に従うことにし、7月8日に札幌から小樽に戻り、ほどなくして7月10日にはサハリン南部の大泊に到着した。

ヴァシーリエフのサハリン調査

在函館ロシア副領事トラウトショリドの具体的な配慮のおかげで、ヴァシーリエフはサハリン知事から全面的な援助を受けることが出来た。まず第一に、鉄道と海上交通の割引運賃による移動が認められ、第二に現地の各機関にヴァシーリエフに対する協力が要請され、第三には、アイヌ事情に通暁し、アイヌ語を操ることの出来る佐々木氏が全行程を随行することになった。

ヴァシーリエフはまずサハリン東岸から民族資料の収集をはじめることとしたが、そこでの作業は非常に忙しく、フィールド日記をつける時間さえ足りないくらいであった。しかし、それだけに、在東京ロシア大使マレフスキーの予言に反して、作業の結果は実り多きものであった。最初の若干の民族資料は、サハリンの行政の中心地豊原（旧ロシア人村ヴラジーミロフカ、現在のユジュノ・サハリンスク）にほど近いボリショイ・タコイで収集したが、一連の資料とともに織機を入手できたことは幸先がよかった。

7月14日、ヴァシーリエフは豊原から鉄道で終点の小邑栄浜まで行った。そこから1週間の間、馬車と舟を使って近隣の小邑（リョーリ、ナイブチ、アイハマ）や少し大きな集落（オダサン、シラロカ）へ数回の調査旅行を実施した。前者3村のうちリョーリでの収集が最もうまくいったが、アイハマは不首尾であった。東岸を北上するにつれて、結果は好調だった。オダサンでは地区の巡査から大きな援助を受けたことにより、多数の資料が得られたばかりでなく、初めて儀礼用具（イナウ、飲酒の際に酒を振り撒き、髭を持ち上げるためのイクニシ、子供のお守りの偶像、護符、シャマンの太鼓等）を入手することが出来た。このような好調は7月20日の大邑シラロカまで続いた。そこでは祭祀具と並んで笹ーイクニシ、様々な目的用のイナウ、興味深いシャマンの頭冠、その他の物品を入手することが出来た。シラロカ近傍のマヌエとオハコタンの集落においてはいくつかの儀礼用具を収集することが出来た。

それよりさらに北上することは、アイヌ集落が稀になることや移動が困難であることから無意味であると考え、ヴァシーリエフは南部のトンナイチャ行きの船舶に便乗した。トンナイチャでは儀礼用具のみならず、アザラシ皮製の女性服、織りはじめの布のセットされた織機（当時既に希少価値であった）、クマの檻等を入手した。ヴァシーリエフはそこで墓標を得ることが出来なかったことをいたく嘆いた。「今でもトンナイチャの日本の官

憲どもを許すことは出来ない」と彼は民族学部長のニコライ・ミハイロヴィッチ・モギリャンスキー宛てに書いている。「まだそこにはアイヌの墓標が残されていたのだ。そこにいたのが官憲の高官ではなく平の巡査であったなら、墓標の一つくらい入手できたはずだった」。[8]

ヴァシーリエフが一度ならず記しているように、地方行政当局の代表たちは、基本的に彼の並々ならぬ作業に助力を惜しまなかった。ヴァシーリエフはサハリン東岸での収集活動が上手くいった後、西岸での作業の継続を予定していた。1912年7月29日、モギリャンスキーに宛てて次のように記している。「今日、大使の予告が的中しなかったことを示す最初の作業結果について、貴官に報告申し上げます。そして、貴官に東京からは書信を認められないかもしれませんが、この報告をもちまして貴官には落胆なきよう願っております。これまでのところ500点を超える物品を収集することが出来ました。明日出発する西岸においても300～400点程度は収集できるものと存じます」。[9]

このヴァシーリエフの予測はかなり的中したといえる。西岸のアイヌの文化的状況は著しい変化を蒙っていたとはいえ、民族学的資料の収集は非常に順調に進んだ。マウカでは一日中アイヌが自ら物質文化や精神文化にかかわる品物を持参してきたのである。ヴァシーリエフは住居の守護神のイナウを入手する際にはカムイノミにも参列した。この村での文化財の収集と梱包には、助役のカワムラ・アサキチとアイヌ学校の教師クロサワ・セツヤが助力してくれた。西岸においてとりわけ収集が首尾よく進んだのは、大邑タラントマリであった。そこではお守りや多種多様のイナウ、クマ用帯、クマ送り用祭具セット、クマの儀礼的屠殺場に立てられる杭ばかりでなく、墓標も入手できた。資金の残りも少なくなったため、ヴァシーリエフはそこで作業を打ち切り、豊原に向かった。豊原からは短い旅行をして、栄浜で注文していた物品を引き取り、ボリショイ・タコイでは写真撮影をしたり、家の守護神のイナウを入手したが、それは他の村で長らく探し求めていたものであった。サハリンでも北海道でも、ヴァシーリエフの収集活動にとって非常に役立ったのは、東京でセルギー主教からもらった推薦状と助言であり、ロシアの地質学者チハノフスキーとポレヴォイからの紹介で赴いた東京大学地質学部の神保小虎教授からの推薦状も極めて有効であった。

ヴァシーリエフの北海道調査

ヴァシーリエフはサハリンにおける実り多い調査を終えて、1912年8月14日、北海道に向かった。サハリンから到着した貨物を函館で受け取った後、ヴァシーリエフは考古学者の河野常吉とともに苫小牧、沙流太を経て平取に行った。そこではサハリンの最後の村々で経験したように、4日間でアイヌが自ら収蔵品となる品々を持参してきた。しかも、平取ばかりでなく近隣の集落からもであった。ヴァシーリエフは収集物の登録に追われて多忙であったため、二風谷以外には近隣の集落を訪れることが出来なかった。5日間に北海道アイヌの民族学資料800点以上を収集したが、資金が底をついたため、8月24日に収集作業を終了せざるを得なかった。

ヴァシーリエフの出張報告によれば、サハリン、北海道の二島のアイヌの許での順調な収集作業の成果は1835項目の2,500点からなるコレクションであった。そのうち1,000点以上がサハリンアイヌ、800点以上が北海道アイヌのものであった。民族学的資料の大半が当時既に貴重な稀覯品であったから、ヴァシーリエフの収集活動は全くもってタイムリーであった。其のコレクションはREMのアイヌコレクションの主要部をなし、まさにREMの至宝と言える。

モスクワ国立ソ連邦諸民族博物館のコレクション

1948年、モスクワの国立ソ連邦諸民族博物館がロシア連邦閣僚会議の決議で閉鎖されたことに伴い、同館のコレクションがREMに委譲された。この博物館のアイヌ・コレクションには2つの大本がある。その主体となっているのは、1867年に公共・ルミャンツェフ博物館に付設され、後にソ連邦諸民族博物館に合併されたダシコフ民族学博物館の4つのコレクションと、モスクワ国立大学人類学博物館の2つのコレクション（1932年にソ連邦諸民族博物館に委譲された）である。6つのコレクションは合計で220項目、235点である。

これらのコレクションの収集者は、A.E.オロロフスキー、I.A.ロパーチン、P.P.ヴェルジュビーネッツ、そしてB.ピウスツキである。最初のアイヌ資料は、1877年、在長崎のロシア領事オロロフスキーから届けられたもので、それはサハリンアイヌの許で集められた。オロロフスキーのコレクションは当初60項目78点あり、それには様々な日用品類、漁具、靭皮織物の関連用具、男女の着物やその他の衣服、楽器トンコリ並びにイナウを含んでいた。[10]

1883年、地質探査のためにサハリンに出張していた鉱物技師インノケンチ・アレクサンドロヴィッチ・ロパーチンから若干のアイヌ資料が受納された。それは1867年にアイ、ナイブチ、タコイで収集されたもので、全部で

8点、主に装身具、すなわち、耳飾やベルト、琥珀や瑪瑙製のボタン、弓を射る際に使用される骨製指輪である。同年、ロパーチンによって1868-69年にナイブチ集落で写真技師G.ガリャージンの撮影した写真のコピー6葉が博物館に寄贈された。

1896年、モスクワ応用科学博物館（現モスクワ技術工学博物館）から楽器の納入があった。

1902年、最後にダシコフ博物館が取得したのは、ピョートル・パンテレイモノヴィッチ・ヴェルジュビーネッツのコレクションである。サハリンは流刑地であったため、哨所を有する管区に分割されていた。そのような哨所の一つであるコルサコフ管区の上級監視員であったのが、P.P.ヴェルジュビーネッツである。教養を有し、おそらく学問的関心に無縁でなかった彼は自分の管区である南サハリンのオホーツク海岸とタタール海峡の沿岸に住むアイヌの、彼自身の表現では、「詳細で多岐にわたる」コレクションを収集していた。(11) ヴェルジュビーネッツはこのコレクションを、ダシコフ博物館とロシア博物館民族学部に同時に寄贈を申し入れた。このコレクションをダシコフ博物館が取得する上で助力をしたのが、モスクワにおける慈善活動で著名なYu.P.バザノヴァであった。ヴェルジュビーネッツのコレクションは物品102点と彫刻の連作5点であるが、後者はクマ送り、アイヌの屋敷、漁師、犬橇、アイヌの男女などアイヌの生活のさまざまな場面を表現している。これらは日本の芸術家がパテで制作したものであるが、残念ながら彫刻は残存せず、その実物をしめす写真が残されている。

ヴェルジュビーネッツのコレクションで重要なのは、鞣皮、イラクサ繊維、魚皮、犬の毛皮製の男性服、女性服と子供服である。木製の調度品や道具類も広範に揃っており、その中には石製の斧とノミ、イラクサ繊維の織機一式がある。また、狩猟や漁撈用具も揃っている。さらに、儀礼関連用具として魚皮を張ったシャマンの太鼓、クマ給餌用の桶、クマ猟の護符であるキケで覆われたクマの木偶イソ・イナウ、その他のイナウやイクニシなども多くを占めている。REMの文書庫に保管されているヴェルジュビーネッツ自身の作成になるコレクション台帳には、物品の使用状況やアイヌ名称が記されている。(12)

モスクワ大学人類学博物館民族学部からソ連邦諸民族博物館に引き渡されたのは2つのコレクションで、そのひとつは、アイヌ学者B.ピウスツキが1910年のロンドンにおける日本博覧会で入手したものである。これには北海道アイヌ8人が参加し、コレクションは北海道南東部の沙流川と門別川の流域で収集されたものである。当初それは111項目、124点、狩猟、漁撈、家内作業、日用品などの資料で、大半を占めるのはフトイや草製のゴザや同じ材料でつくられた鞄である。ピウスツキのこのコレクションには衣服、喫煙具類もあるが、重要なのはイナウである。その中には炉のカムイに捧げる女性用イナウ、窓に吊り下げるイナウ、そして飲酒の際に家やその他のカムイに捧げられるイナウなどもある。クマ送りに関連する一連の資料のなかには、儀礼用の頭冠サパウンペ、クマ送りの際の飲酒用の漆器、イクニシなどがある。古文書のなかにあったピウスツキ作成の「簡略物品説明書」にはアイヌ語名称と使用目的に関する簡単な情報が記されている。(13)

モスクワ大学人類学博物館から取得された2つ目のコレクションは「収集者不明のアイヌ物品コレクション」と記載された7点である。(14)

モスクワの旧ソ連邦諸民族博物館のコレクションは複雑な運命を辿ることとなった。同博物館は建物が他の機関に委譲された1943年に事実上活動を停止した。そして、収蔵品は長期間定まった建物を有しなかった。(15) そのために、1948年にこのコレクションがREM（当時、国立民族学博物館と称していた）に届けられた時には、収蔵品や書類の一部は散逸していた。特に、判明したことは

ダシコフ民族学博物館のアイヌ・コレクションが旧ソ連邦諸民族博物館で新たな番号で登録されたときの登録台帳が紛失していたことだった。そのために、旧ソ連邦諸民族博物館からREMが入手したコレクションの登録については混乱が生じ、例えば、オロロフスキー、ロパーチン、ヴェルジュビーネッツのコレクションが、1923年に博覧会委員会から委譲されたものとして誤って登録され、一部はピウスツキのもの、4点はゴンダッチの寄贈品とされた。

個別鑑定を実施した結果、これらのコレクションのうちの大半について由来を解明をすることが出来た。当初ダシコフ民族学博物館のアイヌ・コレクションと思われたことに関しては、1918年にコレクション資料を撮影した写真（Col.№8764-22512-22533）、墨と水彩による絵画（Col.№8764-22537-22561）が手がかりとなった。この絵画は1913年に画家N.M.パヴロフスカヤによって描かれ、REMの絵画資料室に保管されていたものである。現在、確認できたデータによれば、ピウスツキ資料は70点、ロパーチンは8点、ヴェルジュビーネッツとオロロフスキーのものは120点余である。

Ⅱ．テーマ別資料

ロシア民族学博物館の収集品は数量が膨大であるばかりでなく、テーマも多岐多様であり、アイヌが生活を維持するうえでのいくつかの体系が認められる。すなわち、漁撈、狩猟、木工具、イラクサや靭皮繊維の織物、日用品、食物、喫煙具、移動手段、衣服、装飾品、玩具である。特別なまとまりをなしているのは儀礼や信仰の資料であるが、そのなかにクマ送りと葬儀にかかわる一連の資料がある。

【生業】

REMのコレクションの大部分はアイヌの主要な生業、すなわち、漁撈、狩猟そして海獣狩猟に関するものである。魚は食糧として、通年基本的なものであった。REMの漁具コレクションは漁撈の対象についても、漁獲方法についても十分な情報を提供してくれている。それはまず、シロザケ、カラフトマス、ニシン、雑魚類、カニ漁に使う多種の魚網、魚網用具（Col.№2814-64,65；№2815-68,69,73；№5110-24；№6756-90）であり、また、シロザケ、カレイ、雑魚漁用の釣竿や釣針（Col.№2815-40,41,42,44,45,47,59,63；№2815-63）である。その中には氷下漁の釣竿（Col.№2815-43,54）、氷穴あけの鉄棒（Col.№2815-58）、魚を引き上げる鉤（Col.№2815-55,60）がある。夜間の漁撈には樺皮の松明（Col.№2814-45/a, b）

や槍状の尖端の矢が使されたが、そのうちの一つは北海道アイヌの許で収集されている（Col.№2814-41）。

特異な銛マレク（Col.№64-22；№2814-42,43；№2815-65；№8761-10176,10179,11358）に注意を払わなかった収集者は一人としていなかった。マレクはサハリンと北海道のアイヌが好んで使ったサケ・マス用漁具であり、同じ名称の類似した漁具は海岸コリャークとニヴフが使用していた。

大型魚の捕獲には銛を使用したが、その先端部がコレクションに入っている（Col.№2814-47/1-4；№2815-58；№8761-10178）。生業で第2に重要だったのは狩猟であり、その主たる獲物はシカ、ヘラジカ、ジャコウジカ、クマである。キツネ、カワウソといった毛皮獣も狩猟対象であった。REMコレクションには、アイヌが19世紀末から20世紀初めに使用していた仕掛け弓、槍、弓矢といった狩猟具の基本的なものが揃っている。アイヌは狩猟に毒矢を使用した。ヴァシーリエフとピウスツキのコレクションには毒を調合する道具類がある（Col.№5102-126, 201；№8761-10228）。

アイヌが20世紀初めまで使用していた狩猟具として、繁殖期のシカを捕獲するための囮がある。骨製と木製の2つの囮をヴァシーリエフは北海道で入手している（Col.№2814-27, 28）。その他にも、コレクションの中にはクマの毛皮のカバン、手織り布製のカバン（Col.№2814-5,6,7）、クマの毛皮製の狩猟用籠手（Col.№2814-62/1,2）、皮剥用ナイフ（そのうちの1つは骨製で斑点状の装飾が施されている）（Col.№2814-32）。

獲物は独特なリュックサック様の背負い子で運んだ。その骨組みは二股の木であったり（Col.№2814-15）、長方形の板づくりの枠であったりする（Col.№2814-21）が、肩の吊り紐で背負うようになっている。同様の仕掛けは東シベリアやアムール・サハリン地域の諸民族の間で広くみられる。重い荷物を運ぶのにアイヌは特別な編紐を使った。その広い部分を額にかけ、紐で背中に背負った荷物を縛った。

サハリンと北海道のアイヌは冬季、深雪での狩猟には楕円形の木枠に縄を結びつけたカンジキを使用した（Col.№64-13・1-2；№2814-38,39；№8761-10185）。サハリンアイヌには、トナカイの足の毛皮（Col.№2815-13）や若いセイウチの毛皮（Col.№2815-14）を張った狩猟用スキーや、裏張りのないスキー（Col.№2815-12/1-2；№6756-31/1-2）がある。裏張りのないスキーは雪上歩行や橇での移動に使用された。サハリンアイヌに

は、アムール・サハリン型の犬橇が普及しており、橇に跨り、両足は橇の滑走板にのせ、両手にブレーキを握った（Col.No.2815-2）。

サハリンアイヌではアムール・サハリンタイプの「ヨールカ」型の牽引が特徴的であったが、これは犬を短い革紐で牽綱に矢はず状につなぐのである。

REMのサハリンアイヌのコレクションには橇犬用の索具と首輪が6頭用と7頭用の2組ある（Col.No.2815-3,5）。首輪のうちのいくつかには、ビーズ玉と赤く染色したアザラシの毛皮の房飾がついている（Col.No.2815-6,11）。

北海道アイヌは輸送手段として馬を使用した。ヴァシーリエフのコレクションには二風谷で入手した鞍がある（Col.No.2814-2）。

アイヌでは海獣狩猟は陸獣狩猟ほどには盛んでなかった。春に骨製の銛先の付いた銛（Col.No.62-12；2815-51,58）や鉄製の着脱式銛先のついた銛（キテ）（Col.No.64-23；No.2815-49,58,67）で狩猟した。銛と銛先はサハリンアイヌでも収集されている。サハリンでは1912年に氷上の呼吸穴でアザラシを獲った木槌（Col.No.2815-75）が収集されているが、同じものはサハリンのニヴフも使用していた。

サハリンと北海道アイヌの経済活動において農耕と採集は副次的であり、女性と子供の仕事であった。農具としてはまぐわ、草刈鎌、除草や耕作用の鍬がある。特に興味深いのは古めかしい道具、すなわち、貝殻の穂摘み具（Col.No.2811-35,36）、ボリショイ・タコイで入手されたジャガイモや野草の根を掘る掘棒状の鍬（Col.No.2810-58）である。

【食糧】

アイヌは有益な植物を知悉しており、その多くすなわちコンブ、クロユリの鱗茎、野生のネギ、セリ科植物の茎など（Col.No.5102-49-53；No.6756-11）は食用とし、他に薬用とした。ヴァシーリエフはサハリンで薬草や魚の浮き袋、トドの胆嚢、貝や朽木でつくられた民間薬を多量に収集しており、それによってアイヌの医術的な経験を知ることができる（Col.No.5102-198,200；No.5110-208,209-229；No.6756-47,48）。残念ながら、疾病で服用される植物名は基本的にアイヌ名で記されている。

アイヌはロシア人や日本人から入手した煙草と並んで、ある種の植物を煙草として用いた。ヴァシーリエフはその一つをアイヌ語でオイアキ・メタニ（Col.No.5110-44）と記している。タバコは男性も女性も購入したが、煙管についてはサハリンアイヌは基本的に木製や石製の雁首の自製品（Col.No.2808-16,17-23）を使い、北海道アイヌは日本製のものを購入した（Col.No.2809-9,11,13）。

煙管は特別な木製ケースに納めた（Col.No.2808-29,31；No.4926-125）。その他に魚皮製、布製の煙草入れ（Col.No.2808-9,10）、円筒形の木製煙草入れ（Col.No.2808-25-28；No.2809-9,10-13）がある。このような煙草入れには通常彫り物で装飾された小板がついており、その穴に煙管を固定して、この小板は帯に挟みこんだ。また、アザラシやチョウザメの皮製の特徴ある形の煙草入れ（Col.No.64-10；2808-15；Col.No.2815-24；No.3006-49）があり、アザラシの皮製で毛皮のモザイク文様とビーズで装飾された小袋（Col.No.2808-4,5-8）は煙草入れ、火口、火打石の収納用であった。

【家内作業】

木工、靭皮やイラクサの繊維の織物、ゴザ製作といったアイヌの家内作業の用具は収集者の大きな注目を集めた。REMの収蔵品には多様な道具が収集されている。そのうちの大半は大工用具で、金槌、錐、舟造用鑿、特殊な形状の刃をもつ彫刻や木器作り用のナイフがある（Col.No.2810-69；No.2811-46）。その他にも鍛冶用ふいご、やすり、鋸の目立て用具、膠を煮る容器、つまり、男性が家を建て、橇を製作し、食器を作るというような仕事に必要な道具が揃っている。

繊維質の植物（イラクサ、靭皮）の加工、織物、衣服縫製、ゴザ編みには女性が従事した。REMのコレクションは、植物繊維の加工に使われる道具である貝殻製のイラクサ梳き具（Col.No.2810-5,6）やイラクサと靭皮の繊維と糸、紡錘と彫り文様のついた糸巻きがある。

アイヌは織物用として幅の狭い水平機を用いた。作業時には織り上げる生地の端を腰につけた湾曲板に固定し、もう一方を地面に突き立てた板に固定した（Col.No.2810-39,44；No.3006-17а-д；No.8761-10187）。

帯と男性用刀帯の製作には原始的な編機を使った（Col.No.2810-18；No.2811-16,17）。

ゴザやカバンはフトイや草で、縦型編機（Col.No.2810-89；No.2811-57,58）で編んだ。この編機は丸太製で、石の重石を結んだ紐をぎざぎざの歯をつけた細い板に通して編んだ。ゴザやカバンは黒色に彩色した靭皮で文様が施されている。類似のゴザ編機は西シベリアのハンティ・マンシのところにもある。

REMには長さ70㎝～4.5mのゴザが20点ある。ゴザはカヤやワラ葺きのアイヌ家屋の壁を飾ったり、床に敷

かれたりした。調度には、保存用の草かご、木製枕台、木や白樺樹皮やトドの胃囊でつくられた容器があった。壁には木鉤を付けて、衣類を掛けた。

屋内の装飾としては日本製の漆器があり、それらは特別な場合だけに使われた。そうしたものが全てREMの収蔵品にある。

木製の調度品はとりわけ多種多様である。それには削り出して作った柄杓、杓子、匙（そのうち一部の柄には細線の彫刻が装飾されている）、桶、深鉢、皿があり、皿には円形の浅型皿、方形、長方形で角を丸めた皿がある。多くの皿の内側には彫刻の装飾がある（Col.No.2812-22-25, 28, 30, 34, 35；No.2813-15；No.4926-54, 76, 77；No.8762-10206, 10207）。

【衣服】

REMのアイヌ・コレクションの大部分は衣類であるが、数量的に多いのはサハリンアイヌの許で収集された資料である。REMの資料によってサハリンと北海道アイヌの伝統的な衣服の全容が得られるばかりでなく、地方的特色を解明することもできよう。

サハリンアイヌの冬用の男性服としては、犬の毛皮の膝当て（Col.No.2806-55, 73；No.5110-158, 159-162；6756-54；No.8762-17122）、魚皮とアザラシの毛皮で作られたスカート（Col.No.2806-51；No.5110-155；No.8762-17091, 17092）がある。それらは犬橇での道中に着用した。類似のものがニヴフにもみられる。

主としてヴァシーリエフが収集したサハリンコレクションの大部分はイラクサの着物である。それより以前、19世紀末から20世紀はじめにかけてオロロフスキー、ヴェルジュビーネッツとシュミットが入手したコレクションは主として靱皮製である。特別な関心を惹くのは、漂白したイラクサ製の晴れ着である。それらは全てテタラペ（直訳：白いもの）[16]というタイプに属する。この衣服の特徴はその文様の施し方にある。つまり、刺繡とアップリケ（切り伏せ）で装飾されている。襟、身頃の下部、袖口、裾には黒色の布で帯状の文様が縫い付けられ、時にはその文様に色糸で刺繡が施されている。また、襟などの同じ箇所同じ黒色の布の素材による階段状のアップリケが装飾されている（Col.No.2806-44, 64；No.5110-128, 129, 131-133, 139, 140）。このアップリケ文様に刺繡が施されているものが一点ある（Col.No.2806-65）。文様のモチーフは植物である。他の装飾のヴァリエーションでは、襟、前身頃の下部、裾の他、背中と前身頃の上部と、下部に刺繡がなされ、アップリケが欠如しているものである（Col.No.2806-66；No.5110-122）。

北海道アイヌ・コレクションでは購入された日本製の布の衣類が卓越しており、北海道アイヌにみられる全てのタイプのものがある。[17]

アットス（アツシ）は靱皮の着物で、その一部にはアップリケ文様がなされ、その上に刺繡が施されている（Col.No.2807-38, 55；No.5102-133-136）。

チカルカルペは彩色された木綿の着物で、同様にアップリケと刺繡で装飾されている（Col.No.2807-33；No.5102-137, 141, 142）。

チジリは紺木綿の着物で、刺繡が施されている（Col.No.2807-67；No.5102-138）。REMの文書室にある「解説書」ではピウスツキによって、このタイプの着物に「チニンニヌップ」という別名が記され、「この着物は…、和製の生地にアイヌ文様をつけてつくられ、…今日ではもっとも普及している」とある。サハリンアイヌのコレクションには一点だけこのタイプのものがある（Col.No.5110-125）。全体として、布製で、普通には文様のない着物はサハリンアイヌの収集品ではごく少ない。[18]

コレクションには一点、噴火湾の集落（森、伊達、八雲）のアイヌに特徴的な着物ルウンペ（Col.No.8762-17086）があり、[19]また、北海道の平取で入手されたカパラミプと称する儀礼用の着物が数点ある。それは暗色の布製で、白布の螺旋状のアップリケが装飾されている。台帳には、カパラミプはまた老人の着物であり、死装束であると記されている（Col.No.2807-49；No.5102-139, 140, 143）。

サハリンと北海道アイヌの伝統的な衣類としては、着物の他に被り物、靴（サハリンのコレクションはアザラシ、セイウチ、魚の皮製の靴が卓越する）、脚絆、帯があり、女性の衣類には布の前掛けや鉢巻が加わる。サハリンでは冠型の頭巾を被ったが、それらには刺繡、アップリケ、ビーズで装飾し、毛皮を縫いつけた。北海道では頭巾は後頭部で結び、文様は刺繡だけであった。頭巾なども全てREMのコレクションに広くみられる。

下着には男性用の股引（Col.No.2807-66；No.5102-146, 147）と女性用のモウル（Col.No.2807-26, 27）があり、北海道アイヌの許で収集されている。

女性用装飾品（Col.No.2806-7, 8, 9；No.2807-1-5, 8-11, 13-15, 17, 18）の大部分は北海道において収集された。これらは全て基本的に2つのタイプ、即ち首飾りと胸飾りに分類される。首飾りは数が多く、金属製ブローチが縫い付けられたリボン状の布である（北海道）。サハリンアイヌではこれに日本刀の鍔の付いた長い下げ飾りが加えられている。もう一つタイプの胸飾りは、大型のガラス玉製で透彫りの金属の飾り板が添えられたものである。

【育児】

REM の収蔵品には育児に関するものとして、北海道アイヌの揺籃（Col.№2813-1；№3006-45；№.4926-130）、サハリンアイヌの玩具（Col.№2812-189, 190-192；№.5102-30, 31, 32, 178-186, 188-195；№5110-190, 191）、北海道アイヌの子供おぶい棒（Col.№2813-6, 13；№3006-46）がある。そのほか、興味を惹かれるのは男性（Col.№2812-190）と女性（Col.№2812-189）を象った２つの人形であるが、どうやら、それらは子供のお守りでもあるらしい。

【精神文化】

REM のコレクションの特異な部分をなしているのはアイヌの精神文化に関する資料である。とりわけ興味を惹くのは、アイヌの文化のなかでも一際特徴的なクマ送りに関する一連のものである。クマは、アイヌの信仰の中で中心的位置を占め、檻で育てたクマのために特別な送りの儀礼が行われた。

ヴァシーリエフはサハリンと北海道においてクマ送りにかかわる多数のきわめて興味深い資料を集めたが、それを補完するものとしてピウツキとヴェルジュビーネッツの収集品がある。それはクマの飼育に関連する資料とクマ送りに使用される儀礼用品である。そのなかで、トンナイチャで収集された仔熊の飼育用檻イソツォは貴重な資料である（Col.№2816-113а-л）。クマ飼育用具として仔熊用の木製玩具（Col.№8761-10253）、口枷（Col.№8761-15882）があり、送り場で熊を引き回す際の紐（Col.№2816-67）、檻の中と送りで使われる給餌用の桶（Col.№2816-63, 64；№5102-298；№5110-192；№8762-11368）、屠殺前のクマに装着する儀礼用の飾り帯と耳当て（Col.№2816-62, 84）があり、興味深い。その他にコレクションにはクマを苛立たせる棒（Col.№2816-65）や送りに用いられる弓矢もある。

もう一つのまとまった収集品は、クマ送りにもかかわるが、男性の儀礼用の着物カパラミプとテタラペ、袖なしの陣羽織（Col.№5110-142, 143）、削りかけの頭冠である。これはどれも、収集者であるヴァシーリエフが記しているように、クマにはなむけのことばを告げる男（Col.№2816-59, 61）、クマに矢をかける人物が身につける（Col.№2816-60；2817-52, 53, 55；5102-295, 296；8761-10288）。

クマの追悼にはイナウの聖なる柵を立てた。そのような柵を1912年にヴァシーリエフは北海道から持ち帰った（Col.№2817-56）。柵にはゴザを掛け、その上には儀礼用の矢筒、イラクサ織の刀帯につけた刀の模型が固定される。クマ送りでは同様のものが屋内の壁にも吊り下げて飾られる。これら全ての品が REM の収蔵資料の中に広く見出される。

クマ送りのコレクションの一部をなしているのは酒宴に使われる日本製の漆器である。一人としてこれを看過した収集者はいない。

クマ送りばかりでなくアイヌの多くの儀式や儀礼において重要な役割を演ずるのが、一か所か数か所に削りかけの付いた神聖なイナウである。イナウ信仰は事実上アイヌの生活のあらゆる側面を包含するものである。REM のコレクションには形態、サイズ、使用目的の相異なる107本の聖なる棒、すなわちイナウがある。その最も多いのは平取のアイヌが神霊に祈禱する際に使用していた20本のイナウである（Col.№2817-12-24；№3006-59；№.5102-299, 300-302/2, 303, 304）。山の霊や森、川への祈禱の際にアイヌは長い削りかけの付いたキケ・パリセ・イナウ（Col.№2817-32, 38/аь, 39аь）が最良であるとみなしていた。これらは平取で収集されている。家の主霊に供える８本のイナウ（Col.№2816-3/а-д, 6, 7, 29, 47；№2817-30, 31；№3006-60）と女主霊に供える７本のイナウ（Col.№2816-4/аь, 5/ас, 9, 15-17, 20）は特別に興味深い。それらとともにしばしば、上部に長い削りかけの束の付いたイナウが立てられた（Col.№2816-8, 19, 32）が、これと家の主・女主へ捧げるイナウの大半は、ヴァシーリエフがサハリンアイヌの許で採集したものである。彼はこのイナウの持ち主の家族が病気の際に作られたという８本のイナウをも収集している。その中でも最も興味を惹くのはオハコタン、シラロカ、トンナイチャ集落で収集されたタクサ・イナウ（Col.№2816-11, 14/а, 22/ав・31/а-с, 44）である。M.M.ドブロトヴォールスキーが記しているところでは、このタイプのイナウは重病のときにシャマンが製作し、シャマンは儀式でその助けを借り、補助霊を介して重病にかかっている患者の治療方法を見つけ出すことができた。[20] 悪霊、病魔除けのイナウは、家屋（Col.№2816-23, 24, 25, 30ав）のみならず、その入り口（Col.№2817-29/1-2, 34/а-е；№3006-58）をも守護しようとした。

サハリンと北海道のアイヌでより厚く信仰されたのは炉の霊であり、それには必ずイナウが供えられた。REM のコレクションにはそれが数本ある（Col.2816-26, 27；2817-27, 28；3006-61/1-4；5102-307）。

漁撈の成功を祈るためにサハリンアイヌは舟の主霊に（Col.№. 2816-12）、北海道アイヌは常に魚群とともにい

るアホウドリのために（Col.№.2817-35, 36）イナウを拵えた。

　アイヌの考えるところでは、陸上動物の狩猟の成否は弓矢の正確さだけでなく、矢の先端に塗られたトリカブトの矢毒にも左右される。それ故、毒の主霊に特別のイナウ（Col.№.2817-33）を祀り、その「助力」を期待した。台帳によれば新年（Col.№.2816-76）、故人（Col.№.2816-18）、崇拝する物品（Col.№.5102-308）に立てられたイナウがある。

　サハリンアイヌでも（Col.№.2816-111/ав, 112/ав；№.5110-193, 194-196）、北海道アイヌでも（Col.№.2817-56/авсде）クマ送りにおいてイナウは最も重要な位置を占めた。そこでは、この神聖なるイナウの神と人間の間の仲介者としての役割が鮮やかである。

　アイヌの儀礼でこのイナウと同様に仲介者の役割を果していたのは聖なるへらイクニシ（サハリン）、イクパスイ（北海道）である。アイヌの世界観によればその尖った方は舌であり、その助けで儀礼の際に具体的な人物の祈詞が神に届けられるという。神への祈禱を行う際、イクニシの尖った方を酒に浸して、それを必要な方向にふり掛ける。奉酒が終わると、男たちは聖酒の残りを酒杯で飲むが、そのときイクニシで口ひげを持ち上げる。それがこのへらの別名「ひげべら」の元となっている。

　REMの収蔵するイクニシは216点あり、これは世界最大のコレクションである。その大部分は1912年に北海道（ほとんどが平取）とサハリン（マウカ、タラントマリ、トンナイチャ、マヌエ、ボリショイ・タコイ、シロカ、オダサン、ニコーリスコエなど集落）においてヴァシーリエフが収集したものである。僅か9点が、20世紀初めにピウスツキ（北海道）とヴェルジュビーネッツ（サハリン）により収集され、1948年に旧ソ連邦諸民族博物館から移管されたものである。

　イクニシ・イクパスイには一般的な機能的目的があるにもかかわらず、それらには非常に多様な装飾が施されており、研究者の資料によると、文様には特定の意味が付されている。

　北海道アイヌでも（Col.№.2813；№.2817；№.006；№.5102；№.6756；№.8761-10242-10246, 10373）サハリンアイヌでも（Col.№.2812；№.3006；№.5110；№.8761-10266）最も普通に見られる装飾モチーフは曲線と直線の幾何学文様であり、多角形、四角形のレリーフである。特に、北海道アイヌの場合、へら全体を文様モチーフが入れ替わるように繰り返され、植物文様が普通であるが（Col.№.5102-227, 237, 259）、稀に動物文様がある（Col.№.2813-99-101；№.5102-209, 250）。しかし、サハリンアイヌのイクニシには、トカゲ（Col.№.2812-157, 179）、ヘビ（Col.№.2812-165, 167；№.5110-32, 236, 238, 240, 242, 243, 247, 248, 254, 257, 260, 262, 265, 280）、魚（Col.№.2812-169, 171, 172；№.5110-277）、クジラ（Col.№.281-175, 181；№.5110-252；№.8761-11374, 11375）そしてクマ（Col.№.2812-156, 158, 161, 167, 168, 177；№.5110-230, 254）が最も普通に見出される。ヴァシーリエフがサハリンアイヌの許で収集した小枝のついた曲がった枝で作られたへらには絡み合ったり這ったりしているヘビが描かれており、非常に興味深い（Col.№.2812-163-166；№.5110-247, 257, 260, 262, 264, 265）。彼は北海道アイヌの許でも表面に削りかけの付いた特別なイクパスイを収集した（Col.№.5102-272, 276-279, 285）。サハリンと北海道のより後期のものとしては、おそらく、サハリンと北海道のアイヌは日本人の影響のもとでイクニシを漆で黒色と赤色に彩色したのであろう（Col.№.2813-99；№.3006-7；№.5102-231, 232, 247, 256；№.5110-259）。

　EMの収集品のなかでとくに貴重なのは、先祖代々伝えられてきた祖印（エカシイトクパ）を有しているイクニシ／イクパスイである。個人の印（シロシ）はその下端に刻まれている。こうした印によって神は常に奉酒を行った人と家族を知ることが出来るのであり、その返礼に狩猟の獲物を与え、願いを叶えてくれるのだとアイヌは考えていた。

　アイヌの世界観によれば、周辺世界には善霊とともに災い、不幸、疾病の元凶となる多数の悪霊が存在する。アイヌは人生を通じてさまざまな聖物の助けを借りてこれらの存在から身を守ろうとした。アイヌはとりわけ子供について心を砕いたが、このことはREMのアイヌ資料が裏付けている。ヴァシーリエフがサハリンと北海道で集めた30を超えるお守りや守護神のうち9点は直接子供に関係するものである。お産を軽減するために北海道アイヌは、クマの腸で妊婦の腹を巻き、この動物の助けを期待した（Col.№.2817-100）。子供用の聖物の中で興味深いのは、二つの小さな弓で、それは乳児の守護神として揺籃に吊るされた（Col.№.2816-38；5110-199）。ヘルニアに起因すると思われるお臍のあたりの痛みには、ボタンを縫いつけた布帯を（ボタンを上にして）腹に巻きつけた（Col.№.5110-204）。端にビーズ玉を付けて縫った細布のブレスレットも護身の役割を果たした（Col.№.2816-93/1, 2）。ビーズ玉を「お守り」として子供や大人のブレスレットにも使用することは、北東シベリアのチュクチとコリャクにおいてもみられることは興味深い。アイヌのビーズ玉は、乳児の胸痛の際に首に掛けた

円形（Col.№2816-95, 96, 101）ないし菱形（Col.№2816-100）の下げ飾りにも縫いつけられた。

　また、アイヌ女性は背中の疾患や痛みの際は、肩下げ紐つきの、布を編んで作った暗色の布紐を胸に巻いた（Col.№5110-207）。布紐の前側には赤い細布を水平に縫いつけ（Col.№6756-44）、明色の細布を十字に縫いつけたり、細い草の束を曲線の幾何学文様に縫いつけた（Col.№2816-103）。

　サハリンアイヌの女性が心臓病で着用する首掛けは、胸痛の際に子供が首に掛ける下げ飾りに似ており、その一つは布製菱形パッド様のもので、中央に木製の円盤とビーズで縁どった小さな半楕円形の装飾がついている（Col.№2816-98）。もう一つは透彫りのある木製円盤で、紐がついており、この紐と円盤と接するところには半楕円形の布切れがついている（Col.№2816-99）。女性が首の痛いときに着けるお守りの一つは、これと類似の形状をしている（Col.№2816-97）。

　サハリンアイヌの女性が頚部の痛みや、それを防ぐために身に着ける他のお守りは暗色の細布で、小石の入った小袋がついており、両端にビーズ玉と赤い房飾りがある（Col.№2816-94）。同じような黒色の細布をサハリンでは喉の痛いときに着用したが、それには赤橙色の布が横長につけてある（Col.№5110-205, 206）。

　これと類似しているが、赤色の細布の上に明色の布をジグザグに配した文様の頭痛の際のバンドはサハリンからである（Col.№5110-203）。頭痛時に男性が着用した布バンドには前面にヤナギで作られた編込みがある（Col.№5110-201, 202）。頭痛の際にサハリンアイヌは帽子型のものを着用したが、その本体は頭頂部に十字の紐を渡した細布の環状バンドであり、十字状の細布にはイナウキケが縫い付けてある（Col.№2816-91, 92）。北海道では頭痛に悩む女性は治療のために削りかけを頭に被った（Col.№2817-37/2）。

　REMのシャマニズム関連のコレクションは僅かで、全部で8点である。そのうち5点はヴァシーリエフがサハリンで、3点はやはりサハリンでヴェルジュビーネッツが入手したものである。太鼓3点は外見的にはニヴフのものに類似しているが、オダサンとニコリスコエで収集されたものである（Col.№2816-48；№5110-200；№8761-11370）。ニヴフの太鼓の取っ手がアイヌのものとして誤って登録されている（Col.№8761-11372）。[21] シャマンの儀式用の被り物はヴァシーリエフがサハリンのボリショイ・タコイとシラロカの集落で収集したものである（Col.№2816-49-51）。

　護符やお守り、魔除、シャマンの「助け」が役に立たずに、病人が死んだ場合、アイヌは死者の魂が死者の世界に無事にたどり着ける様、配慮した。死後の生活に対する信仰は、死者に副葬品を供える根拠となっている。REMの収蔵品にはそうしたものがいくつかあり（Col.№2817-8, 9/1, 2, 10, 40-42, 44；№6756-17）、これらの副葬品類を縛ったり（Col.№2817-4, 5；№5102-292, 293）、埋葬地まで運んだりするための靭皮製の紐がある（装飾のあるものを含む）（Col.№5102-288-290）。ヴァシーリエフが収集しアイヌの葬礼にかかわる全ての資料のうちで、入手にもっとも苦労したのは墓標であった。このことは墓標は死者をはるかなる死後の世界に導く霊であるというアイヌの信仰に関連していよう。[22] しかしながら、ヴァシーリエフはサハリンでも（Col.№2816-1, 2）北海道でも（Col.№2817-1, 2）男性と女性の墓標を入手するのに成功した。この墓標の付随物として靭皮を編んだ斑の特別の紐がある（Col.№2817-3；№5102-287）。

　以上のようにREMに現存するアイヌ・コレクションは、生業、物質・精神文化といったこの民族のあらゆる生活の諸側面を反映している。

Ⅲ．写真コレクション

　ロシア民族学博物館のアイヌの民族資料コレクションを補完するものとして、写真がある。REMには274葉の写真があり、サハリン、北海道の風景、アイヌの生業活動やさまざまな住居や付属の建物、主要な生業である漁撈と狩猟、移動手段、着物や装飾、クマ祭りが写されている。最も初期のコレクションは写真家グリャージンが1868年にサハリンアイヌのもとで撮った6葉の写真である。しかし主要なものはヴァシーリエフ（139葉）とピウスツキ（120葉）の写真である。その後1980年代になって9葉の追加があったが、それは1888年に北海道で撮影されたものである。

　全体として、ロシア民族学博物館の収集品は物品が24コレクション、2,600点を数える。それは民族学的文化財として優れて総合的であり精選されている。コレクションの民具資料、記録写真、また、台帳に記されている実録的、語彙的な情報によってアイヌの文化が未だ深刻なまでその民族的な特質を失っていなかった時期におけるアイヌの伝統的な物質世界を十全に特徴づけることが可能である。日本の北方、北海道に居住するこの民族の現代文化は和人の文化とほとんど異なってはいない。わずか小さな民族学的な村でアイヌのはっきりとして伝統

文化に触れることができるに過ぎない。したがってロシア民族学博物館のコレクションはこの民族文化の研究者にとってばかりでなく、この民族自身にとってもこの上なく貴重な資料である。

注
（1） ロシア地理学協会文書、f.1, op.1, №10,l.2
（2） 同上、l. 2.
（3） Shmidt P.Yu. Ryby vostochnykh morei Rossiiskoi imperii. SPb., 1904, p.54.
（4） Shmidt P.Yu. O sakhalinskikh rybnykh promyslakh. Russkoe sudokhodstvo. 1904, №8, p.87.
（5） 同上、p.48.
（6） Arkhiv REM. F.1, op.2, №57, l.91ob.
（7） 同上。
（8） 同上、l.85.
（9） 同上、l.92ob.
（10） Otchet Moskovskogo Publichnogo i Rumyantsevskogo myzeev za 1876-1878 gg. Moscow, 1879, pp.141-143.
（11） Arkhiv REM, f.1, op.2, №65, l.1.
（12） Arkhiv REM, f.5, op.2, №81, l.45-49.
（13） Kollektsiya №5. Arkhiv REM, f.5, op.4, №292.
（14） Kollektsiya №36. Arkhiv REM, f.5, op.4, №311, l.75-76.
（15） Shangina I. I. Russkii fond etnograficheskikh museev Moskvy i Sankt-Peterburga. Istoriya i problemy komplektovaniya 1867–1930 gg. SPb., 1994, l. 140.
（16） Zherebtsov B.A. Materialy issledovanii B.A. Zhelebtsova po etnografii ainov Yuzhnogo Sakhalina / 1946-1948 /. Yuzhno-Sakhalinsk, 1988, p.61.
（17） Kodama M. Clothing and Ornamentation. Ainu Spirit of a Northern People. Washington, 1999, pp.117-119.
（18） Arkhiv REM, f.5, op.4, №282.L.99.
（19） 当該情報は、北海道アイヌ文化研究センター課長古原敏弘氏の提供したものである。
（20） Dobrotvorskij M.M. Ainsko-russkij slovar. Kazan. 1875. Prilozhenie 1.C.150
（21） Arkhiv REM, f.5, op.4, d.92.L.20.参照
（22） Spevakovskii A.B. Dukhi, oborotni, demony i bozhestva ainov. Moscow. 1988, p.150.

Ainu Collections in the Russian Museum of Ethnography

V.V.Gorbacheva, I.A.Karapetova

The collections of the Russian Museum of Ethnography on the culture of the Ainu people are one of the largest in the world. Their acquisition started in 1902 when the Ethnographic Department of the Russian Museum of Emperor Alexander III was established.

The first Ainu collection was donated to the museum by the chief of the Korean-Sakhalin expedition, a well-known ichthyologist and zoologist Peter Yulievich Schmidt. In December 1899 P. Schmidt headed the expedition of the Russian Imperial Geographic Society. Its main aim was to explore the ichthyic fauna of the Far East seaside of Russia as well as "the conditions and possibilities of development of fishery on the coast of Primorskaya region and the Sakhalin Island".[1] As the tasks of the expedition were very important, it was partly subsidized by the state, of the personal order of Emperor Nicholas II.[2] The expedition, which consisted of three persons, lasted from December 1899 to October 1901. During that time the work was carried out in the Peter the Great Bay, on Sakhalin and on the territory of Korea and Japan. The expedition collected a very abundant material that initiated the systematic studies of biology of the Pacific basin, and made P. Schmidt famous in scientific spheres. At the same time he obtained collections on zoology, entomology, mineralogy and ethnology. Being a person of a wide range of interests, Schmidt could not disregard for an original and striking culture of the peoples who inhabited the territory where he conducted his fieldwork. He handed four collections on the culture of the Koreans, Japanese and Ainu to the Ethnographic Department of the Russian Museum (The Russian Museum of Ethnography was a part of the Russian Museum till 1934). The Ainu collection, which comprised 39 numbers, 42 objects, and related to hunting, fishing, household utensils and clothing, was gathered by Schmidt in the village Mauka on the western coast of Sakhalin. He was there to study herring fishery, and in order to research maritime hunting and fishing he explored all the main settlements situated along the western and eastern coasts of Sakhalin. The route of the expedition ran across the following villages: Mauka-Kosunai-Naibuchi-Korsakov.P. Schmidt went all his way from Mauka to Naibuchi on foot along the coast and taiga paths.[3] In 1901 there were 190 fishery grounds in Sakhalin, which were in possession of 60 traders: of them 116 belonged to the Japanese, 71-to the Russians, and 3-to the Ainu.[4] Having got acquainted with the conditions of Ainu life, Schmidt wrote: "The Ainu are in danger of dying out, being restricted in fishing... we also deprived them of furbearers, which... were driven by forest fire to remote mountain ridges".[5]

By the beginning of the 20th century the Ainu culture was not studied thoroughly enough though a certain number of works, mostly on folklore and language,was published. The systematic studies of Ainu culture and collecting materials for museum have started since the beginning of the twentieth century.

In 1912 the Ethnographic Department of the Russian Museum managed to organize the first, and as unfortunately turned out, the last expedition to the Ainu people. It was headed by a member of the Russian Geographic Society and a non-stuff curator of the Ethnographic Department, Victor Nikolaievich Vasiliev, who was dispatched to Japan to collect the items among the Ainu in Sakhalin and Iezo Islands. Having been very experienced in fieldwork in different regions of Siberia, Vasiliev willingly agreed to perform the mission. His decision was also stimulated by the success of his last expedition of 1910-1911, organized by the

Ethnographic Department for studying and collecting artifacts among the Nivkhs and Oroks in the lower Amur region and Sakhalin. In fact, this expedition became a kind of preparation for the new one in the ethnically complicated region, among a people unknown to him.

V.Vasiliev left St.Petersburg on May 9, 1912 for the expedition. Having crossed by train the southern and south-eastern Siberia, he arrived in Khabarovsk on May 23 and met there Priamursky General Governor Nikolai Lvovich Gondatti, who helped him in some custom procedures and assured Vasiliev that some Japanese, to whom Gondatti had rendered assistance, would assist him. The following day Vasiliev set out Nikolaievsk by boat to Vladivostok and on June 14 left for Japan on a boat of Voluntary Fleet. From the seaport town Tsuruga he got Tokyo on June 16 by train, which was bound via Maibara and Yohogama. According to his first plan, Vasiliev was going to stay in Tokyo for a short time to decide some practical issues with government officials and with the Embassy of the Russian Empire. But in fact his staying in the capital lasted three weeks.

The meeting with the ambassador Malevsky was a little disappointing for Vasiliev. The ambassador expressed his displeasure at the fact that he got no information beforehand about the expedition; none of the stuff of the Ethnographical Department including count S.M.Tolstoy whom he knew quite well, had consulted him. Besides, Malevsky emphasized that not knowing Japanese, nor Spanish, nor English and without special training, Vasiliev's expedition would condemn to failure. "I am quite sure,-he said,-that you will obtain nothing from the Ainu".[6] In reply to this Victor Nikolaievich told that it much depended on the assistance granted to him in particular on the part of the ambassador, the latter answered: "If you manage to collect anything, it would be a wonder".[7] However, later on, after the senior dragoman of the voyage, Pavel Yu. Vaskovich informed him, the ambassador had written two letters of recommendation: one to the Tokyo Museum and another to the professor of the Geological faculty in the Tokyo University, Jinbo Kotora. The name prof. Jinbo was the one to whom Vasiliev was advised to address by Russian geologists N.Tikhanovich and Polevoy. The letters of recommendation given by prof.Kotora to the collector, turned out very valuable. One of them was addressed to Reverend John Batchelor, an English missioner and expert of Ainu culture, who lived in Sapporo, and another one to the Governor of the Sakhalin Island.

During his long staying in the capital of Japan, Victor N.Vasiliev was very actively looking for an interpreter for the work in the expedition. In this, he received a great help from the Father Superior of the Russian Orthodox Theological mission, the bishop Sergiy, and from the rector of the Theological Seminary, Ivan Senuma, who recommended a teacher of the Seminary, Naito as an interpreter and permitted him to accompany the expedition. But Senuma could afford to go only on July 3, when the exams would over in the Seminary. When the members of the expedition arrived to Hokkaido, they received a heartily welcome from the Russian vice-consul Vasily V.Trautshold who displayed understanding the importance of collecting work there. The following day the expedition went from Hakodate, a big seaport in Hokkaido, to its cultural and administrative center, the city of Sapporo. Due to the assistance of the Russian vice-consul of Hakodate, who also provided the expedition with an official Tsunekichi Kono to accompany it, Vasiliev managed to make contacts with the Governor and local people.

In Sapporo Vasiliev met the English missionary John Batchelor who advised him to start collecting items among the Sakhalin Ainu. The culture of this group of the Ainu had not been practically studied by that time, and Vasiliev decided to follow the advice of the famous missionary. He returned from Sapporo to port Otaru on July 8, and on July 10 was already in the port Otomari situated in the southern part of Sakhalin. Thanks to the practical help of the Russian vice-consul V.Trautshold in Hakodate, the governor of the Sakhalin rendered Vasiliev all-around assistance. Firstly, he was given a right to use railway and water transport at a reduced price. Secondly, the local authorities were given orders to assist the collector, and thirdly, the governor put for the entire journey at Vasiliev's disposal an official Sasaki who was in charge of the Ainu people and spoke their language. At first, Vasiliev decided to collect articles among the Ainu of the eastern coast. The work there turned out to be so intensive that he hardly could find time to write the field diary. But nevertheless, the results of this work were quite productive contrary to prediction of the Russian ambassador A.Malevsky in Tokyo.

Vasiliev collected his first items in the village Bol'shoy Takoy, not far from Toyohara, the administrative center of the Sakhalin Island (the former Russian village Vladimirovka, the city of Yuzhno-Sakhalinsk now). Alongside the ordinary pieces, he acquired a weaving loom, and this purchase inspired Vasiliev to greater efforts. The following day, on July 14, he went by train from Toyohara to the last railway station Sakaehama. From there he made during a week several trips in a boat and in a horse-driven wagon to several small villages (Reri, Naibuchi, Aihama) and to bigger ones (Odasan, Sirakoka). The most successful collections from the first three places were obtained in the village Reri, but in the village Aihama they did not manage to acquire many objects. As the expedition moved further to the north of the eastern coast of the island, the collecting activity began to bring appreciable results. Thanks to the great assistance of the local policeman, Vasiliev managed to buy not only a considerable collection, but also the first cult objects (*inaw*, sticks *ikunisi* for sprinkling sake and lifting mustache when drinking a holy beverage; depiction of a children spirit-protector; amulets; a shaman's drum, etc.). He continued his successive collecting work on July 20 in a big village Siraroka. Here, along with festive utensils, Vasiliev purchased sticks *ikunisi*, *inaw* of various use, an interesting shaman's headdress and other specimens. Several cult objects were obtained in the villages Manue and Okha-kotan, not far from Siraroka. There was no sense in moving further to the north because there were very few villages there and they were very difficult to reach. Therefore, Vasiliev used a passing boat and visited the village Tonnaicha in the south of Sakhalin. Here he managed to acquire not only the cult objects, but also the clothes made of seal hides, a weaving loom with partly woven fabric (which was quite a rare thing even at that time) and a cage for breeding a bear cub. Vasiliev was very upset that he could not manage to get tomb-stones there. "I still cannot forgive the Japanese officials in Tonnaicha,-he wrote to the head of the Ethnographical Department, Nikolay Mogiliansky,-for the Ainu tomb-posts which are still preserved there. Had it been a common policeman instead of the officials of high rank, I would certainly have got at least one monument".[8] But Vasiliev noted that as a rule, local officials everywhere tried to give him all kinds of assistance in his complicated work.

After successful collecting in the eastern coast, Vasiliev was going to continue his work in the western part of the island. "Now,-he wrote to N.M.Mogiliansky on July 29, 1912,-I can tell you about the first results of my work, which demonstrate that the prediction of the ambassador has not come true, and I hope, this information will not already discourage you as could happen if I had not sent you a letter from Tokyo. I have collected above 500 objects so far and hope that in the western coast where I am going tomorrow, I will manage to get 300-400 specimens".[9] His supposition proved to be correct. Despite of the changes taken place in traditional way of life of the Ainu of the western coast, the collecting of ethnographic monuments there was quite successful. The Ainu in the village Mauka came to Vasiliev on their own initiative and brought him various articles of material and spiritual culture. While purchasing *inaw* of "masters of house", he even took part in the ritual of praying to the deities and sprinkling sake with sacred liquid. A significant assistance to Vasiliev in collecting and packing the objects was rendered by the assistant of the village headman, Kawamura Asakichi, and the teacher of the Ainu school Kurosawa Setsuya.

Especially productive acquisition of specimen was made in a large village Tarantomari situated on the western shore, where Vasiliev managed to buy not only amulets, various *inaw*, a bear belt, a set of objects connected with bear festival, a unique pole from the place of ritual killing of a bred bear, but also tomb monuments. As there was not much money left, after finishing his work in Tarantomari, Vasiliev went back to the city of Toyohara. During his short trip he took the items, which he had asked to prepare beforehand in the Sakaehama village, took photographs in Bolshoy Takoy village and purchased an *inaw* of the home master, which he had been looking for in other villages for a long time. Also of great value for his collecting activity both in Sakhalin and Hokkaido were the recommendations and advices of the bishop Sergiy in Tokyo, as well as the letters of recommendation of the professor of the Geological faculty in the Tokyo University Jimbo Kotora.

After completing very fruitful work in Sakhalin, V.Vasiliev moved on August 14, 1912 to Hokkaido. In Hakodate he took the load brought from Sakhalin and, accompanied by an archaeologist Kono, went via the Tomakomai town and Sarabuto village to the village of Piratori. As it was the case in the last villages in Sakhalin, the population of Piratori and neighboring places came to Vasiliev and brought him the items during four days. As Vasiliev had to spend much time on documentation of the purchased objects, he was not able to visit other Ainu villages, except the village of Nibutani. During five days Vasiliev secured above 800 ethnographic pieces on the culture of the Hokkaido Ainu, and only financial shortage made him stop a further collecting process on August 24.

As a result of a very successful collecting work, V.Vasiliev acquired among the Ainu of Sakhalin and Hokkaido, according to his financial report, 1835 numbers/2500 specimens (above 1000 items from Sakhalin, and above 800 pieces from Hokkaido). Most of the objects were considered as rarities already at that time, so the collecting activity of Vasiliev proved to have taken place in proper time. His collection on the Ainu culture is a real golden fund of the Russian Museum of Ethnography.

The last Ainu collections were transferred to the Russian Museum of Ethnography in 1948 from the Moscow State Museum of the peoples of Russia, which was closed in the same year by the decree of the Council of Ministers of the RSFSR. The Ainu collection of the Moscow Museum was assembled of two main sources: four collections from the Dashkov Ethnographic Museum established in 1867 as attachment to the Public and Rumyantsev Museums, which became later a possession of the Museum of the peoples of the USSR, and two collections of the Anthropological Museum of the Moscow State University given to the Museum of the Peoples of the USSR in 1932. So, there were six collections in all, which consisted of 220 numbers/235 objects. The collectors of these collections were A.E.Olorovsky, I.A.Lopatin, P.P.Verzhbinets and B.O.Pilsudsky.

The first collection was handed to the Dashkovsky Museum in 1877 by the Russian consul in Nagasaki A.Olorovsky, it was gathered among the Sakhalin Ainu. At first this collection counted 60 numbers/78 items and included various utensils, fishing tools, the objects connected with weaving of bust fiber, men' and women's robes and other details of clothing, a musical instrument *tonkori*, as well as *inaw*.[10]

In 1883 a mining engineer Innokentiy Lopatin who had been sent to the Sakhalin Island for geological research donated to the Museum a small collection of Ainu specimens collected by him in 1867 in the villages Ai, Naibuchi and Takoy. It included only 8 pieces and mostly consisted of ornaments: pendants for earrings and a belt, amber and agate buttons, and a bone ring used while shooting arrows. In the same year he presented to the Museum 6 copies of the pictures (physical types of Ainu people) taken by a photographer G.Gariazin in 1868 in the village of Naibuchi.

In 1896 a musical instrument was transferred from the Museum of applied knowledge (the

Moscow Polytechnic Museum now). The last collection was purchased by the Dashkovsky Museum from Peter Verzhbinets in 1902.

The territory of the Sakhalin Island used as a place of exile was divided into the districts, each with its own posts, and P.Verzhbinets was a senior supervisor of one of them. Being a well-educated man and not alien to scientific interests, he obtained a "detailed-as he wrote,-and various collection of Ainu specimen" in the territory of his district (southern part of Sakhalin) among the Ainu living on the coasts of the Okhotskoye Sea and the Tartar Strait.[11] He offered this collection both to the Dashkov Museum in Moscow and to the Ethnographic Department of the Russian Museum in St.Petersburg. Thanks to the assistance of Y.Bazanova known for her philanthropy, the Dashkov Museum managed to buy it. The collection of P.Verzhbinets contained 102 ethnographic pieces and 5 sculptural compositions made of mastic by a Japanese artist and depicted various scenes of Ainu daily life: the Bear feast; an Ainu farmstead; fishermen; a dog sleigh; an Ainu man and a woman. Unfortunately, the sculptures were not preserved but there are some photographs that give some idea of how they looked like. (see photographs)

The Verzhbinets's collection also included man's, woman's and children's clothes made of elm-bark, nettle fiber, fish skin and dog fur; various wooden utensils; different tools, among them is a stone hatchet and a chisel; a wide range of items used when weaving fabric of nettle fiber; tools for fishing and hunting. The collection also contains larger percentages of religious and ceremonial objects, such as *inaw* and *ikunisi*, a shaman's drum covered with fish skin; a trough for feeding a bear; a wooden depiction of a bear "*iso*" twined with shaved *inaw*, which was regarded as a talisman provided successful hunting. The inventory of the items made by P.Verzhbinets himself (it is kept in the archives of the Russian Museum of Ethnography now) contains detailed information of how this or that object was used. Besides, most of the pieces were accompanied with Ainu names.[12]

Two collections were handed to the Museum of the peoples of the USSR from the Ethnographic Department of the Anthropologic Museum of the Moscow State University. The first collection was acquired by a well-known researcher of Ainu culture Bronislav Pilsudsky at the Japanese Exhibition in London in 1910, where it was demonstrated by a group of eight Ainu people from Hokkaido. The collection was gathered in the southeastern part of Hokkaido, in the valleys of the Saru and Mombetsu Rivers. At first it consisted of 111 numbers/124 specimens and represented the material related to hunting, fishing; domestic occupations and household utensils. Mats and bags of rush and grass as well as clothing and smoking paraphernalia also made up a large part of the Pilsudsky collection. A special place was taken by *inaw*; among them there is a woman's *inaw* dedicated to the *kamuy*(diety) of the home fireplace, and *inaw*, which were offered to the *kamuy* of the house and to other deities. A large range of objects related to a bear cult, including a ceremonial headgear-*sapaunpe*, Japanese lacquerware for pouring and drinking sake at the bear feast, and *ikunisi*. In his "Short report to the items" B.Pilsudsky listed the Ainu names of the objects and gave a short information about their using.[13]

The second collection transferred from the Anthropological Museum of the Moscow State University, was registered as "a collection of Ainu specimen acquired by unknown person" and contained 7 numbers.[14]

The fate of the collections of the former Museum of the peoples of the USSR was very complicated. The Museum actually ceased to exist already in 1943 when its building was transferred to other institution, and there was no permanent room for keeping the museum fund for a long period of time.[15] As a result, part of the exhibits and documentation turned out to be lost by the time the Moscow collections were handed in the possession of the Russian Museum of Ethnography in 1948 (the State Museum of Ethnography of the USSR then). The inventory book of the former Museum of the peoples of the USSR, in which the Ainu collection of the Dashkovsky Ethnographic Museum was registered under new numbers, was also missing. The loss of a considerable part of documentation on the Ainu collection of the former Museum of the peoples of the USSR led to the chaos during registration of Moscow collections in the Russian Museum of Ethnography. For example, the objects from the collections of A.Olorovsky, I.Lopatin and P.Verzhbinets proved mistakenly registered as a transmission in 1923 from the Exhibition Committee. Part of the objects from their collections was listed by mistake as being acquired by B.Pilsudsky. Four pieces were recorded as a gift of N.Gondatti.

At the result of the thorough attribution, it became possible to verify and identify a considerable part of objects from these collections. The pictures taken from the specimens in 1918 (RME coll.6764 No.22512-22533) and the drawings painted in Indian ink and watercolor by a painter N.Pavlovskaya (coll.8764 No.22537-22561), which are kept in the illustrative fund of the RME, give an idea of how the Ainu collection of the Dashkovsky Museum originally looked like. At present, according to verified data, the collection of B. Pilsudsky counts 70 numbers, the collection of I. Lopatin-8 numbers, and the collections of P. Verzhbinets and A.Olorovsky-above 120 numbers.

THEMES OF THE COLLECTIONs
Economic activities

The Ainu fund of the Russian Museum of Ethnography is not only very large but also is noted for a wide variety of its themes which represent several complexes of the Ainu life-support system. Among them are fishing; hunting; woodworking tools; weaving from nettle fiber and bust; household utensils; food; tobacco-smoking; means of transport; decorations, toys. A special group of monuments are ritual and cult objects, including a complex of items connected with a bear feast and burial ritual.

The pieces related to the main economic activities of the Ainu people: fishing, hunting and sea mammals hunting, are a considerable part of the collection of the Russian Museum of Ethnography. Fish provided year-round sustenance for the Ainu. A large amount of fishing implements in the collection gives an idea of the main species and methods of fishing. First of all, these are various nets and seines for catching salmon, herring, small fish and crabs (Coll.No.2814-64,65; No.2815-68, 69-73; No.5110-24; No.6756-90), as well as rods and hooks to fish salmon, flatfish and small fish (Coll.No.2815-40,41,42,44, 45, 47, 59,63; No.2815-63). Among them are the rods used in fishing through the ice (Coll.No.2815-43,54), an ice-spike for breaking the ice (Coll.No.2815-58), hooks for dragging fish out of the water (Coll.2815-55,60). For the night fishing they used birch bark torches (Coll.No.2814-45ab) and arrows with lance-shaped points. One of them was purchased from the Ainu of Hokkaido (Coll.No.2814-41).

None of the collectors set aside a peculiar fish spear with a removable hook-*marek* (Coll. No.64-22; No.2814-42-43; No.2815-65; No.8761-10176, 10179; 11358). *Marek* was a favourite tool for fishing salmon among the Sakhalin and Hokkaido Ainu. The coastal Koryaks and Nivkhs also used such an implement.

Large fish were caught with harpoons, and the collection also contains a certain number of points of such harpoons (Coll.No.2814-47/1-4; No.2815-58; No.8761-10178).

The second in importance in the economies of the Ainu belonged to hunting for different animals: reindeer, musk deer, bears as well as fur-bearing animals such as foxes and otters. The collections represent all types of the most common hunting implements that were in use in the end of the 19th and in the beginning of the 20th centuries: crossbows, spears, bows and arrows. When hunting, the Ainu often used the arrows with poisoned tips, and there are several objects in the collection related to the preparation of the poison (Coll.No.5102-201, 126; No.8761-10228).

One of the most interesting devices employed by the Ainu up to the beginning of the twenties century, was a hunting whistle, which sounded like a doe. It was used to lure stags during the autumn mating season. Two such whistles, one ivory, another wooden, were purchased by V. Vasiliev on Hokkaido. Besides, the collection includes different types of hunting gear: bags made of bear fur and homespun fabric (Coll.No.2814-5,6,7), hunter's bear fur hand protectors (Coll.No.2814-62/1,2); skin-dressing scrapers, one of them is made of ivory and ornamented with dots (Coll.No.2814-32).

Returning from hunting, a hunter usually carried his catch on his back in a special "rucksack"-ponyaga, which was made either of the fork of a tree (Coll.No.2815-15) or of several wooden planks (Cill.No.2814-21). Such kind of devices was widespread among the inhabitants of Eastern Siberia, the Amur region and Sakhalin. The Ainu also used special straps for carrying loads. The wide part of it was placed on the forehead, and the load was tied to the back with the straps. In wintertime when the snow was deep and soft, the Sakhalin and Hokkaido Ainu hunters put on oval snowshoes, which were consisted of a wooden frame interwoven with leather thongs (Coll.No.64-13/1,2; No.2814-38,39; No.8761-10185). The Sakhalin Ainu also used hunting skis covered with reindeer fur (Coll.No.2815-13) or sea lion skin (Coll.No.2815-14), and golitsy-the skis without a fur base (Coll.No.2815-12/1,2; No.6756-31/1,2), which the Ainu wore when they traveled upon snow or on a dog sled. The Sakhalin Ainu sat astride a sled, like the Nivkhs and Oroks did, putting their feet on skis and holding a brake in each hand (Coll.No.1815-2).

While traveling on sled, the Sakhalin Ainu used a dog harness of the Amur-Sakhalin type when the dogs were fastened to the main leading line with short straps. The collection contains two full sets of dog harness for 6 and 7 dogs accordingly (Coll.2815-3,5), as well as dog collars, some of which are decorated with beads and tassels of dyed red seal fur (Coll.No.2815-6,11).

The Ainu of Hokkaido also used a horse as a means of moving. There is a saddle in Vasiliev's collection he obtained in the village of Nibutani (Coll.No.2814-2).

Maritime mammal hunting was not such an important occupation as land hunting. Seals were hunted in spring with harpoons with ivory tips (Coll.No.64-23;2815-51,58) and with spears *kite* with detachable metal points (Coll.No.64-23; 2815-49, 58,67). The harpoons and the tips to them were purchased from the Sakhalin Ainu. At the same place in 1912 a wooden stick used for killing seals near the holes was obtained (Coll.No.2815-75). An analogous tool was in use among the Sakhalin Nivkhs.

Agriculture and gathering in which women and children were engaged were of secondary importance for subsistence of the Hokkaido and Sakhalin Ainu. Alongside the agricultural tools such as rakes, sickle for cutting grass, mattocks for weeding a kitchen garden and digging up the ground, the collection also contains some very archaic and primitive implements: *sickles* made of mollusk shells for cutting ears (Coll.No.2811-35,36) and a mattock in the shape of a stick for digging out potatoes and tubers of wild plants (Coll.

No.2810-58) which was purchased in the village Bolshoi Takoi.

Food and household utensils

The Ainu people were well acquainted with the useful qualities of different plants such as sea kale, *sarana* tubers, wild onion, stems of umbellate plants (Coll.No.5102-49-53; No.6756-11), and they gathered many of them for food and for various medicinal purposes. V.Vasiliev acquired in Sakhalin a large collection of herbs and drugs made of fish bladder, gall bladder of sea-lion, shells and pieces of rotten wood that give an idea of medical knowledge of the Ainu people (Coll. No.5102-198,200; No.5110-208,209-229; No.6756-47, 48). Unfortunately, the collector fixed only Ainu names of the plants used for curing this or that decease.

The Ainu people were well acquainted with the useful qualities of different plants such as sea kale, *sarana* tubers, wild onion, stems of umbellate plants (Coll.No.5102-49-53; No.6756-11), and they gathered many of them for food and for various medicinal purposes. V.Vasiliev acquired in Sakhalin a large collection of herbs and drugs made of fish bladder, seal bile, shells and pieces of rotten wood that give an idea of medical knowledge of the Ainu people (Coll.No.5102-198,200; No.5110-208,209-229; No.6756-47, 48). Unfortunately, the collector fixed only Ainu names of the plants used for curing this or that decease.

The Ainu also used some kinds of plants as tobacco along with the tobacco they purchased from the Russian and Japanese traders. V.Vasiliev gave an example of the Ainu name of one of such plants-*oiaki metani* (Coll.No.5110-44). Both the Ainu women and men smoked. The Sakhalin Ainu mainly used self-made pipes with small wooden or stone tobacco containers (Coll.No.2808-16, 17-23), and the Hokkaido Ainu bought Japanese smoking paraphernalia (Coll.No.2809-9,11,13). The pipes were kept in special wooden cases (Coll.No.2808-29,31; No.4926-125). Besides, the collections contain tobacco pouches made of fish skin and fabric (Coll.No.2808-9,10), as well as some wooden cylindrical snuffboxes (Coll.No.2808-25-28; No.2809-9,10-13). The Ainu usually fastened narrow carved planks to the snuffboxes, in the holes of which the pipes were fixed, and carried such planks stuck at the belts. The collection also includes interesting in shape tinderboxes made of seal and sturgeon skin (Coll.No.64-10; No.2808-15; No.2815-24; No.3006-49), as well as the bags for carrying a tobacco pouch, tinderbox and steel at the belt. They are made of sealskin and decorated with fur applique and beads (Coll.No.2808-4, 5-8).

Domestic crafts

The collectors of Ainu collections paid particular attention to the domestic crafts; woodworking, weaving from bust and nettle fibers, and making mats. The collection of the Russian Museum of Ethnography contains a considerable number of various tools. The largest part of them is carpenter implements: hammers, drills, hatchets for producing boats; knifes with unusual shape of the blade used for planing, carving and making utensils (Coll.No.2810-69; No.2811-46) as well as bellows, files, settings for saw teeth, a device for glue making, that is, a complete set of tools that allowed a man to build a house, make a sled or a vessel, etc.

The processing of fiber plants (nettle, bust), weaving, sewing, and making mats were women's occupations. There are some tools in the collections that were used for fiber processing: scrapers for combing nettle, made of sea mollusks (Coll. No.2810-5,6; No.8761-10239), fibers and threads of nettle and bust, spindles and carved planks for winding the ready threads.

The Ainu wove linen on the horizontal weaving loom with narrow beam. During the process the end of the woven linen was tied to a concave plank, which was attached to the belt, and another end was fastened to a special peg fixed in the ground (Coll.No.2810-39,44; No.3006-17а-д; No.8761-10187).

When weaving belts and straps for carrying man's swords, the weavers used primitive weaving looms (Coll.No.2810-18; No.2811-16,17).

Mats and bags made from rush or grass were usually woven on a vertical loom. It was a wooden plank with notches through which the strings with stones used as sinkers were threaded (Coll.No.2810-89; No.2811-57,58). The dyed black inner bark of linden was often woven into it to create a pattern. The looms of the same type were in use among the Nanaians, and in western Siberia among the Khants and Mansi.

In the collection of the RME there are above 20 Ainu mats from 70 centimeters to 4,5 meters long. Such mats decorated the walls of a light house, covered with reed or straw frame; they also were used as floor rugs. The furnishing of the house was usually supplemented with grass bags for keeping things, wooden headrests, as well as with utensils made of wood, birch bark or seal belly. On the walls the wooden hooks for hanging up the clothes were fixed.

An interior of the house was usually decorated with lacquerware that were used only as ceremonial containers. The Ainu fund of the RME comprises all the types of such specimens. The collection of wooden utensils is especially various. Among them are ladles, dippers, scoops made of one piece of wood, spoons with carved handles, as well as tubs, bowls and flat platters of different shape: square, round or oblong, and rectangular with oval brims. Inner surface of some platters is ornamented with intricate carving (Coll.No.2812-22 -25, 28, 30, 34, 35; No.2813-15; No.4926-54,76,77; No.8761-10206, 10207).

Clothing

Clothing accounts for the largest part of the collection of the RME, especially numerous are the objects acquired from the Sakhalin Ainu. The materials of the Russian Museum of Ethnography give not only a complete idea of the traditional costume of the Sakhalin and Hokkaido Ainu, but also enable to reveal its local variants.

The museum collection contains male summer and winter coats, female and children clothes, both for everyday and ritual use.

At the end of the nineteenth and the beginning of the twentieth centuries the Ainu of Sakhalin unlike the Ainu of Hokkaido used for clothing not only bark and nettle fiber or the cloth obtained from the Japanese, but also fish skin, hides of seals, eared seals and dogs, and the collection of the Russian Museum of Ethnography includes female fish skin robes from Sakhalin (Coll.No.64-33; No.2806-23; No.5110-120,121; No.8762-17089), woman's winter coats of seal fur (Coll.No.2806-19, 97), dog fur coats worn by men and boys (Coll. No.2806-55,73; No.5110-117-119; No.8762-17081).

Male winter coat of the Sakhalin Ainu was supplemented with dog fur gaiters (Coll.No.2806-55, 73; No.5110-158, 159-162; No.6756-54; No.8762-17122) and a skirt made of fish skin or seal hide (Coll . No . 2806-51 ; No . 5110-155 ; No . 8762-17091,17092). Men usually wore it when traveling on dog sled. The clothing of such type was also in use among the Nivkhs.

A vast amount of materials from Sakhalin, obtained mainly by V.Vasiliev, are the robes made of nettle fiber. In the earlier collections dated from the end of the nineteenth and the beginning of the twentieth centuries gathered by A.Olorovsky, P.Verzhbinets and P.Schmidt, the clothing made of bark fiber predominates.

Among the most interesting objects are male ceremonial garments made of bleached nettle fabric. All of them refer to the type of *tetarape*[16] (literally, *white object*) and were remarkable for their decoration with embroidery and applique work. Stripes of black fabric were usually sewn on the collar, lower part of the flaps, along the edges of the sleeves, and on the hem of this kind of clothing. These garments were sometimes embroidered with many-colored threads and decorated with applique ornament placed in steps along the robe (Coll.No.2806-44, 64; No.5110-128, 129, 131-133, 139-140). In one of the garments even an applique patch is embroidered. Floral design is a predominant motif of such patterns. There is another variant of ornamentation of this type of garments when not only a collar, lower part of the flaps and a hem, but also lower and upper parts of the robes on the front and back were decorated with embroidery. But applique patches were not placed on it. (Coll.No.2806-66; No.5110-122).

Majority of clothing of the Hokkaido Ainu in the museum collection is mostly made of Japanese cotton fabric, and represent all types of the robes found among the Ainu of Hokkaido.[17]

Attus-robes made of fabric woven from the inner bark of Japanese linden trees; part of them is decorated with embroidered colored patches (Coll.No.2807-38, 55; No.5102-133-136). *Chikarkarpe*-robes of colored cotton cloth decorated with the same technique: applique work and embroidery (Coll.No.2807-33; No.5102-137, 141, 142).

Chichizhiri-garments made of blue cotton fabric and decorated with embroidery (Coll.No.2807-67; No.5102-138). In his "Short report to the items" held in the archives of the RME, B.Pilsudsky gave another name to this type of garment-*chininninup*, and wrote, that "the clothing of Japanese cloth with Ainu patterns is the most widespread now".[18] There is only one robe of this type in the collection of the RME (Coll.No.5110-125). On the whole, the clothes made of fabric and not ornamented as a rule is a small part of the Sakhalin Ainu collection.

The collection contains one example of clothing *ruunpe* (Coll.No.8762-17086) mainly worn by the Ainu living near the Funka Bay in the villages Mori, Datae, Yakumo,[19] and several ceremonials garments *kaparamip* acquired in the village of Piratori on Hokkaido. They are made of dark cloth and decorated with volute-shaped patches of white cotton attached to the base material. According to the information given by V.Vasiliev in the inventory (Coll.No.2807-49; No.5102-139,140,143), *kaparamip* was also old man's and burial clothing. Besides the robe, traditional costumes of the Hokkaido and Sakhalin Ainu included footwear (in the collection from Sakhalin footwear made of seal, eared seal and fish skin predominated), gaiters, headgears and belts. Woman's clothing was supplemented with a cotton apron and headbands. The Sakhalin Ainu wore headdresses in the form of a band made of fabric or fur. They were decorated with applique work, embroidery and beads, and trimmed with fur. The women of Hokkaido wore headbands, which were tied up on the back of the head. Such bands were ornamented with embroidery. All these items are widely represented in the museum collection.

The collection also contains the underwear: male pants (Coll.No.2807-66; No.5102-146,147) and female high-necked shirts without front opening (Coll.No.2807-26,27) that were gathered among the Ainu of Hokkaido.

The largest part of the collection of woman's decorations (Coll.No.2806-7,8,9; No.2807-1,2,3,4,5,8-11,13-15,17,18) was brought from Hokkaido and mainly consists of two types: neck and neck-breast ornaments. The first and the most numerous type, is a stripe of fabric on which metal plates are sewn (Hokkaido). On Sakhalin such a necklace was supplemented with a long pendant decorated with a guard of the sword. The second type is neck-breast decorations of big glass beads supplemented with an openwork pendant.

Bringing up children

There is a number of pieces in the museum collection connected with children' upbringing: cradles obtained from the Hokkaido Ainu (Coll.No.2813-1; No.3006-45; No.4926-130),toys of the Sakhalin Ainu (Coll.No.2812-189,190-192; No.5102-30,31,32,178-186,188-195; No.5110-190,191),wooden seats for carrying a baby on the back, collected in Hokkaido (Coll.No.2813-6,13; No.3006-46). The most interesting items of this complex are two wooden dolls depicting women, which were probably considered at the same time as children protectors.

Spiritual culture

The objects referred to Ainu spiritual culture, especially a complex of items associated with such a striking element of Ainu culture as a bear festival, are a unique part of museum holdings. The bear occupied one of the central places in Ainu ritual practice. According to their notions, it was a mediator between the world of deities, world of peoples, and nature, and thereby, ensured successful hunting or fishing and people well being. In honor of the bear reared in captivity the Ainu conducted a ceremony, which was arranged with a special solemnity. A large and extremely interesting collection of artifacts dedicated to the bear feast was secured by V.Vasiliev in Sakhalin and Hokkaido. A valuable supplement to it is the items collected by B.Pilsudsky and P.Verzhbinets. First of all, these are articles connected with keeping a bear as well as various ritual objects used during a bear ceremony. A very rare and unique piece among them is *isotso*-a cage for breeding a bear cub (Coll.No.2816-113/а-л) acquired in the village Tonnaicha in 1912. Among the specimens related to keeping a bear is a wooden bear cub's plaything (Coll.No.8761-10253), a muzzle (Coll.No.8761-15882) and a thong to lead a cub (Coll.No.2816-67); troughs for feeding it in the cage and during a ceremony (Coll.No.2816-63, 64; No.5102-298; No.5110-192; No.8762-11368). Ritual decorations made of twist of grass-ear covers and belt which were put on a bear, are also of particular interest (Coll.No.2816-62,84). Besides, the collection includes a stick for baiting a cub (Coll. No.2816-65) and a bow with arrows used in the bear soul "sending" ceremony.

Another group of objects that is also related to the bear festival is male ceremonial garments *kaparamip* and *tetarape*, sleeveless coats *dzinbaori* (Coll.No.5110-142,143), headdresses of wooden shavings. V.Vasiliev mentions that all these clothes were worn by the elder who recited a farewell prayer to the bear (Coll.No.2816-59,61) and shot an arrow toward the eastern sky during the "sending" ceremony (Coll.No.2816-60; No.2817-52,53,55; No.5102-295,296; No.8761-10288).

In memory of the bear the Ainu put up a sacred fencelike altar surrounded by mats in the ritual site. Such fence was brought by V.Vasiliev in 1912 from Hokkaido (Coll.No.2817-56). The participants of the festival hung on it sacred *inaw*, ritual quivers and models of ceremonial swords on special straps woven of nettle fibers. Similar objects decorated the walls of the house during this holiday. The museum collection holds all these specimens including a very interesting sword hanger the ends of which are embroidered with unusual patterns in the form of stylized anthropomorphic figures (Coll.No.2816-86).

Among the items associated with the bear festival are a certain number of Japanese lacquerware used mainly as ceremonial containers for pouring and drinking sake. These vessels were highly appreciated by all the collectors.

The collection also contains 107 *inaw* that played a very important role not only in a bear festival but also in other ritual ceremonies. *Inaw* are sacred sticks specially shaved in one or several places. The cult of *inaw* practically embraced all aspects of life of the Ainu people. *Inaw* differed in shape, dimensions and purposes. The largest group of *inaw* in the museum collection includes 20 pieces, which were used by the Ainu of the village Piratori (Hokkaido) when they offered prayers to the deities (Coll.No.2817-12-24; No.3006-59; No.5102-299, 300-302/2,303,304). The Ainu considered *kike parise inaw* with long shavings to be the best for the deities of mountains, taiga and rivers (Coll.No.2817-32,38ав, 39ав). These sticks were purchased in the same village. The collection also comprises 8 *inaw* dedicated to the *kamuy* of the home (Coll.No.2816-3/а-л, 6,7,29,47; No.2817-30,31; No.3006-60), and 7 ones to the female *kamuy* of the home (Coll.No.2816-4ав, 5ас, 15-17, 20). Next to these sticks the Ainu usually placed *inaw* with a bundle of long shavings on its top (Coll. No.2816-8,19,32). They were obtained by V.Vasiliev from the Sakhalin Ainu. He also purchased 8 *inaw* there, which had been made on the occasion of the family falling ill. Among those pieces the *takusa inaw* that were brought from the villages Okhakotan, Siraroka and Tonnaicha are of particular interest (Coll.No.2816-11,14/а,22ав,31а-с,44). V. Dobrotvorsky mentions the fact that in case of a severe illness such kind of *inaw* were made by a shaman who could reveal during *kamlanie* the methods of curing a sick man using these prayer sticks and the assistance of his spirits[20] The Ainu tried to protect from evil spirits who were considered to be guilty of the decease, not only their home (Coll.No.2816-23,24,25,30аВ) but especially also the entrance into it (Coll.No.2817-29/1,2,34a-e; Coll.No.3006-58).

Both the Sakhalin and Hokkaido Ainu treated with respect the *kamuy* of home hearth to whom they offered *inaw* as a sacrifice. Several samples of such *inaw* are kept in the museum collection (Coll.No.2816-26,27,28; Coll.No.3006-61/1-4; Coll.No.5102-307).

In order to provide successful fishing, the Sakhalin Ainu made *inaw* dedicated to the "master" of the boat (Coll.No.2816-12), and the Hokkaido Ainu offered *inaw* to the albatross who always accompanied a moving shoal of fish on the sea (Coll.No.2817-35,36).

The Ainu believed, that success in hunting land animals depended to a considerable degree not only on a well-aimed arrow, but also on the poison made of aconite plant which was applied to arrow points. Therefore, when people dedicated a special *inaw* to the "master" of poisons, they hoped for his "help". The Ainu also put sacred sticks on the grave of their dead relatives (Coll. No.2816-18) when a new year was coming in, as well as attached them to the objects of worship (Coll.No.5102-308).

The *inaw* played a very important role in the Bear Feast of the Sakhalin Ainu (Coll.No.2816-111аВ, 112аВ; Coll.No.5110-193,194-196) and the Ainu of Hokkaido (Coll.No.2817-56а2,в,с,л,е/26). An intermediary function of these sacred items between deities and people was especially vividly revealed in this festival.

The prayer sticks *ikunisi* (Sakhalin) or *ikupasuy* (Hokkaido) performed a similar intermediary function in ritual practice of the Ainu people. According to Ainu beliefs, a pointed tip of this stick served as a "tongue" that helped a man to convey his prayers to the deities during ritual ceremonies. When offering a bloodless sacrifice to the deities-a ritual "feeding", or before sending prayers to them, the participants of the ceremony dipped the pointed tip of the stick into the bowl with sacred liquid sake and sprinkled some drops in the appropriate direction. Then the men, who conducted this ritual, drank the rest of the sake raising their moustache with a prayer stick (therefore *ikunisi* was also called a "mustache lifter").

The collection of prayer sticks in the RME is one of the largest in the world and includes 213 pieces. The most of them were secured by V. Vasiliev in 1912 on Hokkaido (mainly in the village Piratori, and several items in Nibutani) and on Sakhalin (villages Mauka, Tarantomari, Tonnaicha, Manue, B. Takoi, Siraroka, Odasan, Nikolskoye). Nine objects that came from the fund of the former Museum of the peoples of the USSR in 1948, had been obtained at the beginning of the 20th century by B.Pilsudsky (Hokkaido) and P. Verzhbinets (Sakhalin).

Although the function of all prayer sticks was common, their decorative elements are exceptionally various and, according to some researchers, bear a certain semantic meaning. Most of the Ainu prayer sticks were covered with extremely intricate carved patterns among which curvilinear and rectilinear designs predominated both in Sakhalin (Coll.No.2813, No.2817,No.3006,No.5102, No.6756,No.8761-10242-10246,10373) and Hokkaido (Coll.No.2812,No.3006,No.5110,No.8761-10266). Alternate ornamental motifs usually decorated all the surface of the stick, especially of those from Hokkaido. The Ainu of Hokkaido also carved in relief floral (Coll.No.5102-227,237,259) and sometimes, zoomorphic designs (Coll.No.2813-99,100,101; Coll.No.5102-209,250). But the most common elements found on the prayer sticks included images of lizards (Coll.No.2812-157,179), snakes (Coll. No.2812-165,167; Coll.No.5110-232,236, 238, 240, 242, 243, 247, 248, 254, 257, 260, 262, 265, 280), fish (Coll.No.2812-169,171,172; Coll.No.5110-277) and whales (Coll.No.2812-175,181; Coll.No.5110-252; Coll.No.8761-11374,11375). A bear representation is more frequently met on the sticks of the Sakhalin Ainu (Coll.No.2812-156,158,161,167,177; Coll.No.5110-230,254). V.Vasiliev acquired some very interesting samples there which were made of curved twigs looked like interlaced or creeping snakes (Coll.No.2812-163-166; Coll.No.5110-247,257,260,262,264,265). He also collected from the Hokkaido Ainu the prayer sticks with notches cut on their surface (Coll.No.5102-272,276-279,285). Probably, under the Japanese influence, the Ainu of Sakhalin and Hokkaido began to apply black and red lacquer on the prayer sticks (Coll.No.2813-99; Coll.No.2813-99; Coll.No.3006-7; Coll.No.5102-231,232,247,256; Coll.No.5110-259). The collection also contains several *ikunisi*, which have *ekasi itokpa*-ancestral family marks, which were passed down from father to son were considered especially valuable. The Ainu cut marks of ownership (*siros*) in the lower part of the prayer sticks and believed that in this case the deities could always recognize the man or any member of his family who did offering to them, and later ensure successful hunt and fulfill their requests.

According to Ainu beliefs, along with kind *kamuy*, there are a lot of other beings and evil spirits in the world who cause disasters, troubles and illnesses. All their life the Ainu tried to "protect" themselves and their relatives against harmful influence of these *kamuy* using various sacred objects. A special care was taken of children, which is confirmed by a large number of specimens related to this subject: out of thirty various amulets and "protectors" collected by V.Vasiliev mostly in Sakhalin and partly in Hokkaido, nine are referred directly to children. In order to relieve a birth the Hokkaido Ainu wound bear intestines round woman's belly (Coll.No.2817-100) hoping that this animal, which played such an important role in their culture, would help her. Among children' sacred items there are two interesting crossbows, which were hung up to the cradle as "protectors" of a baby (Coll.No.2816-38; Coll.No.5110-199). If a baby had a pain in the area of navel which probably originated as a result of umbilical hernia, the Ainu tied to his belly a cloth bandage with the button which was placed opposite his navel (Coll.No.5110-204). They also believed that the bracelets made of thin stripes of cloth with beads on the ends also possessed a protective function (Coll.No.2816-93/1,2). It is of interest that the use of beads as "protectors" both on children' and adults' bracelets was widespread in the North-East of Siberia among the Chukchi and Koryaks. The Ainu also sewed beads on peculiar medallions-round (Coll.No.2816-95,96,101) or rhombus (Coll.No.2816-100) pendants, which they put on the neck of the child who had a pain in his chest.

In case of the same decease or a back pain a woman wore a dark cloth bandage with straps on shoulders and interlaced strips of fabric on the chest (Coll.No.5110-207). On the right side of the bandage at the front they sewed a horizontal strip of red cloth (Coll.No.6756-44), two strips of light fabric in the shape of a cross, or curvilinear geometric design consisting of thin bundles of grass (Coll.No.2816-103).

Female breast pendants of the Sakhalin Ainu worn in case of a heartache slightly resemble children' medallions and pendants in the form of medallions, which they put on when suffering from chest pain. One of them is a small rhombus-shaped cloth cushion with round metal ornament in the center and with two small semi-oval strips decorated with beads on the edges (Coll.No.2816-98). Another one is a wooden openwork ring on cloth straps, with half-oval cloth strips in the place of fastening of the ring and straps (Coll.No.2816-99). The latter has a certain resemblance to one of the amulets, which women put on when they had neck pain (Coll.No.2816-97).

Another type of amulets worn by women of Sakhalin in case of neck pain or for prophylactic purposes is a strip of dark cloth with a stone in a small bag, three beads and a bunch of red fringe on the ends (Coll.No.2816-14).

Such kind of stripes of black cloth with a horizontal strip of reddish-orange fabric was worn by the Sakhalin Ainu when they had a sore throat (Coll.No.5110-205,206).

Similar to this amulet is a headband from Sakhalin worn in case of a headache, but unlike the latter, it is decorated with zigzag strip of light cloth sewn on the red strip (Coll.No.5110-203). Other cloth bands usually worn by men when they suffered from a headache had a grass weave on the front side (Coll.No.5110-201,202). In case of the same illness, the Sakhalin Ainu put on headdresses like small caps, which consisted of cloth band with a cross of two bundles of grass on the crown and with grass ornament on fabric (Coll. No.2816-91,92). The Hokkaido women wore *inaw* on the head "for curing" when they suffered from a headache (Coll.No.2817-37/2). Amulets and "protectors" were often made according to the instructions of the shaman to whom the Ainu appealed in case of some illness.

The collection on shamanism is rather small -8 specimens only. The main part of it was gathered by V.Vasiliev (5 items) and by P.Verzhbinets (3 items) in Sakhalin. Three drums from this collection, which outwardly look like those of the Nivkhs from Sakhalin, were secured in the villages Odasan and Nikol'skoe (Coll.No.2816-48; Coll. No.5110-200; Coll.No.8761-11370). The pendant for a drum (Coll.No.8761-11372) related to the Nivkhs was registered by mistake as referred to the Ainu.[21] Shaman's ritual headdresses made of shavings were collected by Vasiliev from the Sakhalin Ainu in the villages B.Takoy and Siraroka (Coll.No.2816-49, 50, 51). Shaman's rites for curing the sick were carried out whenever it was necessary.

If the "help" of amulets, "protectors", charms and shamans turned out ineffective and a sick man died, the Ainu took great care of the dead in order that his soul could safely reach the world of the dead. As the Ainu people believed in the afterlife, they buried the dead with his personal belongings. There are several pieces of such kind in the collection (Coll.No.2817-8,9/1,2,10,40-42,44; Coll. No.6756-17) including ornamented bust ropes for tying (Coll.No.2817-4,5;Coll.No.5120-292,293) and carrying things to the burial place (Coll.No.5102-288,289-290). The bust forehead bands used for carrying belongings of the dead man, were always decorated with geometric designs (Coll.No.5102-291). Of all the objects of Ainu burial collected by Vasiliev, the grave posts were the most difficult for him to acquire. It was probably due to Ainu beliefs that a grave post "was the deceased man's spirit-guide"[22] who sent him to the world of the dead. But in spite of it, V.Vasiliev managed to acquire male and female grave posts both in Sakhalin (Coll.No.2816-1,2) and Hokkaido (Coll. No.2817-1,2). An integral element of such monuments was special parti-colored ropes woven of bust fiber (Coll.No.2817-3; Coll.No.5102-287).

Photo collections

A very important supplement to the Ainu collection of objects is museum's photo collections, included in all 274 photographs which represent views of Sakhalin and Hokkaido, physical types of the Ainu, various kinds of dwellings, storehouses and barns, main occupations-hunting and fishing, means of transport, clothing and ornaments, a bear festival. The earliest collection which consists of 6 pictures was taken in 1868 by a photographer G.Garyazin among the Sakhalin Ainu. But the base of the collection is the photographs made by V.Vasiliev (139 pieces) and B.Pilsudsky (120). Later, in the 1980s they were supplemented with nine pictures taken in 1888 in Hokkaido.

On the whole, the Russian Museum of Ethnography contains 24 collections, counting 2600 specimen of Ainu culture. Although the collection is very large, it is noted for its complex character and precise selection of artifacts. The material which it comprises-objects and photographs as well as factual and terminological information contained in the inventory books enable to represent in full measure the traditional world of the material culture of the Ainu people at the time when their culture had not yet diminished its ethnic features. Contemporary culture of this people who live in the Hokkaido, in the north of Japan, practically doesn't differ from Japanese culture, and only small islets-the ethnographic villages-give a chance to get acquainted with original traditional culture of the Ainu. Therefore, the collection of the Russian Museum of Ethnography is a precious source not only for researchers of Ainu culture but also for the representatives of this ethnos.

References

(1) Архив Российского Географического общества. Ф. 1, оп. 1, № 10, л. 2.
(2) Там же. Л. 5.
(3) Шмидт П.Ю. Рыбы восточных морей Российской империи. СПб., 1904. С. 54.
(4) Шмидт П.Ю. О сахалинских рыбных промыслах. Русское судоходство. 1904. № 8. С. 87.
(5) Там же. С. 48.
(6) Архив РЭМ. Ф. 1, оп. 2, № 57, л. 91 об.
(7) Там же.
(8) Там же. Л. 85.
(9) Там же. Л. 92 об.
(10) Отчет Московского Публичного и Румянцевского музеев за 1876-1878 гг., М., 1879. С. 141-143.
(11) Архив РЭМ, ф. 1, оп. 2, № 65, л. 1.
(12) Архив РЭМ, ф. 5, оп. 2, № 81, л. 45-49.
(13) Коллекция № 5. Архив РЭМ, ф. 5, оп. 4, № 292.
(14) Коллекция № 36. Архив РЭМ, ф. 5, оп. 4, № 311, л. 75-76.
(15) И.И.Шангина. Русский фонд этнографических музеев Москвы и Санкт-Петербурга. История и проблемы комплектования 1867-1930 гг. СПб., 1994. Л. 140.
(16) Жеребцов Б.А. Материалы исследований Б.А.Жеребцова по этнографии айнов Южного Сахалина (1946-1948). Южно-Сахалинск, 1988. С. 61.
(17) Kodama M. Clothing and Ornamentation // Ainu Spirit of a Northern People. Washington, 1999. P. 117-119.
(18) Архив РЭМ. Ф. 5, оп. 4, № 282. Л. 99.
(19) Данная информация предоставлена Т. Кохара – руководителем отдела Центра по исследованию культуры айнов Хоккайдо.
(20) Добротворский М.М. Айнско-русский словарь. Казань. 1875. Приложение 1. С. 43.
(21) См. Архив РЭМ. Ф. 5, оп. 4, д. 92. Л. 20.
(22) Спеваковский А.Б. Духи, оборотни, демоны и божества айнов. М., 1988. С. 150.

III Характеристика айнских предметов

アイヌコレクションについて

Характеристика айнских предметов

1 Орудия труда и промыслов в системе жизнеобеспечения айнов

Хасэбэ Кадзухиро

В айнской коллекции РЭМ, насчитывающей около 2600 предметов, значительную часть собрания 418 составляют орудия, относящиеся к основным занятиям айнов: охоте, рыболовству, собирательству, земледелию и домашним промыслам. Все эти вещи, собранные в начале XX в., были приобретены П.Шмидтом, В.Васильевым, Б.Пилсудским и П. Вержбинцем на Сахалине (Карафуто) и Хоккайдо. Конкретными местами сбора коллекций на Сахалине были, главным образом, южные районы: на восточном побережье - селения Мануй, Сирарока, Отасаму, Айхама, Отёбока, Тоннайча, на западном побережье - Маука, Тарантомари, Охакотан, а в центральных районах – Найбучи, Большой Такой, Рёри. На Хоккайдо комплектование коллекций проходило в селении Пиратори района Хидака, а также Сару и Момбэцу.

Промысловая деятельность, составлявшая основу системы жизнеобеспечения айнов, оказала влияние на их образ жизни и культуру в целом. В данном кратком обзоре автор видел главную свою задачу не в выявлении локальных особенностей использования тех или иных предметов, а в описании орудий и инструментов, относящихся к мужским и женским занятиям. У айнов существовало чёткое разделение труда между полами. Мужчины занимались рыболовством, охотой, изготовлением орудий труда, деревянной утвари, средств передвижения, а женщины – земледелием, ткачеством, шитьём одежды, приготовлением пищи. Инструменты, относящиеся к изготовлению нитей из крапивы и луба вяза, а также к ткачеству и шитью одежды, а именно: чесальные гребни, веретена, игольники, катушки для наматывания нитей, ткацкие станки для тканья полотна и детали ткацких станков(челноки, разделители утка и основы, бёрдо), приспособление для нанесения узоров; маленькие станочки для изготовления поясов и их детали(челноки, бёрдо, ткацкая доска), станок для тканья циновок и т.д. насчитывают всего 68 предметов. Надо отметить, что катушки, собранные на о. Сахалин и Хоккайдо различаются по форме, а среди чесальных гребней, имеющихся к коллекции, выделяется специфический гребень из с. Тарантомари(Сахалин), не имеющий аналогов на Хоккайдо. Сделан он из раковины речной жемчужницы. В коллекционной описи сказано: «раковина для расчесывания волокон крапивы(Колл.№ 2810 - 5-7). Веретена имеются только в коллекциях, приобретённых на Сахалине(Колл.№ 2810 - 82,83;№ 5100 - 89,91). Ткацкие станки представлены как в сахалинских коллекциях(с крапивным полотном), так и в коллекциях, собранных на Хоккайдо в с. Пиратори(ткацкий станок с лубяными волокнами).

Ножи – *макири* – широко использовались в повседневной жизни для хозяйственных нужд, изготовления различных изделий из дерева и рога, а также охоты и т п. Ножи и ножны насчитывают 72 предмета. Они были собраны П.Ю.Шмидтом и В.Н.Васильевым в 1902 и 1912 гг. в семи селениях Сахалина и Хоккайдо(Отасаму, Айхама, Маука, Тарантомари, Большой Такой, Рёри, Пиратори). Среди них имеются ножи для разделки рыбы(Колл.№ 2810-33)из с. Маука - западное побережье

Сахалина, и разделочные ножи из с. Айхама, приобретённые на восточном побережье. У сахалинских айнов женские кухонные ножи назывались *эпирике*.

Орудия, относящиеся к земледелию и собирательству насчитывающие 9 предметов, собраны в селениях Айхама, Большой Такой, Маука, Мануэ, Сирарока, Пиратори. Это бамбуковые грабли (Колл.№ 2811-31,35), мотыга(Колл.№ 2811-33), серп, приспособление для срезания колосьев из раковин (Колл.№ 2811-35, 36), своеобразные деревянные мотыги для выкапывания кореньев в виде палки-копалки(Колл.№ 2810–58 ;№ 2812-130). Серпы из с. Маука(Колл.№ 2810-56,57), помимо всего прочего, использовались и для срезания морских водорослей.

Среди предметов, относящихся к обработке и приготовлению пищи нужно выделить ступку (Колл.№ 2813-74), деревянный пест(Колл.№ 2813-58), веялки ручные(Колл.№ 2811-37;№ 3006-37 ; № 8761-10196)и др. из с. Отасаму, Тарантомари, Большой Такой, Тоннайча, Охакотан, Рёри и Пиратори.

Среди мужских инструментов, относящихся к различным сферам деятельности, значительное место занимают разнообразные ножи – *макири*. Нож был неотъемлемой частью повседневной жизни. Ножи и ножны (36 предметов), а также 3 *тасиро* (длинный нож с широким лезвием), были собраны помимо района Хидака(Хоккайдо) в основном на южном Сахалине в селениях Маука, Тарантомари, Мануй, Отасаму, Айхама, Тоннайча, Большой Такой и Томариори. В коллекционных описях дается четкое указание на использование, того или иного вида ножей: скобления, высверливания отверстий и т.п. (Колл.№ 2810–69-73 ;№ 2811–46). У айнов встречались ножи как односторонней, так и двусторонней заточки. На Сахалине ножи односторонней заточки назывались *сисамумакири (сисаму-японцы, макири-нож)*, а ножи двусторонней заточки именовались – *инасакумакири (инасаки-рисоводство, макири-нож)*. Значительную часть коллекции составляют разнообразные по форме ножны, часть из них украшена резным орнаментом. Для сахалинских айнов были характерны ножны, сделанные из кожи морских животных (например, тюленя), не встречавшиеся у айнов Хоккайдо. Среди вещей, приобретённых в с. Отасаму и Большой Такой имеются разнообразные мешочки для хранения и ношения на поясе точильных брусков, которые свидетельствуют о широком использовании ножей как для хозяйственных нужд, так и в промысловой деятельности.

Важное значение в хозяйственной деятельности айнов занимал охотничий промысел. Орудия охоты из коллекций, собранных в Пиратори, Маука, Тарантомари, Айхама, Отасаму, Тоннайча, Большой Такой, Найбучи, Сирарока и Рёри включают луки, стрелы, колчаны, самострелы и детали к ним, капканы, копья, гарпуны, и мешки для хранения наконечников гарпунов, манки для подманивания оленей во время гона (Колл.№ 2814 –27,28), охотничьи пояса (Колл.№ 8762–17097), охотничьи сумки. В коллекциях имеются также детские луки, приобретенные в с.Айхама и Пиратори.

Патронные гильзы, патронташ (пояс для пуль), приобретённые в с. Отасаму (Колл.№ 5110–19), свидетельствуют о применении на Сахалине в начале XX в. огнестрельного охотничьего оружия.

Среди самострелов используемых для пассивной охоты, в том числе на соболя (Колл.№ 2815–19) и выдру, приобретённых в с.Тарантомари , Большой Такой, Найбучи и Пиратори (Колл.№ 2815–21;№ 2814–9;№ 5102–41, 42), выделяются самострелы - черканы, называемые в коллекционных описях «мышеловками».

Интересно, что в «Докладе об обследованиях животного мира о. Карафуто», изданного в 1914, белки именуются также «древесными мышами». Вполне, вероятно, что упомянутые «мышеловки» нельзя интерпретировать только как орудия для ловли обычных мышей.

У айнов была широко распространена охота с помощью отравленных стрел. В качестве яда использовали корень аконита - *борца японского*. Среди экспонатов, хранящихся в РЭМ, имеются корни аконита и сосуды для приготовления ядов.

В коллекциях РЭМ встречаются и наконечники копий, применявшиеся главным образом при охоте на медведя. Следует особо выделить наконечник копья приобретенный в с. Айхама (Колл.№ 2815-39). Его форма указывает на то, что он был вывезен, в результате меновой торговли, из Сантана (Приамурья).

Значительное место в хозяйственном комплексе айнов занимало рыболовство и морской зверобойный промысел.

В прибрежных районах гарпунами добывали нерпу, тюленей, сивучей. В коллекциях РЭМ имеются разнообразные железные гарпуны с отделяющимися наконечниками, которые были собраны на западном (с. Маука) и восточном побережье (с. Тарантомари и Отасаму) Сахалина, а также в с. Айхама (Колл.№ 64-12;№ 2815-49;№ 2815-53). В Айхама были приобретены скользящие гарпуны для охоты на льду (Колл.№ 2815-65). Среди орудий охоты на морских животных имеются также деревянная колотушка для добивания нерпы и багры для подвешивания туш после охоты (Колл.№ 2815-18).

Большинство орудий рыболовства было собрано в районах западного и восточного побережья Сахалина. Среди рыболовных снастей выделяются сходные для Хоккайдо и Сахалина остроги для ловли кеты, и остроги для ловли пресноводных рыб (например, щуки), которые были приобретены в с. Отасаму (Колл.№ 2815-55). К рыболовным снастям относятся крючковые снасти для ловли кеты и камбалы, собранные В.Н.Васильевым в с. Маука, Отасаму, Сирарока и Тарантомари (Колл.№ 2815-40,41,44,45,59), перемёты (Колл.№ 2815-63), а также крючки к перемётам, приобретенные в Пиратори. Среди предметов, связанных с рыбной ловлей, в коллеции имеется пешня для прорубания лунок во льду (Колл.№ 2815-57) и разнообразные рыболовные крючки, изготовленные из дерева, бамбука и костей морских животных (Колл.№ 2814-48-58), бытовавшие на Хоккайдо. Там же в селении Пиратори была приобретена стрела, используемая для ночной ловли рыбы с факелами (Колл.№ 2814-41).

В коллекционном собрании Российского этнографического музея имеются различные сети, привезенные Васильевым из Сахалина, и из Хоккайдо (Пиратори). Одна из них сплетена из волокон крапивы (Колл.№ 2814-65). Особый интерес представляют разнообразные сети из Тарантомари (Колл.№ 2815-68,73,69,70). Ими пользовались для ловли сельди, горбуши, кеты и крабов. В коллекциях, собранных на Сахалине и Хоккайдо, имеются и инструменты, используемые при вязании сетей: иглы, деревянные мерки для придания определённого размера ячеям (Колл.№ 2814-60), а также грузила.

Среди предметов, используемых в повседневной жизни выделяются приспособления для развязывания узлов из рога оленя (Колл.№ 2812-134;№ 2815-16), распялки для сушки шкурок соболя

(Колл.№ 2815–35, 36), собранные на южном Сахалине, в частности в с. Одасан, Большой Такой и т.д.

К производственно-бытовому инвентарю относятся кузнечные меха, тигель для плавки олова из с. Отасаму, Большой Такой, веера из перьев коршуна(Колл.№ 2812–6), шило из коллекции Айхама (Сахалин), а также топор, приспособление для заточки пилы, напильник, долото и плотничий маркер из Пиратори (Колл.№2811-29).

Данные орудия и инструменты позволяют не только определить направление хозяйственной деятельности, но и особенности системы жизнеобеспечения айнов, характерной для того и иного района.

Природная среда южного Сахалина и традиционное хозяйство айнов

Природные условия южного Сахалина, флора и фауна края отличались богатым разнообразием и представляли исключительные возможности для ведения охотничье –промыслового хозяйства.

На морском побережье обитали моржи, морские львы, тюлени, морские котики, сивучи, касатки и др. Лежбища морских львов располагались у западного побережья острова. Охотиться на тюленей, обитавших на рифах восточного и в меньшей степени западного побережья Сахалина до 1915-16 гг., отправлялись из Тарантомари и Кумэкомай.

Рыбные ресурсы были весьма значительны. В акватории острова обитали морские и пресноводные рыбы: сельдь, камбала, палтус, тихоокеанская треска, кета, горбуша, акула, щука, навага.

Среди сухопутных животных важное значение для промыслов имели: медведь, кабарга, северный олень, лиса, рысь, заяц, белка-летяга, соболь, выдра, колонок, бурундук и т.д. Кабарга и соболь после июля 1918 г., в период губернаторства Карафуто, были объявлены как охраняемые и запрещенные к охоте виды животных.

Из птиц для Сахалина были характерны рябчики, в сравнительно больших количествах обитавшие на восточном побережье, а также белоплечий орлан (Haliaeetus pelagicus), распространённый на всей территории Сахалина.

Растительный мир острова отличался большим разнообразием и представлял значительную хозяйственную ценность. Для Сахалина были характерны хвойно-широколиственные леса, густые заросли курильского бамбука, а в долинах рек - высокотравные луга. Айнам хорошо были известны полезные свойства растений. Многие из них использовались в пищу. Это-страусник, калужница, хохлатка, шиповник, голубика, гречиха, горец, черемша, кардиоклинум, рябчи. Знали айны и лекарственные свойства растений, в частности подорожника, полыни, пиона, чистотела, щавеля, багульника, бошнякии русской, плауна, гречихи. Известно, что бошнякия русская использовалась в районах восточного побережья острова при ушибах и колотых ранах. Из ядовитых растений, в качестве примера, можно привести *борец сахалинский (аконит)* и другие его виды, но существует версия, что сахалинские айны, в отличие от айнов Хоккайдо, его совершенно не использовали. Древесина многих растений употреблялась для изготовления посуды, орудий труда, средств передвижений. Среди них: ясень, вяз, бересклет, слива саржента, рябина, ива, тополь, тис, ель, лиственница, береза, ольха, и др. Кору *сливы саржента*, произраставшей южнее Томариори на западном побережье, использовали для украшения ножен и рукояток ножей.

Все эти вещи, а также образцы лекарственных растений широко представлены в коллекциях РЭМ и свидетельствуют об эффективном использовании айнами природных ресурсов для своих хозяйственных нужд.

Большое хозяйственное значение имел луб вяза и крапива. Из их волокон делали нити, из которых ткали полотно, используемое для шитья одежды. Из крапивных нитей плели сети, верёвки. Из тростника и осоки изготавливали циновки, сумочки, мешки. В хозяйстве айнов для различных нужд широко использовалась кожа морских животных: сивуча, тюленя. Например, для изготовления фиксирующих веревок, собачьей упряжи, ножен (сахалинские айны). Ими подшивали лыжи. Подтверждение тому можно найти в собрании РЭМ.

Кузнечные меха и тигель для плавки олова, собранные в с. Отасаму и Большой Такой, свидетельствуют о факте изготовления самими айнами различных металлических, (в основном, железных) изделий: наконечников к гарпуну, остроге; рыболовных крючков, ножей.

Начало XX в. - время активного разрушения традиционного уклада айнов. Охота, рыболовство, морской зверобойный промысел, составлявшие основу хозяйственного комплекса айнов, все более подвергаются промышленному воздействию, становятся конролируемыми правительством отраслями. Хотя в первое 10-летие XX в, еще применяются традиционные орудия, о чем свидетельствуют музейные коллекции, но в охоте сухопутной и морской уже начинает использоваться огнестрельное оружие, а в рыболовстве на смену обычным сетям приходят жаберные сети. Рыболовство и охота все более становятся товарными отраслями.

В данной статье были проанализированы материалы Российского этнографического музея по основным занятиям айнов, собранным в период с 1902 по 1912 гг. Коллекции РЭМ не только расширили представления об орудиях охоты, рыболовства, земледелия и т.п., но и выявили некоторые локальные особенности в способах их применения. Так, раковины речной жемчужницы на Хоккайдо использовали в качестве срезающих приспособлений для сбора колосьев злаковых растений, а на Сахалине теми же раковинами пользовались в качестве скребков для обработки крапивы.

Несмотря на некоторые различия в промысловой деятельности (сахалинские айны в большей степени занимались морским зверобойным промыслом), культура айнов Сахалина и Хоккайдо во многом была идентичной. Об этом свидетельствуют материалы Российского этнографического музея.

アイヌコレクションについて

1 生業に関わる資料

長谷部一弘

はじめに

　REM所蔵のアイヌ資料2,766件のうち、アイヌの生業に関わる民族資料は、おおよそ418件を数える。アイヌ民族における生業形態は、狩猟、漁労、採集の諸活動にみることができるが、REM所蔵資料にそれらの殆どの要素を確認することができる。REMの生業資料は、南カラフト、北海道日高地方においてシュミット、ヴァシーリエフ、ピウスツキらが蒐集したもので、1902年、1910年、1912年の蒐集年から、少なくとも20世紀初頭前までの生業用具として捉えることができる。また、蒐集地域については、カラフトにおいては南部地域を対象として、東海岸地方はマヌイ、シララカ、オタサム、アイハマ、オチョボカ、トンナイチャ、西海岸地方はマオカ、タランドマリ、オハコタン、内陸部はナイブチ、ボリショイタコイ、リョーリに及ぶ。北海道は、日高地方ピラトリを中心にサル・モンベツ、札幌をその対象地域としている。

　アイヌ民族の生活様式の基盤をなす生業形態を概観するとき、カラフト、北海道の地域差を問わずおおむね分業の様相として女性の生業と男性の生業に大別することができる。女性の生業に関わる生活用具としては、衣服、衣類の製作の用具や食物、調理、食品加工に関わるものがその多くを占める。マキリは日常生活のなかでもっとも身近で、用途が多様であるが、代表的なものとして、カラフトの西海岸からは家事用マキリ、東海岸からは裁断用マキリが蒐集されている。衣服の製作に関しては針入れ、糸巻がみられるが、特筆すべきものとして多種多様な植物繊維の糸づくりや機織りに関わる用具がある。梳き具、紡錘車、糸巻き取り、糸巻き取り棒は、植物繊維から糸をつくる道具である。機には布織り機と帯織り機があり、布織り機の部品として織り箆、腰当て、綜コウ棒、上下糸分離器、オサがみられ、帯織り機の部品には織り箆、オサ、カマカップ、織用板がある。この他に、莫蓙織り機がある。この中で梳き具は、カラフト特有のイラクサの繊維を梳くカワシンジュガイ製の加工用具（Col.№2810-5-7）であり、北海道には例をみない。また、タランドマリやピラトリの布織り機は、イラクサ繊維糸、木綿糸やオヒョウ繊維糸がかけられた状態で蒐集されている。採集、農耕に関わる生活用具には、熊手（Col.№2811-31, 32）、鍬（Col.№2811-33）、鎌、穂摘み具（Col.№2811-35, 36）、根掘り棒（Col.№2810-58, 2812-130）があり、これにかかる調整、加工用具として、臼（Col.№2813-74）、杵（Col.№2813-58）、箕（Col.№2811-37）がある。

　男性の生業に関わる用具には、加工用具、狩猟用具、漁労用具がある。加工用具としてはマキリ（マキリ鞘）、タシロがあるが、マキリは、狩猟、漁労、採集、農耕等あらゆる生業に結びつき、なかでも彫り物や割りものに用いられるマキリ（Col.№2810-69-73, 2811-46）は使用頻度と多様性において特異なものである。狩猟用具は、弓・矢、矢筒、仕掛け弓、仕掛け弓用物差し、仕掛け罠、槍、銛、銛先収納袋、シカ笛（Col.№2814-27, 28）、毒調整容器、トリカブト根、薬きょう入れ、狩猟用ベルト（Col.№8762-17097）、狩猟用袋がある。このなかでは弓・矢、矢筒類が最も多く、仕掛け罠猟用具には、テン用（Col.№2815-19）、カワウソ用のほかネズミなどの害獣駆除を目的とした猟具（Col.№2814-9, 2815-21；№5102-41, 42）がある。銛は、カラフト西海岸、東海岸におけるトド、セイウチ、アザラシ猟に使われる鉄製銛（Col.№64-12；№2815-49, 53）のほかアザラシ猟用滑走銛がある。これは氷雪上でアザラシ猟をするときに用いられるカラフトアイヌ独自（Col.№2815-65）のものである。また、アザラシ捕獲の際に用いられる木槌、捕獲後の吊し鉤（Col.№2815-18）もある。交易品としてもたらされた山丹槍はクマ猟に用いられた。

　漁労用具は、その多くがカラフト西海岸、東海岸地域の蒐集資料で、サケ漁用突き鉤、カワカマス捕獲鉤（Col.№2815-55）等の鉤漁用具やサケ、カレイ釣り（Col.№2815-40, 41, 44, 45, 59）、延縄漁釣り針などの釣り漁用具がある。網漁用具では、カラフト西海岸マオカ、タランドマリ（Col.№2815-63）におけるニシン、マス、サケ、シロザケ、カニ漁用網（Col.№2815-68-70, 73）やピラトリ蒐集のイラクサ繊維の撚り糸製網を用いた刺し網（Col.№2814-65）が顕著である。網漁に関わるその他の用具には、ピラトリ蒐集の木、竹、海獣骨を素材とする網針（Col.№2814-48-58）や網製作時の楕円形網目を

整形する木製の型木網目合わせ（Col.No.2814-60）があり、生業に関わる必需品の小道具類では、南カラフト資料を中心とする鹿角製の紐の結び目解き具（Col.No.2812-134；2815-16）、テン毛皮乾燥具（Col.No.2815-35, 36）、魚乾燥用具（Col.No.2813-47）などが顕著である。また、このような生業用具を製作するための加工用具として、南カラフトの鍛冶製鉄用フイゴ、錫用坩堝、トビ羽製扇（Col.No.2812-6）、錐やピラトリ蒐集の彫斧、鋸目立て具、ヤスリ、ノミ、墨入れなどがある。

南カラフトの自然環境と生業

このような南カラフト、北海道に関わる一群の生業用具の中で、とりわけ南カラフト地域の生業用具は、生業形態の地域的特性を的確に把握できるアイヌ資料として捉えることができ、その背景には雄大な自然環境と時代に生きたカラフトアイヌの関わりがあった。

20世紀初頭におけるカラフトアイヌの狩猟、漁労、採集に関わる南カラフト地域の自然環境をみると、海岸域では、トド、アザラシ、アシカ、オットセイ、セイウチ、シャチ等の海獣が棲息していた。特にアザラシは西海岸より東海岸の岩礁に多く棲息し、アシカは、西海岸の海馬島に多く棲息しており、アシカ猟では1915、1916年頃までタランドマリ、クメコマイより出猟していた。魚類は、ニシン、カレイ、ヒラメ、タラ、サケ、マス、サメ、カワカマス、マミズクラゲ、カンカイ、アメノウオなどの海水、淡水魚が周辺域に棲息していた。陸獣は、ヒグマ、ジャコウジカ、トナカイ、キツネ、オオヤマネコ、エチゴウサギ、モモンガ、コウモリ、テン、カワウソ、イタチ、リス、トラフネズミ等が棲息した。鳥類のエゾヤマドリは、東海岸に比較的多く棲息し、オオワシは、カラフト全土に棲息した。広大な針葉樹林と僅かな広葉樹林で占められたカラフトの植生群では、オオバコ、ヨモギ、ヤマシャクヤク、クサノワウ、ナナツバ、スイバ、イソツツジ、オニク、カラフトニンジン、ヒカゲノカヅラ、オオイタドリの薬用とされた植物があり、オニクは、東海岸地域では打撲傷や金創に用いたという。有毒植物には、ホソバトリカブト（カラフトブシ）、トリカブトなどがあり、カラフトでは毒矢用にホソバトリカブトを使用した（カラフトアイヌは全くブシを使用しないという説もある）。食用の植物としてハナウド、クサソテツ、コゴミ、ヤチブキ、エゾエンゴサク、カラフトバラ、ハマナス、クロマメノキ、オオバスノキ、オオイタドリ、ウラジロタデ、ギョウジャニンニク、オオウバユリ、クロユリ、器物製作用の植物は、ヤチダモ、オヒョウダモ、エゾイラクサ、マユミ、ツルウメモドキ、エゾヤマザクラ、ナナカマド、バッコヤナギ、エゾヤナギ、ドロヤナギ、ヤメラスゲ、カサスゲ、キタヨシ、イチイ、エゾマツ、グイマツ、テンキグサ、カラフトシラカンバ、エゾヤマハンノキ、オオバヤナギ、ヤナギランなどがあり、西海岸トマリオリ以南に自生するエゾヤマザクラの樹皮は、マキリ鞘の製作縫合や装飾のために用いられた。

このような豊かな南カラフト地域の自然環境の中で、独自の生業を営んだカラフトアイヌの生活様式の様相は、REM資料の生活用具等の素材を通して具体的に観てとることができる。当時の狩猟、漁労活動をはじめとする生産用具の製作には、スゲ、ハマニンニク、マツ、シラカバなど多くの草木材が使用された。とりわけ、織物や漁網、さまざまな用具の主要部分の縫合や結合にはエゾイラクサが多用され、その依存頻度の高さは際立っている。そのことは、紡錘車、糸巻、針入れ、織り機等の製作、加工用具があることからも裏付けられる。

また、運搬用具であるイヌゾリ用具、スキー、マキリ鞘、固定紐類にはトド、アザラシなどの海獣皮が使用されていることも見逃せない。さらに、同じ素材が異なる目的と機能をもつという、生業形態の地域的特性を示す資料がある。つまり、カワシンジュガイを素材とする収穫用具は、北海道ではアワ、ヒエなどの穀類をはじめ草類を刈り取る用具として使用されるのに対し、カラフトではイラクサの繊維を処理する調整・加工用具として使用された。また、REMの資料のなかに弓矢、槍、仕掛け弓、罠、銛等の狩猟用具とともに弾帯が存在していることは、異文化との接触を通じて伝統的な生業形態の中に新たな猟銃の移入があったことを示している。それによってカラフトアイヌのアザラシ猟の方法は多様化し、夏には、アザラシが岩礁で休息している場合は銛で、水面では猟銃で捕獲した。そして、冬は、氷雪原では伝統的な滑走銛を使用し、氷海ではアザラシの出入りする氷穴を見定め、氷山に隠れ近づきながら銛や猟銃で捕獲した。

さらに、ジャコウジカを本格的に捕獲するようになったのは、カラフトアイヌが交易品としてジャコウジカの麝香の価値を知ってからのことあり、それには猟銃や鉄線罠が使用された。

生業形態の特性

このように生業に関わるREM所蔵のアイヌ資料から、19世紀末～20世紀初頭の時代的な背景のなかで新たに登場した生業用具の存在とともに、南カラフト西海岸、東海岸、内陸部および北海道日高地方における地域的な生業形態の実態がより明確になってきたといえる。

特に、1904年の日露戦争勃発、1905年の第一次ロシア革命、日露戦争の終結、1917年のロシア革命およびそれ以降の日露間の領土問題、ロシア国内の政治・社会的な激動期にあったカラフトの時代的背景は、そこに居していたアイヌの人々の生活様式にも大きな影響をおよぼし、変容を引き起こした。かかる生活様式の変容は、ロシア、日本によるカラフト進出に伴う網漁、銃器の移入などによって促進され、伝統的な生業形態をも徐々に崩していくことになった。

REM所蔵のアイヌ資料のなかで、1912年に蒐集された生業および生産用具を観るかぎり、北緯50度線以南のカラフト西海岸地方、東海岸地方、内陸でのアイヌの生活様式においては、狩猟、漁労、採集活動を本来の生活基盤とする生業の在りようが、少なくとも1910年代までは自然環境に根強く依存して保たれていたことが確認できる。

2 Одежда и украшения айнов

Кодама Мари

Значительное место в коллекционном собрании Российского этнографического музея по айнам занимает одежда, приобретенная на западном и восточном побережье южной части Сахалина и на Хоккайдо в селении Пиратори местности Хидака. В коллекциях представлена мужская, женская и детская одежда. Основной одеждой айнов был халат. Женщины носили его с передником. Костюм дополняли ноговицы, обувь, головные уборы. Мужская и женская одежда айнов не различалась по покрою. Главное отличие заключалось в декоре. Как правило, мужская одежда, в отличие от женской, богато декорировалась вышивкой и аппликацией. Сравнительно простые вещи, практически не украшенные орнаментами - предназначались для женщин. В своей статье автор большее внимание уделяет на одежду сахалинских айнов, как менее изученной.

Одежда айнов о. Сахалина

Айны населяли южную часть Сахалина, а в северной части жили ороки (ульта) и нивхи. С культурной точки зрения, сахалинские айны претерпели сильное влияние северных соседей. Некоторое сходство, главным образом в орнаментах, украшавших одежду, наблюдалось с амурскими нанайцами и ульчами. Среди предметов одежды, имеющихся в коллекциях по сахалинским айнам, встречаются отдельные образцы, явно изготовленные на Хоккайдо и Хонсю. По всей видимости, они были получены сахалинскими айнами в результате обмена. Главную же специфику сахалинской коллекции составляют меховые изделия : зимняя верхняя одежда из меха собаки и нерпы, меховые рукавицы, головные уборы, обувь, ноговицы. Подобные вещи не встречались у айнов Хоккайдо.

Особенностью собрания РЭМ является и то, что в коллекциях представлено много детских вещей. Такого количества разнообразной детской одежды не имеется ни в одном другом музейном собрании.

Одежда айнов Сахалина, Хоккайдо и Курильских островов имела некоторые отличия, которые наблюдались в покрое, материале и способе орнаментации. Айны шили одежду из шкур морских и сухопутных животных, полотна, сотканного из волокон луба вяза, липы и крапивы, а также покупной х/б ткани.

Одежда из шкуры

Коллекция РЭМ по культуре айнов Сахалина даёт в полной мере представление о материале, из которого шили зимнюю верхнюю одежду, головные уборы и обувь. Это шкуры морских (нерпа, сивуч) и сухопутных (медведь, олень, лисица, заяц, выдра, белка) животных, а также собаки.

Мех пушных зверей употреблялся, главным образом, на отделку рукавиц, головных уборов. Для шитья одежды широко использовалась также кожа лососёвых рыб.

Можно отметить и некоторые региональные отличия, которые просматриваются в выборе материала. Так, сахалинские айны отдавали предпочтение шкурам морских животных и рыбьей коже. Айны Хоккайдо чаще использовали шкуры лесных зверей, а курильские айны шили одежду из птичьих шкур. В настоящее время сохранилось всего несколько экземпляров одежды из птичьих шкур в музеях Германии и Америки. Два экземпляра подобной одежды хранятся в Японии. Они датируются эпохой Мэйдзи, т.е. серединой XIX в.

Из сведений, имеющихся в литературе, а также данных, полученных от информантов, известно, что шкуры, используемые для верхней одежды взрослых и детей, отличались, но в чём заключалось это отличие, было не ясно. Материалы Российского этнографического музея впервые дают на это ответ: для шитья одежды взрослых и детей использовался один и тот же вид животного, например, собаки, но детскую одежду шили либо из брюшной части шкуры, либо из шкуры молодого животного.

Сахалинские айны шили зимнюю верхнюю одежду из меха животных, например, собаки или нерпы. В отличие от них, айны Хоккайдо, утепляли одежду, сшитую из ткани, куском шкуры. Например, в коллекции есть одежда (Колл.№ 2807-53), на спинке, которой для тепла с изнанки стороны, пришит кусок оленьей шкуры.

Айны широко использовали собачьи шкуры. Из них сахалинские айны шили верхнюю зимнюю мужскую одежду. На Хоккайдо мужчины, когда отправлялись в горы на охоту, привязывали шкуру собаки к пояснице. Делалось это не только для тепла, но и для того, чтобы одежда не намокала, когда приходилось сидеть на сырой земле. У охотников северо-восточной части Японии встречается такой же способ использования шкур. Одежда из собачьих шкур широко бытовала у ороков и нивхов - северных соседей айнов.

Верхнюю одежду из нерпичьих шкур у айнов носили пожилые женщины. В коллекции РЭМ имеются два экземпляра такой одежды. Кроме того, имеется юбка, которую зимой надевали мужчины поверх халата при езде на нарте. Она служила защитой от холода, ветра и снега.

Одежда из рыбьей кожи, приобретённая на Сахалине, представлена семью халатами и тремя мужскими юбками. В литературе дается описание процесса изготовления одежды из рыбьей кожи. Для пошива одного халата необходимо было 40-50 выделанных кож лососёвых рыб. При выделке рыбьей кожи удалялись плавники, а на их место пришивались кусочки рыбьей кожи с аппликативным орнаментом. Халат из рыбьей кожи был распашной, широкий в подоле. Рукава, широкие в пройме, сужались к запястью. Ворот, полы, подол, края рукавов обшивались хлопчатобумажной тканью.

Одежда из растительного материал

На Сахалине шили одежду из полотна, сотканного из волокон, луба вяза, липы или крапивы. Большую часть сахалинской коллекции составляют одежда, именуемая *рэтарпэ* или *тэтарапэ*, где в качестве сырья используется волокно крапивы.

В материалах РЭМ есть прекрасные образцы халатов *рэтарпэ*, большинство из которых собраны на западном побережье, в сел.Тарантомари. *Рэтарпэ* сшиты из смешанного полотна, сотканного из волокон крапивы, хлопчато - бумажных нитей и волокон луба вяза. Особенность декорирования этого типа одежды заключается в следующем: воротник, нижняя часть пол, подол и концы рукавов обшивались либо хлобчатобумажной(дальше хб) тканью. Иногда они украшались вышивкой. Многие, имеющиеся в коллекции РЭМ образцы *рэтарпэ*, дополнительно украшает аппликация. В аппликативном орнаменте используются ткани с Хонсю и Китая: чёрный атлас, бархат и хб ткань красного и синего цветов. Орнамент составляют полоски ткани, располагающиеся вдоль конца рукавов, ворота, подола.

На некоторых халатах аппликация нашита в центре верхней части спинки и по плечевому шву орнаментом т-образным и ромбовидным (Колл. № 2806-88; № 5110-127).

Имеются экземпляры одежды, где не только поверх аппликации, но и прямо на ткани, составляющей стан одежды, выполнена вышивка. Такой способ декорирования почти не встречается у айнов Хоккайдо. Вышивка выполнена толстыми разноцветными шёлковыми нитями. Богатство цветовых сочетаний тоже является характерной особенностью вышивки сахалинских айнов. Если сравнивать орнамент на вышивке айнов Сахалина и Хоккайдо, то для первых характерен более мелкий узор. Возможно, здесь мы имеем дело с различной техникой вышивки. Орнамент айнов восточного и западного побережья Сахалина существенно не отличался, и в целом в орнаментальных мотивах, технике вышивки, имел много общего с айнами Хоккайдо и другими северными народам – нивхами, ороками (Колл.№ 2806-66).

Для айнской одежды конца XIX начала XX века были характерны 3 типа воротников : в виде шали, пришивной отложной (Колл.№ 2806-65; № 5110-135) и стоечка (Колл.№ 2806-19,23; № 8726-17089). На некоторых экземплярах одежды ворот застёгивается на пуговицу. Это новшество в одежде айнов появилось в конце XIX - нач. XX века.

В Пиратори (Хоккайдо) было приобретено 8 халатов, шитых из полотна, сотканного из древесного луба. Почти у всех рукав, широкий в пройме, сужается к запястью, что в целом является характерным для айнской одежды. В двух случаях рукав сшит из поперечного куска ткани (Колл.№ 2807-38;№ 5102-136). Что касается вышивки и аппликации по краю подола, то она является характерной для местности Хидака (Колл.№ 2807-38, 55).

Одежда из покупной ткани

Хранящиеся в фондах РЭМ айнские халаты из покупной, главным образом, хлопчато-бумажной ткани, можно разделить на четыре вида : *капарамип, чинчири, чикаркарпэ* и *руунпэ*. Они отличались способом декорирования. Исследователи считали *капарамип* относительно новым видом одежды. Считалось, что ее начали шить в южной части Хоккайдо, когда туда стали ввозить в больших количествах широкую белую х/б ткань. Однако, в собрании Музея Антропологии и Этнографии им. Петра Великого (МАЭ), имеется экземпляр такой одежды (МАЭ Колл.№ 839-195) приобретённой в середине XIX в. Вероятно *капарамип* начали шить в более раннее время, чем считалось.

Все эти виды одежды были характерны для Хоккайдо, однако в сахалинской коллекции имеется один экземпляр халата *чинчири* (*чикирими* на языке сахалинских айнов), украшенный вышивкой, выполненной в типичной для айнов Сахалина манере (Колл.№5110-125).

Нижняя женская одежда представлена двумя рубахами —*моуру*, глухого покроя. Этот тип одежды, сохранившейся только в коллекции РЭМ, не имеет аналогов в других музейных собраниях, о нём было известно лишь из материалов фольклора и лингвистических данных.

В собрании верхней одежды из хлопка, есть вещи, явно изготовленные в Японии. Среди них несколько образцов мужских халатов, перешитых из японского кимоно. Эта одежда не имеет вышивки (Колл. № 2806-20, 24;№ 2807-65;№ 5110-123). К одежде японского происхождения относятся и безрукавки из хлопка. Такие безрукавки японцы на о. Хонсю надевали под халат *хаори* для тепла. На одной из безрукавок (Колл.№ 2806-63) на спинке с внутренней стороны пришит кусок оленьей шкуры - дополнение явно сделанное айнами.

Имеются в собрании и шёлковые безрукавки «дзинбаори» (Колл.№ 5110-142,143), составлявшие в прошлом часть воинского облачения самураев. Айны использовали их в качестве церемониальной одежды, надевая поверх халата.

Головные уборы : Налобные повязки

Специфичным для айнов Хоккайдо видом женского головного убора были налобные повязки - «*матанпуси*», «*чипанул*», завязывавшиеся на затылке. Шили их из ткани и украшали вышивкой (Колл. № 2807-60,61). Для айнов Сахалина были характерны открытые головные уборы в виде широкого обруча, сшитого из полосы ткани (хлопка, бархата) или меха, соединённой сзади швом. Украшались они бисером, иногда вышивкой.

В коллекциях РЭМ есть образец головного убора в виде широкого обруча из коры дерева(Колл.№ 2807-48). Согласно описи такие головные уборы носили старики. В МАЭ имеется аналогичный головной убор (МАЭ Колл.№ 839-105/3). Особый вид повязок, представляет лечебная налобная повязка с козырьком, на внутренней части которой пришиты деревянные шарики (РЭМ, Колл.№ 2816-92).

Мужские церемониальные головные уборы из собрания РЭМ сделаны в виде венка из перевитых древесных стружек и виноградной лозы. В передней части прикреплены деревянные изображения медвежьей головы. Их надевали во время «проводов медведя» и других ритуалов. Такие головные уборы на Хоккайдо назывались «*сапаунпэ*».

Головные уборы

Головные уборы, имеющиеся в собрании РЭМ, можно разделить на мужские, женские и детские. Мужские головные уборы встречались нескольких типов. Зимняя мужская шапка - *сумари- хахка, сумари-икамухакха* состоит из конусообразной стеганой тульи с широким отворотом спереди и разрезом сзади. Шапка сшита из хб ткани, на подкладе из меха. Такие головные уборы имели опушку из меха кабарги, северного оленя или лисы (Колл.№ 64-30;№ 2806-46). Второй тип мужских головных уборов – *кончи*, характерен для Хоккайдо. Шили его в форме капюшона из хб ткани (Колл.№2807-47;№ 5102-150;№ 8762-17103). Третий тип - шлемовидная хб шапка, плотно оберегающая голову, застегивавшаяся на подбородке. Такой головной убор носили айны Сахалина.

Женские головные уборы

Помимо открытых головных уборов айнские женщины на Сахалине носили шапки -

маханэк икамухахка из хб ткани (Колл.№ 2806-17, 94 ;№ 5110-102). Головной убор состоял из круглой стеганой тульи и стеганого околыша. Иногда к нижнему краю шапки с двух сторон пришивалось по прямоугольному куску хб ткани для зашиты ушей и щек от холода.

Детские головные уборы

В коллекции РЭМ имеется несколько детских головных уборов – *кончи*. Пять из них сшиты из хб ткани в виде капюшона. Два детских головных убора имеют круглую форму. Один из них сшит из оленьего камуса, другой из птичьих шкурок (Колл.№ 2806-60,61).

Передники

Частью женского костюма айнов был передник, который носили поверх халата. Коллекция передников была собрана в основном на Сахалине. Сшиты они из хб ткани, бархата, шелка и украшены вышивкой. Один из передников, приобретенных на Хоккайдо, сшитый из лубяного полотна, кроме вышивки украшен еще и аппликацией.

Пояса

Всего поясов насчитывается 20 штук. Из них 14 собрано на Сахалине, 6 – на Хоккайдо. Пояса сделаны из кожи, фабричной ткани, или сотканы из волокон луба, крапивы и хб нитей. Пояса носили мужчины, женщины и дети.

На Сахалине тканый пояс обматывали вокруг талии и завязывали с левой стороны таким образом, чтобы концы свободно свисали.

На узких кожаных и тканых пояс ах мужчины обычно носили ножи, табакерки, трутницы, мешочки с точильным бруском (Колл.№ 8762-17097). В собрании РЭМ имеются широкие кожаные женские пояса «*каникуф*». К ним крепятся деревянные ножны. Пояс украшают круглые металлические бляхи.

В коллекции есть также несколько экземпляров детских поясов.

Наголенники

Значительна по объему коллекция наголенников. В сахалинской коллекции преобладают зимние наголенники, сшитые из собачьих шкур и оленьего камуса.

Зимой и летом айны Сахалина и Хоккайдо носили наголенники из ткани. Шили их из прямоугольного куска ткани с двумя парами завязок (Колл.№ 2806-84 /1,2, 85 /1,2 ;№ 5110-165 /1,2, 166/1,2). Ими оборачивали ногу от колена до голени и обвязывали завязками. Украшались такие наголенники вышивкой. Летом также носили наголенники в виде гетр, сотканные из волокон вяза (Колл.№ 2807-50; № 5102-159, 160; № 8762-17123, 17124, 17126). В коллекции В.Н.Васильева, собранной в сел. Пиратори, имеется две пары наголенников, украшенных аппликацией, которые были частью погребальной одежды (Колл.№ 2817-9, 10).

Рукавицы

Имеющиеся в собрании РЭМ рукавицы, можно разделить на два вида. К первому относятся рукавицы, верхняя часть которых, сшита из собачьего меха, а нижняя - покрывающая запястье - из ткани, украшенной вышивкой (Колл.№ 64-31 /1,2; № 5110-173 /1,2;180 /1,2).

Второй вариант : рукавицы сшиты из ткани, украшенной вышивкой, на подкладке из меха (Колл.№ 2806 – 42, 77). Аналогичные рукавицы бытовали у народов Амура.

Полуперчатки *тэкунпэ* носили айны на Сахалине и Хоккайдо. Шили их из ткани таким образом, чтобы они закрывали ладонь и нижнюю часть пальцев. Со стороны ладони такие полуперчатки, как правило, простегивались, а внешнюю сторону украшали вышивкой (Колл. № 2806-75; № 2807-23; № 5102-174, 177; № 5110-175,176).

Другие вещи

В коллекции РЭМ имеется несколько экземпляров наушников; шарфов - боа из шкуры кабарги, а также нарукавников, которые, по всей видимости, были приобретены у народов Амура. Об этом свидетельствует их форма и орнамент (Колл.№ 2806-48, 76 ;№ 5110-174).

Для защиты глаз от солнца пожилые люди с плохим зрением носили специальные козырьки из простеганной ткани. Несколько экземпляров таких козырьков были привезены В.Н.Васильевым с Сахалина (Колл.№ 2806-40 ; № 5110-101,103,108).

Украшения

Всего в собрании РЭМ хранится 9 шейно-нагрудных украшений. Шесть из них в виде шейных повязок с подвесками были собраны на Хоккайдо. На одной из повязок в качестве украшения пришит памятный жетон, надпись на котором гласит : «1904 Международная выставка. Сент-Луис». В 1904 г. в Америке проводилась Всемирная выставка, на которой присутствовали айны из сел. Пиратори. По всей видимости, они привезли жетон с собой. По надписи на жетоне можно с точностью судить о времени изготовления данной вещи.

Шейно-нагрудные украшения сахалинских айнов представляли собой тип кулона, где в качестве подвески использовали гарду (цуба) от японского меча. Кроме того, в сел. Пиратори на Хоккайдо, В.Н.Васильевым были приобретены бусы, которые женщины носили в торжественных случаях. Сделаны они из крупных стеклянных, разноцветных бусин, которые были, по всей видимости, ввезены из Китая и Хонсю. В некоторых случаях бусы дополняются декоративными металлическими подвесками и монетами.

Среди украшений, собранных у айнов Хоккайдо, есть три пары металлических серег и медный браслет.

Подводя итоги, следует сказать, что Российский этнографический музей обладает одной из самых больших и интересных с научной точки зрения коллекцией одежды айнов Сахалина и Хоккайдо, которая дает полное представление о традиционном костюме этого народа на период кон. XIX – нач. XX в.

2 衣服と服飾品

児玉 マリ

　ロシア民族博物館（以下REM）に収蔵されているアイヌの衣服関係資料の収集地は、台帳から、サハリンの西海岸と東海岸および北海道とに大きく分けられる。衣服資料のなかには、サハリンで収集されたが、もとは北海道アイヌが作ったと思われるものや、本州で用いられていたものがサハリンまで入ってきたと思われるものも含まれている。着物のほかに外套、手袋、帽子など、寒い地域特有の資料も多い。資料は実際に着用されていたものが多く、台帳には男性用、女性用、男児用、女児用、などの別が記されているものもある。ただし、アイヌ衣服にはもともと形態的に男女の差は僅かであり、衣服の大きさや刺繍文様の量などで区別される程度であり、収集時点で着用していた人物をそのまま記した可能性もあり、厳密に区別があったのかどうか疑問が残る。

　また、資料のなかには紐のつけられていない脚絆などの未完成品もあり、収集に際してアイヌが売るために急ぎ作ったものと思われる。

動物衣

　動物衣は、地域により材料が異なり、サハリンアイヌは海獣の皮を多く用い、北海道アイヌは陸獣の皮を多く用いた。また千島アイヌは、鳥羽衣という衣服を作ったが、これは現存している資料が非常に少なく、REMの収蔵品にも鳥羽衣は含まれていない。

　大人が着る衣服や外套などと子供たちに着せるものとでは、使われる動物の種類や用いる部位が異なり、子供用には同じ動物でも若年の動物や腹部分の毛皮などを使うことが知られており、REMの資料で実際にそのような使い分けが確認できる。様々な動物のなかでも鹿の毛皮は樹皮衣の表側や裏側につけるなどして用いられており、REMの資料にも外来の木綿衣の背面に鹿皮をつけた衣服（Col.№2807-53）がある。

　犬の毛皮は、成犬のものは男性が山歩きの際に背中にまとったり、座るときに衣服がぬれるのを防止するために腰に巻いたりした。日本の東北地方のマタギの人々にもこうした使い方が見られる。サハリンアイヌは仔犬の毛皮を子供の衣服の材料とした。犬の毛皮は北方の諸民族で、衣服や手袋、帽子などの縁取り、あるいは帽子の裏などに多用されている。

　アザラシの毛皮服は、年を取った女性のものと記されており、REMには2点収蔵されている（Col.№2806-19, 97）。

　魚皮を用いたものは、サハリンで衣服7点が収集されている。

　サハリンアイヌの女性が魚皮で衣服を作っていたことは文献にも記されており、一般に材料として使われるのはイトウ、カラフトマス、鮭などの皮で、一着作るのにはおよそ40～50枚が必要となる。形は前開きのワンピース型で袖は細く、腰の部分には切り替えがあり、裾は多くの魚皮を接ぎ合わせたフレア状になる。衣服を作る際に背鰭や胸鰭などの堅い部分は切り取り、穴になった部分には布や魚皮などのアップリケでふさぐ。さらに衿、袖口、前の打合わせの部分などには木綿で覆輪を施す。（Col.№64-33；№8762-17089）

植物衣

　植物繊維の衣服には、オヒョウやシナノキなどの繊維で作られた樹皮衣と、イラクサの繊維で作られたものとがある。

　サハリンでは樹皮衣も用いられたが、特にイラクサの繊維を材料としたレタルペ（あるいはテタラペ）と呼ばれるものが圧倒的に多い。REMの資料にもすばらしいレタルペがあるが、そのほとんどは西海岸のタラントマリで収集されたものである。生地のなかには縦糸にオヒョウや木綿糸を混ぜて縞を織り込んだものもある。レタルペの文様には、袖口、衿、裾回りに巾広の切伏を施し、その内側に細い切伏を置き、刺繍をしたタイプのもの（Col.№2806-64）がよく見られる。北海道アイヌの切伏文様が直線的なのに比べ、サハリンの切伏文様は角の部分に丸みがあるものが多い。細めの切り伏せが全体に施され、切伏せと切伏せの間隔が広い着物（Col.№2806-44）なども、サハリン独特のものである。切伏に用いられる布は本州や大陸から入ってきた色木綿、黒繻子、ビロードなどで、赤や空色などの色合いが多く見られ、肩山の部分や背上部中心にT字形や菱形の文様がつけられたものもある（Col.№2806-88；№5110-127）。また、後身頃裾の中央と両脇裾の部分が突起状に高くなったデザインの切伏文様が多く見られる（Col.№2806-44, 64, 65）。

　切伏の上には色糸の刺繍が施されるが、切伏だけではなく生地にまで直接刺繍されたもの（Col.№2806-66）もあり、こうした技法は北海道アイヌの衣服にはほとんど見られない。刺繍に用いられるのはやや太目の絹小町

糸で、色合いが豊富なのもサハリンの特徴である。刺繍文様は北海道のものと比べると細やかで、そのような刺繍ができたのは針や糸の入手先が違っていたためではないかと思われる。切伏に用いられる布や、そこに施された刺繍文様には他の民族の影響が非常に強く見られるものがある（Col.No.2806-66）。文様の特徴にはサハリンの東海岸と西海岸でのはっきりとした違いはみられないが、北海道アイヌや北方の諸民族との交流がうかがえるものが多い。

衿の形は、和風のもののほかに、スタンドカラー、洋風の衿（Col.No.2806-65；No.5110-135）、前の打ちあわせにボタンがつけられているものなどの変化が見られる。

樹皮衣は平取で8点が収集されており、無地のものが1点（Col.No.5102-135）、縞物が3点（Col.No.5102-131, -134, -136）、切伏文様の施されたものが4点（Col.No.2807-38, -55；No.5102-132, -133）ある。袖はアイヌの着物によく見られる、反物を三角に折り返して作る袖口の狭いもじり袖だが、身頃に対して袖の生地の方向が縦横逆になった鉄砲袖の着物が2点ある（Col.No.2807-38；No.5102-136）。また刺繍文様には、前身頃の裾先の切伏部分に日高地方の特徴的なパターンが見られるものがある（Col.No.2807-38, 55）。衿高で、後衿の部分に白布が用いられたサハリン風の特徴を持った着物は、平取より北の地方で作られたものと思われる（Col.No.5102-132）。

木綿衣・外来衣

木綿衣には本州から入ってきた古着をそのまま着用したもの、木綿を加工して前側を閉てモウルにしたもの、木綿布をはぎアイヌ衣服（本州の衣服とは異なり衽や棒衿がつかない）の形に仕立ててそれに切伏布を置き刺繍をしたものなどがある。

REMの資料でアイヌ衣服に仕立てたものについては、3種類があるが、そのほとんどが平取で収集されたものである。カパラミプは北海道日高地方の南部、海岸に近い静内のあたりで、大巾の白布が大量に入ってくるようになってから作られはじめた比較的新しいものと思っていたが、サンクトペテルブルグの人類学民族学博物館（クンストカメラ、以下MAE）の収蔵品の中には明治時代に作られたカパラミプ（MAE：Col.No.839-195）があり、これまで考えていたよりも古い時期につくられはじめていたことがわかった。サハリンでは、文様のない木綿衣は、和風の肩揚げがされた子供服（Col.No.5110-146）なども含めて数点収集されているが、文様のあるものはサハリン風の刺繍が施された1点のみである（Col.No.5110-125）。その他モウル（サハリンではアラペンニイミという）や文様のない和風の着物などが収集されている。

REM収蔵の木綿衣のなかには、明らかに日本内地で作ったと思われるものが含まれている。男物の和服仕立てで文様のない着物が数点あり（Col.No.2806-20, 24；No.2807-65；No.5110-123）、これは日本語で「ぼうた」あるいは「ドンザ」と呼ばれるもので、絣や縞などの木綿の古裂れを縫い合せて作られている。本州では船乗りや山仕事をする人々が防寒や防水を兼ねた労働着として用い、着ているうちに破れるとまた布を重ねて刺子をして補強した。北海道やサハリンで収集されたこれらの衣服は、本州で使われていた古着がアイヌの手に渡ったものである。袖は筒袖やアイヌ衣服によく見られるもじり袖になっており、袷（Col.No.2806-24, 71；No.5110-148）や綿入れ（Col.No.5110-123）になったもの、また、半天のような短めの丈に仕立てたもの（Col.No.2806-12, 74）もある。この種の着物は日本内地には普通であるが、アイヌのもとでもかなり多く収集されている。

袖無も4点あり、綿入れになっているものがある。アイヌは帽子や手袋などの綿入れの服飾品をつくるが、袖無しや古着などの綿入れの衣服は、本州で羽織下などに用いられていたものが入ってきたと思われる。二次加工をして背中に毛皮をつけた袖無（Col.No.2806-63）は、アイヌの手によるものであろう。同じく本州から入ってきたと思われる、木綿、メリンス、絹などの派手な色合いの布を接ぎ合せて短い衣服に仕立てた半天や（Col.No.2806-12）、絹製の陣羽織2点（Col.No.5110-142, 143）なども収集されている。

被り物

1．鉢巻

女性の用いる輪状帽はサハリン独特の被り物である。木綿、ビロード、毛皮などを用いて袷に仕立てられたものが多く、手の込んだ美しいビーズの装飾が施されているものもある。毛皮を用いた鉢巻きは、MAEにも収蔵されているが（MAE：Col.No.700-187, 189）、これらの鉢巻が晴着を着るときだけに用いられるものなのか、日常的にも用いられるものなのかは不明である。一枚の樹皮で作られた鉢巻（Col.2807-48）は未成品と見られ、同種のものの完成品がMAEに収蔵されている（MAE：Col.No.839-105）。マタンプシやチパヌプなど北海道アイヌの用いる布製の鉢巻もあり、刺繍の施されたものが多い（Col.No.2807-60, 61）。特徴的なものとしては、前部に日除けがつき、その内側に木製の玉などが縫い付けられた、治療用の鉢巻きがある（Col.No.2816-92）。

儀式のときの男性用の被り物に、北海道でサパンペと呼ばれる幣冠があり、REM にもこの種の資料が収蔵されている。木の削りかけやブドウ蔓を輪状に束ね、前部に熊などをかたどった木像や熊の爪などをつけたもので、資料の一部には、熊送りの際にかぶるもの、あるいは病気治療のためにかぶるものなど、異なる使用目的が記されたものがある。北海道アイヌのサパンペに関してはこれまでにこのような使い分けは知られていない。

2. 帽子

帽子および頭を覆う被り物には、いくつかのタイプがある。REM の資料に多く見られるスマリハハカ、イカムハハカなどと呼ばれる男性の防寒用の帽子は、表地が木綿で内側は毛皮か綿入れになっており、全体がキルティング状に作られている。顔のまわりにはジャコウジカ、トナカイ、キツネなどの毛皮を用いて保温性を高め、頭頂部には綿入れの房がつき、後裾は二つにわかれていて寒さや雪に対して帽子を深くかぶれるように工夫されている（Col.No.64-30；No.2806-46）。同じく綿入れになった木綿製のマハネクイカムハハカと呼ばれる女性用の帽子もあるが、女性のものは後裾がわかれていない(Col.No.2806-94)。女性用の綿入れの帽子の両側に、耳や頬を覆うための長い垂れがついたものもある（Col.No.2806-17；No.5110-102）。そのほか、頭頂部が丸いヘルメット状で、顔の部分だけを出して深く被り両側をあごのところで留めるようになったものがある（Col.No.2806-26；No.5110-107）。頭巾型のコンチという木綿製の被り物は、北海道で9点収集されているが、同じような頭巾型のトナカイ皮で作られた被り物（Col.No.8762-17101）は、収集地不明である。また、鳥の羽毛で作られたつばのある子供用の帽子や（Col.No.2806-60）、毛皮を接ぎ合せた、アムール川流域の民族のものとよく似た帽子（Col.No.5110-105）などもある。

首飾り

収集地別ではサハリンが11点（サハリン西3点・サハリン東8点）、北海道が8点で、形は2タイプにわけられる。一つは北海道でよく見られる、首にぴったりのチョーカー型のレクトゥンペという首飾りで、中央に小さな垂れがついている。この形のサハリンで収集された資料が1点あるが（Col.No.2816-94）、これは北海道アイヌが作ったものか、あるいはそれをまねてサハリンアイヌが作ったものと思われる。もう一つは、サハリンで収集された、紐に金属製や布製の飾りをつけたペンダント型のもので、台帳には病気の治療に効くと記されている。

MAE（Col.No.700-308）やドイツの博物館にも、サハリンで収集された同種の資料が収蔵されている。

そのほか、収集時の時代背景をうかがわせる興味深い資料もある。平取で収集されたレクトゥンペのひとつには「1904 WORLD' FAIR St.LOUIS」と刻印されたメダルがついている（Col.No.2807-2）。1904年にアメリカのセントルイスで開催された万国博覧会には平取から数名のアイヌが連れて行かれており、このメダルは彼らのうちの誰かが持ち帰ったものと思われる。また、玉鎖に小さなビーズ製の垂れのついた首飾り（Col.No.2807-9）があり、これもその際にアメリカで入手したものであろう。

耳輪・腕輪

いずれも平取で収集されており、女性が正装するときに身につける装飾品で、用いられているガラス玉は、大陸や本州などから交易をとおしてアイヌの手に渡ったものである。首飾りには、中央に大きな玉がついたものと、シトキという飾り板がついたもの（Col.No.2807-13）、玉のほかに、穴のあいた金属片や古銭などを通したものも見られる（Col.No.2807-10, 13, 34）。耳輪は、耳たぶに開けた穴に通すピアス状の金属製の飾りで、ガラス玉などがつけられることもある。

前掛け

木綿のものが多いが、絹や植物繊維などで織られたものも数点ある。最も多いのが木綿地にサハリン風の文様が刺繍されたもので、ビロード地に同様に刺繍されたものも1点ある（Col.No.2807-25）。ほかに木綿地に刺子が施された、和人の手によるものではないかと思われる前掛けが数点あり、綿繻子地の花柄の間をこぎん風に刺したもの（Col.No.2806-41）や、木の葉型の文様を刺したもの（Col.No.2807-24）などがある。胸当て付きエプロン型の、子供用と記された綿ネルの前掛けは、本州から入ってきたものと思われる。そのほか、絹の無地の前掛けが2点と（Col.No.2806-11；No.5102-144）、サハリン風の刺繍が施された、綿繻子で縁取りされたイラクサ製の前掛け（Col.No.5110-151）なども収集されている。ピウスツキ収集の、縞のオヒョウ地に紺木綿の切伏と刺繍が施された前掛け（Col.No.8762-17096）は、収集地は不明だが、北海道のものと思われる。

帯

帯はサハリンのものが14点、北海道のものが6点、そのほかに収集地不明のものが2点あり、素材には織り

帯、皮帯、布製の帯の3種類がある。

　織り帯はイラクサや木綿糸で織られた幅6～7cmの帯で、帯先には8cmほどのへら形の房がついている。房は木綿製で刺繍が施され、縁の部分に小さな青玉がついたものも多い。サハリンでの帯の締め方は、前から後ろにまわし、それを再び前に持って来て体の左側で片蝶結びにし、端を25cmほど垂らすようにする。布の帯は本州で作られた細紐、真田紐、メリンスの布などである。帯のなかで布製のものは女性や子供用といわれ、文献にも、男性は織り帯をし、女性は普通の紐を用いたという記述が見られる。皮帯にさまざまな道具を下げたものは男性が外出や狩りにいくときに用いられるが、REMの資料にはイラクサ製の帯に同じように道具をつけたもの（Col.No.8762-17097）がある。他には細い皮紐の端に骨製の留め具をつけた帯や、皮帯に真鍮の飾りをつけて小刀の鞘を下げた女性用のカニクフという帯（Col.No.5110-181）などがある。

　この他に特別な用途をもつものとして、女性の家系を示すラウンクッという帯ではないかと思われるイラクサの繊維を編んだもの（Col.No.6756-57）や、台帳に「子供用へそ当てッ鎮痛のために用いる」と記された、木綿布の中央に真鍮の貨幣がつけられたもの、台帳に「妊婦の腹に巻いて産を軽くする」と記された熊の腸（Col.No.2817-100）などがある。

脚絆・脛当て

　脚絆や脛当てには動物の毛皮、木綿布、植物繊維などが用いられている。ひざ上まで覆う防寒用の脛当ては犬やアザラシの毛皮を使ったものが多く、足首の部分に木綿布を接いだものもあり、筒状に縫い合わされ、縫糸にはイラクサの糸や動物の腱が用いられている。木綿製の脚絆は、筒状のもののほかに北海道でよく見られる足に巻きつけて紐で結ぶタイプのものもあり、刺繍の施されているものが多く、布を切り抜いて文様を形作ったサハリン的な技法のものも見られる（Col.No.2806-45）。オヒョウやシナの繊維で織られた夏用の脚絆には、木綿糸が縞に織り込まれたものもあり、ほとんどが北海道平取で収集されたものである。そのほかに木綿製の死者用の脚絆が2点収蔵されている（Col.No.2817-9, 10）。

手袋

　手甲も含め、手にはめるものは大きく3タイプに分けられる。一つは親指が分かれたミトン型の防寒用手袋で、外作業の際に便利なように手袋をはめたまま親指の部分だけをあけて外に出せるようになっている。この型のものは、ほとんどが裏表ともにトナカイ・犬・アザラシなどの毛皮で作られており、内側にはやわらかい犬の毛皮を用いるなど、部分によって適したものが使い分けられている。手首まわりには布を用い、その上に刺繍が施されている。子供用のものもある（Col.No.5102-176/2）。アムール川周辺の民族には、同型の手袋で、手袋を脱がずに指がすべて外に出せるようになっているものがある。二つめのタイプは、布製で親指の部分が側面にはっきりと分かれた形になっており、手の甲の部分から手のひらの方にかけて刺繍を施したものである。もう一つのタイプは、北海道アイヌの資料によく見られるテクンペと呼ばれる筒状の手甲で、親指と他の4本の指が分かれており、その指先部分を全て切り取ったような形状をしている。手の甲の側に刺繍を施し、手のひら側は刺子になったものが多い。手甲にはループ状の糸を指にかけ、手に巻きつけて紐で結ぶタイプのものもある（Col.No.2806-75/2；No.5110-179/2）。これらの北海道でよく見られる形の手甲は、サハリンでも数点収集されている（Col.No.2806-75/2；No.5110-175/2, 176/2）。

その他

　資料点数は少ないが、防寒用の耳当てや襟巻、病気治療や魔除けに用いる服飾品など、ほかにも数種類の資料が収蔵されている。

　防寒用の耳当ては、サハリンで2イプが収集されており、一つは木綿や絹地の裏に毛皮やフェルトを当てて防寒性を高め、左右をひもでつなげた形である（Col.No.2806-47；No.5110-106）。もう一つはフェルトを耳のまわりを覆うように長円形に形作り、中央部は音が聞こえやすいように薄くしたもの（Col.No.2809-39）で、これと同じ形のものが北海道でもよく用いられていた。これらの耳当ては北方の民族の影響を受けたものと思われ、アムール川流域の民族に見られるものと形、刺繍文様ともによく似たものもある（Col.No.2806-47）。また、ジャコウジカの毛皮を螺旋状に巻いて作った防寒用の襟巻（Col.No.2806-38, 93）や、衿部分に毛皮のついたビロード地の女性用肩掛け（Col.No.5110-144）も収集されている。肩掛けは、アムール川流域の民族が同様のものを用いている。腕巻（Col.No.2806-48, 76；No.5110-174）は巾10cmほどの布を腕に2～3回巻きつけて用いるもので、蚊除けではないかという人もいるが、おそらく寒気や雪を避ける防寒用のものであろう。この種の腕巻については、以前にサハリンアイヌの女性から、「モイシナ」という名称を聞いたことがある。これについてもアムール川流域の民族が同様のものを用いており、彼らの影響を受けたも

のと思われる。

病気治療や魔除けなどを目的とした服飾品にも、国内の資料にはないものが多い。胸帯（Col.№2816-102, 103；№5110-207；№6756-44）は、台帳に「背と胸の病気に効く」と書かれており、女性が治療用に用いるもののようである。子供用布製ブレスレット（Col.№2816-93）は、長さ16cm、幅2.3cmの木綿製の紐にガラス玉がついており、ひもの両端をとめて輪にして用いるようで、MAEに同種のものが収蔵されている（MAE：Col.№700-289）。台帳によると魔除けの意味を持つらしい。前部に長方形の垂れのついた日覆い（Col.№06-40；№5110-101, 103；№5110-108）は、鉢巻きのように頭に巻いて用いるもので、サハリンアイヌの女性から、目の悪くなった老人が日除けに使うものだと聞いたことがある。それらには削りかけがつけられたものもある。

おわりに

様々な資料のなかでも特に目についたのが、「木綿衣・外来衣」の項で述べた「ぼうた」「ドンザ」という着物である。これまでアイヌの家にこの種の衣服があっても、和人の古着としてしかとらえてこなかったので、ロシアの収集者がこれをアイヌ衣服の一種として集めていたことを知り、あらためて考えさせられた。

古い写真を見ると、絵葉書用の写真など特に正装をした場合以外は、アイヌの男性も女性も刺繍のない着物を着ている。これまでこうした着物は普段着として、人によっては正月などの晴着としても着ていたらしい。北海道南部の白老で聞いた話では、この種の着物は「ドンジャ」と呼ばれ、現在70代の女性の父親が正月に男物の和服に刺子をしたドンジャを着ていたという。この男物の和服というのは布を接いだものではなく、模様の細かい濃い色の生地の着物だったということで、同じような着物がサハリンでも収集されている。人伝えに聞いた話では、アイヌ女性がドンジャに刺子をするのを内職にしていたこともあったようだ。

REMの資料を通して、こうした木綿の古着がアイヌ衣服のひとつとして生活の中に取り入れられていたことに、あらためて目を向けなおす機会を得られ、アイヌの衣服文化をより柔軟に考え直すことができたように思う。

3   Утварь для хранения и употребления пищи. Табакокурение

Ябунака Такэси

Материалы, относящиеся к культуре питания, имеющиеся в собрании РЭМ, насчитывают 400 предметов, что составляет 16 процентов. Из них - 277 предметов были собраны на Сахалине, а 100 – на Хоккайдо. Место приобретения остальных 28 предметов – неизвестно.

Данную коллекцию составляют, прежде всего, продукты питания, утварь для хранения, приготовления и переноски продуктов, а также лекарственные препараты, изготовленные из растительных и животных материалов.

Сюда не включена японская лакированная посуда *катакути*, *дзен*, которую айны использовали только в ритуальных целях.

Продукты питания

В коллекции Васильева имеется 42 образца, продуктов, употреблявшихся айнами в пищу и лекарственные препараты. Большую часть из них составляют растения, а также образцы, изготовленные из морепродуктов.

Утварь

Утварь для приготовления и употребления пищи насчитывает 158 предметов. Это миски, тарелки и подносы, складные циновки, палочки для еды, ложки и футляры для хранения ложек, большая часть из которых была собрана на Сахалине. Если сопоставлять утварь, приобретённую на Сахалине и Хоккайдо, то в целом можно говорить о её общности, хотя и имеются некоторые отличия, которые прослеживаются главным образом в орнаменте: на Хоккайдо чаще встречался криволинейно- спиралевидный орнамент, а на Сахалине – геометрический. Среди тарелок и подносов, имеющихся в собрании РЭМ, есть предметы с орнаментом, выполненным в технике гравировки. Такая посуда представляет наибольший интерес. Это тарелки, приобретенные на Сахалине (Колл. № 2812-22-25, 28, 30, 34-39, 3006-38, 40 ; 4926-41, 49) и подносы с узорами, собранные на Хоккайдо (Колл.№ 2813-15 ; 3006-39 ; 4926-53,54,77-79). Что касается формы подносов, то для Хоккайдо была характерна квадратная и круглая форма, а для Сахалина квадратная, круглая, овальная и листовидная форма.

На Хоккайдо и Сахалине была приобретена коллекция палочек и ложек для еды, а также футляры для хранения ложек. Ложки различаются формой черпака. Для Хоккайдо характерна форма черпака в виде ковшика, а для Сахалина – вытянутая продолговатая форма. Ложки на Сахалине носили название *эчипэхэ*. Футляры для палочек и ложек на Хоккайдо делали из бамбука, а на Сахалине - из дерева и украшались в технике гравировки.

Среди кухонной утвари, встречающейся в коллекциях, следует отметить лопаточки, ковши, миски различных размеров, котелки для приготовления пищи, песты с широким основанием, разделочные доски и деревянные заостренные палочки, использовавшиеся для приготовления рыбы. Двадцать процентов всей коллекции составляют ковши.

На Хоккайдо и Сахалине ковшики встречались двух видов: деревянные и берестяные. У большей части деревянных ковшиков рукоятка украшена тонколинейной и сквозной резьбой, цепочками, звенья которых вырезанных из одного куска дерева. На Сахалине те из ковшей, которые имеют глубокое дно, назывались *солпэ, касв*, а с плоским дном – *имэхэпэ*, кроме того, в коллекции В.Н. Васильева имеется шумовка (Колл. № 2812-71).

В коллекциях, собранных на Хоккайдо, имеются лопаточки - *ситопэра*, декорированные гравировкой и сквозной резьбой (Колл.№ 2813-55-57, 5102-56-60,62).

Блюда большого размера (Колл.№ 2812-109-111, 182-184, 4926-91, 107) выполнены из дерева. Они имеют разную глубину и различаются формой: круглой, прямоугольной, вытянутой овальной. На восточном побережье Сахалина блюда с глубоким дном назывались *отка*, а на западном – *хорима*. Концы блюд имеют ручки в виде выступов, украшенные орнаментом. Круглые миски с высокими краями (Колл. № 2813-34, 4926-88, 6756-23) назвались у айнов Хоккайдо - *патти*.

Деревянные толкушки (Колл. № 2812-126-128, 3006-44, 4926-108) - «*инэна*» были приобретены В.Н. Васильевым только на Сахалине.

Для хозяйственных нужд айны использовали жесть от банок. Из нее изготавливали терки (Колл.№ 2813-54, 4926-109), и своеобразные сковородки для жаренья бобов (Колл. №2813-53).

У айнов Хоккайдо были приобретены четыре железного котелка японского производства. Согласно сведениям, имеющим в коллекционной описи в одном из них (Колл. №2813-31) вытапливали рыбий жир.

Утварь для хранения пищи изготавливали из дерева, бересты, кожи. Берестяные коробки трапециевидной формы с деревянной ручкой использовали для переноски и хранения воды - «*саранись*» (Колл. №2812-99-101). Цилиндрической формы сосуды из гнутого дерева служили для хранения ягод и переноски воды (Колл. № 2812-97,98).

Для хранения жира на Сахалине пользовались сосудами из мочевого пузыря и желудка нерпы и моржа (Колл. № 2812-137, 138, 2813-76, 5110-87, 6756-66-68, 6756-66-68). Из желудка сивуча изготавливались сосуды в форме бутылочки для сакэ с деревянным дном и крышкой (Колл. № 64-24, 2812-139-141, 8761-10227).

Табакокурение

Предметы, относящиеся к табакокурению, насчитывают 40 номеров. Это трубки, футляры для трубок, табакерки, кисеты, мешочки из нерпичьей шкуры и сумочки из х/б ткани в форме бумажника (Колл.№ 2808-9-11), в которых хранили трут и огниво. Айны пользовались деревянными самодельными трубками(Колл.№ 2808-16-21) и трубками японского производства, приведенными с Хонсю. Сахалинские футляры для трубок и табакерки отличались от хоккайдских форм. Футляры для трубок у айнов встречались трех видов. Одни из них представляли собой орнаментированные плоские дощечки, на одном конце которых имелось сквозное отверстие для трубки. Такой футляр с трубкой носили за поясом. Другие были сделаны в виде деревянных цилиндров с костяными навершиями на обоих концах. Третьи представляли собой деревянный футляр, внутренняя часть которого была выдолблена в форме трубки.

3　食に関わる資料

藪中　剛司

　食に関する資料は、ロシア民族学博物館（以下REM）所蔵のアイヌ民具資料総約2,600点のうち400点余りで全体の15％強を占めている。サハリンで収集されたものが277点、北海道で収集されたものが100点で、28点は収集地が不明である。

　食に関しての資料を食料、食器、調理、容器、煙草の大きく5分類した。但し、片口や膳などの漆器をはじめ儀礼に伴うとされるものは含まれていない。器具類の素材は、木製品がほとんどで、一部に皮製品、わずかに金属製品がある。そのほとんどは自製品である。

　REM所蔵資料の、食物関係資料の多くはV.N.ヴァシーリエフが1912年に収集したものである。その内容的には、北海道とサハリンでは種別に大きな違いはないが、形態上著しく差異が認められるものもあり、収集地が明確なことから地域的な特徴を比較研究するよい資料であるといえよう。

食料

　食物関係では乾燥標本が42点ある。植物資料が主で、乾燥した保存食料（Col.No.5102-46-54）もあるが、標本としての薬用資料も多い。呪いの資料もある（Col.No.5102-198）。クマやトドなどの動物、ヤツメウナギ（Col.No.6756-47）やヒトデ（Col.No.6756-72）などの魚介類も含まれ、REMの所蔵資料の特徴的な資料となっている。

食器

　食器類は、椀／カップ、皿・盆類・折敷・膳、箸／匙、茶托など158点ある。

　椀は、サハリンにはシカリンパハ、チェペニパポといった特徴的なものがあり、多数収集されている。北海道で収集されたニマといわれるもの（Col.No.4926-63,64）は、形態的にはサハリンのチェペニパポと変わらないものである。収集地と製作地・使用地の関係等も考慮しなければならないものであろう。青いガラス玉が嵌め込まれているもの（Col.No.2812-43）、把手のあるもの（Col.No.2813-30）、コップ状のもの（Col.No.6756-16,17）もある。

　皿・盆類には文様の彫られたものとないものがある。平面形は、北海道では角・円・半月形があり、サハリンでは角・円ないし長円・木葉形が多い。文様は北海道では、渦巻き、曲線などが多く、サハリンでは、交叉した曲線、円形のほかに直線や矩形がある。

　サハリンの文様のある皿（Col.No.2812-22-25,28,30,34-39；No.3006-38,40；No.4926-41,49）のうちに子供用と台帳に記載されているものもある（Col.No.2812-39）。北海道の文様のある盆（Col.No.2813-15；No.3006-39；No.4926-53,54,77-79）は、四角形を呈するのが特徴的である。北海道、サハリンで箸、匙が多数収集されている。サハリンには箸と匙とセットになっているもの（Col.No.2812-74）もある。北海道の匙はスプーン状、杓子状で、サハリンではエチペヘといわれる細長い箆状のものが特徴的で透かしや文様が彫りこまれているものもある（Col.No.2812-75,83,88,；No.5110-31,40）。箸・匙入れは、北海道では竹製があり、サハリンでは、エチペポホといわれる木製の箱で表面に彫刻が施されている（Col.No.2812-102）。またスライド式の蓋付きのものや樹皮製のものもある（Col.No.2812-105,107；No.4926-99）。茶托は北海道（Col.No.4926-98）とサハリン（Col.No.6756-19）から収集されているが、文様や作りが同一で、お土産品として広く流通していたものとも考えられる。

調理具

　調理具として、箆・匙・杓子類、調理台、杵、大型盆／鉢、串類、鉄鍋などがある。食に関する資料では、杓子が最も多く収集されており、食に関する資料のうち約2割をしめる。

　北海道、サハリンともに杓子類は木製の杓子と樹皮製の柄杓がある。杓子の色調は、木地のままのものや黒色を呈するものがある。多くには柄部に透かしや文様が彫りこまれている。サハリンでは、皿の部分が深くなっているものをソールンペ、カスフといい、浅いものをイメヘペとよんで区別することもある。皿の部分の形態も多種で、貝殻を模すもの（Col.No.2812-59）、一刀彫りの鎖が付されたもの（Col.No.2812-70）、水切りのためか皿部分にたくさんの穴が穿たれたものもある（Col.No.2871-71）。

　北海道からのみ収集されたものに、シトペラともいわれる透かしや文様の彫られた箆がある（Col.No.2813-55-57；No.5102-56-60,62）。俎板は北海道（Col.No.4926-119）とサハリン（Col.No.4926-118）で収集されている。

　大型の盆／鉢は、全て木製で円形や方形、舟形など様々な形がある。北海道の鉢は、パッチともいわれている

ように円形で椀状を呈しているもの（Col.No.2813-34；No.4926-88；No.6756-23）と俎板を併せ持つものもある（Col.No.2813-50, 51）。

サハリンの調理用の盆は、概ね長方形を呈し、浅いものや深いものがある（Col.No.22812-109-111, 182-184；No.4926-91, 107）。両端には、文様の彫りこまれた把手がつく。深いものは東海岸ではオトカ、西海岸ではホリマなどといわれる。油脂分が付着しているものもある（Col.No.2812-111）。

または、イネナといわれる木製のすり潰し具は、サハリンでのみで収集されている（Col.No.2812-126-128；No.3006-44；No.4926-108）。

北海道で収集した資料の中にはブリキ製品を再加工した自製品として、「おろし金」（Col.No.2813-54；No.4926-109）と、「豆炒り器」（Col.No.2813-53）がある。

鉄鍋は、4点収集されており、一点は片口で、アザラシの脂を煮るためと台帳に記されている（Col.No.2813-31）。

容器

容器としては、木・樹皮・樽・曲物などがある。サハリンの樹皮容器は、サラニシとよばれる樹皮を折り曲げてバスケット状にし、木の枝の把手をつけたもの（Col.No.2812-99-101）と、曲げて円筒形にして底をつけた水桶がある（Col.No.2812-97, 98）。バスケットは外皮を内側にして製作されている。

この他に容器としては、トド、アザラシなど海獣の胃腸や膀胱で作られた脂入れがある。ほとんどがサハリンで収集されている。徳利型で、木製で円形の底部と蓋が装着されている（Col.No.64-24；No.2812-139-141；No.8761-10227）。その他蓋、底などをつけず素材のまま使用し、口を紐などで閉じるもの（Col.No.2812-137, 138；No.2813-76；No.5110-87）がある。素材はセイウチの胃袋（Col.No.64-24）、トドの腸（Col.No.2812-139, 140）、アザラシの膀胱や腸（Col.No.6756-66-68）である。脂入れから脂を取り出す棒もある（Col.No.2812-136）。

煙草

喫煙具は、煙管と煙管・煙草入れが40点ある。煙管は本州等から移入されたものと木製の自製品がある。サハリンの煙管は自製品、半自製品が多い。火皿部とラオ部が一体となっているもの（Col.No.2808-16-21）、吸い口が真鍮製のもの（Col.No.2808-17, 18, 23）などがある。煙管入れ、煙草入れはほぼ自製品である。北海道のものは、煙管入れと煙草入れがセットになっており（Col.No.2809-9-13）、煙管入れは、筵状で片面に彫刻が施され、穿孔に火皿部を差し込むようになっている。

サハリンの煙管・煙草入れは、北海道のものとは形態を異にする。棒状を呈するもの（Col.No.2816-26-28；No.4926-124）と、骨製の装飾がつくタイプ（Col.No.2808-29, 31）と、木製で文様の彫りこまれた時計の振り子様のもの（Col.No.4926-125）がある。また、布製の札入れ様のもの（Col.No.2808-10, 11；No.5110-48, 49, 86аб；No.8761-17136）と、アザラシ皮製で、縦長のもの（Col.No.2808-4-8；No.5110-43-47；No.8762-17137）がある。

4   Жилище, предметы убранства и утварь.
Фукуси Хироси, Дэриха Кодзи

Представление о жилище сахалинских айнов дает макет, приобретённый П.Ю.Шмидтом в 1901г. в с. Маука на Сахалине. На доске размером 60х40 см установлен макет дома, размеры которого составляют 33х 29 х 32,5 см. Стены, стропила и перекладины выполнены из плоских сосновых дощечек, а четырёхскатная крыша из древесной коры. В крыше вырезано квадратное окно. Изнутри стены домика обшиты циновками из рисовой соломки. В центре сделан деревянный прямоугольной формы очаг, в углу которого установлено миниатюрное инау. Вдоль стен по периметру с трёх сторон имеются деревянные лавки. Слева и справа от входной двери на стенке с внутренней стороны привешены полки. В домике сохранилась миниатюрнаяутварь: деревянная вилка, лопаточка, а также части ткацкого станка.

В Российском этнографическом музее хранятся предметы, составляющие интерьер айнского жилища.

Предметы, относящиеся к очагу.

Центром айнского жилища являлся очаг. В коллекции РЭМ имеется 9 предметов, относящихся к очагу. Большую часть из них составляют деревянные крюки для подвешивания котла над огнём. Все они, кроме одного, приобретённого на о. Сахалине (Колл.№ 4926-116), были привезены с Хоккайдо из селения Пиратори. Сделаны они из части тонкого древесного ствола с отходящим от него сучком или палки, имеющей естественный изгиб. К трём крюкам привязана верёвка из луба. В собрании имеется также приспособление для регулировки, подвешиваемого на крюке котла над огнём (Колл.№ 3006-30 и 4926-112 а,б).

Пять предметов представляют собой лопаточки для сгребания золы в очаге. Две лопаточки, привезённые с Хоккайдо из сел. Пиратори (Колл.№3006-19; 5102-75), украшены геометрическим орнаментом. Лопаточки имеют в длину от 17,7 до 22.8 см., и ширину 7,9 до 12,5 см.

Щипцы для вытаскивания углей представлены 3-мя предметами, собранными на Хоккайдо в селениях Пиратори и Нибутани. Из них 2 пары сделаны из дерева, а одна пара – из гнутой проволоки. Длина их составляет 34 см и 64 см.

Для раздувания огня айны использовали веер из перьев коршуна. Перья укреплялись в деревянной рукоятке (Колл.№ 2812-6). Такой веер был привезён В.Н. Васильевым в 1912 г. с Сахалина.

Осветительные приборы.

В качестве осветительных приборов айны в начале XX в. использовали различные приспособления. В собрании РЭМ имеется своеобразный светильник, приобретённый на Хоккайдо в сел. Пиратори (Колл.№ 2813-48 а,б). Он сделан из створки раковины морского гребешка, укреплённого в расщепе тальникового колышка. В раковину наливали жир, использовавшийся для освещения, а заостренную часть кольшка втыкали в земляной пол жилища. Айны Сахалина в качестве осветительного прибора использовали самодельные подсвечники (Колл.2812-135). Их делали из тонкого куска ствола ивы на подставке из древесного капа. Свечка втыкалась в гвоздь, укрепленный в верхней части подсвечника. Сахалинские айны пользовались также фабричного производства фонариками- светильниками (Колл.№ 6756-39), состоявшими из 7 медных цилиндров, вытягивающихся в трубку длиною в 30,4 см, имевшую на конце резервуар для масла.

Своеобразной «посудой», в которой разводили дымокур, для окуривания помещения служил камень, имевший естественное углубление (Колл. № 2816-45). Его наполняли пахучими растениями и тлеющими угольками. Такой предмет был привезён В.Н.Васильевым с Сахалина из сел. Одасан.

Циновки, жалюзи

Коллекция циновок, за исключением 3-х предметов японского производства, была собрана главным образом на о. Сахалин. Шесть циновок были привезены с Хоккайдо. Все они, кроме предметов под Колл.№ 2812-4.11.12, 5110-15, приобретённых на Сахалине, служили для декоративного оформления стен дома.

Материалом для изготовления циновок айнам Сахалина и Хоккайдо служил рогоз (Колл.№ 5110-75), осока и луб вяза (Колл.№ 8762-17139), в качестве соединительной нити использовали крапиву. Большая часть циновок, имеющихся в собрании РЭМ, орнаментирована. Узор выполнен окрашенными в чёрный и коричневый цвета волокнами луба вяза и липы. Жалюзи, имеющиеся в коллекции, изготовлены из мускатника (Колл.№5102-44).

Утварь, спальные принадлежности

Вешалки, приспособление для сушки белья.

Вся одежда в жилище айнов Сахалина и Хоккадо развешивалась на деревянных крюках - вешалках, сделанных из части ствола дерева с отходящим от него сучком или имеющих естественный изгиб, в виде крючка (Колл.№4926-113). На Сахалине в качестве вешалки использовали рога оленя (Колл.№ 4926-117). Предмет (Колл.№ 2813-14) представляет собой изделие из дерева, предназначенный для сушки перед очагом детской одежды. Приобретён в с. Пиратори.

Ящики, коробки

Для хранения мелких предметов, а также особо дорогих вещей айнами использовались деревянные ящички с крышкой и прямоугольной формы деревянные коробки с выдвижным ящиком, сделанные в основном из сосны, а также багряника японского. Количество таких предметов составляет 15 штук. Крышки четырёх коробок украшены геометрическим орнаментом (Колл. № 2812-118аб, 2813-43аб,44аб, 45а,б).

Имеющийся в коллекции деревянный сундучок с крышкой (Колл.№ 2813-38 а,б) –изделие японских мастеров с Хонсю. На дне его с обратной стороны есть рисунок, выполненный тушью.

Подушки и подголовники

В.Н.Васильевым у айнов Сахалина и Хоккайдо была собрана разнообразная по форме и материалу коллекция подушек и подголовников насчитывающая 15 предметов. Девять из них были приобретены в сел. Пиратори. Подушки айнов имели форму валика. Делали их либо из обрывков старой, подбитой ватой одежды, свёрнутой в рулон и обвязанной верёвкой, либо из циновки, плетёной из рогоза, луба вяза. Циновку сшивали наподобие сумки, боковые стороны которой надставляли кусками ткани. Такую сумку-подушку набивали соломой (Колл. №2813-155 и 2814-12) и завязывали. Некоторые из таких сумок – подушек украшены орнаментом из окрашенных в коричневый цвет волокон луба.

Деревянные подголовники встречались двух видов: одни из них имели форму прямоугольной подставки, другие - складные состояли из двух дощечек, соединённых в центре наподобие «Х». Для сидения на полу айны пользовались плоскими прямоугольной формы подушками (по - японски - *дзабутон*). Шили их из х/б ткани. Такая подушка была приобретена у сахалинских айнов в сел. Тарантомари (Колл. № 5110-183). Лицевая часть подушки выполнена в технике «квилт» из лоскутков разноцветной х/б ткани, составляющих геометрический орнамент.

Среди прочих предметов, имеющих отношение к утвари, в собрании РЭМ имеются метёлки, сделанные из луба виноградной лозы, 2 японских полотенца из хлопка, деревянная чесалка для спины и щётка.

4　住居に関する資料

福士　廣志・出利葉浩司

　REMのアイヌ資料には、住居に関する資料は炉鉤、茣蓙、簾、枕、箒など、約100点が収蔵されている。衣服、食、生業などの関係資料が400〜500点ほどあるのに比べると点数は少ない。その中には、本州からの移入品である、茣蓙、拭なども含まれているが、多くはアイヌの製作になる日常の生活用品である。

模型
　模型は家の模型が1点あるのみである。(Col.No.64-34)。60.0×40.0cmの板の上に33.0×29.0×32.5cmの模型を乗せている。屋根は取り外しが可能で、中の構造が見られるようになっている。屋根は樹皮で葺かれており、柱、壁、垂木、桁等は松とホウノキを使用し、結束にはイラクサの糸を使用している。内装の壁には稲科の植物を編んだ茣蓙を張っている。中央部に囲炉裏と考えられる木枠を組み、隅にイナウを配置する。壁際にはベンチが巡らされており、玄関の戸の部分には窓がある。食器（フォーク・スプーン）、イナウなどもミニチュアが付属している。収集地はサハリンのマオカである。

【炉の周囲】
a）炉鉤
　炉鉤は9点あり、サハリン収集の1点（Col.No.4926-116）の他、8点は北海道の平取の収集である（Col.No.2813-61, -62, -63, -73：No.3006-30, -32：No.4926-112：No.6756-24）。サハリンの資料を含めて6点は木の二股を利用した鉤で3点には靭皮製の綱が付属している。木製の鉤と高さ調節用の刻みの入った棒が付属するもの（Col.No.2813-73）。サルナシの蔓をU字形に加工したものがある。（Col.No.3006-3：No.4926-112ав）。

b）灰均・火箸・団扇
　灰均しは5点有り、サハリンのものはシラロカとタラントマリでの収集（Col.No.2812-131：No.3006-20）でマツ製、平取での収集資料は（Col.No.3006-19：No.5102-75）ホウノキとマツ製で、掘り文様が施されている。
　火箸は平取での収集で木製の2点は（Col.No.2813, -66/2, -68/2）は、サイズが極端に異なる。1点は針金を撚ったもの（Col.No.2813-67）である。
　その他に、サハリンのマヌエで収集の7段に伸び縮みするランプ（Col.No.6756-39）は、下部に灯油を入れ、先から灯心を出して着火するものである。マオカ収集の木瘤を利用した燭台（Col.No.2812-135）は、蝋燭を立てる部分に釘を使っている。同じ灯火具でも、平取での収集資料は（Col.No.2813-48ав）はヤナギの杭の先端を4つ割にし、その上に灯明皿としてホタテ貝の殻をのせたものである。また、サハリンのオダサンから自然石の中央部をくぼませて火皿としたものが収集されている。（Col.No.2816-45）
　サハリンのアイでトビの羽を10枚木枠で固定して作った団扇が収集されている（Col.No.Col.2812-6）。

【調度】
a）茣蓙・簾類
　茣蓙は和製の3点（Col.No.64-35：No.8762-17140-17141）を除くと23点あり、住居関係の資料の中では同一品としては最も多い。15点がサハリン、7点が北海道での収集で、1点は収集地不明である。サハリン収集の資料はスゲとフトイを材に主に用いているが1点のみガマを使用している（Col.No.5110-75）。編み糸にはイラクサを使用し、文様はシナ皮を黒や茶に染めて使用している。北海道の物はほとんど平取収集であり、材料にはガマ（Col.No.2813-7はスゲ）を使用し、編み糸にシナの糸を使い、文様にはシナの皮を黒や朱に染めた物（Col.No.6762-1739はオヒョウ）を使用している。また、サハリンのものは、2点（Col.No.2812-4, -11, -12：No.5110-15）を除いて家の壁の装飾用として用いられた物である。茣蓙編み機一式もサハリンのナイビチで収集している（Col.No.2810-19）。
　簾は3点の内2点が北海道平取収集で、ヨシをガマとスゲで編むもの（Col.No.2813-47）とカヤ製のものがある（Col.No.5102-44）。

b）鉤・物干し
　全9点が衣紋掛けである。1点はトナカイの角を利用したもので、収集地の記録はないがサハリンのものと考えられる（Col.No.4926-117）。1点はサルナシの蔓を鉤状に曲げたもの（Col.No.4926-113）で、残りの7点は木の枝を鉤状に加工したものである。
　珍しい資料として平取からは子供の衣服を炉の前で乾燥する時に使用した吊し具（Col.No.2813-14）が収集されている。

【家具寝具】
a）箱
　宝物や小物を入れておく箱は15点ある。サハリン収集の物は7点有り、ボリショイタコイ収集の1点が蓋つきである（Col.№2812-115）が、他はすべて引き出し式の箱である。タラントマリ収集の小型の方形のものは、上部に文様が刻まれ、多数の刃物傷がある（Col.№2812-118ab）。北海道の物は8点有り、すべて平取収集で、蓋式の箱であり3点は上部に文様が刻まれている（Col.№2813-43, -44, -45ab）1点は本州製の木箱であり、蓋の裏に墨書がある（Col.№2813-38ab）。

　材質は松の製材が多く、カツラなどの広葉樹製は3点である。

b）枕
　枕は15点あり、サハリン収集の物6点、平取収集のものが9点ある。シラロカ収集の資料は、木綿布を巻き、それを三つ編みにした綿糸で格子状に縛って整形してある（Col.№2812-188）。他は木製で、X字状の折りたたみ式になっており、上に獣皮を張ったもの（Col.№2812-187）、紺木綿を張ったもの（Col.№4926-122）がある。

　平取収集のものはすべてガマ製でオヒョウ、シナ、木綿で文様を織り込む。中に燕麦の茎を詰めてあるものある（Col.№2813-105：№2814-12）。

e）座布団その他
　タラントマリから収集の座布団は柄木綿の布をパッチワーク状にしたものである（Col.№5110-183）。

　その他には和製手ぬぐい2本、木製の孫の手と獣毛をつかった洗いブラシがある。すべて平取での収集である。

【掃除用具】
a）箒
　北海道収集のものが3点、サハリン収集のものが2点ある。棒の先端を二つ割りにしてブドウ蔓を挟み込んで箒部分を作っているもの（Col.№2813-2-4：№8761-10232, -10233）。

b）梯子
　杭上倉用梯子で半裁した丸太に階段状に刻みを入れたものである。

5 Средства передвижения и приспособления для переноски грузов

Судзуки Кунитэру, Дэриха Кодзи

Собачья упряжь

Среди предметов, имеющих отношение к средствам передвижения, шестнадцать составляет упряжь на собак. Место сбора трёх предметов неизвестно, остальные были приобретены на Сахалине. Прежде всего, это два полных комплекта упряжи на 6 и 7 собак (Колл.№ 2815-3 , 2815-5). Упряжь представляет собой потяги, длиною 6,6 и 6,4 м, к которым попеременно на коротких ремешках прикреплены ошейники из нерпичьей кожи. Кроме того, в собрании РЭМ имеются ошейники. К ошейникам посредством железного или костяного вертлуга, прикреплены кожаные ремни - поводки. Для ошейников и поводков использована кожа нерпы и других морских животных.

При езде на собачьих упряжках айны пользовались специальными тормозами. Тормоз представлял собой деревянную палку с железным наконечником на конце. Два таких предмета имеются в коллекциях музея (Колл. № 2815-2,5110-100) по сахалинским айнам. Для поездок на собачьих упряжках айны использовали специальные кожаные юбки, служившие своеобразной дорожной одеждой, которую для тепла надевали поверх халатов. Четыре экземпляра такой одежды из кожи нерпы и рыбьей кожи были приобретены у сахалинских айнов.

Лыжи

Имеющиеся в коллекциях РЭМ лыжи, собранные у сахалинских айнов, представлены двумя типами: скользящие и ступательные. Скользящие лыжи, сделанные из сосновой доски, имеют длину приблизительно 115 см (лишь одна пара составляет в длину 180 см) и ширину от 15 до 18 см. Скользящая поверхность лыж, предназначенных для охоты, подбивалась шкурами нерпы или оленьим камусом. Олений камус (мех с ног оленя) сшивали по две штуки в два ряда и прибивали по краю наружной - ступательной поверхности железными гвоздями. Для хождения по глубокому снегу, а также при езде на собачьих упряжках айны использовали лыжи голицы. Айнские лыжи имели двухпетельное крепление из ремней, сделанных из кожи морских животных. Ремни пропускались через 4 сквозные отверстия в центре ступательной поверхности лыж и закреплялись. При ходьбе на лыжах пользовались палкой - посохом, имеющим на одном конце деревянное колёсико, прикреплённое кожаными ремешками к палке, а на другом - лопаточку.

Коллекция ступательных лыж насчитывает 6 пар. Из них 4 пары, именуемые *тесима*, имеют овальную форму, а 2 - *чинру* имеют форму «бутылочной тыквы» или «восьмёрки». Длина первых составляет 50 см, а вторых – 40 см. Рама ступательных лыж изготавливалась из двух изогнутых в виде полуовалов – *тесима* и сильно сужающихся к центру - *чинру*, деревянных планок, скреплённых с двух сторон кожаными ремешками. Ремешки крепления делались из кожи морских животных или конопляных верёвок и закреплялись в центре лыжи.

Приспособления для переноски грузов

Для переноски грузов сахалинские айны использовали специальные приспособления - поняги. Поняга представляла собой либо развилку дерева, к которой крепился груз, либо деревянную раму, обтянутую плотной тканью (Колл. № 2815-22, 64). Носили их за спиной с помощью лямок.

Более распространенным для айнов Сахалина и Хоккайдо приспособлением, служившим для переноски груза, были плетёные верёвки. В коллекциях РЭМ они представлены 15 предметами. Из них 4 привезены с Сахалина, а остальные с Хоккайдо. Длина каждой верёвки составляет от 4 до 5 м. Верёвки, приобретённые у айнов Хоккайдо, сотканы из луба вяза. Центральная, широкая часть верёвок, которую надевали на лоб, украшена двухцветным узором, вытканным хлопчатобумажными нитками.

Веревки, приобретённые на Сахалине, сотканы из волокон крапивы. Центральная, лобная часть, двух веревок (Колл. № 5110-98,99) сделана из шкуры нерпы и украшена узором, выполненным в технике выскабливания.

Плетёные корзины

Большие плетёные корзины служили айнам для переноски грузов. В собрании музея таких предметов насчитывается 33. Все они собраны на Хоккайдо, главным образом в с. Пиратори. Большая часть из них изготовлена из лыка липы, 3 - из рогоза, и по одному предмету из лыка вяза и коры дикого винограда. Среди 27 корзин, известных под названием *саранипу*, предназначенных для ношения груза на спине, 5 предметов, сплетены на специальном ткацком станке.

Обувь

а) *Сапоги и ботинки*

В коллекции РЭМ имеются 15 пар обуви типа сапогов, 7 – типа ботинок, материал для приготовления (Колл.№5110-79) и настилки–соломы (Колл.№5110-77) по предмету, насчитывая всего 24 предмета. Для подошвы использованы шкуры (Колл.№2806-25 , 53/2, 54/2, 67/2, 90/2; №5110-168/2, 170/2, 171/2, 172/2; №8762-17118, 17120), рыбие кожи (Колл.№2806-21, 59/2; №5110-167/2 ; №8762-17119) . Обуви типа ботинок предполагаются как они были приобретены на Сахалине, включая и те неизвестного происхождения.

в) *Варадзи*

У айнов были лапти *варадзи*, плетённые из волокон виноградной лозы, рисовой соломы,. Всего такой обуви в собрании музея насчитывается 24 пары. Большая часть из них была приобретена на Хоккайдо в селении Пиратори. Они представляют собой плетённую плоскую подошву с петлями по краям. Сквозь петли продевается верёвка, для крепления обуви на ноге.

На Сахалине, в с. Маука, были приобретены две пары обуви, сплетённые из стеблей дикой ржи в виде тапочек с закрытым носком и задником. Они имеют плоскую подошву, как у *варадзи* и плетеный верх.

c) *Гета*

Другим типом обуви, которым пользовались айны Хоккайдо, были *гета* – традиционная японская обувь на подставках, сделанная из павловнии войлочной. *Гета* представляют собой деревянную платформу, на которой закреплены две петли для удержания ноги. Всего такой обуви в собрании музея насчитывается 5 пар. Две мужские пары, одна – женская и две детские. Две пары обуви покрыты лаком. Все эти вещи, сделанные на о. Хонсю (Центральная Япония), были приобретены у айнов в селении Пиратори на Хоккайдо.

5　移動・運搬具、履物

鈴木　邦輝・出利葉浩司

REMのアイヌ資料には、移動や運搬の道具、履物などが約150点収蔵されている。

中でも犬橇関係の資料は、日本国内には少ない資料であり、アイヌの物質文化を考える上で貴重な資料である。また、船関係の資料が2点しか含まれていない。

【犬橇関係】

犬橇関係は16点であるが、犬橇自体は含まれていない。収集地は3点が不明のほか、他はすべてサハリンである。このうち、犬橇用スカートは4点あり、1点はアザラシ皮製で（Col.№2806-51）、他はサケ皮製である（Col.№5110-155：№8762-17091, -17092）。サケ皮は16, 7枚分を縫合してある。胴部は素材を折り返して紐を通し、胴部の上端と裾には木綿布を覆輪している例が多い。犬橇のブレーキは2点で、丸棒に鉄製の尖った先端部があるものである（Col.№2815-2：№5110-100）。

首輪や綱にはアザラシなどの海獣皮が使われている。例外的に首輪では木綿の細長い古裂布を編んだもの（Col.№2815-4）、綱では真ちゅうの細棒と針金をよったもの（Col.№64-21）がある。よじれ防止用の自在具は首輪側についているものと牽き綱側に付くものがあり、素材は大部分が海獣骨を加工しているが、一部に鉄製もある。軸に回転する円盤状の鉄板が5枚連結されて回転しやすく工夫されているものある（Col.№2815-10）。

【スキー】

スキー関係ではスキー板とストックがあり、すべてサハリンでの収集である。スキー板は長さ150cm前後のものが3点と、180cmを超える長いもの（Col.№2815-13/2）が1点ある。板材はすべて松材である。シール張りのあるものは2点でトナカイとアザラシの皮が使われた狩猟用である。トナカイは足部の毛皮を6枚使用して2枚ずつ3段に縫合し、表側に3cmほど巻き出し、そこを鉄釘でとめる（Col.№2815-13/2）。アザラシの皮は滑走面側の側縁を残す形で張りつけられ、上下の2枚を動物の腱で縫合する（Col.№2815-14/2）。シールのないものは近距離用と深雪用という注記がある（Col.№2815-12/2：№6756-31/2）が、犬橇と併用したものと考えられる。足の装着具は全体の中央にあり、スキー板に4カ所の穴をあけ、海獣皮の紐を縦方向に通して板と結束する。つま先をいれる部分と踵部を固定する2本の紐が前後につく。

ストックは2点で広葉樹の割板を使っている。1点は雪輪がつく（Col.№64-14）。輪には獣皮の紐が通され柄の穴に装着される。もう1点は1辺3cmほどの角棒で長さが191cmもあり1本杖であろう（Col.№2815-38）。下端から11cmのところに穴があり、雪輪装着部と考えられる。いずれも上端はヘラ上に四角形に作り出されている。

【カンジキ】

カンジキは6点で、ひょうたん形が2点、楕円形が4点ある。ひょうたん形の枠は割材を曲げ、長軸方向で結束する。一点は平取収集のもので、先方が上に立ち上がり、足置き部は海獣皮の紐を3本ずつ平行にわたす。先端側に3対、後ろに3対の穴が枠の側縁にあいているが、横木は失われている（Col.№2814-38/2）。もう一足は収集地不明で、割材を用い、側面は弧状にゆるやかに反る。足置き部に3対の溝が枠に彫られているが、結束部は失われている。横木は先端側と後ろに4本ずつ、弓状に通されている（Col.№8761-10183）。

【背負い具】

背負い具では、二叉状の木枝の先端に横木をあてたオダサン収集のものがある。枝には上端に荷縄がみられ、中央に荷縄をかけたと思われる溝がある（Col.№2815-15）。

【荷縄・ロープ】

荷縄は15点あり、3点がサハリンで、他は北海道の収集品である。サハリンの収集資料には額当てには皮の表面を削り取り、文様を施すもの（Col.№）5110-98)、縁に皮なめし時の釘止めの穴があるものもある（Col.№5110-99/2）。北海道の収集品は、縄部分はオヒョウとシナがほぼ半数ずつで、いずれも縄の長さは4〜5mである。標本として、製作途中のもの（Col.№2811-19, -20：№5110-115）も収集されている。また、サハリンでは海獣の皮製のロープ（Col.№5110-93, -94, -95）、平取からはシナ樹皮の長いロープ（Col.№2817-61）を収集している。

【編袋】

サラニプと呼ばれる編袋は33点あり、すべてが北海道での収集品である。編み糸も含め、シナ樹皮製が大半で、ガマ製は3点（Col.No.5102-83, -87, -98）、ブドウ皮製（Col.No.8762-17128）とオヒョウ樹皮製（Col.No.8762-17127）は1点ずつである。底部からの巻き編みで製作されているものが多いが、編機を使ったものが5点（Col.No.2813-71, -82,）、やや幅広いシナ皮を平織りにしている四角のカゴ状に編み上げたものが4点（Col.No.5102-85, -86, -88,）ある。

【履物】

a）靴

靴関係の資料は15足の長靴タイプのものと、7足の型のもの短靴ほか、材料の獣皮（Col.No.5110-79）、詰め物とした藁（Col.No.5110-77）が1点ずつの24点ある。靴底の材料として獣皮を用いたもの（Col.No.2806-25, 53/2, -54/2, -67/2, -90/2：No.5110-168/2, -170/2, -171/2, -172/2：No.8762-17118, 17120）、魚皮をもちいたもの（Col.No.2806-21, -59/2：No.5110-167/2：No.8762-17119）がある。長靴タイプのものは、収集地不明のものも含めてサハリンの収集品と考えられる。

b）ワラジ

植物繊維製のワラジ類は14点である。うち10点が北海道・平取の収集品で、ブドウ蔓の皮製が大部分を占める。撚り紐を芯にブドウ皮を巻きつけて編み、子供用（Col.No.5102-171/2）と大人用が収集されている。足を固定する紐を通す耳が4カ所前後のものと（Col.No.2807-69/2, -71/2：No.3006-48：No.5102-167/2）、16～24カ所と多くつくもの（Col.No.5102-168/2, -170/2, -172）の2種類がある。他に収集地不明のブドウ蔓皮の耳を多く持つワラジ（Col.No.8761-10241/2）と、補強に木綿布を編み込んだ小型の稲ワラ製のもの（Col.No.8762-17121）、和製のもの（Col.No.2807-44/2）が1足ずつある。

c）ゲタ

木製のゲタは4点で、成人男性用2点、女性用1点、子供用2点である。すべて本州からの移入品で、桐製が多く、塗り物も2点ある。北海道・平取の収集品である。

6 ритуальные и культовые предметы
A. *пасуй/икуниси* и обряда проводов

Утида Юити

В коллекциях Российского этнографического музея (РЭМ), собранных у айнов, начиная с обрядовых предметов, таких как *пасуй / икуниси, инау, тооки*, существует обрядовая одежда и украшения, а также материалы, характеризующие обряд «проводов» души медведя к горному божеству. В данной статье будут подробно рассмотрены *пасуй / икуниси* и представлены некоторые предметы, имеющие отношение к обряду «проводов».

Пасуй / икуниси

Одним из обязательных ритуальных предметов у айнов были палочки *пасуй/ икуниси*, при помощи которых передавались богам молитвы человека. Палочки были длиной 30 см., имели заострённый конец, а на верхней (внешней) стороне их кроме абстрактных узоров, были вырезаны не только изображения медведя, тюленя, различных животных, птиц, но и также лодки и посуды. На той же стороне, на остроконечной части айны делали небольшие застружки *парунпбэ*, считавшиеся «языком» молитвенной палочки. Здесь же вырезали «знак предков» - *экаси итокпа (итоппа)*, а на нижней части палочки – *сирось* личный знак её владельца. На Хоккайдо палочки называли *пасуй/икупасуй*, а на о.Сахалине - *икунись/икуниси*. Из 2,600 предметов айнских коллекций РЭМ 212 номеров - *пасуй/ икуниси*, что составляет примерно 8% всей коллекции.

Пасуй/икупасуй

Из сборов на Хоккайдо *пасуй/икупасуй* в коллек циях РЭМ составляют 117 предметов. Из них немного было собрано Б.Пилсудским в 1910 году в с. Хидака и Момбэцу, а большая часть материала приобретена В.Васильевым в 1912 году в с. Пиратори и Нибутани. Собранные в течение короткого срока из одной и той же местности 100 молитвенных палочек *пасуй* являются коллекцией, которую невозможно увидеть в Японии. Поэтому путём тщательного изучения, можно исследовать особенности *пасуй* местности Нибутани.

Среди этих *пасуй* 101 предмет представляет собой *икупасуй*, 16 же являются *кикэ усь пасуй*– палочками со стружками на верхней части. Большинство молитвенных палочек имеют следующие размеры: длина - 32.6 см., ширина -2.5 см., высота -1.0 см. В качестве сырья при изготовлении всех *пасуй* использовано дерево, только в одном случае - бамбук. На 85 молитвенных палочках, хранящихся в РЭМ - вырезан «знак предков» - *экаси итокпа (итоппа)*, а на 71 – застружки *парумнпэ*. Что касается резьбы на верхней стороне данных предметов, то конкретная резьба представлена на 18 предметах, а на остальных вещах использована абстрактная. Мотивом для конкретной резьбы служили изображения медведя, полосатого марлина, водоплавающих птиц, тюленя, а также изображения ритуального ножа, посуды, подноса и лодки. Среди этих изображений можно видеть специфические рисунки медведя, убитого для проведения обряда «проводов» души этого животного в гору. Среди конкретных изображений встречается также 9 *пасуй* используемых в качестве ритуального ножа. Кроме того, в коллекции имеется 17 предметов, покрытых лаком.

Икуниси/ икунись

За исключением трёх молитвенных палочек *икуниси/ икунись* собранных в 1898 и 1902 гг. П. Вержбинцем на Сахалине, остальные 91 были приобретены в 1912 году В.Васильевым в селениях: Сирарока, Тоннайча, Одасан, Тарантомари, Мануэ, Б. Такой, Маука и Никольское. Так как известно время и место сбора этих предметов, то эти материалы будут иметь чрезвычайно важное значение для дальнейшего изучения.

Средний размер *икуниси*, сделанных из дерева, составляет: в длину-31.3 см., в высоту - 1.2см.. Передняя часть 29 молитвенных палочек украшена резьбой. Мотивом резьбы послужили изображения медведя, касатки, тюленя, ящерицы, рыбы, рюмочки для *сакэ*, тарелки и даже мотивом служат и изображения лодки. Особенный интерес представляют вырезанные изображения тюленей, рыб, растительный орнамент. Редкими являются *икуниси* с движущейся передней частью. На 16 молитвенных палочках сахалинских айнов вырезан «знак предков» - *итоппа*, а 6 имеют застружки *парумнпэ*. Из коллекции с о. Сахалин только 8 *икуниси* покрыты лаком.

Если сравнивать *пасуй* и *икуниси*, то сразу можно заметить, что большую часть предметов, мотивом которых служат изображения животных и посуды, составляют *икуниси*. Среди *пасуй* не встречаются резные, объёмные движущиеся изображения рыб. Но, для *пасуй* характерно наличие «знака предков» - *экаси итокпа (итоппа)* и вырезка *парумнпэ*. На *икуниси* - молитвенных палочках сахалинских айнов *итоппа* и *парумбэ* встречаются редко. Дальнейшее сравнительное исследование молитвенных палочек сахалинских и хоккайдоских айнов с привлечением коллекций РЭМ позволит осветить многие стороны культуры айнов.

Медвежий праздник и обряд «проводов» души медведя

В коллекционном собрании РЭМ представлено 77 предметов, имеющих отношение к медвежьему празднику, важнейшим обрядовым действием которого были «проводы» души медведя в гору. Очень ценным экспонатом являются: клетка, в которой в течение определённого времени ие айны содержали и воспитывали медвежонка, специальная посуда для кормления медведя (7 предметов с Хоккайдо и 5 – с Сахалина), игрушка для медвежонка, одна ритуальная стрела, которой наносили смертельную рану животному (Сахалин), *инау*, используемое в обряде «проводов» души медведя, подарочная стрела медведю, «медвежий» пояс, ошейник, украшения, предметы для ритуала, колчан для стрел (о. Сахалин), череп медведя и череп альбатроса. За исключением 4 предметов, собранных в 1910 году Б.Пилсудским в с. Нибутани и Монбэцу, 4 предметов неизвестного происхождения, все остальные были приобретены в 1912 году В. н.Васильевым. Из них: 31 предмет собран на Хоккайдо, в местности Пиратори и Нибутани, а 40 предметов - наСахалине (с. Сирарока, Тоннайча, Одасан, Тарантомари, Мануэ, Найбучи, Айхама).

Среди предметов, имеющих отношение к ритуалам, есть также вещи, используемые во время обряда «проводов» души медведя, такие как «инау» (Хоккайдо, Сахалин), ритуальный колчан для стрел (Хоккайдо, Сахалин), украшающий алтарь, а также мужской ритуальный головной убор, который надевал тот, кто проводил обряд и стрелял в медведя из лука. (Хоккайдо, Сахалин). Колчан для стрел не только использовался в ритуале «проводов» души медведя, но являлся украшением для ритуального сооружения (алтаря) во время других обрядов и подарком божествам.

Кроме перечисленных предметов также хранятся ритуальный нож, используемый во время обряда «проводов» души лисы, и когти медведя, используемые в качестве оберега. В фондах РЭМ также хранятся 7 предметов животного происхождения: 2 черепа альбатроса из сборов на Хоккайдо, экспонат дятла - о.Сахалин, череп собаки и медведя, шкурка горностая. Эти предметы имели применение и после обряда, так, например, когда останки медведя после обряда «проводов» его души, возлагали на «алтарь», а череп лисы и дятла использовали в качестве талисмана, либо сопровождающего медведя при обряде «проводов» души медведя. Что касается медвежьего черепа, то с левой стороны в нем имеется дыра. Это указывает на то, что он был объектом обряда. Существует также предположение, что если дыра на черепе слева, то медведь был самцом.

6 儀礼・信仰に関わる資料
A パスイ・イクニシと送り儀礼に関する資料

内田 祐一

　REMのアイヌ資料のなかで、儀礼に関する資料はパスイやイクニシ、イナウ、トゥキなどの祭祀具をはじめ、儀礼用の服飾品や送り儀礼に関わる資料など多岐にわたる。ここでは、特に祭祀具として特徴のあるパスイ・イクニシ、及び送り儀礼関係資料について紹介する。

パスイ・イクニシ

　パスイ及びイクニシは、アイヌの儀式のなかで欠くことのできない祭祀具のひとつで、人間の祈り言葉をカムイ（いわゆる「神」）の許に届けてくれると考えられている。長さ30cmほどの先端が尖った箆状をしており、表面には抽象的な文様のほか、クマ、アザラシ、鳥といった動物や舟、杯などの器物などさまざまな具象物も彫刻され、独特な箱庭的な世界が表現されている。また、裏面には、祖印や所有印を示す線刻やパルンペ（舌）が彫りこまれていることもある。北海道ではパスイ（イクパスイ・キケウシパスイ）、サハリンではイクニシと呼ばれる。REMのアイヌ民族資料約2,800点中、パスイ・イクニシは212点で、約一割を占める。

a）パスイ（イクパスイ・キケウシパスイ）

　REMのアイヌ文族資料のうち、パスイ（北海道収集）は117点である。そのなかにはB.ピウスツキが収集した資料もみられるが、大部分はV.Nヴァシーリエフが1912年に平取で収集したものである。約100点にも及ぶパスイが短期間に同一地域から収集されたコレクションは国内にはほとんど類がない。このことから、詳細な調査をおこなうことで、この地域のパスイの特徴がある程度明らかになると考えられる。

　これらのパスイのうち、101がイクパスイ、16点がキケウシパスイである。これらのパスイの特徴であるが、大きさの平均は長さ32.6cm、幅2.5cm、高さ1.0cmとなっている。多くは木製であるが、中には竹製のものもみられる（Col.No.5102-213）。裏に線刻のみられるものが85点、パルンペのあるものが71点である。表面の彫刻については、具象的彫刻が18点、残りの大部分は抽象的彫刻である。この具象彫刻には、クマ、カジキマグロ、水鳥、アザラシといった動物や儀式用刀、膳などの器物、舟などをモチーフにしたものがある。クマの彫刻のなかには寝かされた状態が彫られているものがみられ、霊送りの儀礼の一シーンを描いたものになっている（Col.No.2813-100, 101）。また、具象文様のなかでもっとも多いのはパスイを儀式用刀に模したもので、9点ほどある（Col.No.2813-94, 95など）。このほか、漆が塗られているものが全体で17点ほどある（Col.No.2813-99；No.5102-202など）。

b）イクニシ

　イクニシ（サハリン収集）は数点を除いた大部分が、ヴァシーリエフによって1912年に真岡、白浦、富内、小田寒、多蘭泊、志安、真縫、箱田、大谷、内淵、落帆などで収集された資料である。これらの資料についても収集時期と収集場所が明記されているため、今後、地方差などを調査していくなかにおいては、非常に有用な資料となるであろう。

　これらのイクニシの大きさの平均は、長さ31.3cm、幅2.5cm、高さ1.2cmとなっている。素材は木製で、裏に線刻がみられるものが16点、パルンペがあるものは6点である。表面の彫刻については、具象的線刻がついているものが29点となっている。このモチーフになっているものは、クマ、シャチ、アザラシ、ヘビ、魚などの動物、杯や皿などの器物、舟などである。これらのなかにはアザラシ猟を様子を箱庭的に表現されているもの（Col.No.2812-160, 163）、あるいは魚を彫り抜いてイクニシの表面を動くようにしているもの（Col.No.2812-178）があり、非常に興味深い。

　また、漆塗りのイクニシが8点ほどみられる（Col.No.2812-146；No.5110-259, 277など）。このほか特徴的なのは透彫をしているものが多くみられ、すぐれた彫刻の技をみることができる（Col.No.2812-147, 153, 154；No.5110-266）。

　これらのパスイとイクニシを比較してみると、まず、文様のなかで動物や器物など具体的なものがモチーフとなっている資料はイクニシに多くみられる。特に魚が立体的に高彫りされ、彫り抜かれて動くものについてはパスイにはみられない。また、裏面のパルンペと祖印や所有印を示す線刻であるが、パスイには多くの資料にパルンペや線刻がみられるが、イクニシにはあまりみられない。特にパルンペについては、もともとイクニシや少なくとも北海道東部のパスイにはあまりみられないもの

であることから、パルンペが見られる資料については資料自体がパルンペを付ける地域からサハリンまで流れてきたものと推測することもできよう。

今後、このようないくつかの項目での調査やロシアや日本国内にある資料の比較をおこない、それに収集地、収集年等の資料データを組み合わせることにより、REMの資料はパスイ・イクニシの地域的特長を示す基準資料ともなりえるであろう。

送り儀礼

REMには、送り儀礼に関連する資料としてクマの飼育に関係する檻、給餌器をはじめ、クマの霊送りに使われるイナウ、花矢、仕留め矢、クマの飾り、祭祀用被りもの、矢筒、それにクマの頭骨やアホウドリの頭骨など動物資料77点が収蔵されている。これらの資料の大部分はヴァシーリエフが収集した資料で、北海道のものは平取、サハリンのものは白浦、富内、小田寒、志安、大谷、内淵、相浜などの集落で収集されている。

a）送り儀礼資料

送り儀礼資料の多くはクマの霊送りに関わるものである。クマの飼育に関しては、サハリンから檻の実物が1点（Col.No.2816-113）と給餌器が4点（Col.No.2816-63, 64；No.5110-192；No.8761-11368）、北海道から給餌器が1点（Col.No.5102-298）と地域不明の仔クマ用の玩具（Col.No.8761-10253）が収集されている。

送り儀礼でクマに直接関わる資料としては、引き回すための首輪（Col.No.2816-67）、クマに付ける飾り帯（Col.No.2816-62）、耳飾り（Col.No.2816-84）、クマをかまうための棒（Col.No.2816-65）、花矢（Col.No.5110-10-13）、弓（Col.No.2816-58）、と仕留め矢（Col.No.2816-56, 57）、クマを繋ぎ留めるための木柱の模型（Col.No.8761-11369）などがある。すべてサハリンからの収集である。

また、儀式に関わるものとしてクマの霊送りに関係するイナウがサハリン（Col.No.2816-77；5110-193-196）から、祭壇に飾る儀式用矢筒はサハリン（Col.No.2816-52；No.5110-2, 3）と北海道（Col.No.2817-48-50；No.5102-1-10など）から、儀式をおこなう男性が被る儀式用冠もサハリン（Col.No.2816-59-61など）と北海道（Col.No.2817-52-55；No.5102-295, 296など）から収集されている。

これらのなかで、特にクマの飾り帯と耳飾り、クマをかまうための棒などは興味深い資料である。なお、矢筒はクマの霊送りに限らず、ほかの送り儀礼の際にもカムイ（神）への土産として祭壇に飾りつけられ、また儀式用冠も通常の儀式で使用される。

このほかサハリンから、キツネの霊送りで使われる儀式用刀（Col.No.5110-198）が、北海道からお守りとして使われるクマの爪（Col.No.2817-54）やクマの腸（Col.No.281-100）が収集されている。

b）送り儀礼に関わる動物資料

REMには、送り儀礼を含むなんらかの儀礼を受けたと考えられる動物資料が7点（1点は資料不明）収蔵されている。内容としては北海道収集のものとしてコアホウドリの頭骨が2点（Col.No.2817-35, 36）、サハリン収集のものとして小型の鳥の胴体（Col.No.2816-34）、イヌの頭骨（Col.No.2816-37）、オコジョの皮（Col.No.2816-36）、クマの頭骨（Col.No.2816-69）である。これらの資料は、クマのように送り儀礼の後にヌサ（祭壇）に安置されたもののほか、キツネやコアホウドリのように頭骨をお守り、あるいはそれ自体をカムイとして位置づけ、儀礼の後も所有されていたものもある。特にクマの頭骨については頭骨の左側に穴があいていることから、送り儀礼を受けたものと推測される。

В инау

Китахара Дзирота

Инау, изготовляемый мужчинами при обрядах, считается айнами предметом подношения богам (*камуй*), и также «посредником», который передает бокам молитву человека. Бывают также случаи, когда к самому *инау* относятся как к божеству.

В общем *инау* представляет собой тонкие стружки дерева. Редко вместо стружек используются хлопчатобумажные нитки, куски ткани, а также коры липы или виноградной лозы. Также встречаются образцы *инау* со листьями сосны или низкорослого бамбука, иногда и из полыни.

Слово *инау*, можно сказать, является обобщённым названием, вытекающим из его функций, а в действительности, *инау* имеет большое разнообразие формы.

В структуре инау выделяются в основном следующие элементы : головка; остов; стружки и вырез знака.(рис.1) Во всей территомории южного Сахалина, Курильских островов, на северных и восточных районах Хоккайдо распростарняются инау со сгушенными короткими стружками на верху и со длинными ниже них (Колл.№ 10275, 2816-27).(рис.2, 3) А в юго-западном районе Хоккайдо преобладают инау без коротких стружек на верху (Колл.№ 8761-10280 и др.). (рис.4)

Инау из о.Сахалин

В хранящихся айнских материалах РЭМ имеется 162 штук *инау*, собранных главным образом на восточном побережье о.Сахалин и в окрестностях реки Сару местности Хидака на о.Хоккайдо.

Коллекцию из о.Сахалин составляют 65 предметов, собранных 20 - в с.Сирарока, 10 - с.Большой Такой, 5 - с.Такой, 3 - Николаевское, 8 - Тоннайчя, 2 - Одасан, 2 - Мануз ,2 - Охакотан, 1 - Тарантомари -1 и 12 - Маока. В качестве материала для них чаще всего используется плакучая ива, а также берёза и сосна. Берёза и сосна часто используются для изготовления ножной части инау, а присоединяемая сверху часть - в основном из плакучей ивы.(рис.5)

На *инау* бывало вырезать знак *итохпа* семьи либо села, передавщийся в наследие по мужской линии. Интересно, что знак *итохпа* вырезался на голову всех инау на Хоккайдо, а на Сахалине обычно на остове ниже стружек. При том та часть с вырезанным *итохпа* считается за лицевую часть *инау*.(см. ри с. 3)

Что касаются стружки, можно выделить а) длинные рассыпанные (Колл.№ 2816-20) , б) скрученные (Колл.№ 2816-17), и в) в виде веревки, выделанные из скрученных стружек путем скручивания. (рис.6) Последний тип стружек в виде веревки встречается ограниченно в некоторых местах на Хоккайдо, в то время на Сахалине он распространен почти на всей территории. Как правило, *инау* сложной техники изготовления был назначен для важных целей, как например, преподношения домашнему *камуй* (божеству), или же при серьезной болезни семьи.

На Хоккайдо длинные стружки изготавливались так, чтобы они могли обогнуть остов *инау*, в отличие от этого на Сахалине часть либо половина остова остаётся недостроганной (Колл.№ 2816-32), где вырезалась знак *итохпа*. В некоторых *инау* из восточного побережья *итохпа* покрывалась стружками, и в этом случае обратную сторону оставляли не тронутой (Колл.№

2816-8).

Большая половина *инау* с длинными стружками выстрогана по напрвлению снизу вверх. (см. рис.3) Но есть образец, где стружки строгали сверху вниз (Колл.№ 2816-32). *Инау*, изготовленные айнами из с.Ушоро западного побережья в 60-х гг., различали пол, смотря на направление обработки: *инау* со стружками, выструганными сверху вниз, считалось мужчиной, со стржками снизу вверх женщиной.

Инау с заостренной головкой собирания из с.Николаевское (Колл.№ 2816-8), с.Большой Такой (кол.2816-19) могли быть, ссылаясь на литературу, преподнесены божеству- солнцу-*камуй*.

Обычно *инау* ставится на алтарь, а на Сахалине и на севере Хоккайдо их подвешивали за веревку, пропущенную через головку. Предполгается, что *инау* из Сирарока (Колл.№ 2816-14а; 2816-28) являются примерами этого рода.

Инау из Сахалина отличаются разнообразием формы остова. Есть образцы, где по бокам прикреплены 1-2 ветки (Большой Такой, Колл.№ 2816-3), (рис.7) есть *инау* с кольцом из обогнутой ветки (Колл.№ 2816-6). (см. рис.5) Иногда бывает, что к боковым веткам также прикреплены другие *инау*. Раньше считалось, что *инау* с кольцом был назначено для солнца-*камуй* или луны-*камуй*, но бывают случаи, когда подносились *камуй* огня и *камуй* построек, как клетки медвежонка.

В большинстве *инау* можно считать как преподнесение божествам, однако, есть и пример оберега детей (Одасан, Колл.№ 2816-41). Это *инау* имеет стружки, выстроганные снизу наверх, металлический наконечник стрел, знак *итохпа* на остове и хлопчатобумажные ленты красного и чёрного цветов, обмотанные вокруг «шею», и, наконец, ожерелье из 11 деревянных бусинок, нанизанных скрученной ниткой луба. В целом это *инау* напоминает богиню-покровительницу детей.

Есть и оригинальные *инау* со стружками, привязаными кусками красной и черной ткани (Колл.№ 2816-14а), *инау* с птицей (Колл.№ 2816-34), *инау* с черепом щенка(Колл.№ 2816-35), *инау* с мехом горностая(Колл.№ 2816-36). Еще один предмет, о котором указано в описи как «*сукенио су*», что значит «палка для вынимания мяса из кастрюли», но он на деле представляет собой *инау* с короткой стружкой и знаком *итохпа* (Колл.№ 2816-66).

Инау из о.Хоккайдо

Коллекция из о.Хоккайдо состоит из 97 предметов; 81 предмет собраны в Биратори, 1 в Нибутани, 15 в Сару-Монпэтто. Восемь *инау* (Колл.№ 8761-10271, 10281-10283, 10289) из последних собирания весьма похожи на те из Сахалина. Материалы в большинстве являются плакучей ивой, а формы разнообразны: малые *инау* с короткими стружками (Колл.№ 2817-28); большие с длинными стружками; простые палки с корой, выструганной на нескольких местах.

На Хоккайдо *инау* с короткими стружками отличается разнообразием в размере и количестве стружек в зависимости от назначения. Во многих местностях по способу обработки различают пол *инау*, а на *инау* в коллекции РЭМ, собранных из западной части Хидака, стружки проводились всегда сверху вниз. Обычно в современное время в этой местности стружки вырезали парой в трех рядах (Колл.№ 2817-27),(рис.8) тогда как в коллекции РЭМ находится пример в двух рядах (Колл.№ 2817-28).

Среди *инау* с длинными стружками есть образцы с рассыпанными стружкаками, а также со скрученными из нескольких стружек. Что касается пола *инау*, то в районе Хидака, где собраны коллекции РЭМ, не четко различали. Однако же есть информация, что в местности Читосэ и Барато (близко к г.Саппоро) в честь птицы-*камуй* преподносили нескрученный *инау*. Также в Ибури (юго-запад на Хоккайдо) женским-камуй посвящали скрученные стружки-*инау*, а мужским - нескрученные. Заметно еще, что в восточных районах от г. Обихиро в принципе камуй-божествам преподносили скрученные стружки-*инау*, зато нескрученные в честь предков.

В районе Хидака на *инау* наносили высечку знак *итохпа* исключительно для *пасеонками*-божеств особой почетности, чем объясняется отсутствие знака *итохпа* на *инау* в коллекциях РЭМ. Однако же есть в коллекции единственный пример с знаком (Колл.№ 2817-33). Это в описи называется «*срук-камуй инау*», что значит *камуй*-яда(аконит) к стреле. Сылаясь на описание айнского ученого Чири Масихо, как в районе Биратори перед сбором аконита молились преподнося *инау*-палку, то можно предположить данный пример мог бы подтвердить тот обычай.

В районе Хидака и Ибури, где собраны экспонаты РЭМ, *инау* с остовом неочищенным от коры обычно назначены в качестве подарка либо «посредника», а также часто готовили, как субстанции божества-*камуй*. При этом считают за мужских *инау* с головкой, обрезанной и в следствие вырезанным искоса передней частью, а за женских –*инау* с косо отрезанной головкой. На головке бывали вырез, обозначающий «рот»-инау.(рис.9) Свидетелями *инау*, как сам собой божество-*камуй*, является «сэкоро-инау» (Колл.№ 2817-30), охранитель дома, как написано в описи. Головка этого *инау* обрезана горизонтально, т.е. он является мужским полом. Это в свою очередь не противоречит представлению айнов в с. Пиратори, что хранителем дома считается муж камуй-огня.

Инау-охранители в большинстве случаев представляются палки со стружками, вставленными к головке с помощью обмотанной веревки. (рис.10) *Инау*-охранители бывает также с «сердцем»; под строганной корой на остове вставляли речной камешек либо древесный уголь, примеры которых представлены в экспонатах коллекции РЭМ.

В коллекции РЭМ также вошла часть алтаря, составленный при проводе медведя, а именно: опоры, палкообразные *инау* (28 штук) и одно *инау* с ветками (Колл.№ 2817-56авсdef). Среди них есть образец инау со стружками в двух рядах (Колл.№ 2817-6д), как инау-охранитель дома, упомянутый выше.Этот инау, предполагается, как было поставлено в одном углу клетки медвежонка в качестве оберега.

Надо заметить об особом *инау*, выструганном при изготовлении «сакэ». Корпус этого *инау* не отличается от предыдущих, а головка вырезана в виде лепестков тюльпана, куда кладут барду от «сакэ», и преподносили божеству(рис.11) Еще есть специфический *инау*(Колл.№ 2817-37), которое якобы женщины привязывали к голове при головной боли.

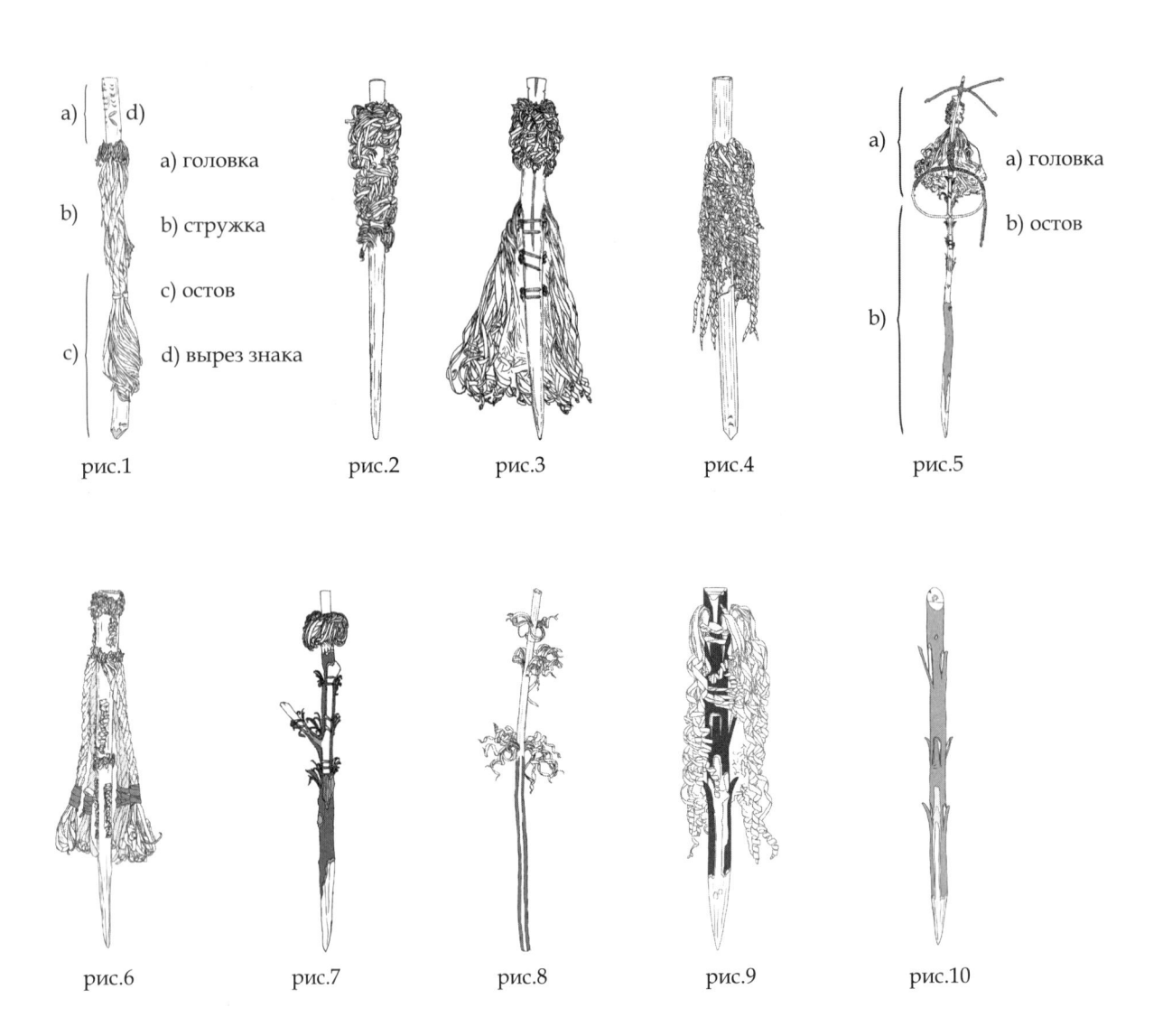

a) головка
b) стружка
c) остов
d) вырез знака

рис.1

рис.2

рис.3

рис.4

a) головка
b) остов

рис.5

рис.6

рис.7

рис.8

рис.9

рис.10

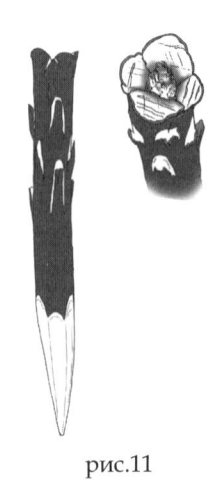

рис.11

B　イナウ

北原次郎太

イナウとは

　イナウは儀礼の際に男性が製作するもので、カムイ（神）への贈与物であるとともに、人間の祈りを神に届ける伝令者となると考えられている。また、時としてイナウ自体が人間に加護を与えることもある。

　イナウの多くは、木を薄く削った削りかけを持つ。そのため、通常は木幣という訳語が用いられるが、まれに削りかけの代わりに木綿糸や布、シナやブドウヅルなどの皮を用いることもある。また、マツやササの葉を削りかけと併用するもの、ヨモギを削りイナウにする例も見られる。

　イナウという名称は機能に着目したものであり、非常に多様な形態を持つものを包括した総称である。これらを形態の上から分類すると、軸の有無により大きく2つに分けられる。軸のあるものは更に、削りかけの長さ、削る方向などによって細かく分かれる。軸のあるイナウはいくつかの構成要素からできている。それを便宜的に頭部、脚部、削りかけ、刻印とし、図で示す。（図－1）

　南サハリンの全域と千島列島及び北海道北部、東部にかけては、短い削りかけの密集したもの（Col.No.2816-27.；No.8761-10275）（図－2）と、その下に長い削りかけを削りだしたもの（Col.No.64-26, 27；No.2816-3, 4aB, 5, 8～16, 18～23, 25, 28aB, 29, 32, ；No.5102-307；No.5110-195, 196；No.8761-10273, 10274, 10281,）が分布する。（図－3）

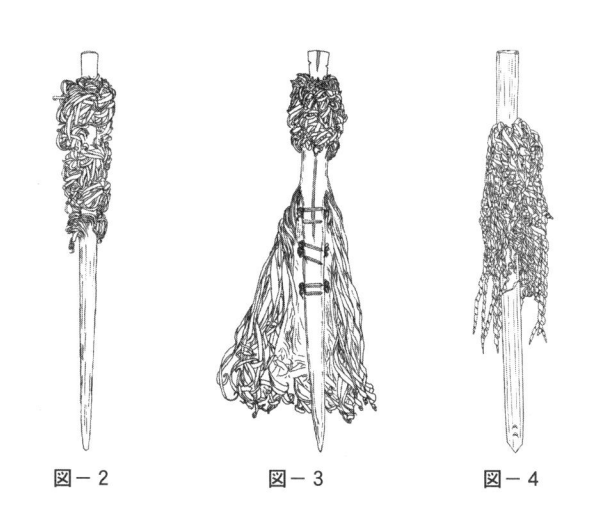

図－1

図－2　図－3　図－4

　一方、北海道南西部（胆振・日高）では頭部に短い削りかけが付かないもの（Col.No.2817-12～24, 32, 33, 38, 39aB；No.3006-59；No.5102-299, 303, 304；No.8761-10278～10280）が分布する。（図－4）

REMのイナウ

　REMに収蔵されるアイヌ資料には、162点のイナウが含まれている。台帳の記載によれば、収集地は大きくサハリンと北海道に分かれ、サハリンでは東海岸、北海道では日高地方の沙流川周辺で収集されたものが多い。

サハリンアイヌのイナウ

　サハリン収集のものは65点あり、白浦20点、大谷10点、小谷5点、落合3点、富内8点、小田寒2点、真縫2点、箱田2点、多蘭泊1点、真岡12点である。サハリンでは頭部と脚部を別々の材で製作することがある。頭部はヤナギが多く、脚部にはカバ、マツなどが用いられる。（図－5）

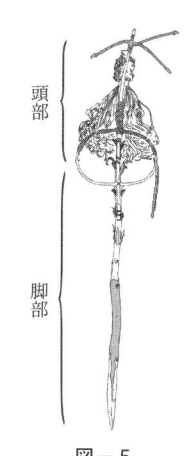

　イナウには刻印を刻むことがあり、この刻印は集落や家系で統一したものを用いるといわれていることから、地域性や集団間の交流・移動を明らかにする指標とも考えられている。刻印は北海道でも用いられるが、全てイナウの頭部に刻まれる。これに対しサハリンではむしろ胴部（削りかけより下）に刻むのが一般的であり、胴の刻印が刻まれた面がイナウの正面とされる。（図－3参照）

図－5

　頭部に刻印を刻む例は真岡（Col.No.64-26；No.2816-6）、大谷（Col.No.2816-20）、富内（Col.No.2816-77）など南部に多く見られる。長い削りかけは、数枚ずつまとめて撚りをかけたもの（Col.No.2816-17）と、そのまま垂らしたもの（Col.No.2816-20）がある。また、撚った削りかけの房2～3本を更に撚り合わせ、縄状のものを作ることもある。（図－6）縄状にしたイナウは、北海道では長万部、余市、旭川など一部でしか確認できないが、サハリンではほぼ全域に分布する。REMの資料では白浦（Col.No.2816-22）、真岡（Col.No.2816-23；No.64-27）、富内（Col.No.2816-13, 29）のものが確認できる。一般に、

重要な目的に使われるイナウほど高度な技法を凝らして製作される。台帳の記載によると、縄状のものは家の神に捧げるもの、重病人が出た時に作るものなど、重要な目的をもっている場合が多い。

北海道南西部では、これらの長い削りかけがイナウの軸を１周するように削りだされることが多い。これに対し、北海道東北部及びサハリンでは、軸の一部、或いは半分ほどを削り残す。削り残した部分には刻印を刻み、刻印のある側がイナウの正面にあたるといわれる。しかし、東海岸の大谷で収集された資料には、削りかけに隠れるように刻印を刻み、反対側を削り残すものがある（Col.No.2816-8）。

長い削りかけの多くは、下、すなわち木の根の方から上に向かって削られている。（図－３参照）しかし、小谷で収集の１例だけに上から下に削ったものがある（Col.No.2816-32）。1960年代に、西海岸鵜城の出身者によって製作されたイナウは、上から下に削ったものが男性、下から上に削ったものが女性と、削りかけの方向によって性別を表現している。これに照らして考えると、小谷収集の資料の削りかけが他と逆方向に削られていることも、何らかの概念を表現したものである可能性がある。[1]

また、イナウの頭頂を尖らせたものが落合（Col.No.2816-8）と大谷（Col.No.2816-19）で収集されている。国内の記録によればこうしたものは太陽神に捧げられることが多いようである。

イナウの使用法は祭壇に立てるのが一般的だが、サハリンや北海道の北部では頭部に紐を通し、吊り下げて用いることがあった。白浦収集の２点（Col.No.2816-14a, 28）などは、吊り下げて用いたイナウであると思われる。

サハリンのイナウは脚部がバリエーションに富む。大谷では１～２本の横枝を持つもの（図－７）（Col.No.2816-4ab, 5abc, 14a, 28, 78ab, 111ab, 112ab）や横枝を曲げて輪状にしたもの（Col.No.2816-6；No.5110-193, 194）が収集されている。（図－５参照）横枝を持つものは、枝の先にそれぞれ別のイナウが付くこともある。これは北海道では余市や八雲などごく一部でしか見られない現象である。輪状のものは、従来、太陽神や月神に捧げるといわれてきたが、火神や屋外のとは別の祭壇に捧げられた例もあり、なお検討を要する。

図－６

図－７

これらのイナウの多くは、生活に関わりの深い神々への贈与物として用いたものだと思われるが、子供の守護神として用いられたものが小田寒の収集資料に一例ある（Col.No.2816-41）。これは下から上に向かって短い削りかけを削りだし、腕に見立てたと思われる枝には金属製の鏃を嵌め、胴に刻印を刻み、首に相当するあたりにテープ状に裂いた赤と黒の木綿を巻く。また、シナの内皮を縒った糸に木片を11個通した首飾りをしていることから、この守護神が女神であることを思わせる。

このほか、珍しい例としては、白浦で収集された、削りかけの房に赤や黒の布を縛りつけたもの（Col.No.2816-14a；22ab, 28ab, 31abc）、鳥の遺骸をイナウの先端に挟み込むもの（Col.No.2816-34）、仔犬の頭骨に付随（イナウの先端に頭骨をかける？）するもの（Col.No.2816-35, 37ab）、落合で収集された、オコジョの毛皮に付随（毛皮をくるんだ樹皮の束をイナウに縛って立てる）するもの（Col.No.2816-36）などがある。また、白浦収集の削りかけと刻印を持ち、形の上ではイナウそのもの（Col.No.2816-66）であるが、台帳には「獣肉を鍋から取り出すための棒」と記録のされた資料もある。

北海道のイナウ

北海道収集のものは97点である。その内、81点が平取で収集されている。その他二風谷のものが１点、サルとされるものが15点ある。ただし、サルでの収集品のうち８点（Col.No.8761-10271～10274, 10281～10283, 10289）は、形態がサハリンの資料と酷似している。素材は、若干不明のものがあるが、ヤナギが主である。

形態としては比較的小型で短い削りかけを持つもの（Col.No.2817-27abc, 28, 31；No.3006-60；No.5102-307；No.8761-10271, 10275～10277, 10290）や大型で長い削りかけを持つもの（Col.No.3006-59；No.2817-12～24, 32, 33, 38, 39ab；No.5102-299, 300, 303, 304；No.8761-10278～10280）のほか、全体に樹皮を残したままの棒で、樹皮を数箇所削り起こしただけのもの（Col.No.3006-58；No.2817-29, 30, 34abcde）がある。短い削りかけを持つものは、用途に応じて大きさや削りかけの数などが様々に変化する。また、上から下に削ったものは男性、下から上に削ったものは女性のイナウであるというように、削り方で性別を表す地域も多い。REMの資料が収集された日高地方西部ではこのような作り分けをせず、すべて上から下に削る。

また、現在のこの地域では、軸を中心にした対角線上に一対の削りかけを作り、それを3段作り出したもの（Col.No.2817-27）が一般的である。（図－8）

REMの資料中には2段だけのもの（Col.No.2817-28）もあり興味深い。長い削りかけを持つものは、数枚ずつまとめて撚りをかけたものと、そのまま垂らしたものがある。日高地方ではあまりはっきり両者を使い分けない場合もあるが、強いて言えば撚りをかけたものの方が上位に見られている。また、撚りをかけたものは男性、かけないものは女性であるとされている。また、千歳や茨戸では、鳥神に捧げるものは撚りをかけないという報告もある。一方、胆振ではイナウを受ける神が女性なら撚ったものを、男性なら撚らないものを捧げるという。また、帯広以東では、諸神に捧げるのは基本的に撚ったもので、撚らないものは先祖供養に用いる場合が多い。

日高地方西部ではイナウに刻印を刻むことは稀で、パセオンカミと呼ばれる特に重要な神に捧げるものに刻むのみである。REMの資料中のイナウにも刻印を刻むのは1例だけであり（Col.No.2817-33）、台帳によると「スルクカムイイナウ（毒のカムイ用イナウ）」とされている。スルクとは矢毒に使うトリカブトのことであると考えられる。北海道では狩猟の際に毒矢が大変重要な役割を持っており、口承文芸の中にも植物神として登場することから、精神世界においても重要な位置を占めていたことが窺える。知里眞志保によれば、[2]平取ではトリカブトの採取に先立ち、後述する棒状のイナウを捧げて祈ったという。本資料もトリカブト採取に際して用いたものであろうか。また本資料は、撚った削りかけの房5本ほどを、シナの紐で簾のように縛っている。こうした形状は非常に特徴的であるが、その意図するところは不明である。

樹皮を残したイナウは日高・胆振地方でよく用いるもので、贈与物・伝令者としての使用法のほか、神体として用いられることが多い。頭部を水平に切断したもの、水平に切断したのち、前方の一部を斜めに切り落としたものが男性、斜めに切断したものが女性とされる。切断面に刃物を押し当て、切り込みを入れて「イナウの口」とすることがあるが、その入れ方にも横一、斜め、十字などバリエーションがある。（図－9）

台帳に「セコロイナウ（一家の主人用）」と書かれている（Col.No.2817-30）資料は、いわゆる家の守護神である。平取では、家の守護神を火神の夫（＝男神）と考えているので、頭部は水平に切断され、切り込みは、横一に入れられている。守護神となるものの多くは、棒状のイナウの頭部付近に撚った削りかけを縛りつけ、そこに別の削りかけを複数挿し込んでたらす。（図－10）また、削り起こした樹皮の1つに、川石や消し炭を心臓として挟みこむことがある。この資料にも、頭部を縛った削りかけ、心臓を上から縛って固定したと見られる削りかけが残る。

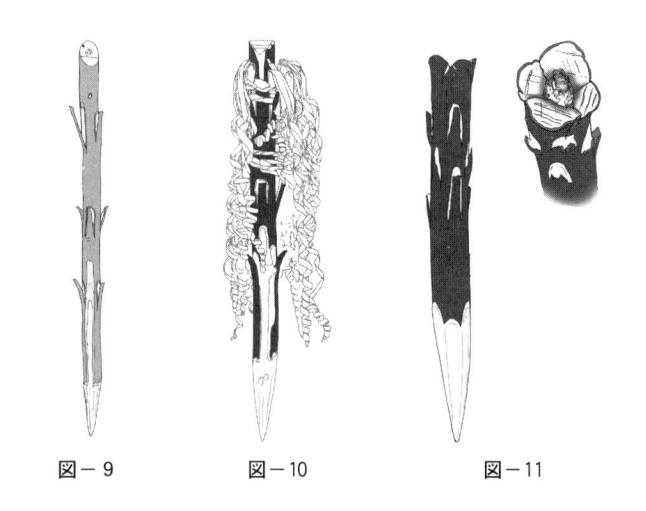

図－9　図－10　図－11

また、熊送りに用いる祭壇の一部が収集されている（Col.No.2817-56abcdef）。これには祭壇の支えの部分と棒状のイナウ28本、枝のついたイナウ1本が含まれている。そのうちの1本は頭部を斜めに切断した棒状のもので、上述の家の守護神のように、削りかけが2段にわたって巻きつけられている（Col.No.2817-56d）。これは、仔熊の守護のために熊檻の一隅に立てられるイナウであると考えられる。

これらとは別に、酒を醸したときだけに作る特殊なイナウがある。（Col.No.2817-34）胴体の形状は上記のものと変わらないが、頭部は4方に斜めに切り込みを入れて折り、チューリップの花弁のようになっている。ここに酒粕を盛って神に捧げるのである。（図－11）

このほか、珍しい例としては、女性が頭痛のとき頭に結ぶイナウ（Col.No.2817-37）がある。

図－8

注
（1）　北海道開拓記念館収蔵資料（収蔵番号89501-1, 2）実見による。
（2）　「分類アイヌ語辞典植物編」『地理真志保著作集』別館Ⅰ、平凡社、1976。

Ⅲ 1～6　参考文献

㈶アイヌ文化振興・研究推進機構編　『アイヌ工芸展−サハリンアイヌの生活文化』　1998　㈶アイヌ文化振興・研究推進機構

㈶アイヌ文化振興・研究推進機構編　『アイヌの四季と生活　十勝アイヌと絵師・平沢屏山』　1999　㈶アイヌ文化振興・研究推進機構

㈶アイヌ文化振興・研究推進機構編　『ロシア民族学博物館アイヌ資料展−ロシアが見た島国の人びと』　2005　㈶アイヌ文化振興・研究推進機構

SPb-アイヌプロジェクト調査団　『ロシア科学アカデミー人類学民族学博物館所蔵アイヌ資料目録』　1998　草風館

荻原　眞子・古原　敏弘(編)　『ロシア・アイヌ資料の総合調査研究—極東博物館のアイヌ資料を中心として』　2002　千葉大学

『樺太植物調査概報』　1908　樺太廳

『樺太動物調査報告』　1914　樺太廳

萱野　茂　『アイヌの民具』　1978　すぎさわ書房

金田一京助・杉山寿栄男　『アイヌ芸術(新装版)』　1993　北海道出版企画センター

Kreiner J.(ed.) European Studies on Ainu Language and Culture. 1993 Munchen

児島　恭子　『アイヌ民族史の研究−蝦夷・アイヌ観の歴史的変遷』　2003　吉川弘文館

小谷　凱宣(編)　『海外のアイヌ文化財：現状と歴史』(第17回「大学と科学」公開シンポジウム発表収録集)　2004　南山大学人類学研究所

小谷　凱宣・荻原　眞子(編)　『海外アイヌコレクション総目録』　2004　南山大学

佐々木利和編　『アイヌの工芸』　1993　東京国立博物館

佐々木利和　『アイヌ文化史ノート』　2001　吉川弘文館

佐々木利和　『アイヌ絵誌の研究』　2004　草風館

知里真志保　「樺太アイヌの生活」『知里真志保著作集第3巻』　1973　平凡社

知里真志保　「分類アイヌ語辞典　植物編」『知里真志保著作集』別巻Ⅰ　1976　平凡社

知里真志保・山本　祐弘・大貫恵美子　「樺太アイヌの生活」『樺太自然民族の生活』　1979　相模書房

東京国立博物館編　『東京国立博物館図版目録　アイヌ民族資料篇』　1992　東京美術

西鶴　定喜　『樺太アイヌ』　1974　みやま書房

山本　祐弘　『樺太アイヌ・住居と民具』　1970　相模書房

和田　完　『サハリン・アイヌの熊祭−ピウスツキの論文を中心に』　1999　第一書房

7 Семиотика ритуальных предметов айнов в коллекции Российского этнографического музея

Сем Т.Ю.

В коллекциях Российского этнографического музея хранятся ритуальные предметы айнов, содержащие информацию о традиционной картине мира. Пространственная модель мира айнов нашла отражение в разнообразных *инау*, молитвенных палочках *икуниси* (сахалинские айны; *икупасуй* – айны Хоккайдо), амулетах и шаманских атрибутах. Основные собиратели айнских коллекций РЭМ, Б.О.Пилсудский и В.Н. Васильев, считая анимизм и шаманизм религией этого народа, подчёркивали значимость для айнов культа предков и медвежьего праздника. (Пилсудский, 1911, с. 599; Васильев, 1914, с. 22).

Проблемой классификации и интерпретации рисунков и знаков на предметах культа, в том числе на молитвенных палочках *икуниси* (*икупасуй*) и ритуальных *инау*, занимались многие видные ученые Европы, Японии и России.

Одно из центральных мест в культовой практике айнов занимали *инау*, являвшиеся по мнению большинства исследователей, посредниками между людьми, богами и предками. *Инау*, являясь священным предметом, воплощали богов и предков, а также могли использоваться как жертвенные предметы божествам (Munro N.G., 1901, с.28-34, Batchelor J., 1901, 86-117; Спеваковский А.Б., 1998, с.95-115).

Сюжет о происхождении *инау* сохранился в фольклоре сахалинских айнов. В нём говорится, что первопредок получил с неба талисман в виде клочка облака, спустившегося на мотыгу – орудие творения земли или на столб, к которому привязывали собаку. Как только он сделал *инау*, ему стала сопутствовать удача (Пилсудский Б.О., 1994, № 2,с.84).

Л.Я.Штернберг писал: «*Инау* бывают разных видов и назначений. Самый обычный тип – палочка, искусно заструженная, разных размеров и форм…Палочка инау имеет человеческую фигуру с зарубками. Сами айны различали части тела инау: голову, шею, волосы, лицо, рот, пупок, половые органы, руки и ноги…Название инау применяется не только к фигурным палочкам, но и к стружкам и даже к изделиям из стружек» (Штернберг. 1933. С.615, 616).

При классификации *инау* учитывалась не только форма стружек, но, главным образом, основа предмета, символизирующая «позвоночник» и «туловище» *инау*. *Инау* первого типа в виде прямой палочки с короткими стружками в верхней части, символизирующими голову, и длинными ниспадающими стружками вдоль туловища, обозначающими одежду, олицетворяли дерево жизни и человека (предка). К этой категории *инау* относятся: охранители дома, лечебные (takusa inaw), предназначенные умершему (Колл.№2816-8, 18,19,31), а также посвященные верховным божествам неба (Колл.№64-26,2816-9,10). *Инау* первого типа различаются по форме навершия (плоское, округлое, остроконечное, с односторонним срезом) наличию знаков, нарезок, форме и количеству заструшек, косичек и длинных ниспадающих стружек (от 3 до 9). Косой крест и три веерообразно расположенные линии (Колл.№64-26,2816-10), которые интерпретируются исследователями как знак огня и знак ивы - дерева жизни (Кнорозов, Ю.Б., 1984,1986) имеются на *инау*, предназначенном божеству kanto kor kamuy.

Вторая разновидность инау (охранительные, предковые, домашнего очага и дома) - прямые с короткими стружками или зарубками вверх и вниз - называются «вещь заструженная назад» (Колл.№2816-12, 13, 23, 26, 27).

Третий вариант вертикальных инау – антропоморфные, сделаны из ветки с одним сучком. Зарубками обозначены в верхней части черты лица, а на туловище – части тела и косой крест - знак огня (Колл.№2816-40,41).

Разновидностью инау являются инау с основой изогнутой формы. По данным фольклора инау такого вида символизирует душу ramat священного предмета. Считалось, что боги неба и моря дарят инау мифологическому герою (Munro, 1963. Р. 7-11, Невский,Н.А., 1972, с. 26; Пилсудский Б.О.,1991). К ним относятся kike inaw – воплощения предка, используемые как охранители дома от злых духов, а также cise inaw - божеству дома (Колл.№2816-10, 23, 64-27). Очень мало в коллекциях РЭМ *инау* в форме змеи: лечебные cehorkaker, инау богу огня, дома (Колл.№8761-10277-10279). Их интерпретируют как воплощение siranpa kamuy- божества растительности (Штернберг Л.Я, 1933, с. 631, 634; Munro, 1963. р.17, 20).

Особый тип инау во время эпидемий и стихийных бедствий ставили Солнцу и Луне. По форме оно представляло ствол ели с ветвями, образующими кольцо или полукруг – символами солнца и луны. На стволе делали зарубки, знаки принадлежности инау небу и земле (Штернберг, 1933; 616). Обычно такие инау устанавливали на nusasan священной изгороди, посвященной богам и предкам. Сооружали её позади жилища. Nusasan моделировала космическое пространство. Верхний ряд священной изгороди состоял из инау, посвященных верховным божествам, средний ряд - из инау в честь духов гор, рек, морей, земли, растений, охоты, а нижний ряд - из инау предкам – охранителям дома, семьи, домашнего очага и входа.

По функциональному назначению *инау* из коллекций РЭМ подразделяются на *инау* внутреннего и внешнего пространства. В состав инау внутреннего пространства входили – домашние, лечебные и охранительные. Домашние инау – inaw kamuy- богам и cise inaw предкам, посвящались «хозяйке» огня, дома, очага, двери, входа. Они считались у айнов защитниками дома, членов семьи и всей деревни от зла, эпидемий, болезней, невзгод. Предковые инау - cise, детские - niipooro и лечебные - seniste, takusa были предназначены для защиты конкретного человека от болезней и неудач, охраны детей от злых духов и несчастий. *Нуса инау* внешнего пространства ставили божествам и духам природы (моря, охоты, горы), предкам, духам промыслов и усадьбы.

Особое место занимает инау - посредники между богами и предками. Они использовались во время погребальных ритуалов, на медвежьем празднике. К этой же категории относятся inaw takusa, использовавшиеся в шаманских ритуалах.

Детские антропоморфного типа охранители niipooro, относящиеся к инау (Колл.№2816-39, 40) интерпретируются исследователями как божество дома cise kamuy, а также punkaw tono (Киндаити К. и Сугияма С.,1942, с.11,Наганэ С.,1929, с.43-44). Внешний облик охранителя niipooro совпадает с обликом и семантикой фольклорного персонажа – первопредка Aeoyna (Yayresuupo) (Сем Т., 2004. С.201-208). По мнению Н.Невского он символизирует огонь (Невский Н, 1972. С.23).

Близким по семантике является изображение божества seniste inaw в виде птице-человека, которое шаман использовал в лечебной практике (Колл.№2816-41, Ф. колл.№2448-43). По мнению К.Киндаити это женское божество, покровительствующее детям, является парой бога дома (Киндаити К. и Сугияма С., 1942, с. 11). В фольклоре айнов данное божество, связанное с мифической сестрой первопредка, представлялось в образе совы (Пилсудский Б.О., 1991, с.69, с.69-70). Её брат в образе филина, считался покровителем деревни. Изготовленное для него инау айны помещали за домом (Колл.№2448-101). Аналогичные изображения филина и совы считались детскими покровителями у орочей и нанайцев. В собраниях РЭМ имеются уникальные инау – жертвы божествам огня и моря, изображающие первопредка и его сестру (Колл.№8761-10282/а,б, 10283/б). В фольклоре сахалинских айнов говорится о трех дочерях солнца, от брака которых с первопредком произошло человечество (Невский Н.А., 1972, с.19-20).

К ритуальным предметам, отражающим представления айнов о традиционной картине мира, относятся также *икуниси*. Исследователи культуры айнов писали, что *икуниси* являются палочками «для передачи молитвы богам» во время ритуала «кормления» богов (Munro N,1963, P. 29; Maraini F, 1999, p. 331). Характер изображений на *икуниси* (*икупасуй*) позволяет говорить о более широком значении этих предметов. Они характеризуют пространственные параметры космоса айнов и основные сюжеты мифов и ритуалов (Сем Т.Ю., 2001, с.97-101).

Космическое пространство на ритуальных палочках *икуниси* передано через растительный и зооморфный орнамент. Для передачи молитвы использовались образы реки, дерева, бегущего побега, цветов, змеи как символов пути и перехода между мирами (Пилсудский Б.О., 1991, № 3, с.75; он же,1994, № 1,с.81,85). *Икуниси* с подобной символикой использовались в лечебной практике, во время медвежьего праздника, для молитвы богам моря, при проведении погребального ритуала (Колл.№5110-264, 2812-145,174,181, 2813-101). Ритмично повторяющийся орнамент (Колл.№ 2813-82,83,87) символизировал движение. *Икуниси* с растительным орнаментом передают образ мирового дерева - вертикальной модели вселенной (Колл.№8761-10246;№2813-82,83; №2812 -145). Исследователи связывают этот орнамент с разными персонажами мифологического пантеона богов - хозяйкой ядов, хозяйкой травы и змей, богиней огня, богом грома, а также богом растительности (Островский А.Б., 1999, с.127-128, Кнорозов Ю.Б. 1986,с.275; Спеваковский А.Б., 1988, с.79-80; Сем, 2001, с.97-101).

В сюжетах на *икупасуй* айнов Хоккайдо запечатлен главный миф о двух прародителях - отце громе или солнце и матери дерево жизни в образе змеи и рождении первопредка. Миф передан в форме знаков - зигзаг, кольцо, восьмерка, изображающих двух змей и косой крест - знак огня (Колл.№2812−177; 3006-6).

Изображения на ритуальных палочках *икуниси* (Колл.№2813-84,86), используемых айнами для молитвы, характеризуют магические взаимосвязи людей со стихиями трех миров – неба, земли, воды. В мифологии айнов вертикальная модель мира представлена образами трех верховных божеств, имеющих облик трех птиц: орла - бог неба, трясогузки - творца земли, гагары – нижнего мира (Пилсудский Б.О.,1994, №1,с.80; Batchelor J.,1901, p. 35-37; Munro N.G.,1963, с.12).

В коллекции РЭМ имеется значительное количество ритуальных предметов, используемых на медвежьем празднике. На *икуниси*, со сюжетами медвежьего праздника, изображены знаки плодородия (Колл.№2812-158), ритуального перехода в иной мир (Колл.№2813-100), отправления медведя к божеству гор (Колл.№2812-173,174), миф о рождении медведя – сына первопредка и медведицы, жены горного божества (Колл.№2812-177; 2812-155,156,161,163). Некоторые предметы - посох, амулет iso inoka, *икуниси, инау* были связаны с образом змеи и медведя (Колл.№2812-174,177; 2816-65; 8761-10287). Их изображения на палочках *икуниси* интерпретируются, по мнению некоторых исследователей, «как кодирование разнонаправленного движения между мирами: из мира людей в мир богов и обратно» (Островский А.Б., 1999,с.253-255). Сопоставление фольклорных материалов Б.О. Пилсудского и К.Киндаити с ритуальными предметами айнов, хранящихся в РЭМ, позволяет связать изображения змеи и медведя, олицетворяющих небо и землю с моделированием мира.

Змея, выдра, собака согласно представлениям айнов считаются духами-помощниками шаманов и встречаются на ритуальных предметах и одежде.

На молитвенных палочках *икупасуй* (Колл.№2812-157,179) имеются изображения двух выдр, иллюстрирующие мотив творения мира и добывания ими шаманского дара (Пилсудский, 1991, №3,с.70).

С путешествием по мирам или трансформацией в инициальной и лечебной магии связаны на *икуниси* изображения реки, дороги, змеи (Колл.№5110-265,264,247,2814-3, 2812-164,174,170; 6756-41). Круговое вращение в шаманизме означает способ перехода сознания в измененное состояние – путь в мир духов.

Особый статус магической силы змеи – символа оплодотворения и оживотворения запечатлен на hetomuye - шаманских головных уборах (2816-50), лечебных амулетах (Колл.№2816-94, 97, 99) и нагрудных знаках, одеваемых покойнику. Значительная роль змеи в ритуалах и атрибутах айнов свидетельствует о переплетении у них шаманства с магией (Пилсудский Б.О, 1990; Wada K. 1999, p. 267; Сем Т.Ю., 2004, с. 343-349; 2006).

Inaw takusa(мужское и женское) - изображения духов-помощников шамана, считавшиеся его собаками, (Ил. 22532; Пилсудский Б.О.,1990, с.81-85) имеют аналогии с подобными образами Коори и Бучу в шаманстве тунгусских народов Амура (Сем Т.Ю., 2001, 2006).

Анализ ритуальных предметов айнов о.Сахалин и Хоккайдо из коллекции РЭМ позволяет характеризовать мировоззренческие аспекты и показать этнокультурное своеобразие сахалинской группы. Символика *инау* и *икуниси* показало наличие в представлениях айнов двух типов конструирования мироздания – двоичного (мифологического) и троичного (шаманского), центральными доминантами которого являются мировое дерево – вертикаль вселенной и мировая река, ассоциирующаяся с судьбой, жизненным путем человека.

Типология ритуальных предметов по функциям и форме и их соотнесение с фольклором и ритуалом позволяет говорить о наиболее значимых семантических функциях инау – посреднической, охранительной, лечебной и плодородия.

Соотнесение инау разных типов с объектами природы и культуры, выявление их функциональной семантики свидетельствует об универсальности данных знаков, отражающих микро- и макрокосмос, традиционном мировоззрении айнов. Инау вертикального типа отождествляются с мировым деревом, богами, предками, человеком и ассоциируются с путем-рождением, плодородием, личным хранителем. Молитвенные палочки *икуниси* считались символом творения мира, плодородия, выполняя инициальную и коммуникативную функцию.

Примечания:

Batchelor J. *The Ainu and Their Folklore*. London. 1901.

Киндаити Кёсукэ, Сугияма Суэо. *Искусство айну*. Токио. 1942 (пер с яп.) // Там же, д. 73, с. 1-33.

Maraini Fosco. "Ikupasuy: It's not a mustache lifter!" in *Ainu, Spirit of a Northen People*. Wasington. 1999, p. 325-334.

Munro N.G. *Ainu Creed and Cult*. NY.L.1901

Munro N.G. *Primitive Culture in Japan*. Edin.Univ. 1963

Ogihara Shinko. "Mythology and tales" in *Ainu, Spirit of a Northen People*. Wasington. 1999, p.274-277.

Нагане Сукехати. *Быт туземцев на Карафуто (айнов, орочон и гиляков)*. пер. Нелькин. Токио,1929, с.1-115

Wada Kan. "Ainu Shamanism" in *Ainu, Spirit of a Northen People*. Wasington. 1999, p. 261-267

Васильев В.Н. «Краткий отчет о поездке к айнам о-вов Иезо и Сахалина», 1914, с. 1-22.

Кнорозов Ю.Б., Соболева Е.С., Таксами Ч.М. «Пиктографические надписи айнов» в *Древние системы письма. Этническая семиотика*. М, 1986,с. 268-269.

Невский Н.А. *Айнский фольклор*. М., 1972.

Островский А.Б. «Медведь и змей в ритуальной орнаментике айнов» в *Вестник Сахалинского музея*. Южно-Сахалинск, 1999, № 6, с. 121-144.

Пилсудский Б.О. «Айну» в (Брокгауз Ф.Л., Ефрон И.А.) *Новый энциклопедический словарь*. Т.1,СПб, 1911, с. 599-603.

Пилсудский Б.О. «Материалы для изучения айнского языка и фольклора» (пер. с яп.) в *Краеведческий бюллетень*, Южно-Сахалинск, 1994, №1.с. 56-89, №2, с. 80-104, №3,с.158-183.

Пилсудский Б.О. «Шаманизм аборигенов Сахалина» (пер.) в *Краеведческий бюллетень*. Южно-Сахалинск, 1990, № 3,с. 67-69.

Пилсудский Б.О. «Фольклор айнов» (пер. с англ) в *Краеведческий бюллетень*. Южно-Сахалинск, № 33, 1991, с. 69-84.

Спеваковский А.Б. *Духи, оборотни, демоны и божества айнов (религиозные воззрения в традиционном обществе)*. М., 1988.

Сем Т.Ю. «Семантика ритуальных предметов айнов в контексте тунгусской этнографии». *Ритуальное пространство культуры. Материалы международного форума*. 2001, с. 97-101.

Сем Т.Ю. «Образ первопредка шамана в ритуальных предметах и фольклоре айнов» в *Культурное наследие народов Сибири и Севера. Материалы сибирских чтений*, СПб. т 2. МАЭ РАН, 2004. с. 201-208

Сем Т.Ю. «Категории шаманов у тунгусов Восточной Сибири и Дальнего Востока и проблемы белого шаманства Евразии» в *Этнографический источник. Материалы третьих Санкт-Петербургских этнографических чтений*. – СПб.: Изд-во РГПУ им. А.И.Герцена, 2004. с. 343 –250.

Сем Т.Ю. «Шаманизм народов Сибири» в *Этнографические материалы XYIII-XX вв. Хрестоматия*. СПб, Изд-во Филологического факультета СПБГУ, 2006, с.543-626.

Штернберг Л.Я. «Культ инау у племени айнов» в *Гиляки, орочи, гольды, негидальцы, айны*.Хабаровск, 19

REMコレクション　アイヌの儀礼用具意味論

T.セム

　REMのアイヌコレクションのなかには伝統的な世界観についての情報をもつアイヌの儀礼用具がある。アイヌの空間モデルは多様なイナウ、祈祷棒イクニシ（北海道）／イクパスイ（サハリン）、護符やシャマンの持ち物などに反映している。REMのコレクションの主要な収集者、B.O.ピウスツキとV.N.ヴァシーリエフは、この民族の宗教はアニミズムとシャマニズムであると考え、アイヌにとって祖先崇拝とクマ送りが重要であることを強調している[Пилусудский 1911：599；Васильев 1914：22]。

　イクニシ／イクパスイ、イナウを含め儀礼用具にみられる図像や記号の分類と解釈の問題にはヨーロッパ、日本、ロシアの著名な研究者たちがかかわっている。アイヌの信仰のなかで中心的な位置を占めているイナウは、多くの研究者の意見によれば、人と神と祖先の仲介者である。神聖なものであるイナウは神や祖先を具現しており、また神に対する供物にもなった[Munro 1901：28-34；Batchelor 1901：86-117；Спеваковский 1998：95-115]。

　イナウの起源についての主題はサハリンの口承文芸にある。それによれば、始祖は天から一片の雲のような護符を受け取った。その雲は鍬か犬繋ぎの柱に降りてきた。始祖がイナウをつくるや否や、始祖には猟運がつくようになった[Пилусудский 1994：84]。

　L.シュテルンベルグは次のように述べている。「イナウの種類と目的は多様である。もっとも普通のタイプは棒状で、巧みに削られ、大きさと形は多様である。棒イナウは刻み目のある人形（ひとがた）をしている。アイヌ自身はイナウに頭、首、髪、顔、口、へそ、性器、手足を区別している。イナウの名称は人形の棒だけでなく、削りかけや削りかけでつくられてものをも指している」[Штерн, ерг 1933：615, 616]。

　イナウで大切なのは削りかけの形だけでなく、主として、イナウの「背骨」と「体躯」を象徴する軸である。イナウの第1のタイプは棒の上部に短い削りかけ（頭を象徴）と体躯に沿って垂れ下がった削りかけ（衣を表す）をもち、生命の樹と人（祖先）を具現している。このカテゴリーに入るイナウは、家の守護神、治療用イナウ（タクサ　イナウ）、死者のイナウ（Col.№2816-8, 18, 19, 31）、それに天の至高神に捧げられるイナウである（Col.№64-26, 2816-9, 10）。この第1のタイプのイナウは頭頂の形（扁平、円蓋、尖頭、斜）、祖印や刻印の有無、削りかけ、三つ編み、垂れ下がった長い削りかけの形や数（3－9本、祖先の代の数）により区別される。斜め十字と3本の扇状に配列された線（Col.№64-26, 2816-10）は研究者により火および柳つまり生命の樹の記号であると解釈されている[Кнорозов, 1984, 1986]が、それはカントコロカムイのイナウに付けられる。

　イナウの第2のタイプ（守護神、祖先神、炉と家の神）は真直ぐで短い削りかけをもっているか、上下に刻印がある（Col.№2816-12, 13, 23, 26, 27）。

　第3のタイプのイナウは二股の木の枝でつくられた人形である。上部の刻印は顔を表わし、体躯の刻印は体の一部、斜め十字は火の印である（Col.№2816-40, 41）。

　イナウには軸の曲がったものがあり、この種のイナウは口承文芸の資料によれば聖なる物の霊魂ラマトを象徴している。天神と海神は神話上の英雄にイナウを与えたと考えられている。[Munro 1963：7-11, Невский 1972：26；Пилсудский 1991]。そのようなイナウには祖先を体現し、悪霊を払う家の守護神キケイナウ、家の神チセイナウがある。REMコレクションには蛇形のイナウ、すなわち、治療のチホロカケップ、火神や家神のイナウ（Col.№8761-10277-10279）は非常に少ない。それは植物神シランパカムイの体現と考えられている[Штерн, ерг 1933：631, 634；Munro 1963：17, 20]。

　疫病や自然災害には特別なイナウが太陽や月に立てられた。その形は太陽や月を表す円や半円に丸められた枝のあるモミの木である。その幹にはそのイナウが天や大地のものであるという刻印をつける[Штерн, ерг 1933：616]。普通、そうしたイナウは神々や祖先に捧げられる聖なる柵ヌササンに立てられる。ヌササンは家屋の背後につくられる。それは宇宙空間を表しており、聖なる柵の上段は天神に捧げられるイナウ、中段は山、川、海、大地、植物、狩のイナウから成り、下段は祖先のイナウ、つまり、家、家族、炉や入口のイナウである。

　REMコレクションのイナウの機能的な役割は外的空間と内的空間に分けられる。内的空間のイナウには家、治療、守護神のイナウが含まれる。家のイナウ（イナウカムイ）とチセイナウは火、家、炉、扉、入口の女主に捧げられる。このイナウは家、家族、村全体を悪事、疫病、病気、不幸から守る守護神とみなされていた。祖先のイナウ（チセイナウ）、子供のイナウ（ニイポポ）、治療のイナウ（センシテ、タクサ）は特定の人間を病気や不運から守り、子供を悪霊や不幸から守るためにつくら

れた。外的空間のヌサイナウは自然（海、狩、山）の諸霊、祖先、狩猟や漁労、屋敷の精霊に立てられた。

　特別な位置を占めているのは神々と祖先の仲介者のイナウである。それは葬礼、クマ送り儀礼の際に使われた。また、このカテゴリーにはシャマンの儀式で用いられるタクサイナウが含められる。

　子供の人形の守護神ニイポポは、研究者によって家の神（チセイカムイ）、プンカウトノもしくはチセコロイナウと解釈されている［金田一・杉山　1942：11；長根　1929：43-44］。ニイポポの外観は口承文芸の登場人物である祖先神アエオイナ（ヤイレスーポ）の相貌と内容に符合する［Сем 2004：201-208］。N.ネフスキーによればこの神は火を象徴している［Невский 1972：23］。

　意味論的に近いのは鳥人の姿をしたセンシテイナウ神の造詣である。これはシャマンが病気治療で用いる(Col. №2816-41, 写真Col.№2448-43)。金田一によれば、この子供を守護する女神は家の神と対をなしている［金田一・杉山　1942：11］。アイヌの口承文芸ではこの神は神話上の始祖神の姉妹と関係があり、フクロウとして想定されている［Пилсудский 1991：69；69-70］。この女神の兄弟シマフクロウは村の守護神とみなされ、そのイナウは家の背後に置かれている(写真Col.№2448-101)。シマフクロウやフクロウはオロチやナーナイでは子供の守り神とみなされている。REMの収集品のなかには火神や海神に捧げる特異なイナウがあるが、それは祖先神とその妹を表している（Col.№8761-10282/а, б, 10283/б）。サハリンアイヌの口承文芸には太陽の3人姉妹のことが語られ、祖先神との結婚によって人類が誕生した［Невский 1972：19-20］。

　アイヌの伝統的な世界像を反映している儀礼具としては、また、イクニシがある。アイヌ文化の研究者によればイクニシは神への供犠儀礼で「神に祈り詞を伝える」ための箸であるという［Munro 1963：29；Maraini 1999：331］。イクニシ（イクパスイ）の図像からはこの造詣物の意味はもっと広いことが分かる。その図像はアイヌの宇宙の空間的なパラメータや神話、儀礼の主要なテーマの特徴を表している［Сем 2001：97-101］。

　イクニシの宇宙空間は植物文様と動物文様によって伝えられている。祈願を伝えるためには川、樹木、伸びる枝、花、道の図柄や異世界間の通路のシンボルとしての蛇が使われた［Пилсудский 1991：75；он же 1994：81, 85］。このようなシンボルをもつイクニシは病気の治療、クマ送り儀礼、海神への祈祷や葬礼の際に用いられた（Col.№5110-264, 2812-145, 174, 181, 2813-101）。リズミカルに反復する文様（Col.№2813-82, 83, 87）は運動を象徴している。植物文のイクニシは世界樹、すなわち、宇宙の垂直モデルを伝えている（Col.№8761-10246；№2813-82, 83；№2812-145）。研究者はこの文様を神話上の神々のパンテオン、すなわち、毒の女主、草や蛇の女主、火の女神、雷神、さらには植物の神と関連づけている［Островский 1999：127-128；Кнорозов 1986：275；Спеваковский 1988：79-80；Сем 2001：97-101］。

　北海道アイヌのイクパスイの主題には2柱の祖先神、すなわち、父なる雷もしくは太陽と蛇の姿をした母なる生命の樹および始祖神の誕生を物語る重要な神話が刻まれている。この神話はジグザグ、円、8の字の形をとって伝えられているが、それは2匹の蛇と火の印である斜十字を表わしている（Col.№2812-177；№3006-6）。

　祈祷に使われるイクニシ（Col.；№2813-84, 86）の図像は、人間と三界（空、大地、水）との呪的なかかわりを特徴づけている。アイヌの神話では世界の垂直モデルは3羽の鳥の姿をもつ3柱の至高神として観念されており、鷲は天神、カワセミは大地の創造主、アビは地下界の創造主である［Пилсудский 1994：80；Batchelor 1901：35-37；Munro 1963：12］。

　REMのコレクションのなかにはクマ送りで使われる儀礼具が相当数ある。クマ送りの主題をもつイクニシには豊猟（Col.№2812-158）、異界への儀礼的な移行（Col.№2813-100）、山神へもとへのクマの出立を示す印、クマの起源神話（始祖神と山神の妻である雌クマの息子）（Col.№2812-177, 155, 156, 161, 163）が表されている。杖、護符イソイノカ、イクニシ、イナウなどいくつかの物は蛇とクマのイメージと結びついている（Col.№2812-174, 177；№2816-65；№8761-10287）。イクニシ上のこの図像は、一部の研究者によれば、「異界間の多方向の移動、すなわち、人間界から神々の世界への往還をコード化した」ものと解釈されている［Островский 1999：253-255］。REM所蔵のアイヌの儀礼用具をピウスツキ、金田一の口承文芸資料と比較してみるなら、天と大地を体現する蛇とクマの図像を世界モデルと関連づけることは可能である。

　蛇、カワウソ、犬はアイヌの観念によればシャマンの補助霊であり、儀礼用具や礼装に認められる。イクパスイ（Col.№2812-57, 179）には2匹のカワウソが刻されており、創世のモチーフやシャマンの能力がカワウソによってもたらされたというモチーフが表出されている［Пилсудский 1991：70］。三界の旅もしくはイニシエーションや治療呪術における変身と関連しうるのはイクニシのうえでは川、道、蛇の図像である（Col.№5110-265, 264, 247；№2814-3；№2812-164, 174, 170；№

6756-41)。シャマニズムにおける回転は意識を異常状態への移行させる手段、すなわち、霊界への道である。豊穣と再生のシンボルである蛇の呪力が特別な位置を占めていることは、シャマンの被り物（ヘトムエ）(Col.№2816-50)、治療用の護符（Col.；№2816-94, 97, 99）、死者に着装する胸飾りに刻されている。アイヌの儀礼や儀礼用具で蛇が重要な役割をもっていることはアイヌのシャマニズムに呪術が絡み合っていることの証である

[Пилсудский 1990；Wada 1999：267；Сем 2004：343-349；2006]。

タクサイナウ（男性と女性）はシャマンの補助霊の像であり、シャマンの犬と考えられ [Ил.22532；Пилсудский 1990：81-85]、アムール地域のトゥングース系諸族のシャマニズムにおけるコーリやブチューのイメージに類似している [Сем Т.Ю.,2001, 2006]。

REM コレクションのなかのサハリンおよび北海道アイヌの儀礼用具の分析によってサハリングループの世界観の特徴と民族文化の特異性が明らかになる。イナウやイクニシのシンボリズムによればアイヌの観念には２つのタイプの世界像がある。すなわち、２層（神話的）構造と３層（シャマン的）構造であり、その主要部は世界樹－垂直世界および世界河であり、後者は人間の運命、人生と結びついている。

儀礼用具の機能や形態によるタイポロジーと口承文芸や儀礼との相関性からいえば、仲介者、庇護者、治癒、豊穣というイナウのもっとも重要な意味論的な機能を指摘できる。さまざまなタイプのイナウと自然物、文化との相関、その機能的意味を解明することは、アイヌのミクロとマクロの伝統的世界観を反映する当該の刻印の普遍性を証している。つまり、棒状イナウは世界樹、神々、祖先、人間と同一視され、誕生、豊穣、個人的な守護霊と結びつけられている。祈祷棒イクニシは創世、豊穣のシンボルとみなされ、イニシアルやコミュニケーションの機能を果たしている。

参考文献

Batchelor J. *The Ainu and Their Folklore*. London. 1901.

Киндаити Кёсукэ, Сугияма Суэо. *Искусство айну*. Токио. 1942 (пер с яп.) // Там же, д. 73, с. 1-33.

Maraini Fosco. "Ikupasuy: It's not a mustache lifter!" in *Ainu, Spirit of a Northen People*. Wasington. 1999, p. 325-334.

Munro N.G. *Ainu Creed and Cult*. NY.L.1901

Munro N.G. *Primitive Culture in Japan*. Edin.Univ. 1963

Ogihara Shinko. "Mythology and tales"in *Ainu, Spirit of a Northen People*. Wasington. 1999, p.274-277.

Нагане Сукехати. *Быт туземцев на Карафуто (айнов, орочон и гиляков)*. пер. Нелькин.Токио, 274-277.

Нагане Сукехати. *Быт туземцев на Карафуто (айнов, орочон и гиляков)*. пер. Нелькин. Токио, 1929, с.1-115

Wada Kan. "Ainu Shamanism " in *Ainu, Spirit of a Northen People*. Wasington. 1999, p. 261-267

Васильев В.Н. «Краткий отчет о поездке к айнам о-вов Иезо и Сахалина» , 1914, с. 1-22.

Кнорозов Ю.Б., Соболева Е.С., Таксами Ч.М. «Пиктографические надписи айнов» в *Древние системы письма. Этническая семиотика*. М, 1986,с. 268-269.

Невский Н.А. *Айнский фольклор*. М., 1972.

Островский А.Б. «Медведь и змей в ритуальной орнаментике айнов» в *Вестник Сахалинского музея*. Южно-Сахалинск, 1999, № 6, с. 121-144.

Пилсудский Б.О. «Айну» в (Брокгауз Ф.Л., Ефрон И.А.) *Новый энциклопедический словарь*. Т.1,СПб, 1911, с. 599-603.

Пилсудский Б.О. «Материалы для изучения айнского языка и фольклора» (пер. с яп.) в *Краеведческий бюллетень*, Южно-Сахалинск, 1994, №1.с. 56-89, №2, с. 80-104, №3, с.158-183.

Пилсудский Б.О. «Шаманизм аборигенов Сахалина» (пер.) в *Краеведческий бюллетень*.Южно-Сахалинск, 1990, № 3,с. 67-69.

Пилсудский Б.О. «Фольклор айнов» (пер. с англ) в *Краеведческий бюллетень*. Южно-Сахалинск,№ 4?33, 1991, с. 69-84.

Спеваковский А.Б. Духи, оборотни, демоны и божества айнов (религиозные воззрения втрадиционном обществе). М., 1988.

Сем Т.Ю. «Семантика ритуальных предметов айнов в контексте тунгусской этнографии». *Ритуальное пространство культуры. Материалы международного форума*. 2001, с. 97-101.

Сем Т.Ю. «Образ первопредка шамана в ритуальных предметах и фольклоре айнов» в *Культурное наследие народов Сибири и Севера. Материалы сибирских чтений*, СПб. т 2. МАЭ РАН, 2004. с. 201-208

Сем Т.Ю. «Категории шаманов у тунгусов Восточной Сибири и Дальнего Востока и проблемы белого шаманства Евразии» в *Этнографический источник. Материалы третьихСанкт-Петербургских этнографических чтений*. – СПб.: Изд-во РГПУ им. А.И.Герцена, 2004. с. 343 –250.

Сем Т.Ю. «Шаманизм народов Сибири» в *Этнографические материалы XYIII-XX вв. Хрестоматия*. СПб, Изд-во Филологического факультета СПБГУ, 2006, с.543-626.

Штернберг Л.Я. «Культ инау у племени айнов» в *Гиляки, орочи, гольды, негидальцы, айны*. Хабаровск, 1933

Иллюстрация

図　　版

Plate

Замечания к иллюстрации
図版凡例
NOTES TO THE ILLUSTRATION

1) Иллюстрация расположена по классификации предметов как следующее и по районам : Сахалин и Хоккайдо.

図版は調査した全資料を下記の分類に従い、原則として収集地の判明している資料についてはサハリンの 東岸北部から北海道へ、その後に収集地不明の資料を掲載し、併せて計測値を付した。

The illustration is arranged according to the following classification of the materials and to the area : Sakhalin and Hokkaido.

1. Одежда и укращение	衣類と装身具	Clothe and accessory
2. Питание и посуды	食文化	Nourishment and cooking
3. Жилище	住居	Habitation
4. Ножи и орудия	小刀類	Knives and tools
5. Хозяйственные деятельности	生業	Husbandry
6. Домашное ремесло	手工業	Manufacture
7. Способы передвижения	移動・運搬	Transportation
8. Обряды и культ	儀礼・信仰	Ritual and belief
9. Народные знания/образцы	標本・知識	sample /Folk knowledge
10. Воспитание детей	育児	Nursing
11. Музыкальные инструменты	楽器	Musical instrument
12. Сувенир	民芸品	Souvenir
13. Прочие	その他	Others

2) В иллюстрации название места сбора указано как у A. Варианты в описи показаны у C.

収集地名は、台帳の記載に従ったが、複数の表記が見られたものについては下記で統一した。

Name of the place of collection is shown as in A. The variations found in the inventory - in C.

- **A** : указание в иллюстрации　　図版中の表記　　names of the place
- **B** : 19 世紀末-20 世紀初における表記
- **C** : варианты в описи　　台帳の表記例　　Variations in the inventory

(Восточное побережье Сахалина : サハリン東海岸 : East Coast of Sakhalin)

	A	B	C
1	**Hakoda**	箱田 オハコタン	Оха Котан, Охакотан, Оххотан, Оханотонь, Охакотань, Охакатан , Оха,
2	**Manui**	真縫 マヌエ	Мануй, Мануэ,
3	**Shiraura**	白浦 シララカ	Сирарока, Сиророка,
4	**Otasamu**	小田寒 オダサン	Одасан, Отасан,
5	**Aihama**	相浜 アイハマ	Ай, Айхама,
6	**Naibuchi**	内淵 ナイブチ	Найбучи, Найбичий , Наубичи,

Notes to the illustration

7	Kashiwahama	柏浜・栄浜 ドプキー	Допка, Сакаэхама, Дубки,
8	Rorei	魯礼 ロレイ	Рорей, Рёри, Рёрн,
9	Shian	志安 ニコラエフスコエ	Николаевское, Никольское,
10	Kotani	小谷 マーロエタコエ	Малое Такое, Такой,
11	Ootani	大谷 ボリショイタコイ	Большое Такое, Б.Такой, б.Такой,
12	Ochiho	落帆 オチョポカ	Очобока, Очобико, Очоно,
13	Tonnai	富内 トンナイチャ	Тоннайча, Тоннай,

(Западное побережье Сахалина : サハリン西海岸 : West Coast of Sakhalin)

14	Maoka	真岡 マウカ	Маука, Мауки, Маока, Мауко,
15	Tarantomari	多蘭泊 タラントマリ	Тарантомари, Тарантамари,

(Хоккайдо : 北海道 : Hokkaido)

16	Sapporo	札幌 サッポロ	Саппоро,
17	Biratori	平取 ピラトリ	Пиратори,
18	Saru	サル・モンペット	Сару, Сару Монпет
19	—	不明	unknown

∗ Исключены названия мест «Уссури», «Окай-Оккай», которые не подтверждены по предметам.

∗ 台帳に記載のある収集地ウスーリ、オカイ・オッカイの２地名は、所在が特定できなかったためこの一覧には含めていない。

∗ Names of place "Ussuri", "Okaj-Okkaj" not confirmed in the list of items are excluded.

3) Размер 計測値 Size

L= длина 長 length

W=ширина 幅 width

H=высота 高 height

T=толщина 厚 thickness

φ=диаметр 直径 diameter

«м» обозначает максимум.

Мが付いているものは、計測値で最大であることを示している。

"M" shows the maximum.

4-1) Номер коллекций и собиратель

コレクション番号と収集者は以下のとおりである。

Collection number and the collector.

Col.No	Собиратель	収集者	Collector
Col.No **64**	П.Ю.Шмит	P.Yu.シュミット	R.Yu.Schmit,
Col.No **2806 - 2817, 3006, 4926, 5102, 5110, 6756, 6957**			
	В.Н.Васильев	V.N. ヴァシーリエフ	V.N.Vasil'ev
Col.No **6831**	Коллекция японская	日本の収集品	Japanese collection
Col.No **8761, 8762**	московский выставочный комитет	モスクワ万博委員会	Expo-committee in Mockow

4-2) В колл.№8761,8762 имеются предметы, коллекторы которых известны.

Col.No. 8761, 8762 では収集者が判明している資料がある。

Col.No. 8761, 8762 have items of three collectors as follows.

・Предметы П.П. Вержбинца： ヴェルジュビーネッツ資料 : Items of P.P.Verzhbinets

Col.No. 8761-

10165.10167.10169.10174.10175.10177.10181.10185.11856.11857.10188.10192.10197.10200.10204.
10227.10251.10257.10264.10265.10267.10286.11362.11366.11368.11369.11370.11374.11375.

Col.No 8762-

17081.17082.17089.17090.17091.17092.17097.17099.17100.17117.17118.17119.17122.17136.17137.17138.

・ПредметыБ.О.Пилсудского： ピウスツキ資料 : Items of B.O.Pilsudski

Col.No. 8761-

10162.10163.10173.10179.10184.10189.10194.10198.10208.10209.10210.10211.10212.10213.10214.10215.
10216.10217.10219.10220.10221.10223.10228.10231.10236.10239.10241.10242.10243.10245.10246.10247.
10248.10253.10255.10256.10273.10274.10277.10278.10279.10280.10281.10283.10288.10289.10290.10291.
10296.11364.11371.11373.15882.

Col.No 8762-

17085.17087.17096.17103.17108.17124.17125.17128.17129.17130.17131.17133.17139

・Предметы А.Е.Олоровского： オロロフスキー資料 : Items of A.E.Olorovskij

Col.No 8761-

10168.10183.10196.10201.10205.10206.10207.10224.10225.10229.10230.10232..10238.10254.10294.11376.

Col.No 8762-

17143.

5) Фото-коллекция： 写真資料 : Photo-collection

Описание о фото дано собственными собирателями.

写真の説明は撮影者による。

The captions are given by the original collectors.

Notes to the illustration

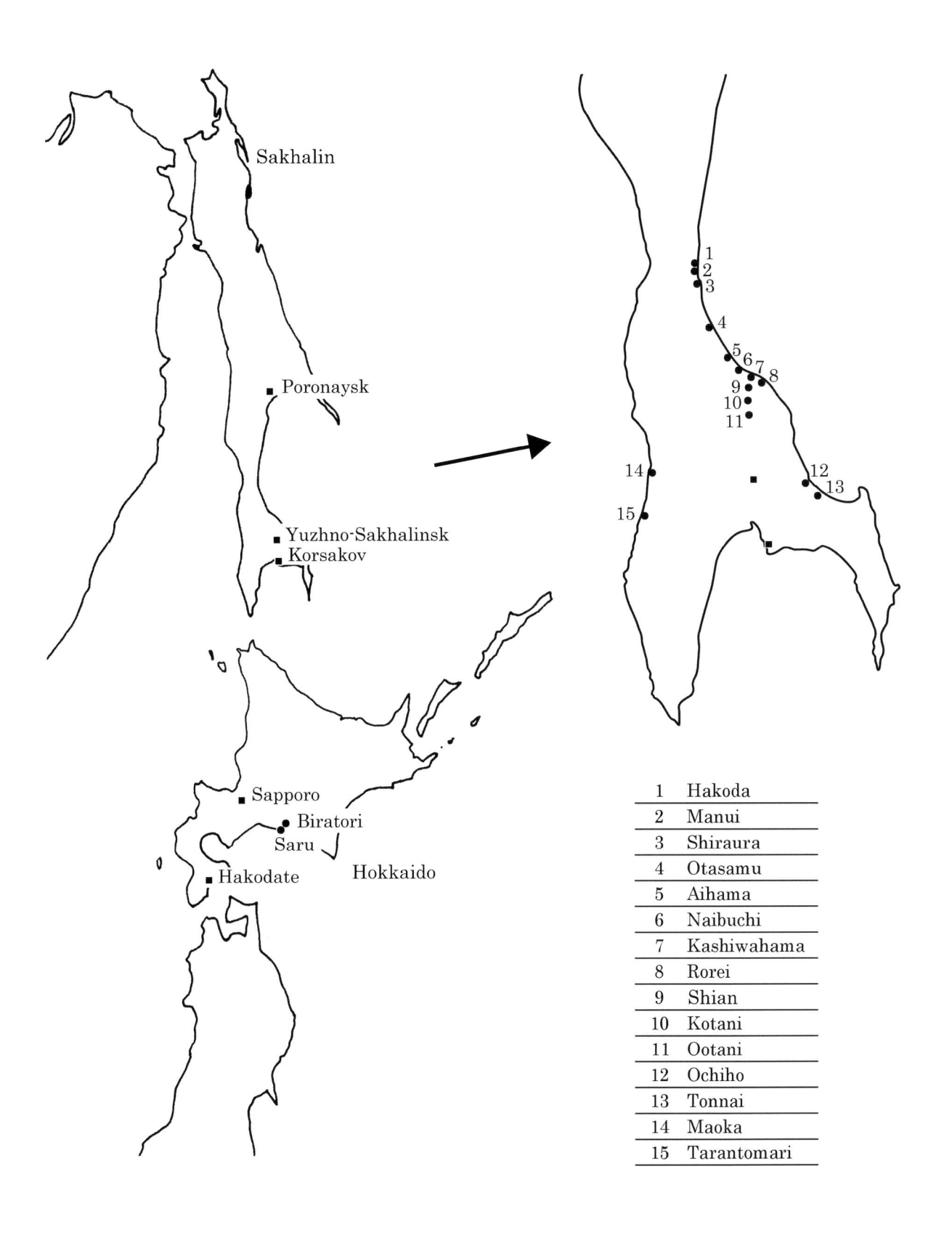

1	Hakoda
2	Manui
3	Shiraura
4	Otasamu
5	Aihama
6	Naibuchi
7	Kashiwahama
8	Rorei
9	Shian
10	Kotani
11	Ootani
12	Ochiho
13	Tonnai
14	Maoka
15	Tarantomari

Место сбора   収集地図   Place of acquisition

No. 5110-136 Otasamu
ML105.0 : L97.0 : W121.0

No. 5110-137 Otasamu
ML119.0 : L113.0 : W140.5

No. 5110-138 Otasamu
ML120.0 : L116.5 : W136.5

Clothe and accessory

No. 2806-88 Aihama
ML127.5 : L119.5 : W144.0

No. 5110-139 Ochiho
ML118.5 : L116.0 : W130.0

No. 2806-44 Tonnai
ML137.0 : L131.5 : W144.0

No. 2806-66　　　　　　　　　Tonnai
　ML126.5 : L123.5 : W131.5

No. 64-32　　　　　　　　　Maoka
　ML108.0 : L105.0 : W126.0

No. 5110-128　　　　　　　　Maoka
　ML120.0 : L112.5 : W130.0

Clothe and accessory

No. 5110-133   Maoka
ML120.5 : L118.0 : W134.0

No. 5110-140   Maoka
ML109.5 : L106.5 : W133.0

No. 2806-56   Tarantomari
ML121.0 : L118.5 : W128.0

No. 2806-64 Tarantomari
ML132.0 : L127.5 : W126.5

No. 2806-65 Tarantomari
ML132.0 : L126.0 : W136.0

No. 5110-122 Tarantomari
ML116.0 : L111.5 : W133.0

Clothe and accessory

No. 5110-129 Tarantomari
ML116.0 : L113.5 : W135.0

No. 5110-131 Tarantomari
ML114.0 : L109.5 : W127.5

No. 5110-132 Tarantomari
ML122.0 : L121.0 : W130.0

153

No. 5110-134   Tarantomari
ML94.0 : L91.0 : W121.5

No. 5110-135   Tarantomari
ML122.0 : L120.5 : W136.0

No. 8762-17088   —
ML120.0 : L113.0 : W118.0

Clothe and accessory

No. 2810-41　　　　　　　　　　Tarantomari
L688.0 : W36.0

No. 2807-38　　　　　　　　　　Biratori
ML93.0 : L90.0 : W110.5

No. 2807-55　　　　　　　　　　Biratori
ML119.5 : L117.0 : W119.5

No. 5102–131 Biratori
MH118.5 : H114.5 : W125.0

No. 5102–132 Biratori
MH123.0 : H122.0 : W130.0

No. 5102–133 Biratori
MH119.0 : H112.5 : W121.0

Clothe and accessory

No. 5102-135　　　　　　　　Biratori
MH96.0 : H95.0 : W106.0

No. 8762-17082　　　　　　　—
ML120.0 : L112.0 : W133.0

No. 8762-17083　　　　　　　—
ML122.0 : L117.0 : W128.5

157

No. 8762-17084 —
ML119.5 : L115.5 : W121.0

No. 8762-17085 —
ML118.0 : L113.5 : W126.5

No. 2810-40 Tarantomari
L622.0 : W34.5

Clothe and accessory

No. 6756-32 Otasamu
ML119.0 : L112.0 : W139.0

No. 5110-120 Naibuchi
ML121.5 : L116.5 : W142.0

No. 5110-121 Naibuchi
ML124.0 : L118.0 : W146.5

159

No. 2806-98 Shian
ML123.5 : L119.5 : W148.5

No. 2806-23 Ootani
ML112.0 : L106.0 : W140.0

No. 64-33 Maoka
ML116.0 : L110.5 : W133.5

Clothe and accessory

No. 8762-17089 —
ML120.0 : L119.0 : W142.5

No. 2806-97 Aihama
ML119.5 : L114.0 : W140.5

No. 2806-19 Tonnai
ML120.0 : L113.0 : W150.0

161

No. 2806-55   Tarantomari
ML116.5 : L109.0 : W162.5

No. 5110-117   Tarantomari
ML115.0 : L111.0 : W153.0

No. 8762-17081   —
ML107.0 : L105.0 : W128.0

Clothe and accessory

No. 5110-125　　　　　　　　　　Tonnai
ML114.5 : L112.5 : W127.5

No. 2807-33　　　　　　　　　　Biratori
ML121.0 : L113.5 : W132.0

No. 5102-138　　　　　　　　　　Biratori
MH125.0 : H119.5 : W126.0

No. 5102-141   Biratori
MH120.0 : H113.0 : W130.0

No. 5102-142   Biratori
MH132.0 : H115.0 : W123.0

No. 5102-137   Biratori
MH119.0 : H117.0 : W127.0

Clothe and accessory

No. 8762-17087 —
ML98.5 : L96.5 : W92.5

No. 2807-49 Biratori
ML132.5 : L124.5 : W135.5

No. 5102-139 Biratori
MH135.0 : H129.5 : W139.5

165

No. 5102-140   Biratori
MH132.5 : H127.5 : W137.0

No. 5102-143   Biratori
MH128.0 : H122.0 : W137.0

No. 8762-17086   —
ML134.0 : L133.0 : W132.0

Clothe and accessory

No. 2806-20 Maoka
ML130.5 : L124.5 : W123.0

No. 2806-24 Tarantomari
ML126.5 : L124.0 : W127.0

No. 2807-32 Biratori
ML123.5 : L120.0 : W126.0

No. 2807-65　　　　　　　　　　　Biratori
ML114.0 : L109.0 : W122.5

No. 2806-12　　　　　　　　　　Tarantomari
ML71.0　L65.0 : W130.0

No. 2807-26　　　　　　　　　　Biratori
ML119.0 : L115.0 : W133.0

No. 2807-27　　　　　　　　　　Biratori
ML128.5 : L122.5 : W131.5

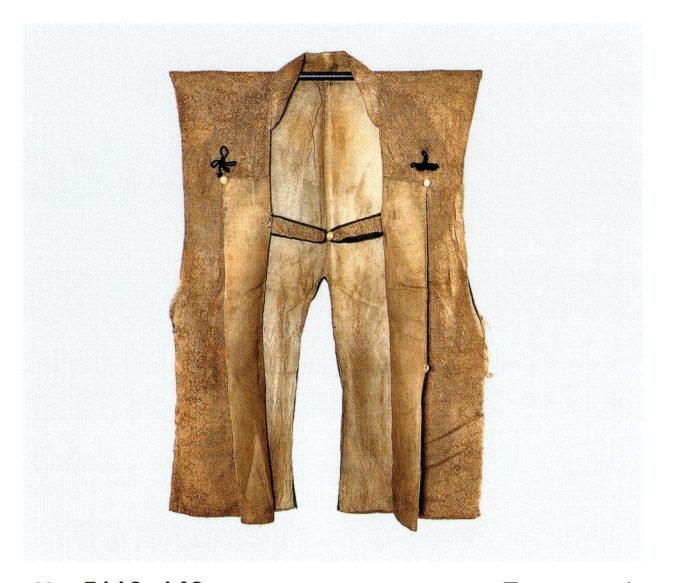

Clothe and accessory

No. 5110-142   Tarantomari
ML87.0 : L83.0 : W60.0

No. 5110-143   Tarantomari
ML93.0 : L90.0 : W46.5

No. 2806-63   Hakoda
L68.0 : W26.5

No. 2806-13   Tarantomari
ML104.0   L98.0 : W34.5

No. 5110-141   Tarantomari
ML98.0 : L95.0 : W39.0

169

No. 5110-127 Ootani

ML94.0 : L89.0 : W110.0

No. 5110-126 Tonnai

ML67.5 : L62.0 : W79.0

No. 5110-130 Tarantomari

ML96.0 : L91.0 : W101.0

No. 8762-17090 —

ML44.0 : L40.5 : W57.0

170

Clothe and accessory

No. 5102-134 Biratori
ML54.0 : L52.5 : W63.0

No. 5102-136 Biratori
ML80.0 : L78.0 : W114.0

No. 5110-119 Ootani
L85.0 : W118.5

No. 2806-73 Maoka
L80.0 : W118.0

171

No. 5110–118 Tarantomari
L72.0 : W72.0

No. 2807–53 Biratori
ML80.5 : L77.5 : W82.0

No. 5110–145 Otasamu
ML69.0 : L64.5 : W83.5

No. 5110–146 Otasamu
ML36.0 : L35.5 : W45.0

Clothe and accessory

No. 2806-71　　　　　　　Tarantomari
ML95.5 : L91.5 : W98.0

No. 2806-72 　　　　　　 Tarantomari
ML52.0 : L49.0 : W68.5

No. 2806-74 　　　　　　 Tarantomari
ML69.0 : L66.0 : W88.0

No. 5110-123 　　　　　　Tarantomari
ML83.5 : L82.0 : W86.5

173

No. 5110-124　　　　　　　　　　Tarantomari
ML80.5 : L79.0 : W57.5

No. 5110-148　　　　　　　　　　Tarantomari
ML43.0 : L40.5 : W63.5

No. 2807-67　　　　　　　　　　Biratori
ML57.0 : L56.0 : W64.5

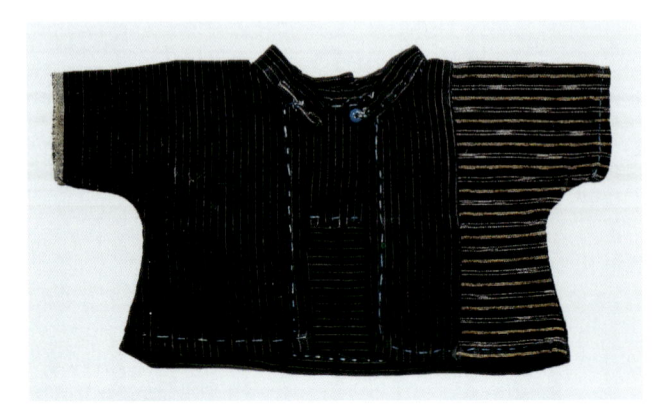

No. 5110-147　　　　　　　　　　Otasamu
ML16.5 : L15.0 : W32.0

No. 2807-39　　　　　　　　　　Biratori
ML24.0 : L22.5 : W34.0

Clothe and accessory

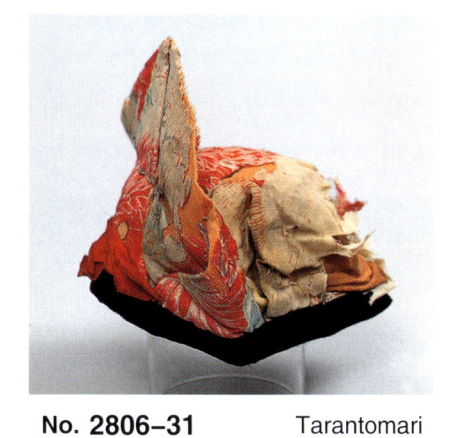

No. 5110-156 Otasamu	No. 5110-157 Tonnai	No. 2806-91 Tarantomari
L59.5 : W64.0	L60.0 : W53.5	L48.5 : W31.0
No. 2806-60 Hakoda	No. 2806-61 Tarantomari	No. 2807-31 Biratori
L27.5 : H15.0	L24.5 : H13.0	L22.0 : H22.5
No. 2807-35 Biratori	No. 2807-40 Biratori	No. 2807-41 Biratori
L25.0 : H28.0	L18.0 : H22.0	L18.5 : HL21.0
No. 5102-151 Biratori	No. 2806-31 Tarantomari	No. 6756-35 Otasamu
L24.0 : H30.0	L21.0 : H13.0	L30.0 : H4.0

No. 5110-111 Shiraura	**No. 5110-104** Aihama	**No. 64-30** Maoka
L39.0 : H28.0 MH40.5	L51.0 : H23.0 MH35.0	L40.5 : H29.5 MH40.5
No. 2806-46 Maoka	**No. 5110-113** Tarantomari	**No. 8762-17100** —
L46.5 : H30.5 MH40.5	L38.0 : H28.0 MH37.5	L46.0 : H24.0 MH35.5
No. 2806-94 Aihama	**No. 5110-102** Rorei	**No. 2806-17** Ootani
L28.0 : H15.5 MH21.5	L29.5 : H15.0 MH47.5	L29.5 : H15.5 MH54.0

Clothe and accessory

No. 2806-62 Shiraura	No. 5110-105 Otasamu	No. 8762-17101 —
L17.0 : H13.0	L28.5 : H18.0	L14.5 : H18.0

No. 2806-26 Otasamu	No. 5110-107 Otasamu	No. 2807-47 Biratori
L30.5 : H27.0	L25.0 : H31.0	L30.0 : H33.5

No. 5102-150 Biratori	No. 8762-17102 —	No. 8762-17103 —
L30.5 : H36.0	L62.0 : H52.0	L30.0 : H32.0

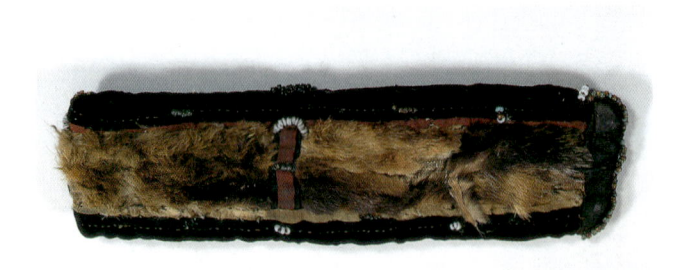

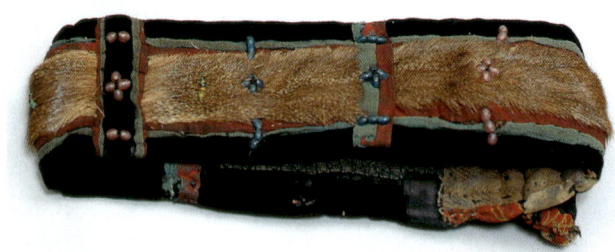

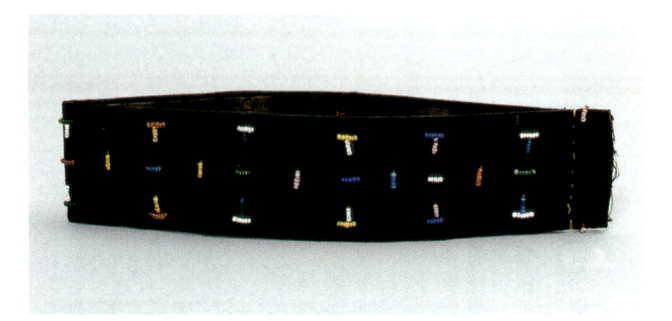

No. 2806-5 — Hakoda L29.5 : H8.0	**No. 5110-112** — Manui L30.0 : H8.0
No. 6756-33 — Rorei L28.5 : H7.5	**No. 2806-95** — Maoka L31.0 : H7.5
No. 2806-22 — Tarantomari L28.5 : H7.5	**No. 5110-110** — Hakoda L29.0 : H7.0
No. 2806-96 — Rorei L30.5 : H8.5	**No. 2806-1** — Shiyasu L28.5 : H8.0
No. 2806-2 — Maoka L29.0 : H6.5	**No. 5110-114** — Tarantomari L30.5 : H7.5

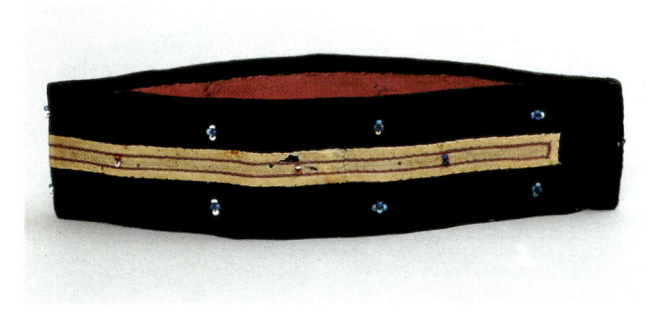

Clothe and accessory

No. 5110-109　　Hakoda
L29.5 : H6.5

No. 2806-4　　Aihama
L32.0 : H8.5

No. 2806-3　　Tarantomari
L31.0 : H7.0

No. 2806-6　　Tarantomari
L28.0 : H8.0

No. 64-28　　Maoka
L29.0 : H4.5

No. 8762-17104　　−
L25.5 : H3.5

No. 8762-17107　　−
L18.0 : H4.0

No. 2807-48　　Biratori
L32.0 : H10.0

No. 2807-28　　Biratori
L115.5 : W73.0

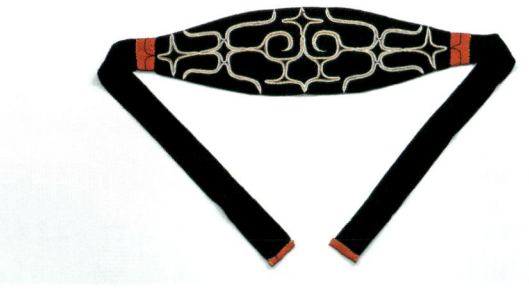

No. 2807-60　　Biratori
L151.0 : W16.5

179

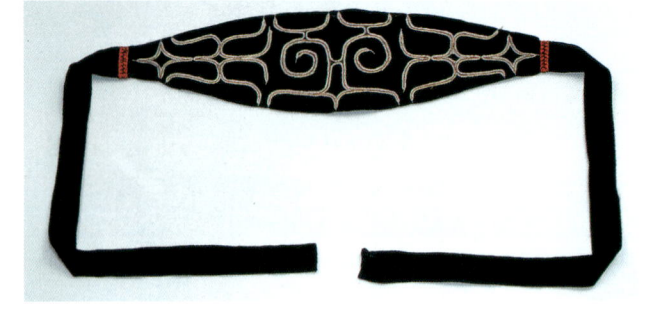

No. 2807-61	Biratori	**No. 5102-152**	Biratori
L178.0 : W17.0		L187.5 : W15.0	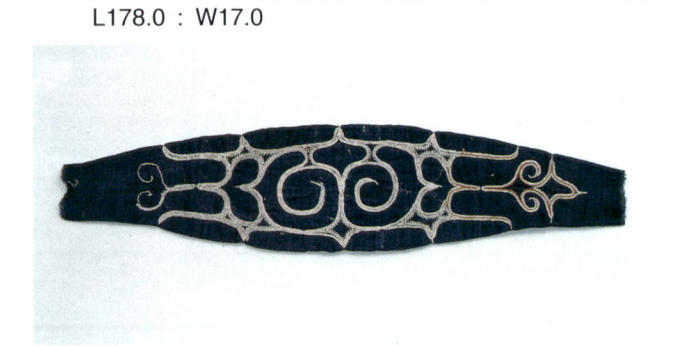
No. 5102-153	Biratori	**No. 8762-17105**	—
L58.0 : W13.5		L156.0 : W11.5	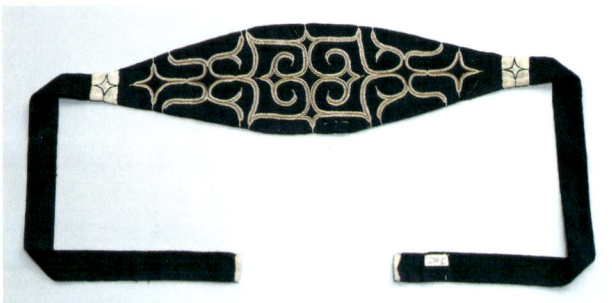 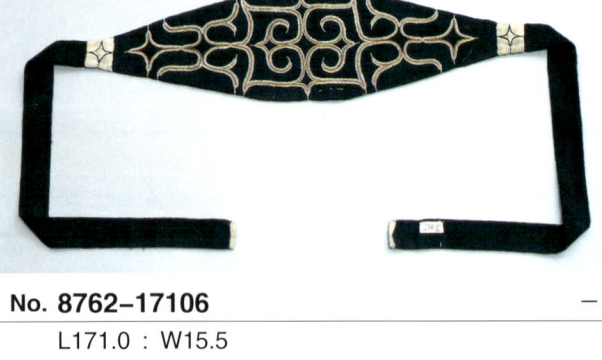
No. 8762-17106	—		
L171.0 : W15.5			

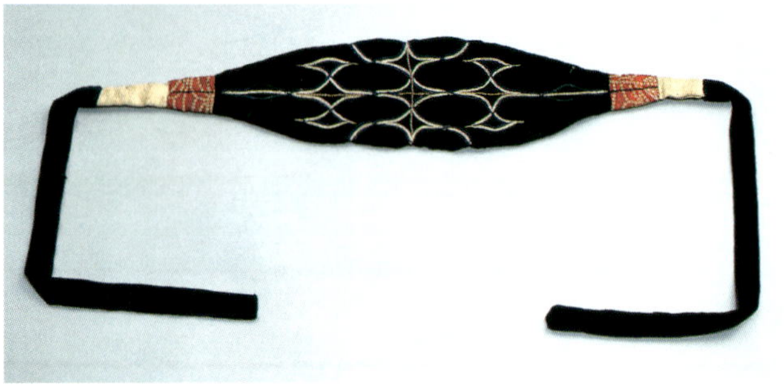

No. 2806-47	Otasamu	**No. 5110-106**	Otasamu	**No. 2806-39/2**	Aihama
L13.0 : W14.0		L17.0 : W12.5		L9.4 : W5.5 : T1.5	

Clothe and accessory

No. 5110-108 — Shiraura
ML87.5　L17.5 : H11.0

No. 2806-40 — Aihama
ML99.0　L19.5 : W12.5

No. 5110-103 — Rorei
ML73.0　L12.5 : W8.0

No. 5110-101 — Ootani
ML104.5　L18.0 : W11.5

No. 2806-93 — Otasamu
L81.0 : φ8.5

No. 2806-38 — Tarantomari
L74.0 : φ9.0

No. 5110-144 — Tarantomari
L77.5 : W31.0

No. 2806-76/2 — Otasamu
L53.0 : W10.5

No. 5110-174/2 — Ootani
L50.0 : W10.0

No. 2806-48/2 — Maoka
L53.5 : W11.5

181

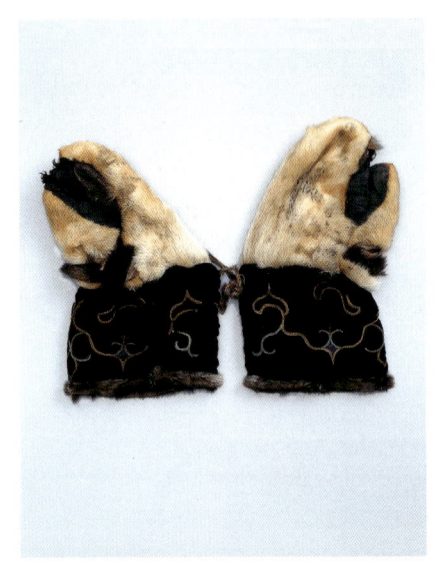

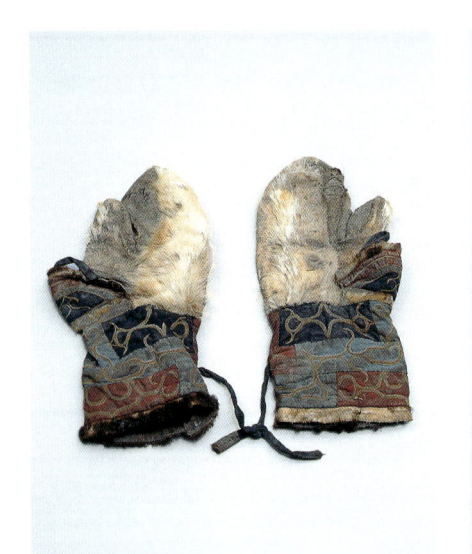

No. 5110–180/2 Shian	No. 2806–78/2 Shian	No. 5110–173/2 Ootani
L27.0 : W15.5	L33.0 : W16.5	L29.0 : W16.0

No. 64–31ав Maoka	No. 8762–17117 —	No. 2806–49/2 Tarantomari
L32.5 : W14.0	L30.5 : W19.5	L28.5 : W16.5

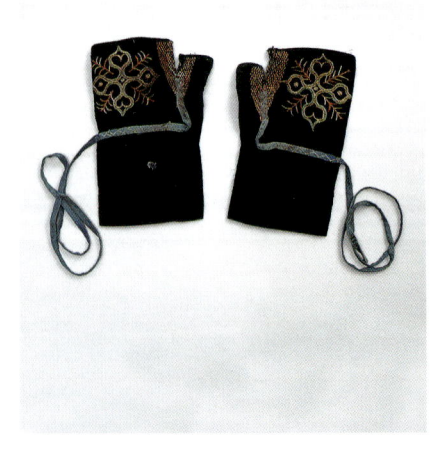

No. 2806–77/2 Tarantomari	No. 5110–175/2 Ochiho	No. 5110–176/2 Ochiho
L25.5 : W12.5	L22.0 : W15.0	L21.5 : W14.0

Clothe and accessory

No. 2806-75/2	Maoka	No. 2807-23/2	Biratori	No. 2807-63/2	Biratori
L19.5 : W13.0		L20.5 : W14.5		L20.5 : W14.0	

No. 5102-174аб	Biratori	No. 5102-177аб	Biratori	No. 5110-179/2	Maoka
L17.0 : W12.5		L17.0 : W14.5		L20.5 : W24.0	

No. 2807-43/2	Biratori	No. 2814-62/2	Biratori	No. 5102-173/2	Biratori
L14.5 : W10.0		L22.0 : W10.5		L16.0 : W11.0	

183

No. 5102-175/2　　Biratori L20.0 ：W9.5	**No. 2806-10**　　Naibuchi L249.0 ：W8.5	**No. 2806-29**　　Shiraura L127.0 ：W2.0
No. 6756-36　　Shiraura L261.5 ：W2.5	**No. 2806-16**　　Otasamu L250.0 ：W6.5	**No. 2806-89**　　Aihama L232.0 ：W7.5
No. 2806-42　　Tarantomari L247.0 ：W5.0	**No. 2807-51**　　Biratori L221.0 ：W5.0	**No. 2807-62**　　Biratori L225.0 ：W8.5

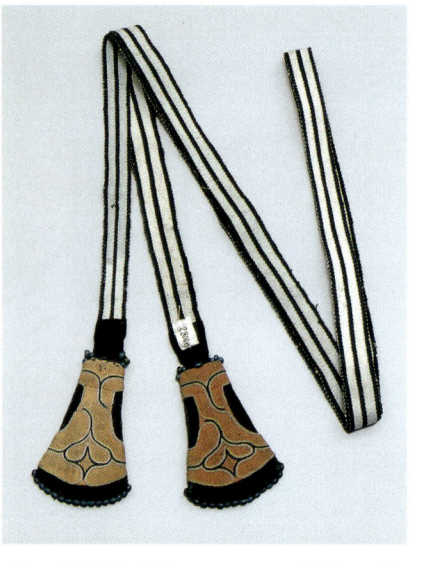

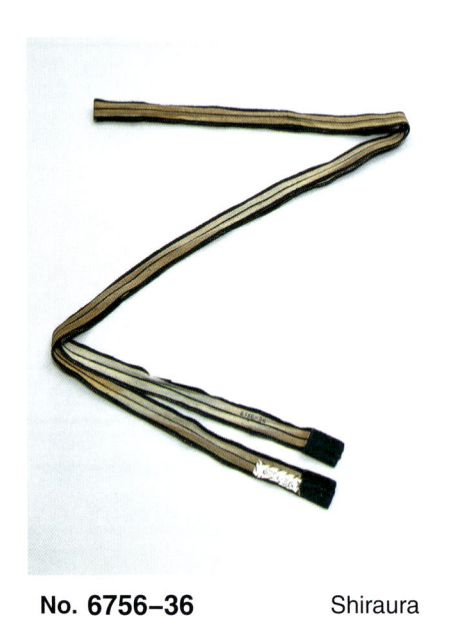

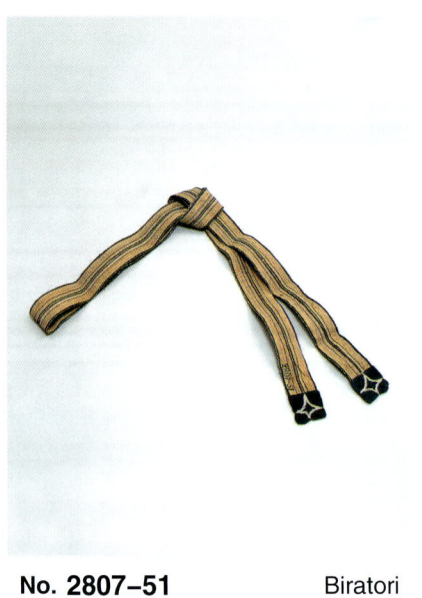

Clothe and accessory

No. 6756-56 —
L111.0 : W5.5

No. 8762-17098 —
L224.5 : W3.0

No. 8762-17099 —
L187.0 : W2.0

No. 2806-50 Ootani
L243.5 : W5.0

No. 2807-30 Biratori
L228.0 : W36.0

No. 5102-145 Biratori
L174.5 : W65.0

No. 5110-182 Otasamu
ML229.5 : W2.5

No. 2806-37 Tonnai
L213.5 : W2.7

No. 2806-18 Naibuchi
ML108.0 : MW32.7
(Belt)　　L79.7 : W4.3 : T1.0
(Sheath) L25.0 : W15.0 : T2.5

No. 5110–181аб　　Tarantomari	No. 6756–57/2　　—
ML62.0：MW22.0 a L44.5：W4.0　б L16.0：W4.3：T1.6	L147.5：W1.0/L144.5：W1.0

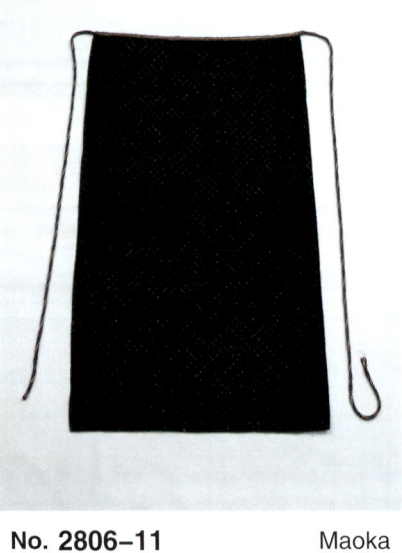

No. 5110–151　　Tarantomari	No. 8762–17096　　—	No. 5110–153　　Aihama
L65.0：W32.5	L69.0：W41.0	L64.0：W34.0

No. 5110–152　　Naibuchi	No. 2806–11　　Maoka	No. 2806–27　　Maoka
L71.0：W45.5	L67.5：W38.0	L75.5：W39.5

Clothe and accessory

No. 2806-41　　　　Maoka
L74.0 : W42.0

No. 5110-154　　　　Maoka
L72.5 : W37.0

No. 2806-15　　　　Tarantomari
L69.5 : W41.5

No. 2806-28　　　　Tarantomari
L68.5 : W39.5

No. 5110-150　　　　Tarantomari
L75.0 : W41.5

No. 2807-24　　　　Biratori
L60.5 : W32.0

No. 2807-25　　　　Biratori
L73.0 : W41.5

No. 5102-144　　　　Biratori
L73.0 : W39.0

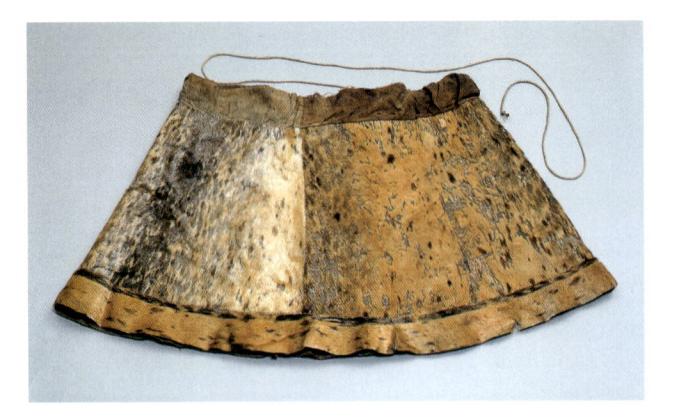

No. 2806-51   Hakoda
L59.0 : W101.0

No. 5110-155   Rorei
L64.0 : 105.0

No. 8762-17091   —
L57.5 : W93.5

No. 8762-17092   —
L59.5 : W98.0

No. 5110-162/2   Rorei
L69.0 : W27.5/21.0

No. 2806-52/2   Ootani
L52.5 : W26.5/19.0

No. 2806-57/2   Ootani
L56.5 : W26.0/21.0

No. 5110-158/2   Ootani
L51.5 : W24.5/16.5

Clothe and accessory

No. 5110-159/2　　　　　　　　　　Ochiho
L47.5 : W30.0/18.0

No. 5110-160/2　　　　　　　　　　Maoka
L48.0 : W24.0/13.5

No. 5110-161/2　　　　　　　　　Tarantomari
L52.5 : W23.5/17.0

No. 6756-54/2　　　　　　　　　Tarantomari
L50.0 : W20.5/18.5

No. 2806-58/2　　　　　　　　　Tarantomari
L47.0 : W25.0/17.5

No. 8762-17122　　　　　　　　　　　―
L62.0 : W27.0/18.5

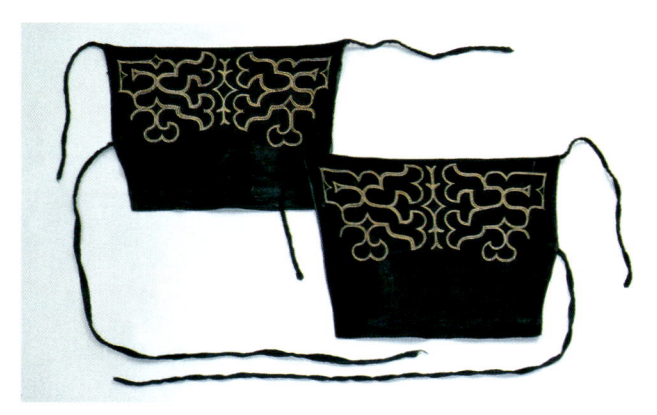

No. 2806-43/2　　　　　　　　　　Shiraura
L27.5 : W38.5/28.5

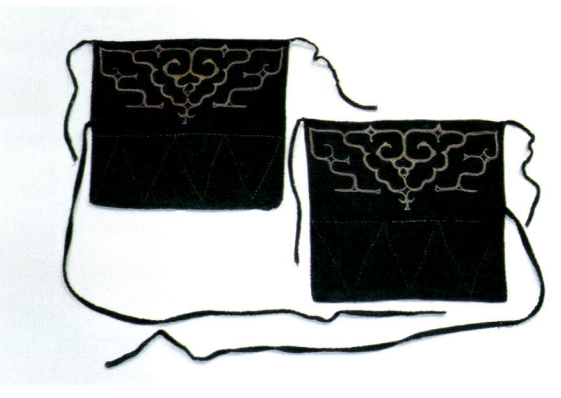

No. 5110-163/2　　　　　　　　　Naibuchi
L31.5 : W35.5/31.5

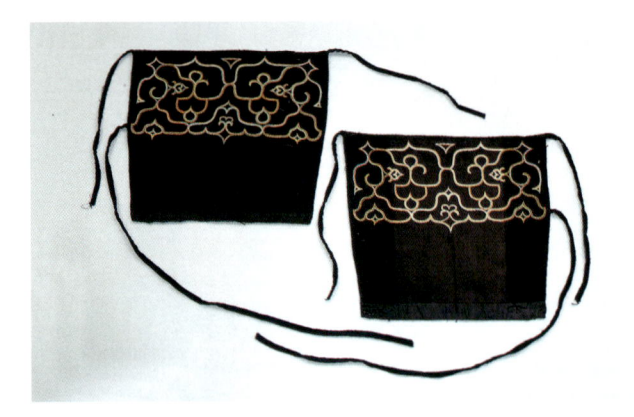

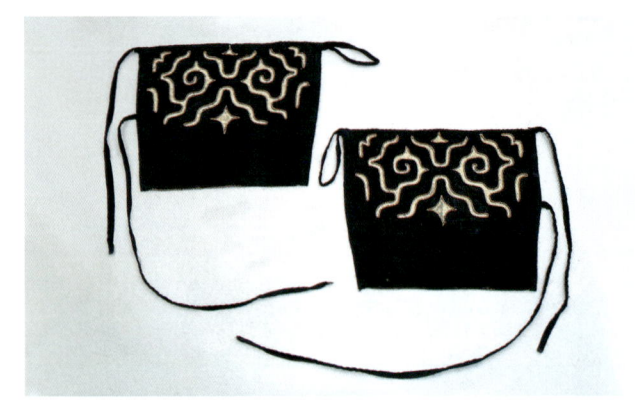

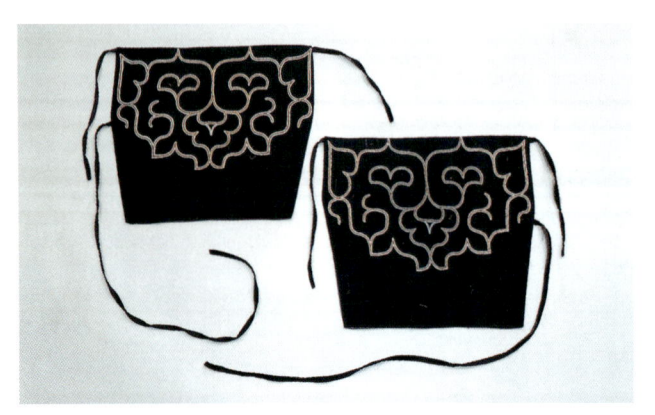

No. 2806-86/2　　　　Shian	**No. 2806-45/2**　　　　Ochiho
L31.5 : W36.0/30.5	L29.5 : W36.0/31.0
No. 5110-164/2　　　　Ochiho	**No. 2806-83/2**　　　　Maoka
L27.5 : W35.5/28.0	L34.0 : W35.0/28.5
No. 5110-184/2　　　　Maoka	**No. 5110-185/2**　　　　Maoka
L35.0 : W38.5	L36.5 : W39.0
No. 2806-87/2　　　　Maoka	**No. 2806-82/2**　　　　Tarantomari
L32.0 : W35.5/29.0	L22.0 : W29.5/22.5

Clothe and accessory

No. 2806-84/2 Tarantomari
L31.0 : W37.0/29.5

No. 2806-85/2 Tarantomari
L30.5 : W35.5/28.5

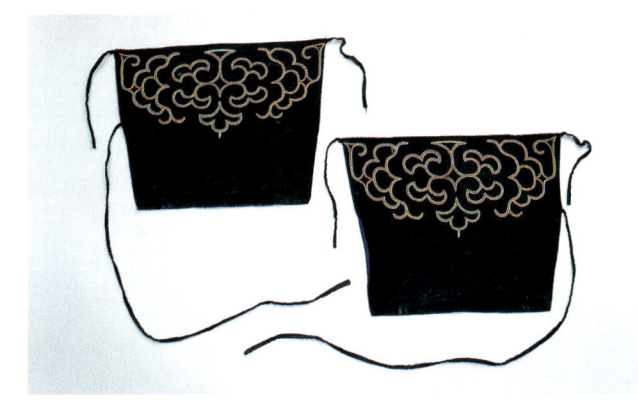

No. 5110-165/2 Tarantomari
L30.0 : W38.0/28.5

No. 5110-166/2 Tarantomari
L33.0 : W35.5/30.0

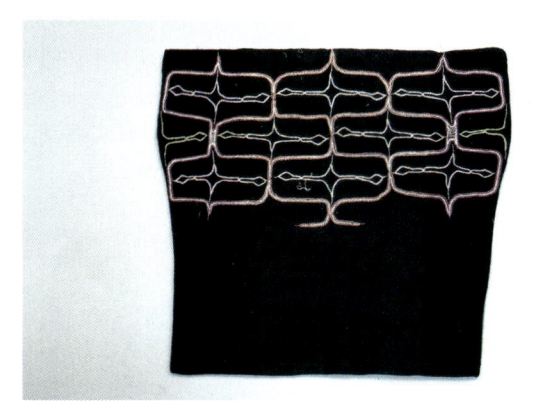

No. 2807-64 Biratori
L35.0 : W37.5/30.0

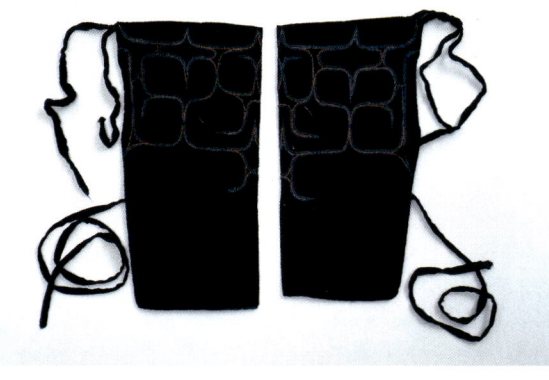

No. 5102-161/2 Biratori
L31.0 : W16.0/13.0

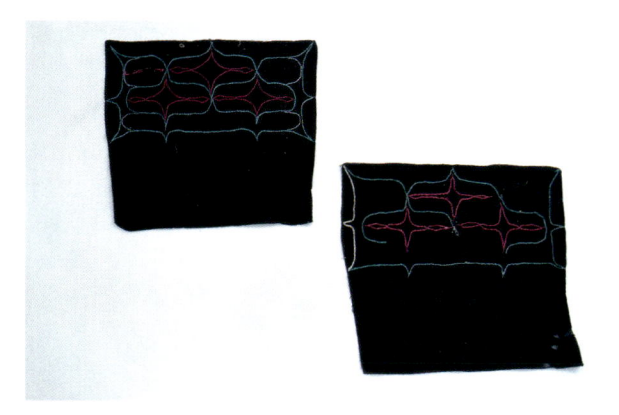

No. 5102-162/2 Biratori
L29.5 : W31.5/29.5

No. 5102-163/2 Biratori
L31.0 : W17.5/14.0

No. 6756-34   Biratori
L28.5 : W15.0/12.0

No. 2807-50/2   Biratori
L30.5 : W16.5/14.0

No. 2807-68/2   Biratori
L26.5 : W16.5/14.0

No. 5102-158/2   Biratori
L29.5 : W15.5/12.0

No. 5102-159/2   Biratori
L25.5 : W18.5/11.5

No. 5102-160/2   Biratori
L29.0 : W18.5/12.5

No. 8762-17124   Saru
L33.0 : W18.5/13.5

No. 8762-17123   —
L30.5 : W16.0/10.0

Clothe and accessory

No. 8762-17126/2 —
L37.5 : W16.5/7.0

No. 5102-169аб Biratori
L21.5 : W10.0 : H9.0

No. 2807-66 Biratori
L96.5 : W99.0

No. 5102-146 Biratori
L92.0 : W58.0

No. 5102-147 Biratori
L111.5 : W111.5

193

No. 2806-59/2	Aihama
L21.5 : W7.5 : H48.0	

No. 5110-168/2	Rorei
L26.0 : W12.0 : H46.5	

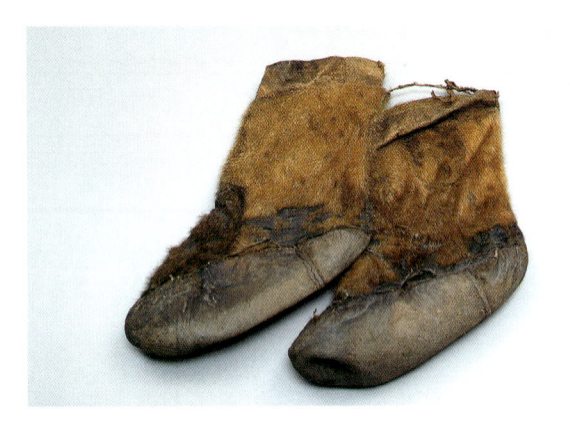

No. 5110-172/2	Rorei
L25.5 : W8.5 : H27.5	

No. 5110-167/2	Ootani
L(29.0) : W(14.5) : H(52.0)	

No. 2806-21	Tonnai
L(23.5) : W13.0 : H42.0	

No. 2806-53/2	Maoka
L27.0 : W9.0 : H36.5	

No. 5110-171/2	Maoka
L23.5 : W8.5 : H52.0	

No. 2806-25	Tarantomari
L23.5 : W10.0 : H43.0	

Clothe and accessory

No. 2806-54/2 — Tarantomari
L24.0 : W11.0 : H38.0

No. 2806-67/2 — Tarantomari
L22.5 : W7.0 : H40.5

No. 2806-90/2 — Tarantomari
L26.5 : W11.0 : H44.5

No. 5110-170/2 — Tarantomari
L23.0 : W8.5 : H36.5

No. 8762-17118 —
L26.0 : W10.0 : H47.5

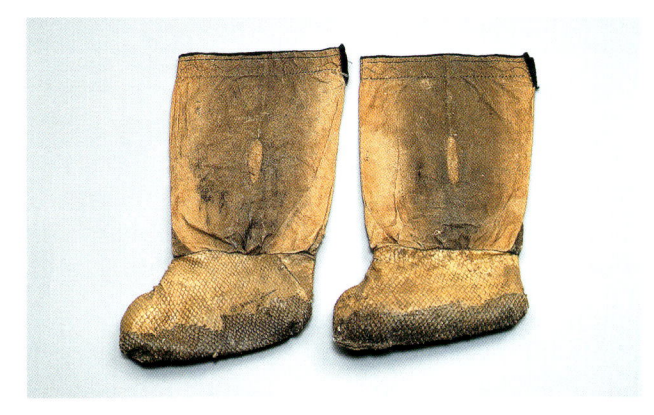

No. 8762-17119 —
L23.0 : W8.0 : H41.0

No. 8762-17120 —
L23.0 : W9.0 : H45.5

No. 64-29ав — Maoka
L27.5 : W11.0 : H5.5

195

No. 6756-81 Tarantomari
L28.3 : W10.5

No. 2807-29/2 Biratori
L34.0 : W14.0

No. 2807-56/2 Biratori
L36.0 : W16.5 : T2.5

No. 2807-58/2 Biratori
L21.0 : W6.0

No. 5102-165/2 Biratori
L25.0 : W13.0 : H9.0

No. 5102-166/2 Biratori
L24.5 : W7.5 : H18.0

No. 5110-77 Hakoda
L37.0 : W22.0 : T10.0

No. 5110-79 Tarantomari
L117.5 : W61.0

Clothe and accessory

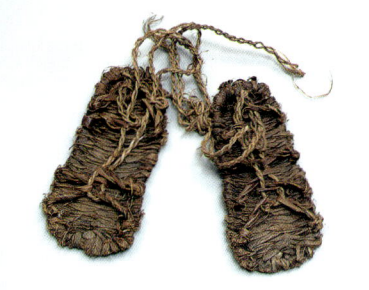

No. 2807-69/2 Biratori	No. 2807-71/2 Biratori	No. 3006-48 Biratori
L19.5 : W8.0 : T1.0	L27.0 : W11.0 : T2.5	L23.0 : W11.0

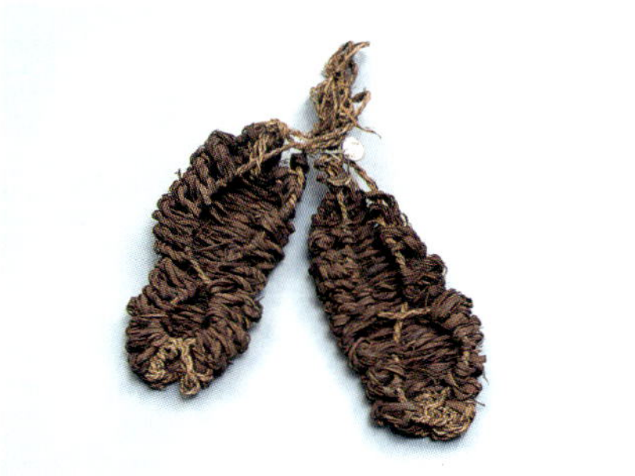

No. 5102-167/2 Biratori	No. 5102-168/2 Biratori	No. 5102-170/2 Biratori
L26.5 : W10.0	L24.0 : W7.0 : T1.0	L25.0 : W11.0 : T1.5

No. 5102-172/2 Biratori	No. 8761-10241/2 —	No. 2807-59/2 Biratori
L24.0 : W11.5	L24.5 : W11.5 : T5.5	L25.5 : W10.0 : T4.0

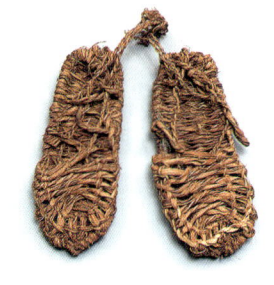

No. 8762-17121 —	No. 2807-37/2 Biratori	No. 2807-44/2 Biratori
L23.0 : W7.0	L20.6 : W9.3 : H4.0	L16.5 : W8.0 : H3.1

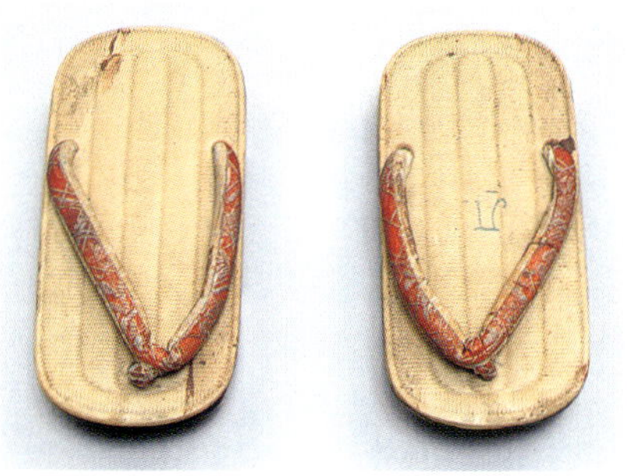

No. 2807-52/2 Biratori	No. 6756-38 Biratori	No. 3006-47 Biratori
L22.6 : W10.6 : H5.0	L21.0 : W6.7 : H7.0	L16.4 : W8.3 : H3.8

No. 2806-33/2　　Maoka L23.0 : W12.5	**No. 2806-32/2**　　Tarantomari L13.5 : W10.0	**No. 2806-34/2**　　Tarantomari L18.0 : W10.0
No. 5110-177/2　　Tarantomari L14.0 : W9.7	**No. 5110-178**　　Tarantomari L16.0 : W9.5	**No. 5102-176/2**　　Biratori L16.0 : W7.5
No. 2806-30　　Maoka L164.5 : W2.8(L14.4 : W3.2/L15.9 : W3.0/L13.5 : W2.6/L12.7 : W4.2)	**No. 2806-99**　　Naibuchi ML17.0　L11.0 : φ3.0	**No. 2806-100aBC**　　Maoka a : L94.5　B : L10.0 : W4.8 c : L14.5 : W3.3
No. 5110-115　　Tarantomari L14.5 : W11.0	**No. 5110-116**　　Tarantomari L12.0 : W8.5	**No. 5110-149**　　Otasamu L62.0 : W47.0

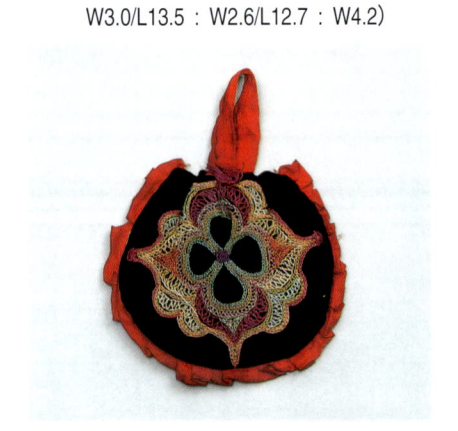

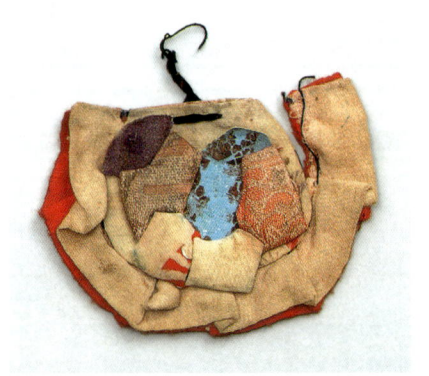

Clothe and accessory

No. 2806-36/2　　　Otasamu
L30.0 : W11.0/17.0
L26.5 : W14.5/18.5

No. 2807-42/2　　　Biratori
L14.0 : W11.0/8.5

No. 5102-164/2　　　Biratori
L21.0 : W12.0/11.5

No. 2806-92/2　　　Otasamu
L14.0 : W7.0 : H25.5

No. 2806-69/2　　　Shiyasu
L10.0 : W4.0 : H16.0

No. 5110-169/2　　　Tonnai
L17.5 : W8.0 : H34.0

No. 2806-68/2　　　Maoka
L14.5 : W6.5 : H27.5

No. 2806-35/2　　　Otasamu
L10.5 : W6.0 : H12.8

No. 2806-70/2　　　Tarantomari
L12.0 : W5.0 : H14.0

No. 6756-37/3　　　Maoka
L16.5 : W5.0
L17.0 : W8.0/L21.5 : W7.0

No. 5102-171/2　　　Biratori
L17.5 : W8.0

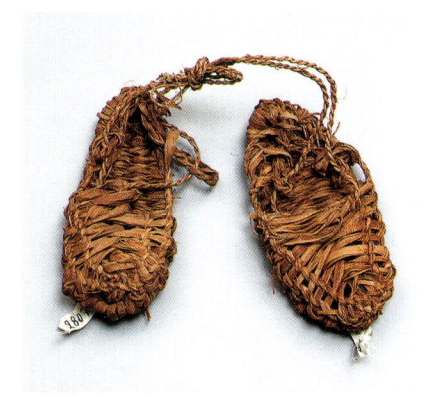

No. 2807-70/2　　　Biratori
L20.0 : W9.0

199

No. 2806-7　　Tarantomari	No. 2806-8　　Tarantomari	No. 2806-9　　Tarantomari
L48.0 (Tuba) φ8.3 × 7.9 : T0.6	L82.5 : W6.1	L75.0 : W28.0 (Tuba) φ9.1 : T0.7

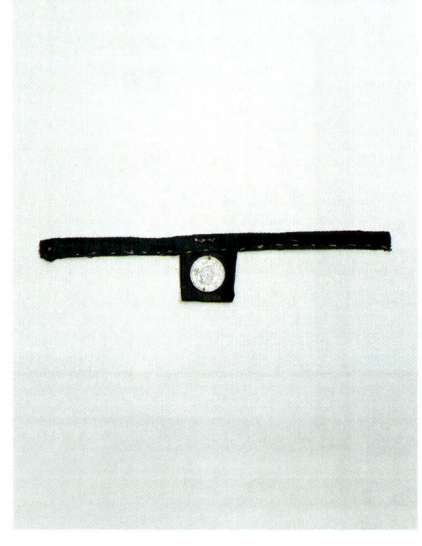

No. 2807-1　　Biratori	No. 2807-2　　Biratori	No. 2807-3　　Biratori
L48.0 : W6.5	L35.0 : W6.5	ML46.2 L35.7 : W7.5

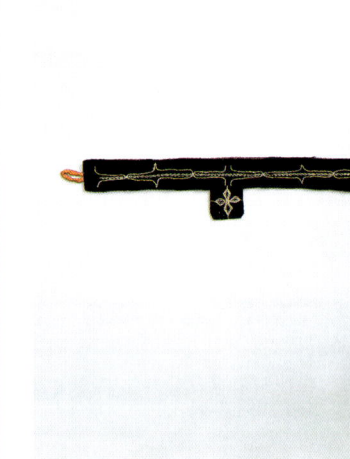

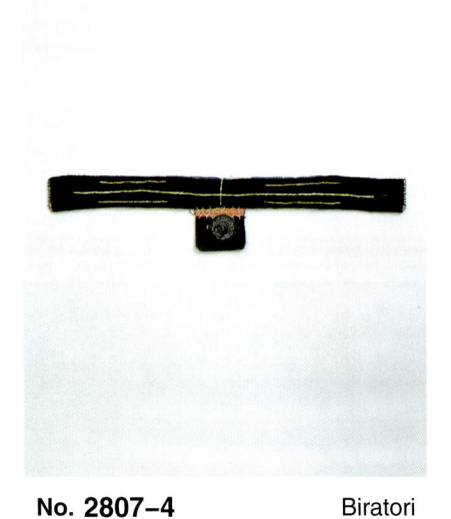

No. 2807-4　　Biratori	No. 2807-5　　Biratori	No. 5102-156　　Biratori
L36.3 : W6.5	L34.0 : W9.0	L43.0 : W7.0

Clothe and accessory

No. 2807-9 Biratori
L34.2 W9.0

No. 2807-11 Biratori
L27.0

No. 2807-13 Biratori
L42.5 φ10.0

No. 2807-15 Biratori
L34.0 ： φ9.8

No. 2807-34 Biratori
L41.0

No. 5102-157 Biratori
L22.0

No. 2807-14 Biratori
L9.5

No. 2807-17 Biratori
L13.0

No. 2807-10 Biratori
L14.5

201

No. 2807-46	Biratori
L67.2 : W1.5	

No. 2807-18/2	Biratori
ML7.0 : φ4.4	

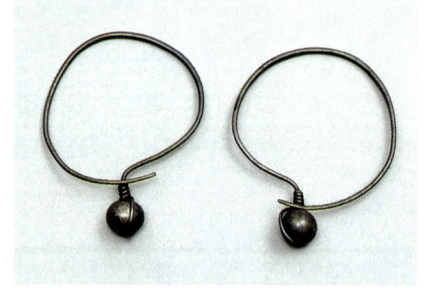

No. 5102-155/2	Biratori
ML7.0 : φ5.8 × 5.4	

No. 2807-21	Biratori
φ4.3×6.4 : W1.9	

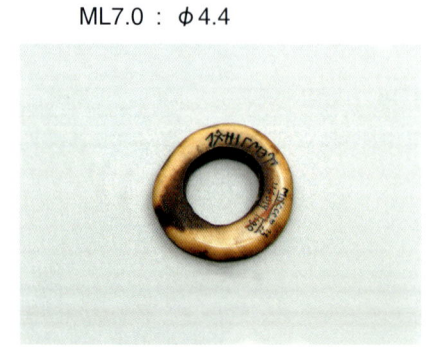

No. 8762-17111	Naibuchi
φ4.0 : T0.7	

No. 8762-17110	Kotani
φ4.0 : T1.1	

No. 8762-17112	—
L2.0 : W1.4 : T0.9	

No. 8762-17113	—
L1.5 : W1.0 : T1.0	

No. 8762-17114	—
φ2.3 × 2.0 : T1.6	

No. 8762-17115	—
φ3.7 : T1.2	

Clothe and accessory

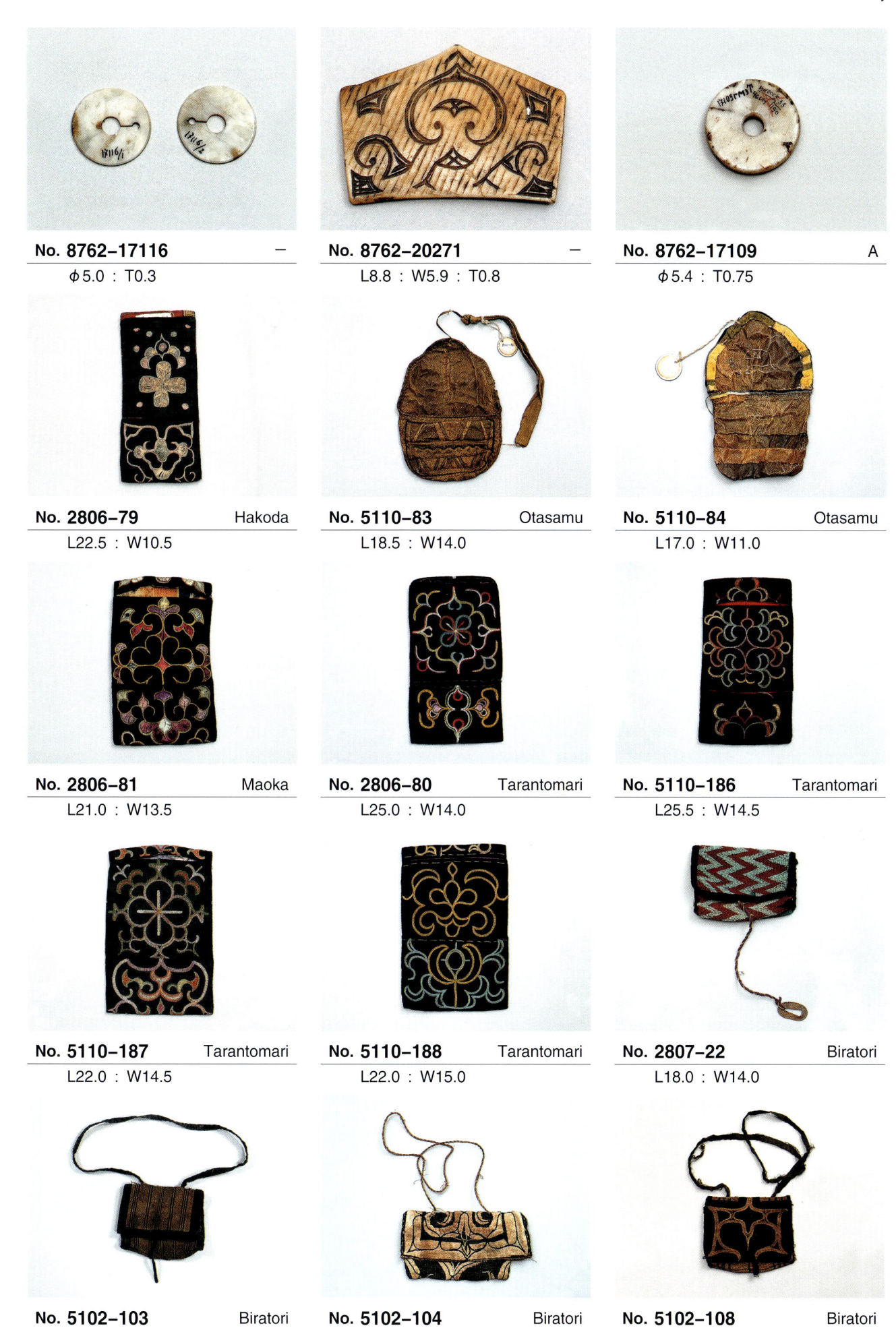

No. 8762-17116 —	No. 8762-20271 —	No. 8762-17109 A
φ5.0 : T0.3	L8.8 : W5.9 : T0.8	φ5.4 : T0.75

No. 2806-79 Hakoda	No. 5110-83 Otasamu	No. 5110-84 Otasamu
L22.5 : W10.5	L18.5 : W14.0	L17.0 : W11.0

No. 2806-81 Maoka	No. 2806-80 Tarantomari	No. 5110-186 Tarantomari
L21.0 : W13.5	L25.0 : W14.0	L25.5 : W14.5

No. 5110-187 Tarantomari	No. 5110-188 Tarantomari	No. 2807-22 Biratori
L22.0 : W14.5	L22.0 : W15.0	L18.0 : W14.0

No. 5102-103 Biratori	No. 5102-104 Biratori	No. 5102-108 Biratori
L25.0 : W16.0	L18.0 : W20.0	L21.0 : W13.5

No. 8762-17135 — L28.0 : W16.5	**No. 5110-67** Hakoda L42.0 : W28.0 : T1.0	**No. 2812-144** Shiraura L41.0 : W28.5 : T1.2
No. 2812-142 Otasamu L35.5 : W24.0 : T1.0	**No. 5110-63** Otasamu L13.5 : W20.5 : T0.4	**No. 5110-65** Otasamu L18.4 : W20.0 : T0.6
No. 5110-66 Aihama L25.0 : W21.5 : T0.9	**No. 5110-72** Naibuchi L62.5 : W39.5 : T1.1	**No. 5110-68** Rorei L78.0 : W47.5 : T0.7
No. 5110-69 Rorei L60.0 : W44.0 : T0.9	**No. 5110-70** Maoka L56.0 : W39.5	**No. 2812-13** Tarantomari L99.0 : W64.0 : T17.0
No. 2812-143 Tarantomari L39.0 : W32.0	**No. 2812-185** Tarantomari L39.0 : W28.0	**No. 5110-71** Tarantomari L75.0 : W49.0 : T1.3

Clothe and accessory

No. 2813-77	Biratori
L40.0 : W30.0 : T3.0	

No. 2813-78	Biratori
L45.0 : W31.5	

No. 2813-79	Biratori
L52.0 : W33.0 : T2.5	

No. 2814-11	Biratori
L52.0 : W67.0	

No. 5102-109	Biratori
L60.5 : W39.5	

No. 5102-112	Biratori
L41.0 : W44.0 : T13.0	

No. 8762-17131	Saru
L48.0 : W59.0	

No. 8762-17133	Saru
L47.5 : W34.5	

No. 8761-15840	－
L22.5 : W20.0 : T0.6	

No. 8762-17132	－
L34.5 : W28.0	

No. 8762-17134	－
L21.5 : W17.0	

No. 8762-17138	－
L43.5 : W36.5	

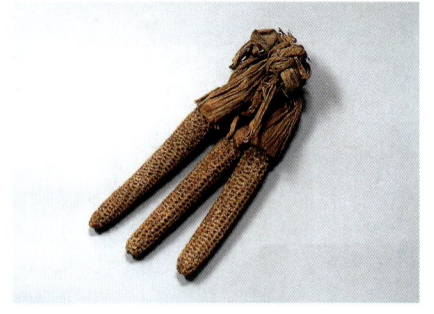

No. 5110-25 Rorei	**No. 5102-46/4** Biratori	**No. 5102-47/3** Biratori
L25.0 : W8.0 : T5.0	L15.0 : W3.0	L27.5
No. 5102-49 Biratori	**No. 5102-51**aб Biratori	**No. 5102-52** Biratori
L20.5 : W10.5 : T2.7	L43.0 : W31.0	L26.5 : φ4.1
No. 5102-53 Biratori	**No. 6756-11** Biratori	**No. 5110-27** Hakoda
L54.0 : W2.0 : T1.1	L47.0 : W14.0 : T5.5	L41.0 : W15.0 : T5.5
No. 2812-45 Shiraura	**No. 4926-65** Shiraura	**No. 2812-43** Otasamu
(ML29.8) φ22.7×17.7 : H7.4	ML(27.2) φ25.5×7.8 : H6.5	ML27.8 φ24.5×16.7 : H6.5

Nourishment and cooking

No. 4926-62　　　Otasamu	No. 2812-40　　　Aihama	No. 4926-57　　　Rorei
ML26.3　φ23.0×15.0 : H6.3	ML19.0　φ16.2×10.8 : H5.1	ML29.5　φ25.5×15.6 : H7.5

No. 4926-55　　　Ootani	No. 4926-56　　　Ootani	No. 4926-59　　　Ootani
ML30.0　φ26.0×17.2 : H7.0	ML32.0　φ28.6×17.1 : H7.7	ML28.0　φ22.0×15.9 : H6.2

No. 4926-60　　　Ootani	No. 4926-61　　　Ootani	No. 2812-42　　　Ochiho
ML23.9　φ21.2×13.1 : H5.0	ML23.7　φ19.0×14.4 : H6.7	ML30.8　φ23.5×15.0 : H7.5

No. 2812-44　　　Tonnai	No. 4926-58　　　Tonnai	No. 2812-41　　　Maoka
ML29.5　φ26.0×17.5 : H9.0	ML29.2　φ25.0×16.2 : H7.6	ML21.7　φ18.6×13.8 : H5.9

No. 4926-85　　　Maoka	No. 3006-42　　　Tarantomari	No. 3006-43　　　Biratori
ML25.5　φ21.5×16.3 : H8.0	ML26.6　φ24.0×17.0 : H7.5	ML24.0　φ18.5×15.4 : H5.7

No. 4926-63　　　Biratori	**No. 4926-64**　　　Biratori	**No. 4926-84**　　　－
ML26.2　φ22.8×15.8：H7.7	ML26.4　φ23.1×16.0：H7.9	ML28.9　φ23.5×14.5：H7.5
No. 4926-86　　　－	**No. 8761-10197**　　－	**No. 8761-10198**　　－
ML24.7　φ22.4×14.2：H6.3	L26.5：φ22.7×16.7：H7.0	ML35.9　φ28.7×16.2：H8.8
No. 8761-10199　　－	**No. 8761-10200**　　－	**No. 4926-73**　　Otasamu
L29.8：φ22.2×15.0：H6.1	ML24.9　φ22.3×14.0：H6.1	φ19.2×18.8：H6.5
No. 4926-68　　Naibuchi	**No. 4926-69**　　　Rorei	**No. 2812-46**　　Shiyasu
φ17.7×17.5：H8.3/5.8	φ17.9×15.7：H7.2/5.0	φ17.6×15.0：H9.0/6.0
No. 4926-67　　　Ootani	**No. 4926-70**　　　Ootani	**No. 4926-71**　　　Ootani
φ16.2×16.0：H8.8/5.3	φ16.9×15.2：H7.5/5.4	φ17.9×16.5：H7.2/5.5

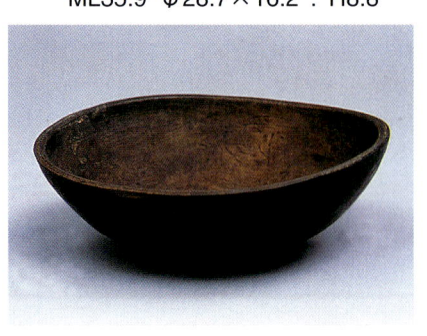

Nourishment and cooking

No. 4926-74 Tarantomari	No. 2813-17 Biratori	No. 4926-72 Biratori
φ15.9×15.4 : H7.7	φ8.5×7.7 : H4.0	φ16.0×15.6 : H6.7
No. 4926-75 Biratori	No. 6756-80 Otasamu	No. 8761-10202 —
φ21.8×21.3 : H8.5	ML15.3 φ10.6 : H5.7	L25.7 : W12.7 : H11.2
No. 6756-16 Biratori	No. 6756-17 Biratori	No. 8761-10218 —
φ6.8 : H8.3	φ5.9 : H5.9	φ11.8 : H22.5
No. 4926-52 Shiraura	No. 2812-34 Otasamu	No. 3006-40 Otasamu
φ28.8×28.0 : H4.0	ML26.0 : φ25.5×25.0 : H3.5	φ31.0×30.0 : H3.5
No. 4926-51 Otasamu	No. 6756-18 Otasamu	No. 2812-26 Otasamu
φ30.7 : H(4.5)	ML16.5 φ10.9×10.2 : H4.2	ML19.0 φ19.0×17.7 : H4.5

No. 2812-27 Aihama ML23.8　φ21.5×20.6：H3.2	**No. 2812-33** Naibuchi φ18.7×18.4：H3.8	**No. 2812-35** Ootani φ27.7×27.3：H2.0
No. 4926-49 Ootani φ28.3×27.3：H2.2	**No. 3006-41** Tonnai φ20.8×19.3：H5.7	**No. 2812-37** Maoka φ28.0×27.5：H4.3
No. 2812-194 Maoka ML23.0：φ20.8×19.8：H4.6	**No. 2812-36** Tarantomari φ28.3×27.2：H3.1	**No. 3006-62** Tarantomari φ25.7×25.2：H2.8
No. 2812-31 Tarantomari φ18.4×18.2：H6.7	**No. 2812-19** Tarantomari ML21.3　φ18.5×18.3：H4.3	**No. 2812-20** Tarantomari ML25.3　φ19.3×18.8：H3.6
No. 4926-53 Biratori φ30.5×30.0：H2.5	**No. 2813-16** Biratori φ22.9×22.7：H9.7	**No. 4926-54** Biratori φ29.8×29.5：H3.1

Nourishment and cooking

No. 8761-10206 —	No. 2812-122 Hakoda	No. 4926-41 Hakoda
φ23.9×23.4 : H2.1	L35.6 : W17.9 : H3.7	L36.4 : W20.0 : H2.5

No. 4926-50 Hakoda	No. 4926-43 Manui	No. 2812-25 Shiraura
L28.0 : W23.5 : H3.4	L35.3 : W23.1 : H3.2	L35.0 : W29.7 : H3.1

No. 2812-38 Shiraura	No. 2812-39 Otasamu	No. 4926-44 Otasamu
L32.1 : W24.7 : H2.8	L34.3 : W29.0 : H5.2	L32.0 : W23.2 : H2.5

No. 4926-42 Aihama	No. 4926-48 Aihama	No. 2812-23 Naibuchi
L35.0 : W18.3 : H2.5	L28.7 : W23.6 : H1.6	L30.1 : W27.5 : H3.5

No. 2812-29 Naibuchi	No. 4926-39 Kashiwahama	No. 2812-21 Rorei
L36.0 : W17.6 : H6.3	L19.8 : W13.2 : H2.5	L28.5 : W25.8 : H4.5

No. 2812-30 Shiyasu L34.2 : W19.2 : H3.5	**No. 3006-38** Shiyasu L43.6 : W22.5 : H3.5	**No. 2812-24** Ootani L33.1 : W27.1 : H4.3
No. 4926-40 Ootani L30.2 : W17.0 : H2.0	**No. 4926-45** Ootani L28.0 : W18.4 : H4.2	**No. 2812-123** Maoka L46.5 : W16.7 : H4.4
No. 64-1 Maoka L49.9 : W20.3 : H4.3	**No. 64-2** Maoka L31.1 : W20.0 : H3.4	**No. 2812-28** Tarantomari L27.4 : W14.5 : H2.6
No. 2813-49 Biratori L42.3 : W13.5 : H5.0	**No. 4926-46** — L26.5 : W15.3 : H3.0	**No. 4926-47** — L31.5 : W17.5 : H4.0
No. 8761-10264 — L34.5 : W18.7 : H3.0	**No. 8761-10265** — L26.7 : W17.5 : H4.0	**No. 2812-22** Maoka L27.4 : W26.6 : H2.3

Nourishment and cooking

No. 4926-76 Maoka	No. 2813-15 Biratori	No. 3006-39 Biratori
L26.7 : W26.5 : H2.0	L23.7 : W24.3 : H2.5	L23.7 : W23.4 : H2.4

No. 4926-77 Biratori	No. 4926-78 Biratori	No. 4926-79 Biratori
L21.7 : W21.6 : H2.8	L23.8 : W23.8 : H2.6	L24.0 : W22.8 : H1.8

No. 8761-10207 —	No. 4926-80 Aihama	No. 4926-82 Ochiho
L28.8 : W(20.9) : H2.1	L25.7 : W24.6 : H2.4	L26.7 : W26.1 : H3.7

No. 4926-81 Maoka	No. 4926-120 Biratori	No. 8761-10217 —
L25.6 : W25.6 : H2.4	L34.8 : W30.8 : H9.5	L31.8 : W31.5 : H7.7

No. 4926-66 Tarantomari		No. 8761-10254 —
L43.0 : W24.5 : H5.0		L26.1 : W25.5 : T2.2

213

No. 2812-89 Hakoda
L17.8 : W3.3 : T0.4

No. 2812-90 Otasamu
L17.7 : W3.1 : T0.5

No. 2812-91 Ootani
L23.6 : W4.2 : T0.5

No. 2813-23 Biratori
L17.4 : W3.3 : T0.4

No. 2813-24 Biratori
L10.8 : W3.5 : T0.2

No. 2813-25 Biratori
L17.9 : W3.0 : T0.3

No. 2813-26 Biratori
L16.7 : W4.6 : T1.4

No. 2812-86 Manui
L24.4 : W2.4 : T0.4

No. 2812-87 Manui
L24.1 : W2.4 : T0.3

No. 2812-88 Shiraura
L19.0 : W2.5 : T0.4

No. 5110-36 Shiraura
L17.4 : W2.4 : T0.3

No. 2812-76 Otasamu
L22.6 : W2.3 : T0.3

Nourishment and cooking

No. 2812–82	Otasamu
L23.2 : W2.3 : T0.3	

No. 5110–35	Otasamu
L24.0 : W2.8 : T0.2	

No. 5110–32	Aihama
L22.4 : W2.3 : T0.2	

No. 2812–75	Shiyasu
L21.8 : W2.6 : T0.3	

No. 5110–31	Ootani
L22.2 : W2.2 : T0.2	

No. 5110–37	Ochiho
L20.8 : W2.3 : T0.2	

No. 5110–38	Ochiho
L20.4 : W2.3 : T0.1	

No. 2812–83	Maoka
L23.3 : W2.7 : T0.3	

No. 5110–39	Maoka
L22.8 : W2.3 : T0.2	

No. 5110–40	Maoka
L22.5 : W2.5 : T0.2	

No. 2812–77/4	Otasamu
L24.4 : φ0.7/L24.3 : φ0.8 L24.4 : φ0.7/L24.0 : φ0.7	

No. 5110–34/2	Otasamu
L25.0 : φ0.7×0.5	

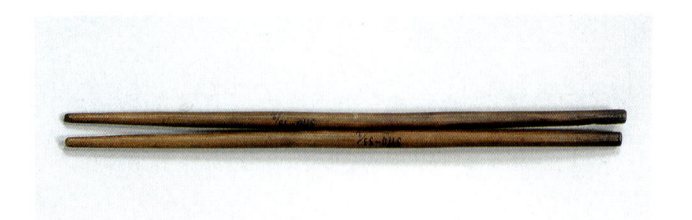

No. 5110–33/2 Aihama	**No. 2812–74**авсд Rorei
L23.9 : φ0.7×0.6	а L24.1 : W3.1 : T1.0 вс L : 22.6 : φ : 0.6～0.8 д W1.0
No. 2812–73/2 Shiyasu	**No. 5110–41** Maoka
L23.8 : φ0.7×0.4	L16.0 : W0.4 : T0.4
No. 5110–42 Maoka	**No. 2812–78/2** Tarantomari
L18.6 : W0.7 : T0.6	L21.8 : W0.7 : T0.6
No. 2812–79/2 Tarantomari	**No. 2812–80/2** Tarantomari
L23.6 : W0.7 : T0.6	L24.1 : W1.0 : T0.6
No. 2813–20 Biratori	**No. 2813–21** Biratori
L26.1 : φ0.6	L23.0 : φ0.6
No. 2813–22/2 Biratori	
L25.5 : φ0.7×0.8	

Nourishment and cooking

No. 2812-81 Tarantomari
L11.2 : W3.5 : H2.5

No. 2812-107aBC Manui
a L29.6 : W7.3 : T5.1

No. 2812-105aB Otasamu
a L35.4 : W7.3 : T3.4   B L30.4 : W6.4 : T0.8

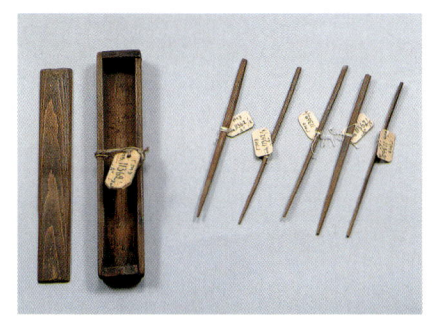

No. 8761-11362 —
L26.8 : W5.8 : H2.8／L20.4/L20.5/L20.4/L20.3/L20.0

No. 2812-106 Otasamu
L11.5 : W5.8 : H27.4

No. 2812-102 Ootani
L5.0 : W5.0 : H28.2

No. 2812-103 Maoka
L7.6 : W3.6 : H35.0

No. 4926-99 Ochiho
L(28.2) : W9.6 : T4.7

No. 4926-100 Biratori
L30.5 : W18.0 : T(5.0)

No. 2812-104 Otasamu
φ5.7 : H29.6

No. 4926-101 Biratori
φ7.0 : H23.7

No. 4926-102aBC Biratori
MH25.7 a φ4.6 : H20.0 B φ4.0 : H2.4
        c φ5.6×5.1 : T0.9

No. 4926-103aB Biratori
MH22.7 a φ4.6 : H19.3
        B φ4.3 : H6.0

No. 4926-104aB Biratori
MH22.8 a φ5.0 : H21.3
        B φ4.5 : H2.0

217

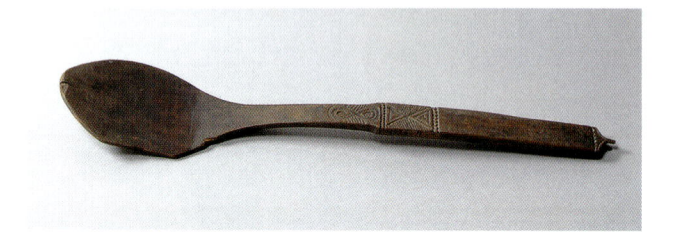

No. 4926-19	Hakoda	**No. 3006-26**	Manui
L38.5 : W7.0 : T2.5		L52.8 : W9.5 : T1.1	
No. 4926-11	Otasamu	**No. 4926-17**	Otasamu
L44.7 : W(9.2) : T0.4		L40.7 : W8.3 : T2.5	
No. 2812-49	Aihama	**No. 4926-6**	Aihama
L71.0 : W21.4 : T9.0		L41.0 : W8.0 : T0.5	
No. 4926-9	Aihama	**No. 4926-16**	Aihama
L41.7 : W7.2 : T0.4		L42.0 : W8.1 : T2.6	
No. 4926-26	Aihama	**No. 2812-59**	Naibuchi
L40.5 : W8.0 : T2.3		L46.2 : W10.5 : T3.2	
No. 3006-25	Rorei	**No. 4926-7**	Rorei
L52.8 : W(7.0) : T4.2		L43.0 : W8.7 : T0.7	

Nourishment and cooking

No. 2812-50 — Shiyasu
L54.0 : W12.5 : T4.4

No. 2812-47 — Ootani
L38.5 : W13.3 : T5.3

No. 2812-48 — Ootani
L58.0 : W12.6 : T4.5

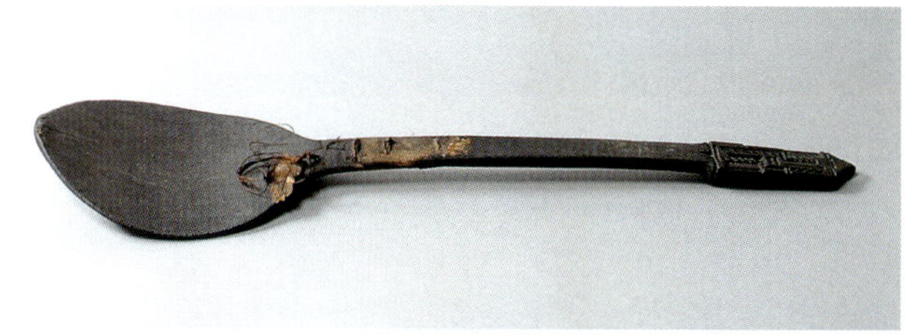

No. 2812-56 — Ootani
L56.0 : W12.6

No. 4926-8 — Ootani
L44.5 : W7.3 : T0.4

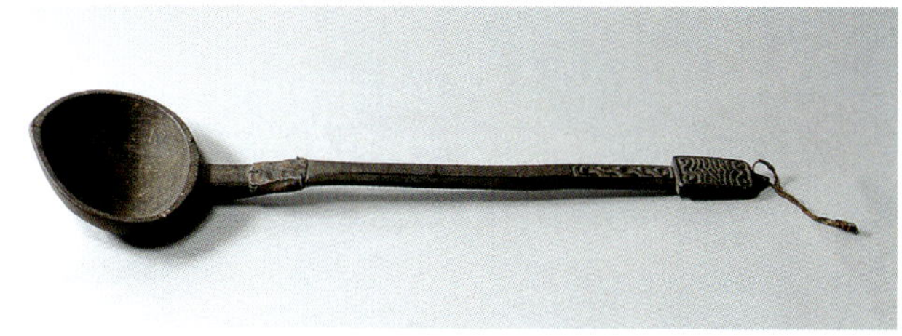

No. 4926-29 — Ootani
L52.2 : W11.9 : T3.5

No. 4926-33 — Ootani
L46.7 : W8.7 : T5.0

No. 2812-71 — Ochiho
L52.6 : W9.7 : T2.1

No. 2812-65 — Tonnai
L44.9 : W9.0 : T0.9

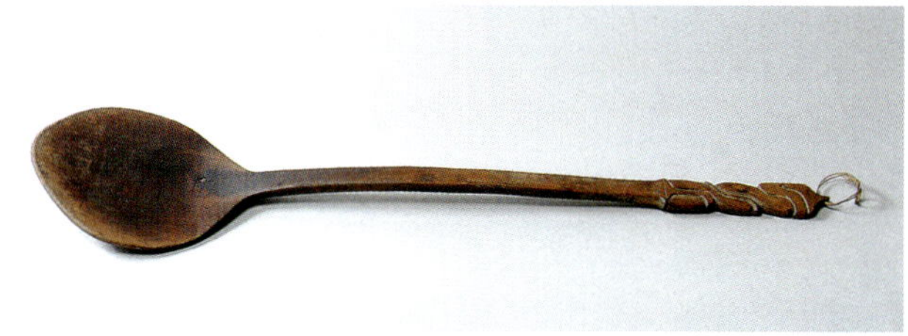

No. 4926-10 — Tonnai
L54.8 : W12.0 : T0.8

No. 64-3 — Maoka
L34.3 : W9.2 : T3.0

No. 64-9 — Maoka
L(52.0) : W11.5 : T3.5

No. 2812-52 Maoka		**No. 2812-53** Maoka	
L70.5 : W10.1 : T0.7		L47.0 : W9.9 : T2.2	
No. 2812-54 Maoka		**No. 2812-55** Maoka	
L49.4 : W8.3 : T3.0		L52.7 : W10.4 : T3.0	
No. 2812-58 Maoka		**No. 2812-60** Maoka	
L48.8 : W8.8 : T2.0		L45.3 : W9.2 : T0.5	
No. 2812-62 Maoka		**No. 2812-63** Maoka	
L40.0 : W8.0 : T1.9		L47.6 : W10.0 : T1.8	
No. 2812-68 Maoka		**No. 2812-69** Maoka	
L45.0 : W8.8 : T3.2		L38.0 : W10.1 : T2.3	
No. 2812-70 Maoka		**No. 3006-27** Maoka	
L30.6 : W8.5 : T0.3		L45.0 : W10.2 : T2.2	

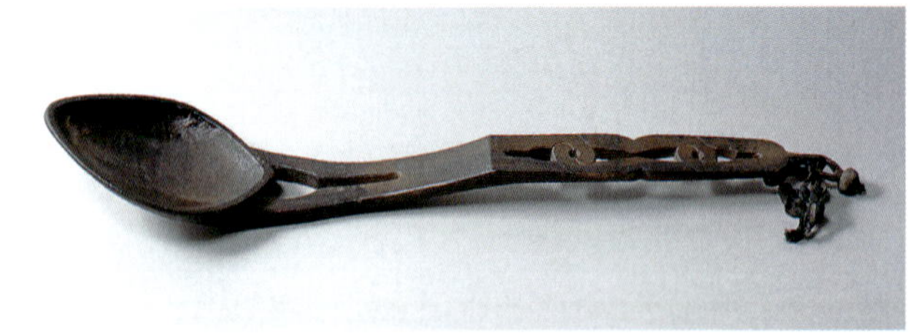

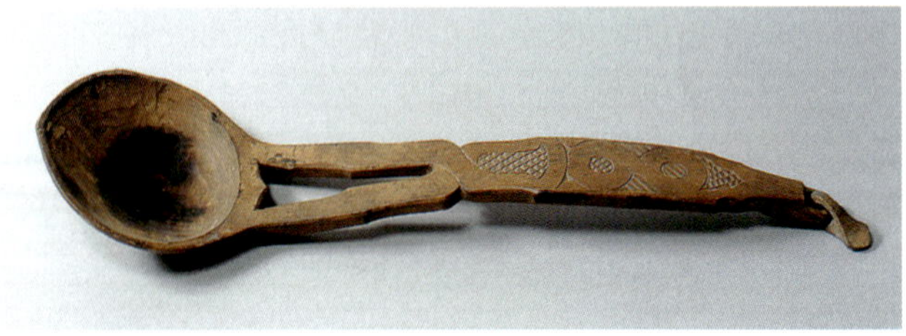

Nourishment and cooking

No. 4926-4   Maoka
L(19.2) : W3.3 : T0.4

No. 4926-5   Maoka
L47.2 : W8.0 : T0.4

No. 4926-12   Maoka
L45.3 : W8.5 : T0.9

No. 4926-13   Maoka
L45.5 : W8.0 : T1.2

No. 4926-14   Maoka
L51.5 : W10.0 : T0.8

No. 4926-15   Maoka
L46.0 : W6.2

No. 4926-30   Maoka
L44.0 : W9.4 : T2.5

No. 2812-51   Tarantomari
L50.8 : W9.7 : T3.8

No. 2812-57   Tarantomari
L43.8 : W9.5 : T2.6

No. 2812-61   Tarantomari
L41.6 : W10.4 : T2.9

No. 2812-64   Tarantomari
L44.8 : W9.1 : T2.3

No. 2812-67   Tarantomari
L39.0 : W7.4 : T2.0

No. 3006-21　Tarantomari	No. 3006-22　Tarantomari
L51.0 : W8.1 : T1.9	L44.3 : W9.7 : T3.5
No. 3006-23　Tarantomari	No. 3006-24　Tarantomari
L38.5 : W8.2 : T2.0	L34.8 : W5.3 : T0.9
No. 4926-20　Tarantomari	No. 4926-21　Tarantomari
L43.0 : W8.0 : T2.4	L41.5 : W7.8 : T2.2
No. 4926-22　Tarantomari	No. 4926-23　Tarantomari
L37.2 : W8.7 : T1.9	L44.5 : W8.2 : T2.5
No. 4926-24　Tarantomari	No. 4926-25　Tarantomari
L43.1 : W8.0 : T1.9	L42.4 : W9.2 : T2.5
No. 4926-34　Tarantomari	No. 2813-18　Biratori
L56.5 : W12.0 : T4.0	L58.0 : W15.5 : T4.5

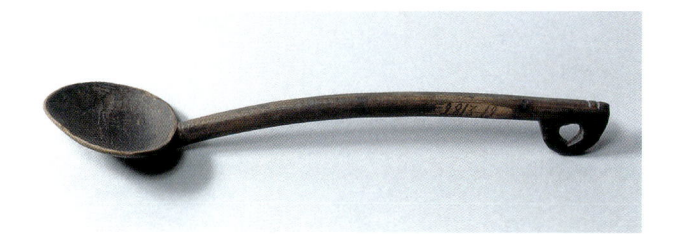

Nourishment and cooking

No. 2813-19　　Biratori
L31.3 : W7.4 : T2.3

No. 3006-28　　Biratori
L35.2 : W8.6 : T3.0

No. 3006-29　　Biratori
L29.7 : W9.3 : T1.6

No. 4926-27　　Biratori
L39.0 : W9.0 : T2.1

No. 4926-28　　Biratori
L37.7 : W9.6 : T3.0

No. 4926-31　　Biratori
L36.0 : W10.2 : T2.8

No. 4926-32　　Biratori
L42.4 : W10.8 : T2.4

No. 4926-35　　Biratori
L54.7 : W13.0 : T2.8

No. 4926-36　　Biratori
L53.0 : W13.0 : T3.8

No. 4926-37　　Biratori
L40.8 : W9.0 : T2.2

No. 4926-38　　Biratori
L60.6 : W15.7 : T4.5

No. 4926-96　　Biratori
L35.8 : W7.8 : T2.1

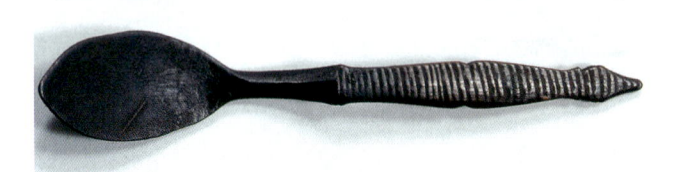

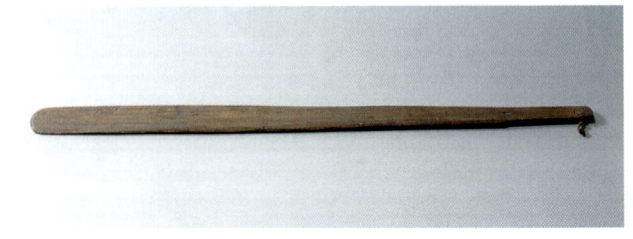

No. 6756-14 Biratori L19.8 : W3.4 : T0.2		**No. 2813-28** Biratori L21.5 : W4.8 : T2.8	
No. 2813-27 Biratori L18.7 : W4.5 : T1.8		**No. 4926-87** — L41.2 : W8.5 : T0.3	
No. 6756-15 — L22.5 : W3.6 : T0.5		**No. 8761-10229** — L48.0 : W10.5 : T2.2	
No. 8761-10230 — L43.6 : W13.2 : T3.0		**No. 8761-10231** — L24.4 : W5.6 : T1.7	
No. 8761-10286 — L34.6 : W8.8 : T0.9		**No. 2812-125** Otasamu L74.8 : W5.1 : T1.3	
No. 2813-55 Biratori L37.7 : W7.0 : T0.6		**No. 2813-56** Biratori L36.7 : W8.1 : T0.5	

Nourishment and cooking

No. 2813-57 Biratori
L46.6 : W8.0 : T0.5

No. 5102-56 Biratori
L54.8 : W6.3 : T0.6

No. 5102-57 Biratori
L51.4 : W6.5 : T1.1

No. 5102-58 Biratori
L53.5 : W7.3 : T1.0

No. 5102-59 Biratori
L45.4 : W6.8 : T1.1

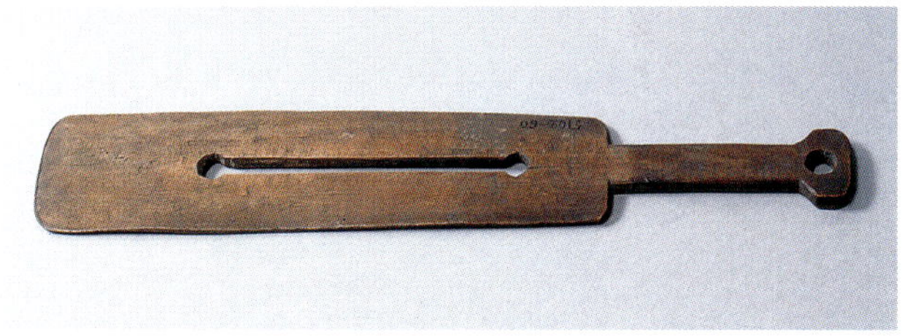

No. 5102-60 Biratori
L35.3 : W6.5 : T0.7

No. 5102-62 Biratori
L49.2 : W5.6 : T0.7

No. 2813-59 Biratori
L92.0 : W17.2 : H7.2

No. 4926-95 Biratori
L82.0 : W15.6 : H5.0

No. 4926-3 Shiraura
L44.4 : W11.0 : H7.8

No. 2812-66 Aihama
L41.6 : W12.0 : T7.0

No. 4926-1 Maoka
L55.7 : W16.4 : H10.2

225

No. 2812-95 — Tarantomari		**No. 2813-30** — Biratori	
L47.5 : W22.4 : T10.5		ML30.0 : φ18.5×17.8 : H13.0	
No. 3006-63 — Biratori		**No. 4926-2** — Biratori	
L11.0 : W10.4 : H4.5		L37.4 : W11.2 : H4.3	
No. 2812-126 — Otasamu		**No. 3006-44** — Rorei	
φ10.6 : H29.8		φ9.0 : H23.5	
No. 4926-108 — Ootani		**No. 2812-128** — Tonnai	
φ9.6 : H24.0		φ8.8 : H25.2	
No. 2812-127 — Tarantomari		**No. 2813-50** — Biratori	
φ8.4 : H29.5		L49.5 : W17.8 : H5.7	
No. 2813-51 — Biratori		**No. 4926-118** — Aihama	
L51.7 : W24.0 : H6.0		L66.8 : W21.0 : H11.0	

Nourishment and cooking

No. 4926-119 — Biratori
L55.6 : W27.0 : H8.0

No. 2812-108 — Shiraura
L57.0 : W22.0 : H5.7

No. 2812-109 — Otasamu
L83.5 : W30.3 : H14.0

No. 2812-184 — Otasamu
L86.5 : W32.9 : H13.2

No. 2812-183 — Naibuchi
L78.2 : W21.2 : T8.5

No. 2812-111 — Tonnai
L89.5 : W27.0 : H18.2

No. 4926-107 — Tonnai
L109.5 : W34.0 : H11.0

No. 2812-110 — Tarantomari
L96.5 : W31.7 : H7.0

No. 2812-182 — Tarantomari
L79.4 : W34.7 : H5.0

No. 4926-91 — Tarantomari
L80.0 : W30.7 : H12.3

No. 2813-35 — Biratori
L93.0 : W23.8 : H11.0

No. 2813-36 — Biratori
L142.3 : W44.5 : H12.0

No. 2813-37	Biratori	**No. 4926-89**	Biratori
L75.0 : W23.0 : H4.5		L52.3 : W21.5 : H5.0	
No. 4926-90	Biratori	**No. 8761-10195**	—
L60.5 : W26.2 : H5.3		L57.8 : W19.1 : H7.0	
No. 2813-34	Biratori	**No. 4926-88**	Biratori
φ45.7×44.9 : H12.5		φ54.5×51.5 : H11.5	
No. 6756-23	Biratori	**No. 6756-59**	—
φ53.0 : H14.5 : T3.7		φ48.5 : H11.7 : T2.0	
No. 8761-10221	—	**No. 5110-215аб**	Hakoda
φ53.5×51.5 : H11.2		L28.8 : W1.7 : T1.0	
No. 2812-124	Shiraura	**No. 6756-61**	Shiraura
L38.9 : W1.5 : T0.9		L76.0 : φ1.4	

Nourishment and cooking

No. 2812-136 Naibuchi
L59.3 : W2.6 : T1.7

No. 4926-97aB Shiraura
a L21.5 : W18.2 : H11.0 MH18.3
B φ16.5 : T0.7 : H3.0

No. 2813-31 Biratori
ML22.0 : φ17.5 : H11.7

No. 2813-32aB Biratori
a L29.0 : H14.5 : MH26.5
B φ26.0×24.3 : T1.0 : H2.7

No. 8761-10194 —
φ18.7 : H11.6 : MH20.5

No. 2812-121 Otasamu
L30.1 : W27.5 : H5.9

No. 2813-53 Biratori
L68.5 : W17.0 : H8.0

No. 2813-54 Biratori
L42.2 : W12.5 : T1.9

No. 4926-109 Biratori
L29.8 : W11.6 : T1.2

No. 2812-101	Otasamu
L42.5 : W35.5 : H33.0	

No. 3006-36	Rorei
L22.0 : W20.5 : H20.8	

No. 2812-99	Ootani
L23.5 : W12.5 : H14.5	

No. 2812-100	Maoka
L23.8 : W22.1 : H22.0	

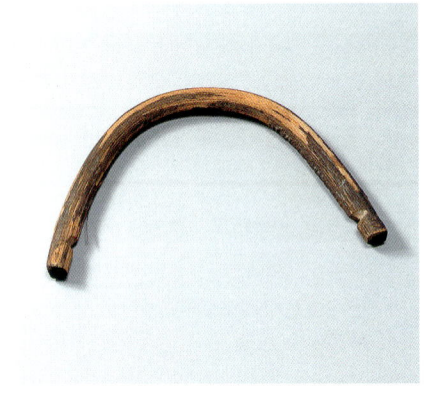

No. 4926-105B	Biratori
L24.5 : W13.8 : φ1.8	

No. 4926-106	Biratori
L33.2 : W29.0 : H12.5	

No. 8761-10204	—
L28.3 : W17.0 : H16.5	

No. 8761-10205	—
L35.5 : W24.0 : H15.0	

No. 5102-101	Biratori
φ9.0×8.5 : H6.8	

No. 5102-102аб	Biratori
MH8.0 а φ10.0 : H6.5	
б φ7.0 : H1.5	

Nourishment and cooking

No. 6756-66 Naibuchi	No. 6756-67 Ootani	No. 64-24 Maoka
L31.5 : W12.0 : H7.8 : T0.2	L25.0 : W14.0	φ10.5 : H23.0

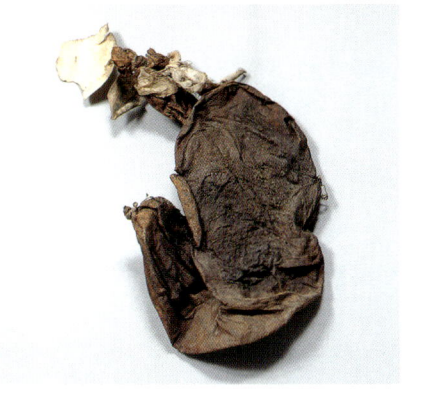

No. 2812-139 Maoka	No. 5110-87 Maoka	No. 2812-137 Tarantomari
φ8.0 : H11.6	L19.0 : W11.5	L61.0 : W41.0 : H26.0

No. 2812-138 Tarantomari	No. 2812-140 Tarantomari	No. 2812-141aʙ Tarantomari
L28.0 : W13.5 : H10.0	φ15.0 : H28.4	MH29.0 a φ12.0 : H23.4 ʙ φ5.4 : H10.8

No. 6756-68 Tarantomari	No. 2813-76 Biratori	No. 8761-10227 —
L48.0 : W7.0 T0.01	L20.0 : W4.5 : T1.4	L14.5 : W11.0 : H31.0

No. 2812–112aB　　Shiraura	**No. 2812–97**　　Tarantomari	**No. 2812–98**　　Tarantomari
MH43.3　a H34.7 : φ45.5 　　　　 B H10.4 : φ48.5	H13.8 : φ17.3×14.6	MH30.5　H18.7 : φ19.2×20.0
No. 2812–113aB　　Tarantomari	**No. 2813–33**aB　　Biratori	**No. 2813–29**aB　　Biratori
MH48.0　a H38.9 : φ50.8 　　　　 B H10.6 : φ55.4	MH16.5　a H13.5 : φ18.0 　　　　 B H4.2 : φ18.0	MH59.7　a H58.3 : φ57.0 　　　　 B T1.3 : φ57.0
No. 2817–103aB　　Biratori	**No. 6756–22**　　—	**No. 8761–10203**　　—
MH23.0　a H5.0 : φ25.4 　　　　 B H20.2 : φ22.6	L21.7 : W8.7 : H6.0	L24.0 : W14.3 : H8.0

Nourishment and cooking

No. 3006-54 — Otasamu
L33.0 : H5.6

No. 2808-23 — Aihama
L20.0 : H1.5

No. 2808-19 — Rorei
L7.0 : H3.5

No. 2808-21 — Ootani
L23.6 : H5.0

No. 64-8aB — Maoka
L7.2 : H3.2

No. 2808-16 — Maoka
L(27.5) : H4.1

No. 2808-17 — Maoka
L30.7 : H3.2

No. 2808-18 — Tarantomari
L33.6 : H4.0

No. 2808-20 — Tarantomari
L25.4 : H5.0

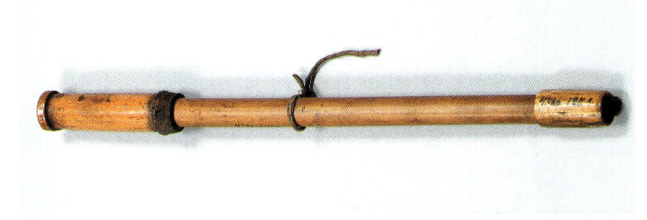

No. 4926-124aBC — Tarantomari
L38.5 : φ2.6

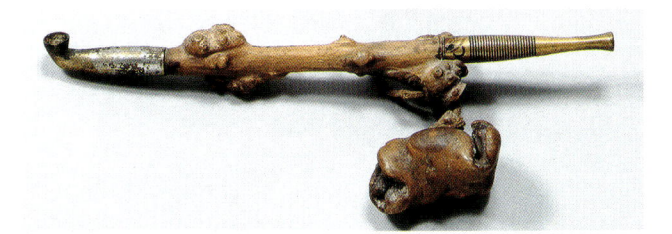

No. 2809-5 — Biratori
L21.1 : W2.6 : T2.2/L5.1 : W2.8 : H3.1

No. 5102-65 — Biratori
L13.2 : φ1.3×1.1

233

No. 6756-12 Biratori
L24.8 ： φ1.3

No. 6756-63аб —
L8.2 ： W1.9 ： H3.2／L6.1 ： φ1.3

No. 6756-40 Naibuchi
L36.2 ： W2.7 ： T1.2

No. 2808-31 Tonnai
L46.0 ： W7.4 ： T4.2

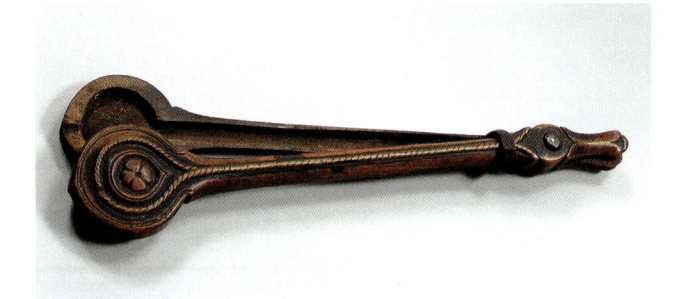

No. 2808-29 Tarantomari
L39.8 ： W7.1 ： T3.9

No. 4926-125 Tarantomari
L38.8 ： W6.4 ： T3.5

No. 2809-14 Biratori
L40.3 ： W5.6 ： T1.4

No. 5102-64аб Biratori
а L30.6 ： W3.1 ： T1.0　б L23.1 ： W1.3 ： T0.6

No. 8761-10240 —
L38.7 ： W4.0 ： T1.4

No. 2808-24авс Otasamu
ав L11.4 ： W8.7 ： H5.4　с L21.5 ： W2.8 ： H6.4

Nourishment and cooking

No. 2808-27авс　　　　　　　　　　　　　Aihama
а L14.9 : W8.4 : H7.1　в L31.0 : φ2.8　с L2.4 : W4.1 : T1.2

No. 2808-25авс　　　　　　　　　　　　　Naibuchi
а L10.2 : W6.4 : H6.3　в L20.0 : W3.5 : T0.8　с L6.5 : W0.8 : T0.4

No. 2808-26авс　　　　　　　　　　　　　Tonnai
а L12.5 : W7.0 : H8.2　в L23.8 : φ2.4　с L4.0 : W5.5 : T1.0

No. 2808-28авс　　　　　　　　　　　　　Tarantomari
а L13.4 : W7.0 : H8.3　в L(27.9) : φ2.8　с L2.6 : W3.0 : T1.4

No. 2809-9авсдеф　　　　　　　　　　　　Biratori
а L7.6 : W3.0 : H9.7　в L31.0 : W4.2　с L29.6 : φ1.1　д L9.2 : W0.7　е L9.2 : W0.9 : T0.5　ф L9.3 : φ0.2

No. 2809-10ав　　　　　　　　　　　　　Biratori
а L8.1 : W3.3 : H6.8　в L27.5 : W2.8 : T0.8

No. 2809-11авсде　　　　　　　　　　　　Biratori
а L9.3 : W5.8 : H8.8　в L32.6 : W3.9 : T1.1

No. 2809-12ав　　　　　　　　　　　　　Biratori
а L7.6 : W5.2 : H5.0　в L20.2 : W3.6 : T1.1

No. 2809-13авсде　　　　　　　　　　　　Biratori
а L12.0 : W6.0 : H9.3　в L37.1 : W4.0 : T1.8　е L40.1 : W1.7 : H3.2

No. 5102-63абв　　　　　　　　　　　　　Biratori
аб L7.4 : W4.5 : H7.4　в L30.1 : W2.8 : T0.8

No. 8761-10234аб —
L10.5 : W5.9 : H6.6

No. 8761-11360 —
L10.5 : W7.3 : T2.1

No. 2809-6 Biratori
L5.8 : W5.8 : H3.7

No. 2809-7 Biratori
L7.1 : W5.2 : H4.3

No. 2809-8 Biratori
φ4.8〜5.4 : T2.0

No. 6756-13 Biratori
ML16.2　L5.2 : W0.8 : T0.4

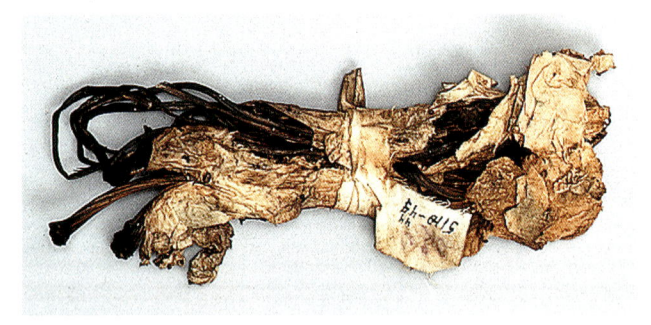

No. 5110-44 Shiraura
L21.0 : φ6.5

No. 8761-10248 —
ML26.5 : φ18.6 : H16.5

Nourishment and cooking

No. 2808-10 Otasamu
L19.0 : W16.5

No. 2808-11 Aihama
L17.2 : W15.5

No. 5110-49 Shiyasu
L24.6 : W17.0

No. 5110-86аб Tonnai
а L20.4 : W16.5   б L9.5 : W1.3

No. 2808-9 Maoka
L20.6 : W17.2

No. 5110-48 Tarantomari
L21.5 : W14.0

No. 2808-1 Tarantomari
L15.3 : W11.5

No. 8762-17136 —
L18.0 : W14.0

237

No. 2808-5	Otasamu	No. 2808-6	Otasamu	No. 5110-43	Otasamu
ML35.0 L28.7 : W13.0/9.0		ML34.0 L26.0 : W14.5		ML37.5 L29.5 : W14.5/11.0	

No. 2808-8	Aihama	No. 2808-4	Ootani	No. 5110-47	Tarantomari
ML34.0 L25.0 : W14.3/11.0		ML31.5 L26.0 : W11.5/10.0		ML36.7 L29.0 : W14.0/9.5	

No. 2808-7	Tarantomari	No. 5110-45	Tarantomari	No. 5110-46	Tarantomari
ML35.5 L30.0 : W14.5/9.5		ML37.5 L29.5 : W15.6/12.0		ML31.6 L27.2 : W15.0/9.0	

No. 8762-17137	—	No. 6756-55	Otasamu
ML31.5 L24.0 : W13.0		L17.0 : W18.5	

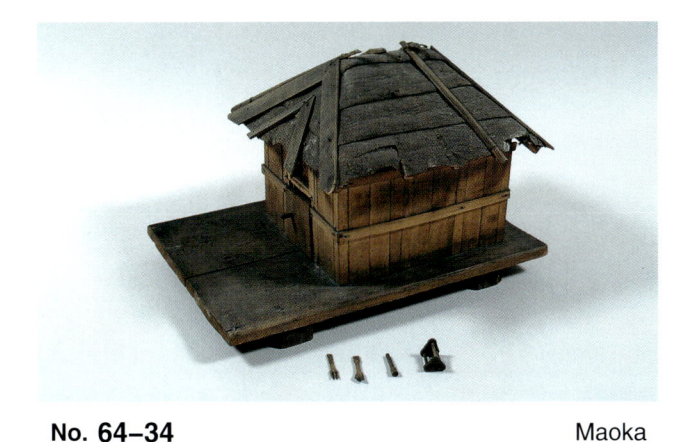

Habitation

No. 64-34 Maoka
L60.0 : W41.0 : H38.0

No. 2817-11 Biratori
L200.0/140.0 : φ8.5

No. 2813-61 Biratori
ML72.0　L17.7 : W7.7 : φ2.2

No. 2813-62 Biratori
ML117.5　L16.8 : W8.5 : φ2.7×2.3

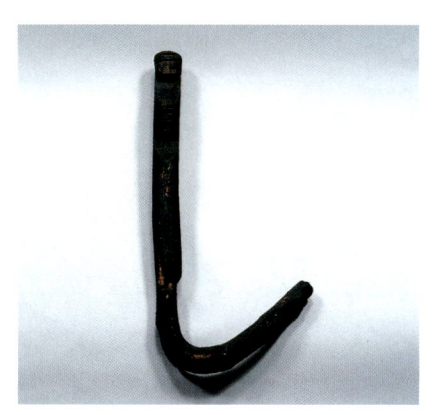

No. 2813-63 Biratori
L54.5 : W23.0 : φ4.5

No. 3006-32 Biratori
L33.0

No. 6756-24 Biratori
L81.7 : W15.3 : T3.4

No. 4926-116 —
ML152.0　L31.4 : W11.0 : φ3.5

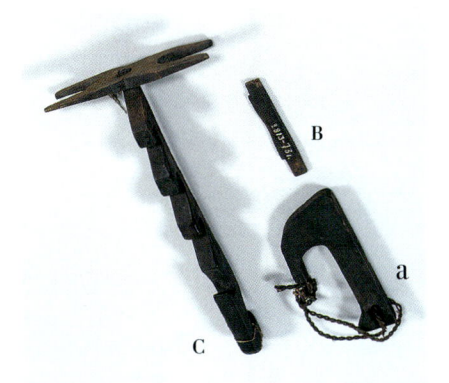

No. 2813-73aBC Biratori
a L22.2 : W10.1 : T2.1　B L14.3 : W2.5 : T0.8
c L46.2 : W21.8 : T4.7

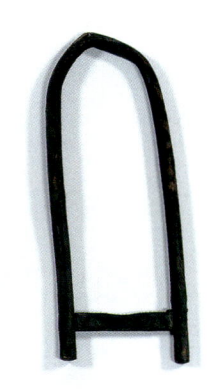

No. 3006-30aB Biratori
L40.0 : W14.3 : T1.9

No. 4926-112aB Biratori
L57.0 : W22.7 : T4.5

239

No. 2812-131　　Shiraura	No. 3006-20　　Tarantomari	No. 3006-19　　Biratori
L20.3 : W11.8 : T1.1	L18.3 : W7.9 : T0.9	L18.8 : W9.4 : T1.0

No. 5102-75　　Biratori	No. 8761-10192　　―	No. 2813-66/2　　Biratori
L17.7 : W9.6 : T1.0	L22.8 : W12.5 : T1.2	L33.0 : φ1.2／L32.5 : φ1.2

No. 2813-67　　Biratori	No. 2813-68/2　　Biratori	No. 6756-39　　Manui
L34.0 : φ0.8	L64.0 : φ2.0／L64.2 : φ1.9	ML30.4　L18.3 : φ4.9

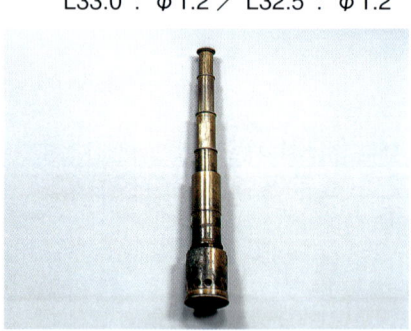

No. 2812-135　　Maoka	No. 2813-48aB　　Biratori	No. 2816-45　　Otasamu
L16.0 : W14.5 : H29.9	a H52.3 : W14.0 : φ3.3　B φ20.8×19.0 : T4.5	L16.0 : W9.5 : H4.3

No. 2812-6　　Aihama
L59.5 : W22.5 : T1.0

Habitation

No. 5110-73 Otasamu
L94.0 : W35.5 : T0.3

No. 5110-74 Otasamu
L97.5 : W35.0 : T0.5

No. 2812-11 Rorei
L(250.0) : W95.5 : T0.4

No. 2812-12 Rorei
L213.0 : W74.5 : T0.4

No. 2812-4 Ootani
L(216.0) : W82.0 : T0.3

No. 2812-16 Tarantomari
L461.0 : W140.0 : T0.4

No. 2812-2   Naibuchi
L290.0 : W115.0 : T0.4

No. 2812-3   Rorei
L198.0 : W74.0 : T0.3

No. 2812-8   Rorei
L238.0 : W113.0 : T0.4

No. 2812-1   Tonnai
L336.0 : W125.0 : T0.4

No. 2812-9   Maoka
L(318.0) : W119.0 : T0.5

No. 2812-10   Maoka
L507.0 : W115.0 : T0.5

Habitation

No. 2812-14 Tarantomari
L422.0 : W119.0 : T0.5

No. 2812-15 Tarantomari
L378.0 : W110.5 : T0.4

No. 5110-75 Tarantomari
L141.0 : W68.5 : T0.4

No. 2813-11 Biratori
L123.0 : W67.0 : T0.7

No. 2813-12 Biratori
L146.0 : W68.0 : T0.5

No. 2813-7 Biratori
L70.0 : W30.5 : T0.4

243

No. 2813-9	Biratori
L144.5 : W64.0 : T0.7	

No. 2813-10	Biratori
L135.0 : W65.0 : T0.5	

No. 5102-297	Biratori
L160.5 : W83.0 : T0.5	

No. 8762-17139	Saru
L328.0 : W118.0	

No. 8762-17142	−
L138.0 : W63.5	

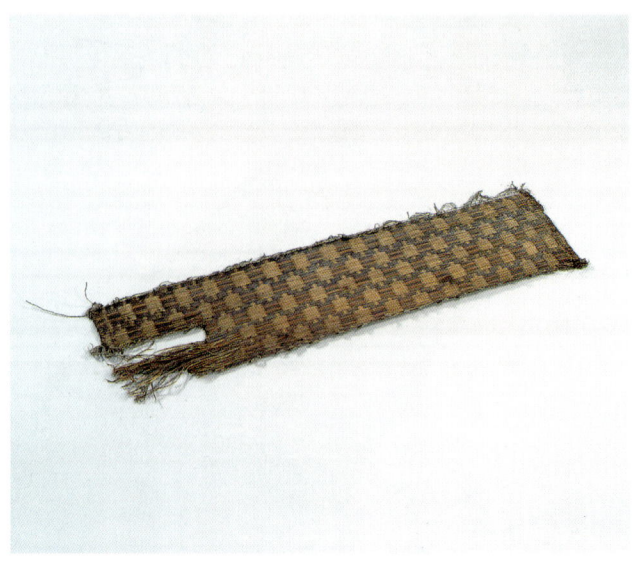

No. 64-35	Maoka
L91.0 : W22.0 : T0.6	

Habitation

No. 8762-17140 —
L68.3 : W45.7

No. 8762-17141 —
L68.0 : W44.5

No. 2813-47 Biratori
L(135.0) : W116.0 : T2.0

No. 5102-44 Biratori
L19.0 : W23.5 : T0.5

No. 8761-10189 —
L129.0 : W80.0 : T0.8

No. 2812-129	Manui	No. 2813-64	Biratori	No. 3006-31	Biratori
L18.6 : W13.5 : φ1.3		L44.7 : W21.5 : φ2.6		L37.0 : W17.5 : φ2.3	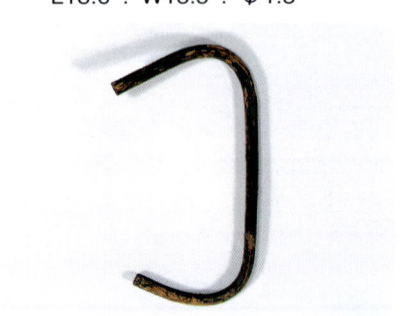
No. 4926-113	Biratori	No. 4926-114	Biratori	No. 4926-115	Biratori
L46.0 : W21.3 : φ1.9		L60.5 : W24.5 : φ2.4		L41.2 : W21.4 : φ3.2	
No. 6756-25	Biratori	No. 4926-117	—	No. 8761-10223	—
L37.0 : W20.5 : φ3.9		L37.0 : W29.5		L17.5 : W7.3 : φ1.8	
No. 2813-14	Biratori	No. 2812-114aB	Otasamu	No. 2812-120aB	Naibuchi
L63.3 : W5.0 : H53.8		L41.0 : W14.4 : H8.2		L41.5 : W10.2 : H7.0	
No. 2812-116aBC	Tarantomari	No. 2812-117aBC	Tarantomari	No. 2812-118aB	Tarantomari
L47.0 : W13.1 : H12.5		L51.4 : W11.2 : H13.0		L12.0 : W12.0 : H6.5	

Habitation

No. 2813-45aB Biratori	No. 2812-115aB Ootani	No. 2812-119aBC Tonnai
L33.0 : W12.0 : H13.7	L53.5 : W14.4 : H6.8	L28.0 : W11.8 : H8.6
No. 2813-41aB Biratori	No. 2813-43aB Biratori	No. 2813-44aB Biratori
L89.4 : W23.0 : H16.0	L40.4 : W10.6 : H12.0	L39.0 : W9.4 : H10.8
No. 2813-46 Biratori	No. 2813-42 Biratori	No. 2813-38aB Biratori
L39.0 : W11.0 : H10.7	L12.2 : W8.4 : T1.1	L60.5 : W35.5 : H32.7
No. 2813-40aB Biratori	No. 4926-121 Shiraura	No. 2812-186 Tonnai
L63.2 : W18.5 : H18.5	L22.0 : W10.3 : H11.0	L22.3 : W8.5 : H15.9
No. 4926-123 Otasamu	No. 4926-122 Maoka	No. 2812-187 Tarantomari
L33.6 : W10.9 : H10.5	L17.5 : W10.0 : H19.5	L18.5 : W9.5 : H16.5

No. 2812-188 Shiraura L23.5 : φ9.3	**No. 2813-106** Biratori L17.0 : W30.0 : T10.0	**No. 2813-105** Biratori L41.0 : W36.5
No. 2814-12 Biratori L62.0 : W29.0	**No. 5102-105** Biratori L66.0 : W38.0	**No. 5102-106** Biratori L72.5 : W39.5
No. 5102-110 Biratori L62.0 : W38.2	**No. 5102-111** Biratori L31.0 : W33.0	**No. 5102-113** Biratori L61.0 : W39.0
No. 5102-114 Biratori L97.0 : W41.3	**No. 5110-183** Tarantomari L57.0 : W56.0 : T4.0	**No. 64-4** Maoka L19.8 : W5.1 : T0.4
No. 8761-10193 — L23.1 : W5.0 : T0.6	**No. 2806-14** Ochiho L15.0 : W3.8 : T1.0	**No. 2813-75** Biratori L37.1 : W6.1 : H4.3

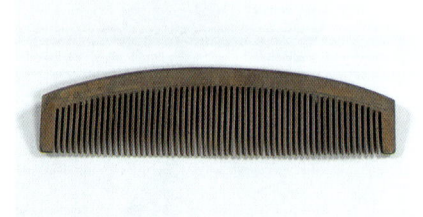

Habitation

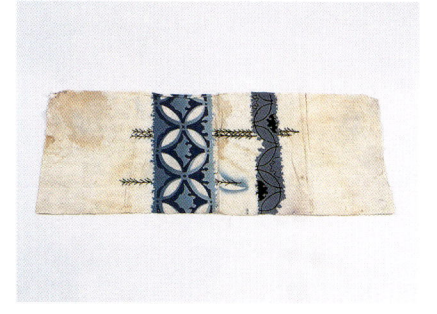

No. 2813-5　Biratori	No. 5102-148　Biratori	No. 5102-149　Biratori
L18.5 : φ1.9	L78.0 : W30.0	L90.0 : W34.5

No. 2813-2　Biratori	No. 2813-3　Biratori	No. 2813-4　Biratori
L70.0 : φ4.5	L42.5 : φ4.5	L42.3 : W15.0 : T3.6

No. 8761-10232　—	No. 8761-10233　—
L23.6 : W9.5 : T1.4	L25.8 : W10.0 : T1.5

No. 2812-195　Tonnai	No. 4926-110　—
L177.0 : φ12.0	L93.5 : W38.0 : H18.5

No. 2810-66aB　　　Otasamu	**No. 2810-71**aB　　　Aihama	**No. 64-6**aB　　　Maoka
ML27.1　a L24.7：W2.8：T1.7 　　　　b L15.0：W7.8：T2.2	ML31.7　a L27.6：W3.0：T1.7 　　　　b L13.7：W7.0：T2.0	ML25.5　（刀身）L23.2：W3.3：T1.4 　　　　（鞘）L13.8：W7.0：T2.4
No. 2810-65aB　　　Maoka	**No. 2810-67**aB　　　Tarantomari	**No. 3006-2**aB　　　Tarantomari
ML31.2　a L26.3：W3.2：T1.8 　　　　b L16.8：W8.5：T2.7	ML26.5　a L19.4：W3.0：T1.7 　　　　b L11.7：W7.5：T2.2	ML28.3　a L22.3：W2.8：T1.1 　　　　b L19.6：W5.0：T2.0
No. 3006-4aB　　　―	**No. 8761-10171**　　　―	**No. 2810-74**aB　　　Otasamu
ML27.0　a L21.7：W3.1：T1.6 　　　　b L14.8：W7.2：T2.2	L16.4：W7.5：T2.9	ML28.2　a L18.8：W3.4：T1.9 　　　　b L21.4：W4.5：T2.3
No. 3006-3aB　　　Otasamu	**No. 2810-75**aB　　　Ootani	**No. 2810-76**aB　　　Ootani
ML30.0　a L22.7：W2.7 　　　　b L17.4：W4.5：T1.9	ML25.7　a L21.3：W3.0：T1.6 　　　　b L19.5：W5.0：T2.5	ML30.8　a L23.1：W2.7：T1.5 　　　　b L17.5：W3.3：T2.8

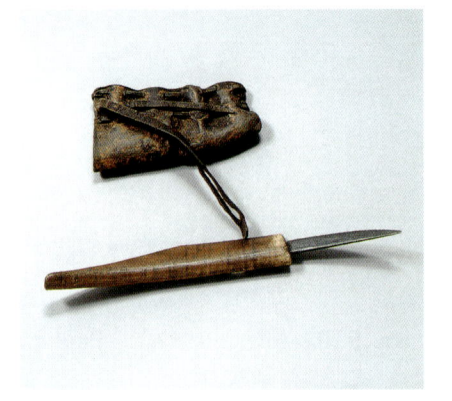

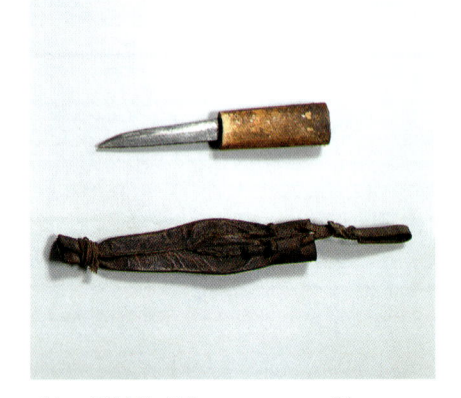

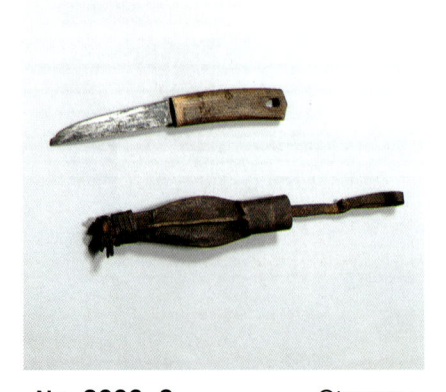

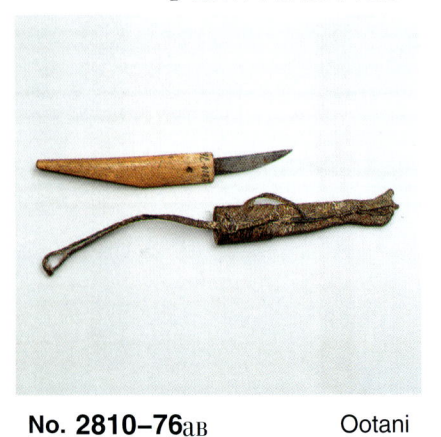

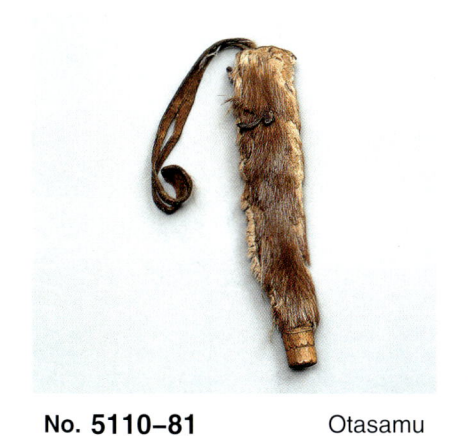

Knives and tools

No. 5110-81　　　Otasamu	No. 5110-82　　　Tarantomari	No. 6831-453　　　－
L17.5 : W3.8 : T2.4	L14.1 : W7.5 : T1.8	L18.5 : W3.8 : T1.7

No. 2810-59ав　　　Tonnai	No. 3006-1ав　　　Tarantomari	No. 2811-47ав　　　Biratori
ML28.2　а L20.6 : W2.8 : T1.4 　　　в L19.0 : W4.0 : T2.8	ML25.1　а L17.9 : W2.8 : T1.4 　　　в L17.0 : W5.5 : T2.5	ML31.0　а L25.3 : W4.0 : T1.5 　　　в L20.5 : W5.5 : T2.3

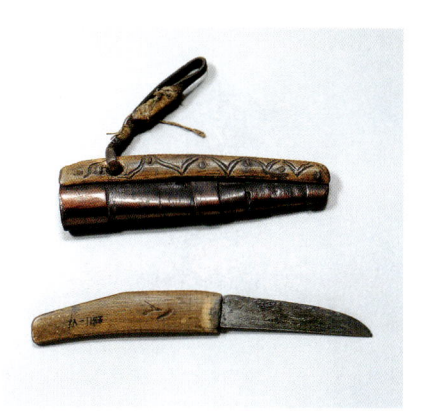

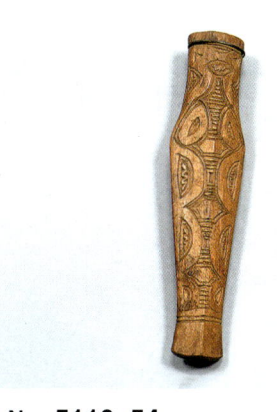

No. 5102-68абв　　　Biratori	No. 5110-55　　　Hakoda	No. 5110-56　　　Hakoda
ML20.5　а L15.1 : W1.2 : T1.0 　б L14.2 : W3.7 : T1.8　в L5.0 : W4.3 : T1.6	L15.8 : W5.2 : T2.6	L16.3 : W4.6 : T1.9

No. 2810-61　　　Manui	No. 2810-62　　　Otasamu	No. 5110-54　　　Otasamu
L18.8 : W5.5 : T2.1	L14.2 : W4.4 : T2.1	L19.2 : W4.5 : T2.2

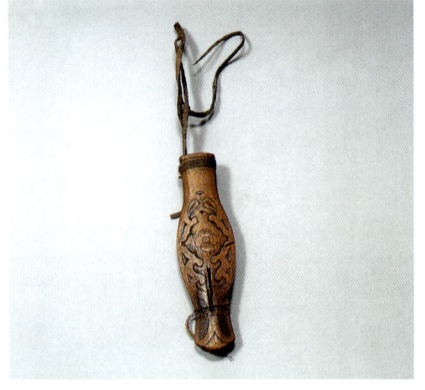

No. 2810-64　　Aihama	No. 2810-60　　Tarantomari	No. 5110-57аб　　Tarantomari
L14.2 : W5.8 : T2.2	L19.0 : W5.5 : T2.3	ML19.0　а L16.6 : W5.2 : T2.3 　　　　　б L3.0 : W2.4 : T1.3

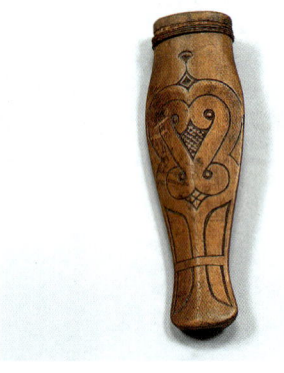

No. 5110-58　　Tarantomari	No. 5110-59　　Tarantomari	No. 2811-21　　Sapporo
L17.3 : W5.3 : T3.5	L17.0 : W5.6 : T3.0	L10.2 : W2.4 : T0.9

No. 2811-39　　Biratori	No. 2811-40　　Biratori	No. 2811-41　　Biratori
L18.1 : W4.3 : T2.0	L20.0 : W4.4 : T1.8	L20.7 : W5.9 : T1.7

No. 2811-42　　Biratori	No. 2811-43ав　　Biratori	No. 2811-44　　Biratori
L20.5 : W5.1 : T1.8	ML21.7　а L(7.8) : W2.4 : T1.1 　　　　　в L18.5 : W5.5 : T2.0	L24.1 : W6.0 : T2.5

Knives and tools

No. 2811-45 — Biratori	No. 3006-5 — Biratori	No. 5102-69аб — Biratori
L16.7 : W4.6 : T2.4	L18.3 : W5.5 : T2.0	a L14.7 : W3.9 : T1.9 б L4.0 : W2.0 : T2.5

No. 5102-71 — Biratori	No. 5102-72аб — Biratori	No. 5102-74 — Biratori
L19.0 : W5.2 : T2.3	ML24.4 a L16.5 : W4.1 : T1.7 б L10.0 : W2.4 : T1.2	L20.2 : W5.7 : T2.5

No. 6756-79 — —	No. 6831-37 — —	No. 8761-10169аб — —
L20.5 : W4.9 : T2.1	L16.2 : W7.2 : T2.5	ML33.0 a L28.6 : W2.8 : T2.9 б L23.4 : W7.0 : T2.5

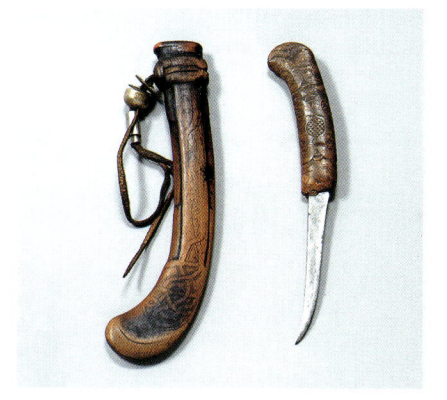

No. 2810-32ав — Aihama	No. 64-5аb — Maoka	No. 2810-25 — Otasamu
ML36.1 a L23.8 : W4.8 : T1.5 в L25.0 : W8.0 : T1.9	ML43.0 a L25.8 : W4.1 : T1.8 b L30.0 : W7.7 : T2.6	L17.0 : W5.5 : T2.1

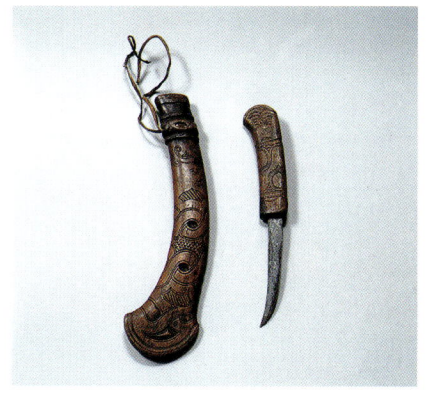

253

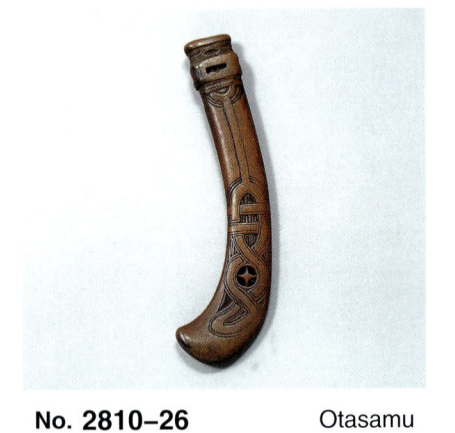

No. 2810-26	Otasamu	No. 2810-30	Otasamu	No. 5110-53	Otasamu
L20.2 : W8.8 : T1.6		L26.0 : W8.5 : T2.1		L14.2 : W10.0 : T1.4	

No. 5110-61	Otasamu	No. 2810-27	Rorei	No. 2810-29	Ootani
L16.2 : W6.8 : T1.5		L23.0 : W11.0 : T2.1		L25.2 : W10.0 : T2.0	

No. 5110-60	Ootani	No. 2810-24	Maoka	No. 2810-31	Tarantomari
L14.0 : W6.8 : T1.4		L23.5 : W6.0 : T2.2		L27.7 : W7.5 : T2.5	

No. 8761-10294	—	No. 5102-73	Biratori	No. 2810-70	Manui
L25.5 : W7.4 : T2.3		L15.0 : W4.1 : T1.3		L22.0 : W3.3 : T1.7	

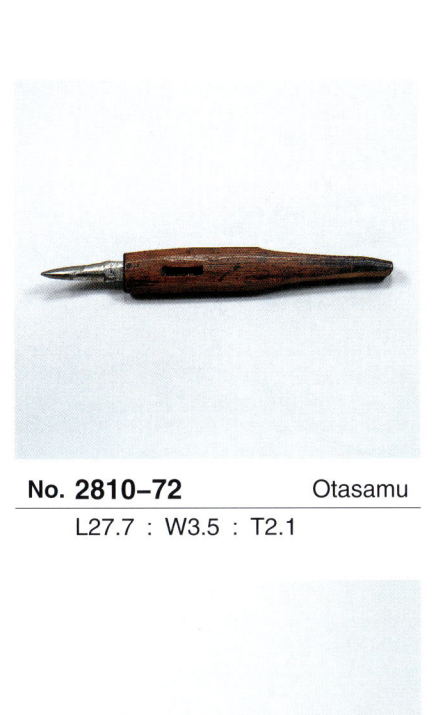

Knives and tools

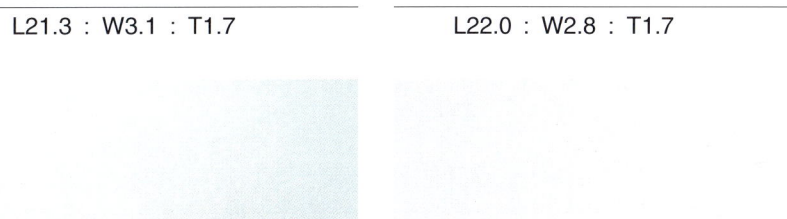

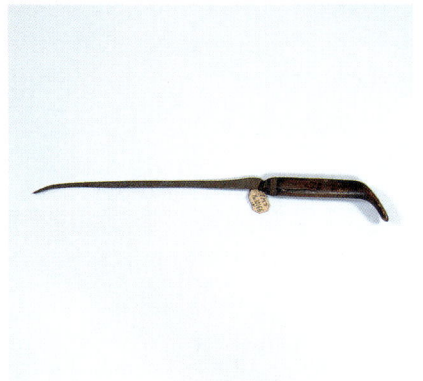

| No. 2810-72　Otasamu | No. 2810-63　Aihama | No. 2810-69　Tonnai |
| L27.7 : W3.5 : T2.1 | L21.3 : W3.1 : T1.7 | L22.0 : W2.8 : T1.7 |

| No. 2810-73　Maoka | No. 2811-46　Biratori | No. 8761-10165　— |
| L30.0 : W2.8 : T2.2 | L21.0 : W2.7 : T1.5 | L23.5 : W2.9 : T2.3 |

| No. 8761-10166　— | No. 8761-10167　— | No. 2810-35　Aihama |
| L45.2 : W6.3 : T1.9 | L24.4 : W3.0 : T1.9 | L15.6 : W3.1 : T1.8 |

| No. 2810-33　Maoka | No. 2810-36　Maoka | No. 2810-34　Tarantomari |
| L24.6 : W5.5 : T1.5 | L16.2 : W2.3 : T0.9 | L26.5 : W4.5 : T1.5 |

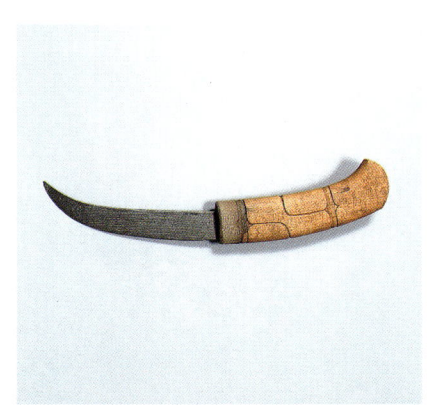

No. 2810-68ав　　Tarantomari
L19.7 : W2.5 : T1.3

No. 8762-17097абвгези　　—
а L254.0 : W5.5　б L26.0 : W9.4 : T3.8
в L28.0 : W9.3　г L19.1 : W5.1 : T1.2

No. 2812-134　　Otasamu
ML30.5　L13.7 : φ2.3×1.7

No. 2812-133　　Aihama
ML28.6　L11.6 : φ2.4×1.4

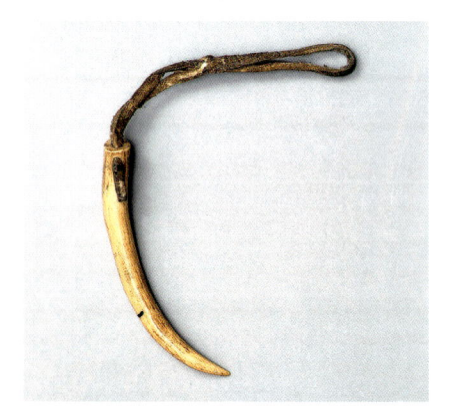

No. 2815-16　　Ootani
ML33.0　L16.5 : φ2.5×1.5

No. 64-37　　Maoka
L9.7　φ1.8×1.5

No. 3006-66　　Tarantomari
ML31.0　L12.0 : φ1.9×1.5

No. 6756-62　　Biratori
L19.3 : φ3.3×2.5

Knives and tools

No. 2815-24aB Otasamu	**No. 2808-3**aB Aihama	**No. 2808-2**aB Tonnai
ML24.5 L8.0 : W7.8 : T3.2	ML23.0 a L7.0 : W11.0 b L8.0 : W7.0	ML16.5 L7.0 : W12.0 : T3.5

No. 64-10 Maoka	**No. 2808-15**aB Tarantomari	**No. 3006-49** Tarantomari
ML21.5 L9.5 : W10.7 : T4.5	ML26.0 L8.0 : W9.9 : T3.9	ML21.5 L10.4 : W7.0 : T4.3

No. 2815-17 Tonnai	**No. 2808-12** Maoka	**No. 2814-16** Biratori
L22.5 : W16.5 : T2.5	ML46.0 : L15.5 : W11.5	L11.0 : W5.0 : T2.2

No. 2809-1 Biratori	**No. 2808-13** Maoka	**No. 2808-14/2** Maoka
L24.0 : W12.0	L8.0 : W3.3 : T1.0	4.0×3.6 ／ 3.5×1.9

257

共　通

No. 2814-18　　　Biratori
L6.4 : W2.8 : T0.4

No. 2809-3　　　Biratori
L11.0 : W8.0

No. 2809-2　　　Biratori
L9.2 : W4.4 : T0.9

No. 2809-15　　　Biratori
L14.0 : W10.0 : T3.5

No. 2809-16　　　Biratori
L10.0 : W7.0 : T5.0

No. 5110-85　　　Otasamu
L23.4 : W5.6 : T0.5

No. 2810-77aB　　　Ootani
a L8.6 : W1.5
B L25.7 : W4.0 : T2.0

No. 2810-54aB　　　Tarantomari
a L22.0 : W4.3 : T1.7
B L7.4 : W2.5 : T0.9

No. 2814-6　　　Biratori
L34.5 : W16.5

No. 2814-7　　　Biratori
L23.5 : W18.3

Husbandry

No. 2815-78　　Otasamu	No. 5110-22　　Rorei	No. 2815-66　　Tonnai
L36.8 : W9.2 : φ2.4	L52.6 : W9.2 : φ3.2	L195.0 : φ3.0

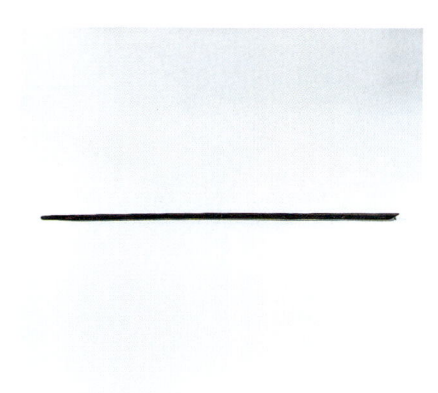

No. 64-22　　Maoka	No. 2814-42　　Biratori	No. 2814-43　　Biratori
L54.3 : W5.1 : φ2.8	L58.0 : W9.8 : φ2.5	L33.8 : W6.1 : φ1.9

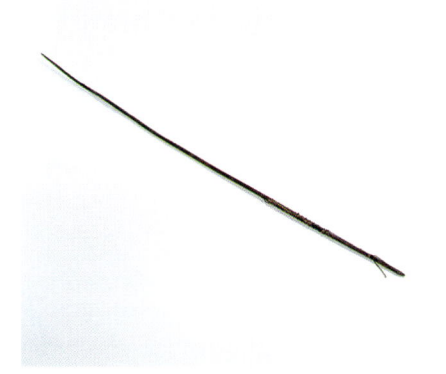

No. 2814-44　　Biratori	No. 8761-10176/2　　―	No. 8761-10179　　―
L169.0 : φ1.3	L52.5 : W7.0 : φ2.3	L(41.5) : W8.0 : φ1.8

No. 8761-10226　　―	No. 8761-11358　　―	No. 2815-60　　Shiraura
L12.0 : W7.0 : T0.8	L36.0 : W6.7 : φ1.8	L30.7 : W6.9 : T2.6

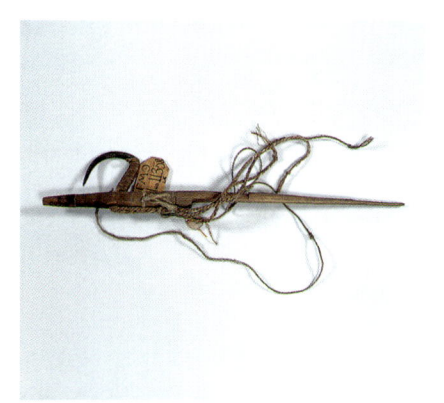

No. 2815-55 Otasamu	**No. 2815-59** Maoka	**No. 2815-45** Shiraura
L99.5 : W6.1 : φ2.2	L23.4 : W8.1 : T1.3	L26.7 : W3.9 : T1.2

No. 2815-40a/2B Otasamu	**No. 2815-41aB** Otasamu	**No. 2815-44** Otasamu
a L24.8 : W2.6 : T1.2 B L28.9 : W2.7 : T1.1	a L19.3 : W3.3 : T1.4 B L38.8 : W3.3 : T1.2	L25.4 : W3.4 : T1.5

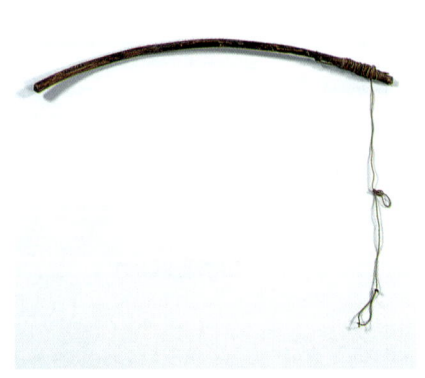

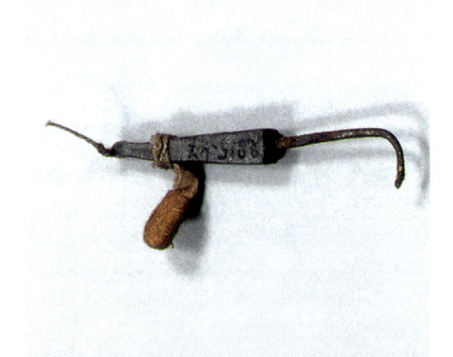

No. 2815-43 Otasamu	**No. 2815-47** Otasamu	**No. 2815-56aBC** Otasamu
L46.5 : φ1.2	L6.6 : W1.3 : T0.8	B L50.0 : φ1.7 C L52.0 : W6.4 : T1.0

No. 2815-54 Ochiho	**No. 4926-131** Maoka	**No. 2815-42** Tarantomari
L17.7 : W4.2 : T2.0 L31.0 : φ1.2×1.4	L57.8 : W5.9 : T1.2	L75.3 : W61.0 : T3.0

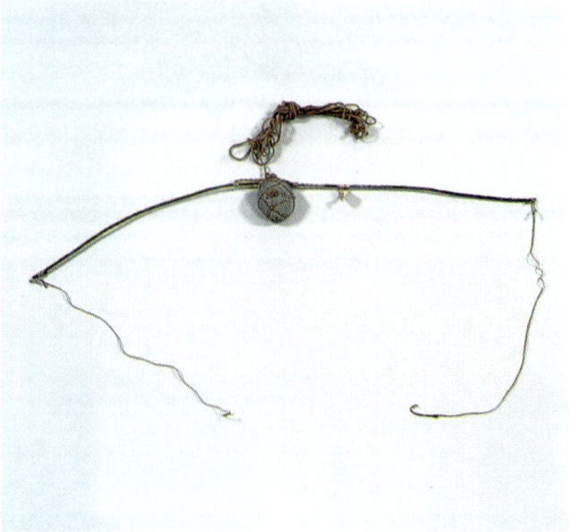

Husbandry

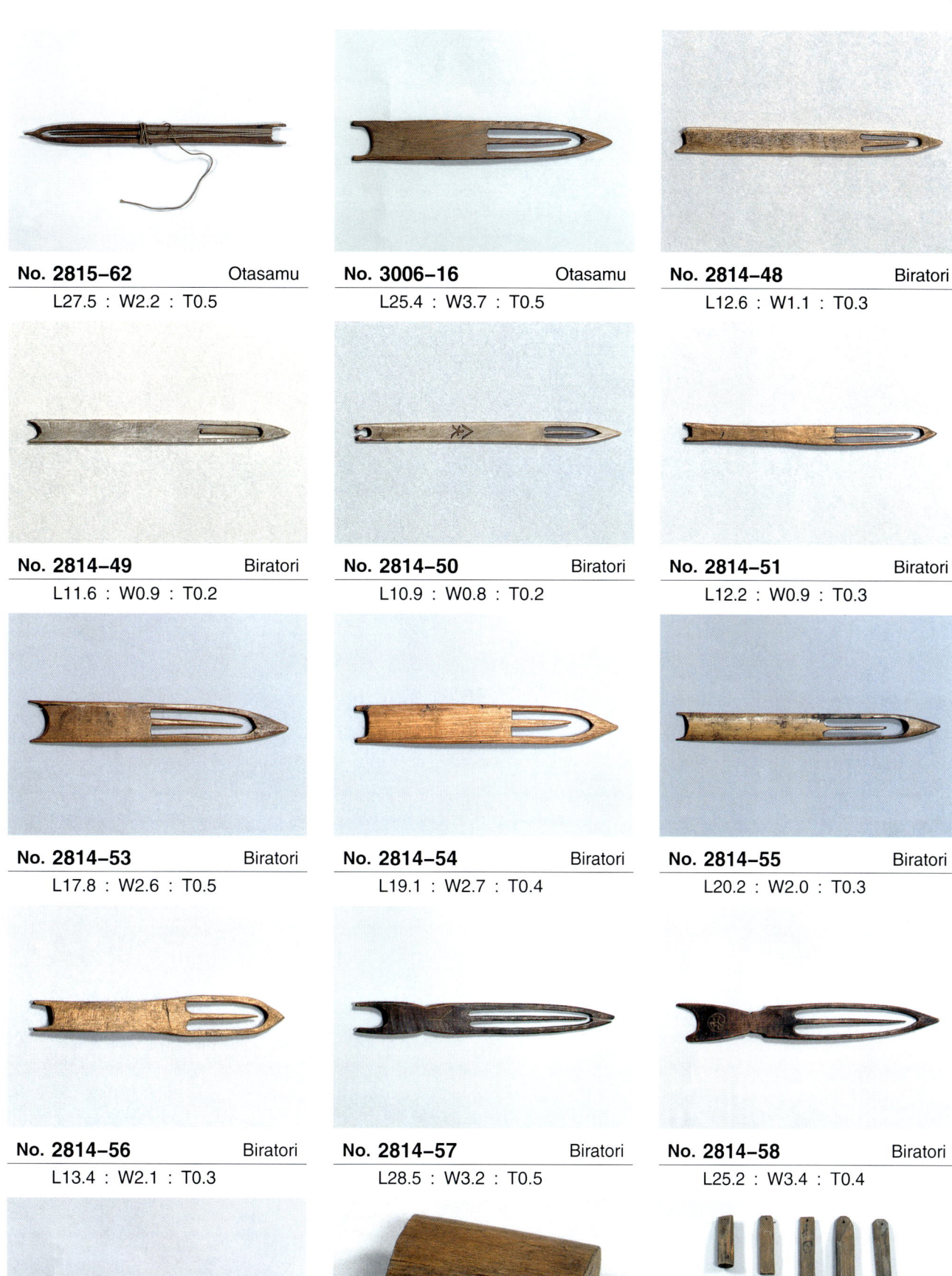

No. 2815-62 Otasamu	No. 3006-16 Otasamu	No. 2814-48 Biratori
L27.5 : W2.2 : T0.5	L25.4 : W3.7 : T0.5	L12.6 : W1.1 : T0.3

No. 2814-49 Biratori	No. 2814-50 Biratori	No. 2814-51 Biratori
L11.6 : W0.9 : T0.2	L10.9 : W0.8 : T0.2	L12.2 : W0.9 : T0.3

No. 2814-53 Biratori	No. 2814-54 Biratori	No. 2814-55 Biratori
L17.8 : W2.6 : T0.5	L19.1 : W2.7 : T0.4	L20.2 : W2.0 : T0.3

No. 2814-56 Biratori	No. 2814-57 Biratori	No. 2814-58 Biratori
L13.4 : W2.1 : T0.3	L28.5 : W3.2 : T0.5	L25.2 : W3.4 : T0.4

No. 5102-43 Biratori	No. 2814-60 Biratori	No. 5110-23 Tarantomari
L23.5 : W4.0 : T0.5	L 6.0 : W6.3 : T2.9	1 L32.0 2 L32.6 3 L31.6 4 L27.8 5 L24.2 6 L23.5 7 L19.1 8 L19.8 9 L20.7 10 L5.8

No. 2815-63	Tarantomari
φ55.0 : T1.7	

No. 2814-63/45	Biratori
L60.0	

No. 2815-72	Tonnai
L2046.6 : T1.6	

No. 2815-68	Maoka
L507.0 : W211.0 : T2.8	

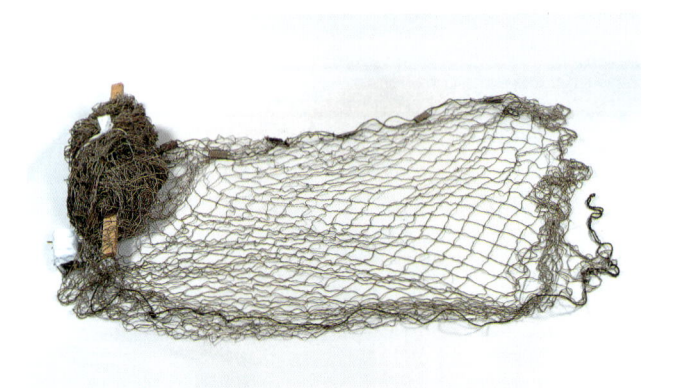

No. 2815-69	Tarantomari
L2876.0 : W304.0 : T1.5	

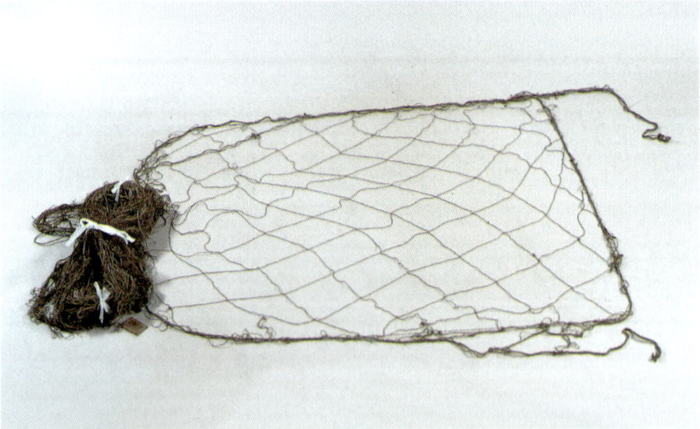

No. 2815-70	Tarantomari
L3039.0 : W154.0 : T0.4	

No. 2815-71	Tarantomari
H85.0 : φ66.0	

No. 2815-73	Tarantomari
(－)	

Husbandry

No. 2814-64	Biratori
L110.0 : W82.2 : T3.5	

No. 2814-65	Biratori
L204.5 : W180.0 : T11.5	

No. 6756-90	—
L56.0 : W61.0 : T1.6	

No. 64-36	Maoka
L15.0 : W10.9 : H5.4	

No. 2814-45aв	Biratori
a L70.0 : φ1.8 в L8.0 : W16.0	

No. 8761-10236	—
L13.0 : W11.0 : H7.0	

No. 2815-18	Aihama
L53.5 : W14.0 : φ2.9	

No. 2815-57	Tonnai
L187.7 : W7.8 : φ4.1	

No. 2815-26	Aihama
L164.5 : φ2.2×1.6	

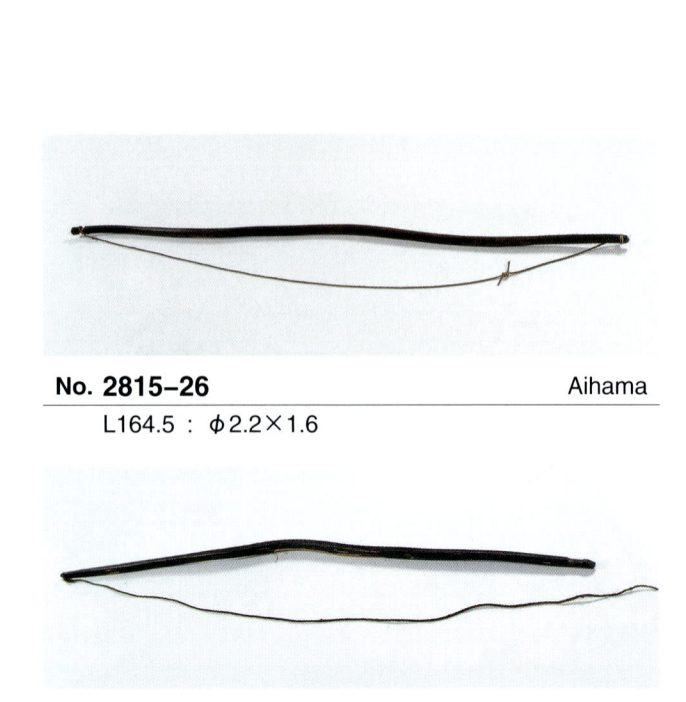

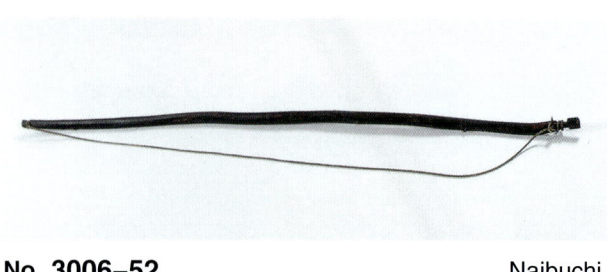

No. 3006-52	Naibuchi
L159.0 : φ2.9×2.1	

No. 2816-58	Tonnai
L157.0 : φ3.2×1.7	

No. 64-17	Maoka
L152.4 : φ3.4×1.9	

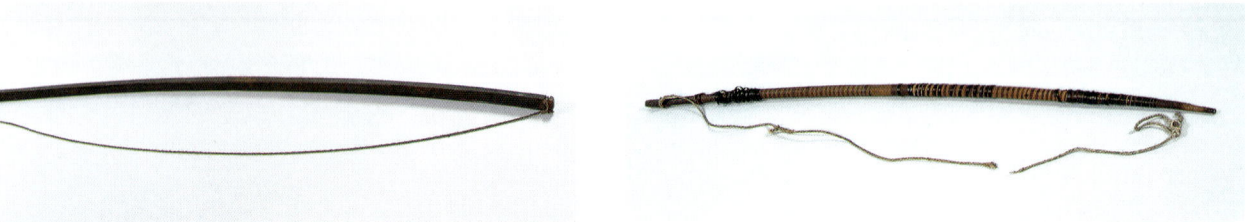

No. 6756-3	Maoka
L207.5 : φ4.0	

No. 2814-35	Biratori
L110.5 : φ2.3	

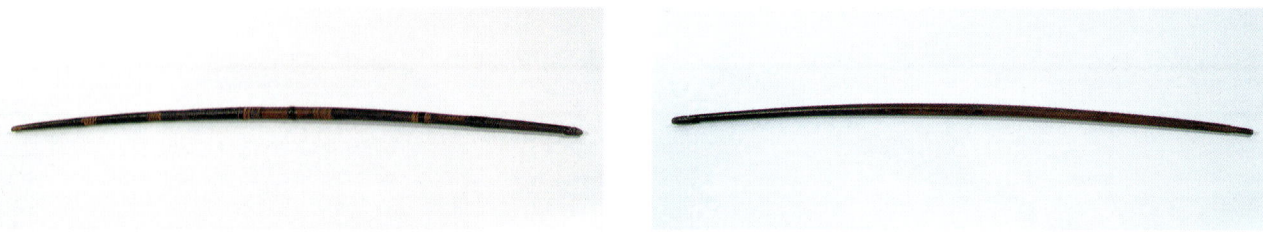

No. 2814-36	Biratori
L115.0 : φ2.6	

No. 2814-37	Biratori
L121.5 : φ2.2	

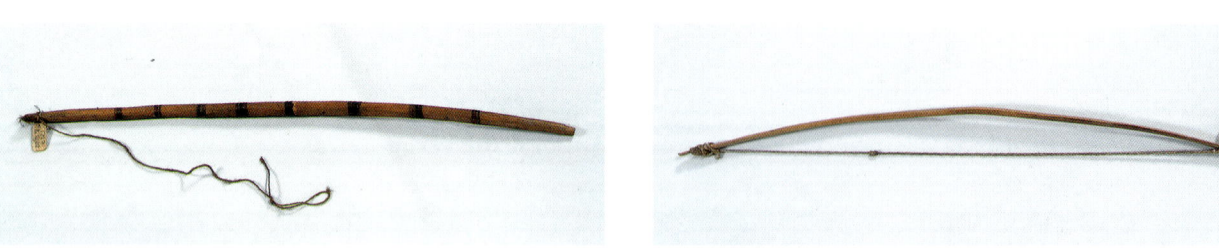

No. 8761-10162	−
L108.8 : φ2.8	

No. 8761-10251	−
L92.8 : φ2.4×1.2	

No. 8761-10252	−
L77.2 : φ2.2×1.7 / L33.2 : φ1.0	

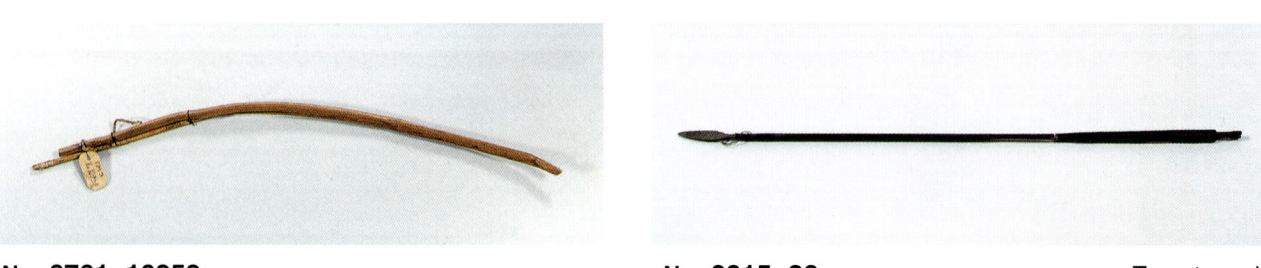

No. 2815-28	Tarantomari
L78.5 : W2.1 : T1.8	

Husbandry

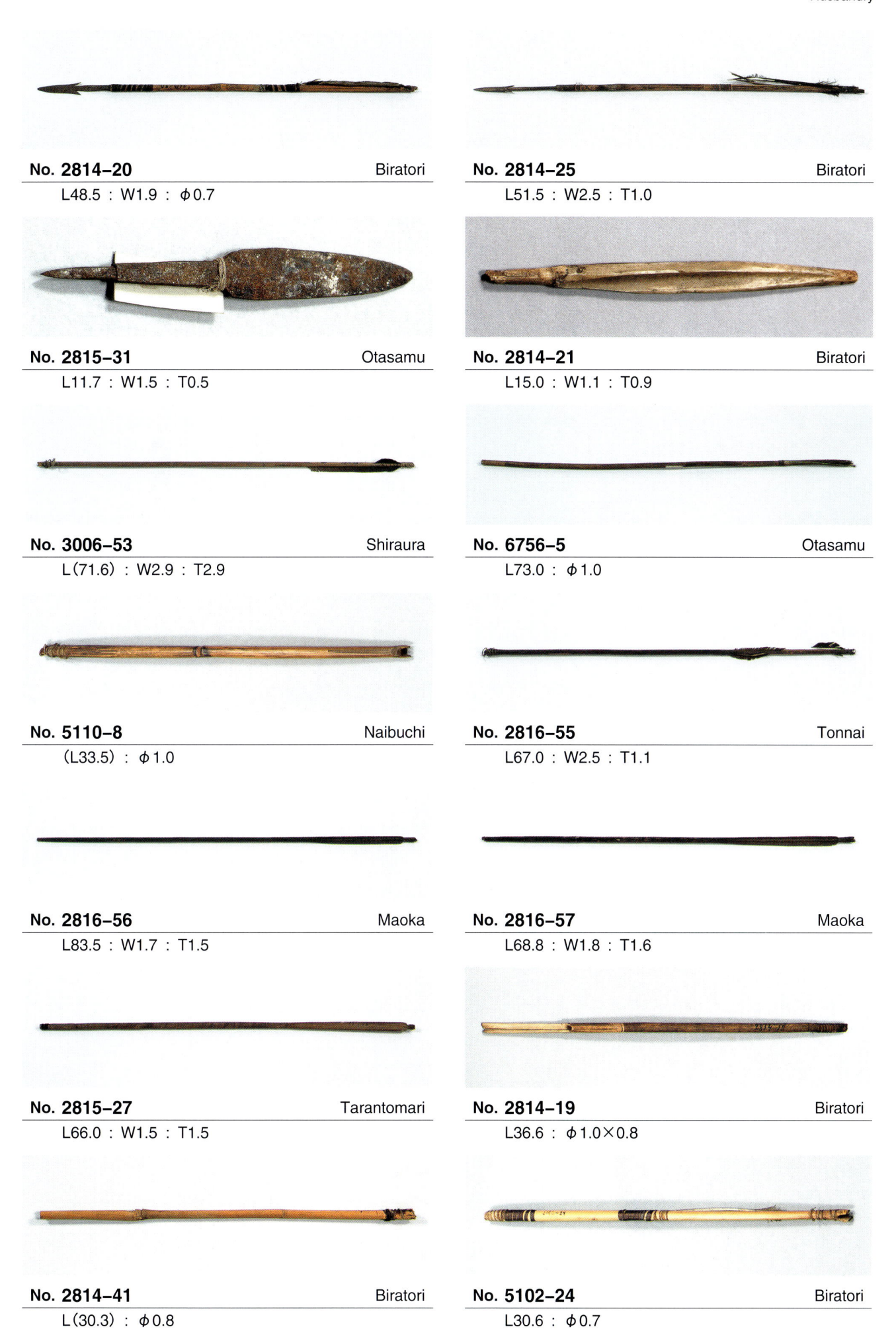

No. 2814-20	Biratori
L48.5 : W1.9 : φ0.7	

No. 2814-25	Biratori
L51.5 : W2.5 : T1.0	

No. 2815-31	Otasamu
L11.7 : W1.5 : T0.5	

No. 2814-21	Biratori
L15.0 : W1.1 : T0.9	

No. 3006-53	Shiraura
L(71.6) : W2.9 : T2.9	

No. 6756-5	Otasamu
L73.0 : φ1.0	

No. 5110-8	Naibuchi
(L33.5) : φ1.0	

No. 2816-55	Tonnai
L67.0 : W2.5 : T1.1	

No. 2816-56	Maoka
L83.5 : W1.7 : T1.5	

No. 2816-57	Maoka
L68.8 : W1.8 : T1.6	

No. 2815-27	Tarantomari
L66.0 : W1.5 : T1.5	

No. 2814-19	Biratori
L36.6 : φ1.0×0.8	

No. 2814-41	Biratori
L(30.3) : φ0.8	

No. 5102-24	Biratori
L30.6 : φ0.7	

265

No. 5102-25	Biratori	**No. 5102-26**	Biratori
L30.0 : φ0.8		L33.9 : φ1.0	
No. 5102-28	Biratori	**No. 2814-22**	Biratori
L45.3 : W2.2 : T1.3		L46.9 : W1.0 : T0.8	
No. 2814-23	Biratori	**No. 5102-29**	Biratori
L58.8 : W1.4 : T1.1		L43.6 : φ0.9	
No. 8761-10257	－	**No. 8761-10258**	－
L70.8 : φ1.0		L68.2 : φ0.9	
No. 2814-26	Biratori	**No. 8761-11371**	－
L38.0 : W3.6 : φ1.1		L(35.6) : φ1.0	
No. 5110-7	Otasamu	**No. 6756-76**	－
L59.4 : W1.5 : T1.2 : φ1.5		L47.6 : φ1.8	
No. 8761-10164	－		
L(55.7) : φ2.8			

Husbandry

No. 2816-68аВ　　　Shiraura

ML83.3　а L71.3 : W9.5 : T5.7
　　　　 в L28.0 : W11.6 : T6.5

No. 2816-53　　　Tarantomari

L86.5 : W18.1 : T16.8

No. 5110-4　　　Tarantomari

L83.5 : W10.5 : T(0.9)

No. 2815-23аВ　　　Naibuchi

ML66.5　а L60.5 : W13.2 : T6.3
　　　　 в L13.5 : W9.0 : T7.5

No. 2817-51　　　Biratori

ML56.0　L51.1 : W12.0 : T6.5

No. 5102-12аδв　　　Biratori

ML49.0　а L44.0 : φ5.6
　　　　 в L8.5 : φ4.5

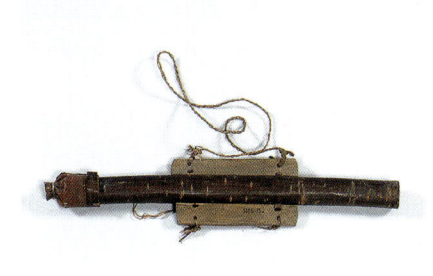

No. 5102-13аδв　　　Biratori

ML49.5　а L46.0 : W9.5 : φ5.0
　　　　 δ L7.5 : φ4.7

No. 5102-14аδ　　　Biratori

а L49.6 : W12.8 : T4.2
δ L30.6 : W2.0 : T0.5 : H2.0

No. 5102-15аδ　　　Biratori

ML60.5　а L49.8 : W13.3 : T4.3
　　　　 δ L16.7 : W8.2 : T5.3

No. 5102-16аδв　　　Biratori

а L54.0 : W12.3 : T4.5
δ L35.0 : W2.8 : T2.3
в L18.0 : W11.0 : T1.8

No. 5102-17аδв　　　Biratori

ML52.7　а L46.0 : W9.6 : φ4.2
　　　　 δ L7.5 : φ5.1
　　　　 в L33.2 : W3.5 : T0.8

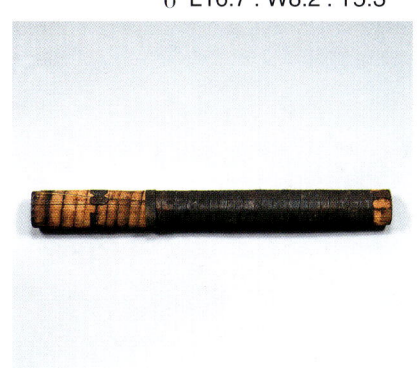

No. 6756-2　　　—

L47.8 : W4.9 : T3.0

267

No. 8761-10173/2 —	**No. 5102-11аб** Biratori	**No. 2814-15в** Biratori
ML60.3 L54.0 : W13.0 : T4.1 L12.0 : W8.1	а L24.0 : W4.2 : T2.5 L22.2 : W4.2 : T2.5 б L28.4 : W2.2 : H1.9	L12.9 : W6.5 : T4.0

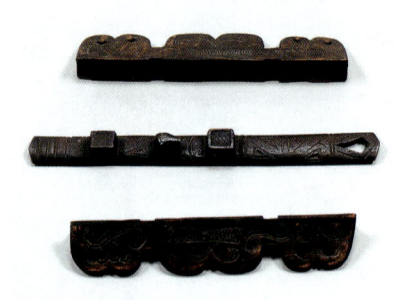

No. 6756-49 Biratori	**No. 8761-10238** —	**No. 2814-8** Biratori
L9.0 : W7.8 : T5.5	L39.0 : W18.0 : T1.5	L32.0 : W6.0 : T5.0

No. 2814-5 Biratori	**No. 64-15ав** Maoka	**No. 5102-18** Biratori
L34.5 : W21.0 : T4.0	а L56.2 : W4.1 : T1.5 в L14.0 : W8.2 : T1.2	L29.2 : φ3.2×2.0

No. 6756-4абвд —	**No. 8761-10177/2** —	**No. 8761-10259** —
а L72.5 : W4.6 : T1.7 б L11.5 : W2.7 : T1.5 в L15.7 : W1.4 : T0.4 д L7.0 : W0.8 : H0.9	L37.7 : W2.5 : T0.6 L45.0 : W3.2 : T1.1	L(36.5) : W1.6 : T0.7

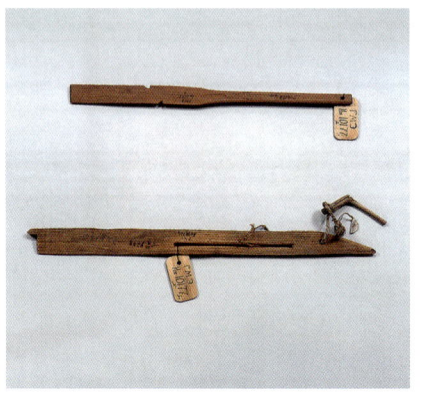

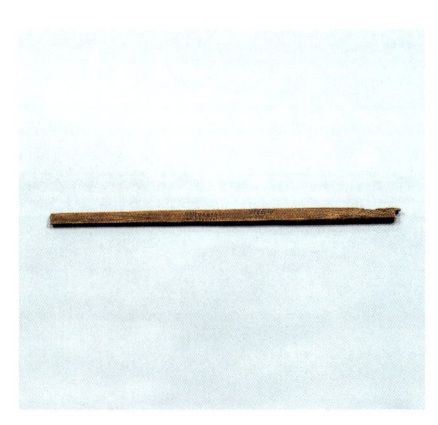

Husbandry

No. 8761-11357 —
L45.4 : W3.8 : T1.7

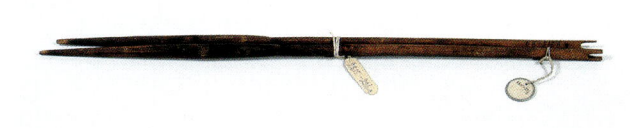

No. 2815-29 Naibuchi
L52.0 : φ1.2 ／ L54.0 : φ1.3

No. 2814-24 Biratori
L52.4 : φ1.3

No. 5102-20 Biratori
L49.5 : φ1.4

No. 5102-21 Biratori
L45.6 : φ1.1

No. 5102-22 Biratori
L45.8 : φ1.0

No. 5102-23 Biratori
L45.8 : φ1.1

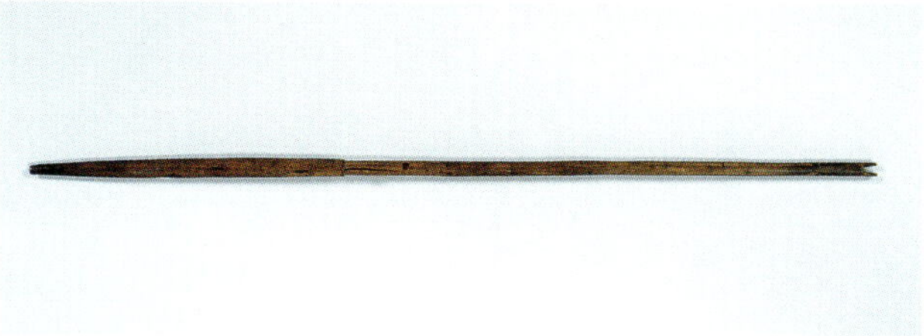

No. 5102-27 Biratori
L54.2 : φ1.2

No. 6756-87 Biratori
L50.6 : φ1.4

No. 2815-37 Shiraura
L4.0 : W3.7 : H21.8

No. 2814-30 Biratori
φ6.5 : H16.4

269

No. 2815-20авд   Aihama

а L144.0 : W4.0 : T2.4   в L53.0 : W4.1 : T1.2
д L11.5 : W9.5 : T1.7

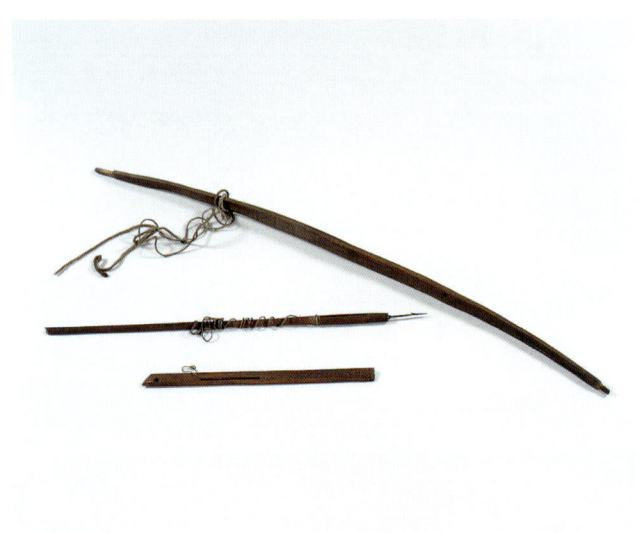

3006-51авсд   Aihama

а L121.0 : W3.3 : T1.5   в L43.8 : W2.6 : T : 0.8
с L76.2 : φ2.0

No. 2815-34авс   Rorei

а L111.5 : W3.2 : T2.0   в L55.3 : W3.1 : T1.5
с L60.5 : W1.7 : T0.7

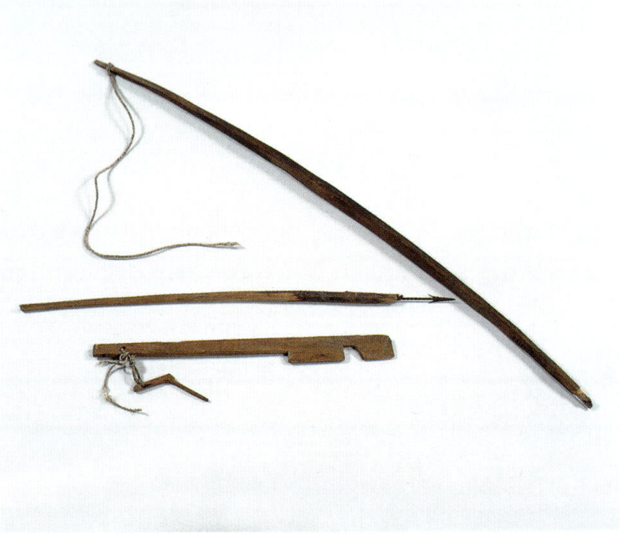

2815-19авсд   Ootani

а L106.8 : W2.7 : T1.8   в L47.0 : W4.1 : T1.2
с L(70.0) : φ1.6   д L9.8 : W7.0 : T0.6

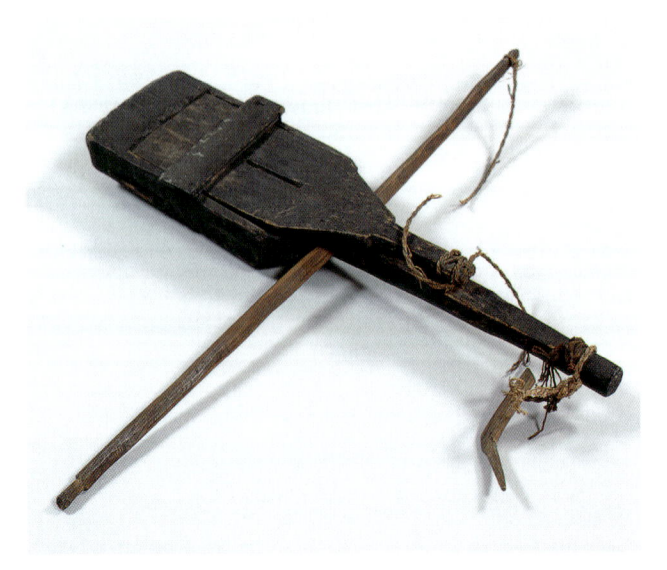

No. 2815-21   Naibuchi

L99.0 : W2.0 : T1.3
L69.0 : W17.5 : T7.5

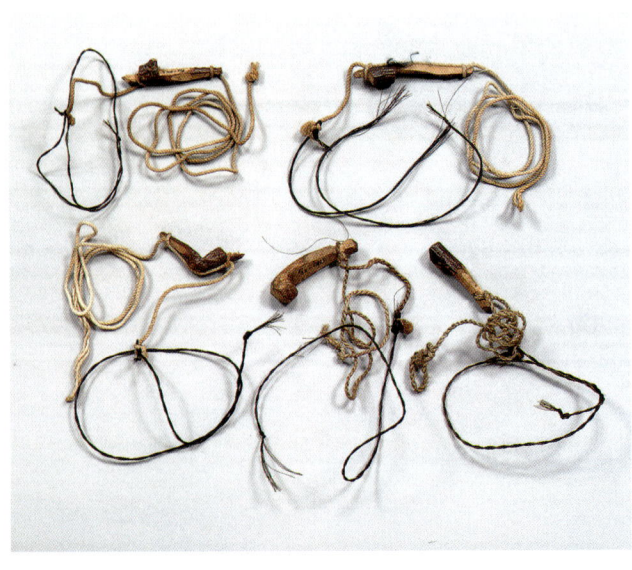

5110-21   Tarantomari

1 L5.5 : φ0.9   2 L6.7 : φ1.0   3 L4.8 : φ1.0   4 L6.4 : φ1.3
5 L4.7 : φ1.3   6 L5.4 : φ1.4   7 L4.8 : φ1.0   8 L6.5 : φ1.1   9 L102.5

Husbandry

No. 2814-9　　Biratori	No. 5102-41аб　　Biratori	No. 8761-10184　　—
L7.7：W8.8：H37.8	а L7.7：W11.6：H52.5 б L77.8：φ1.9	L7.5：W11.3：H49.0

No. 5102-42аб　　Biratori	No. 8761-15882　　—	No. 5102-201　　Biratori
а L20.4：W5.6：H6.9 б L51.0：W14.5	ML29.0：φ11.0×9.8：T1.8	L6.3：φ1.7／L6.6：φ1.7 L5.5：φ3.0×1.5

No. 8761-10228　　—	No. 2814-27　　Biratori	No. 2814-28　　Biratori
L23.8：W5.1：T2.2	L7.7：φ1.3	L12.7：W4.5：T1.2

No. 6756-64　　Otasamu	No. 5110-19　　Otasamu	No. 5102-126　　Biratori
L19.5：W13.9：H7.5	L111.5：W8.5：T1.5	φ9.5×7.1

No. 2815-39 Aihama
ML198.0 : φ3.0 / L24.0 : W5.5

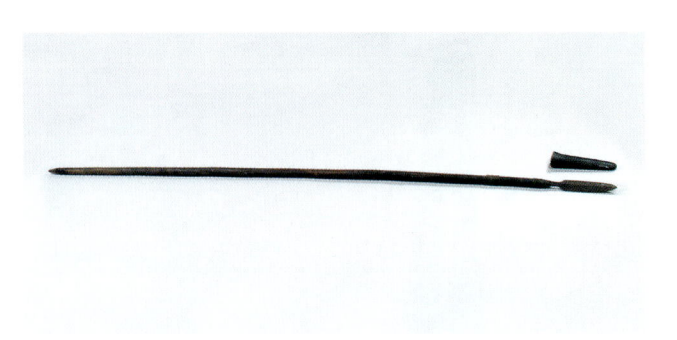

No. 2814-40ав Biratori
а L283.0 : W4.7 в L27.0 : W7.0 : T6.0

No. 8761-10293 —
L20.2 : W5.4

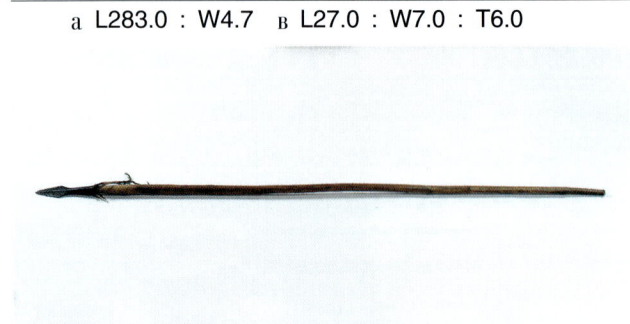

No. 8761-11359 —
L215.0 : W3.8

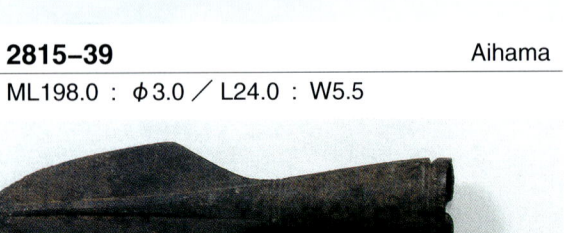

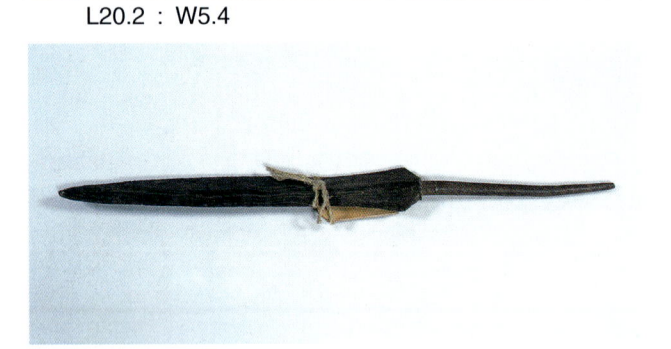

No. 8761-11376 —
L36.9 : W3.5 : T1.2

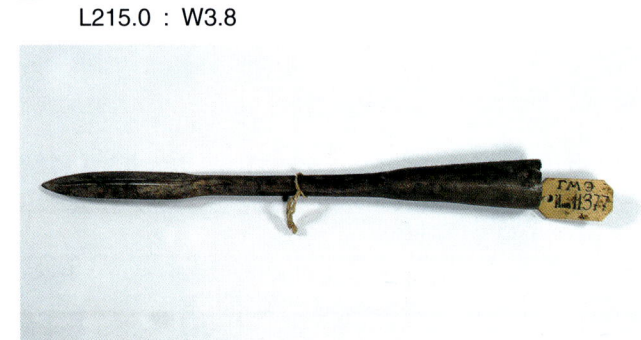

No. 8761-11377 —
L38.9 : W2.8 : φ3.9

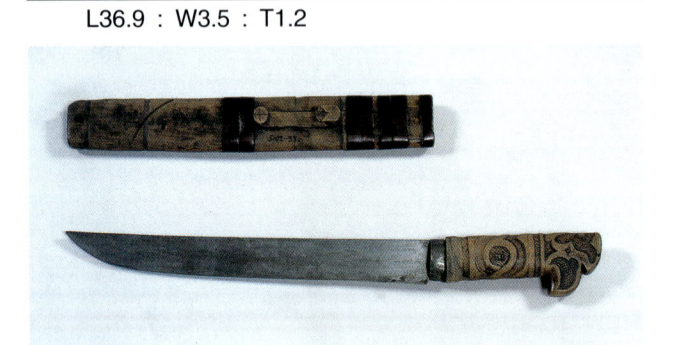

No. 5102-33аб Biratori
ML48.3 а L33.4 : W4.8 : T4.0 б L45.2 : W5.3 : T2.9

No. 2814-34ав —
ML48.5 а L47.5 : W7.0 : T2.9 в L33.0 : W5.4 : T4.0

No. 8761-10168 —
L46.6 : W8.3 : T2.4

No. 8761-10170 —
L33.8 : W4.7 : T4.4

Husbandry

No. 2815-74/2 Otasamu	No. 5110-62/2 Ochiho	No. 5110-213 Tarantomari
L28.0 : W7.0 : T1.0(0.5×2)	L15.2 : W5.0 : T0.6(0.3×2)	ML15.7 L8.5 : W6.6 : T1.4

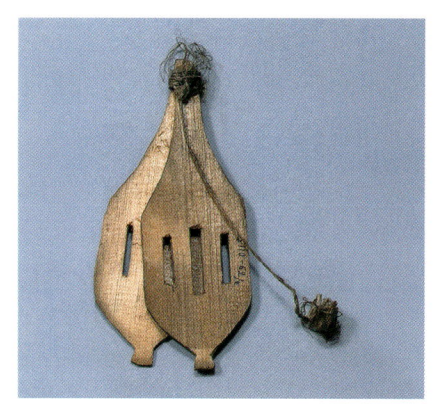

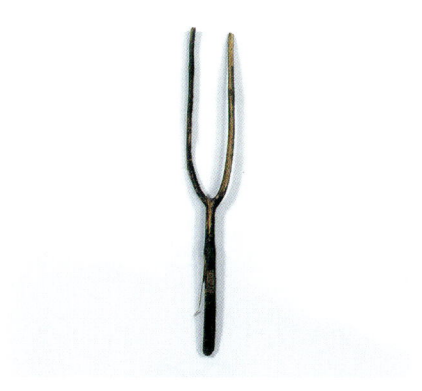

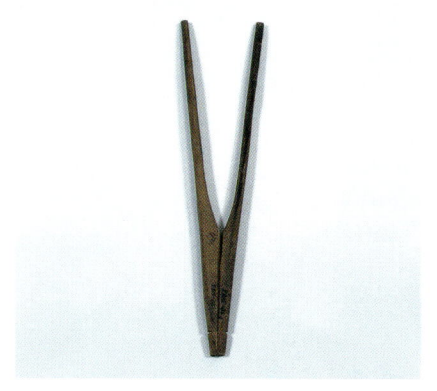

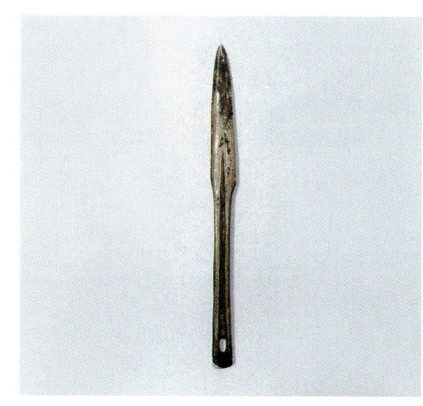

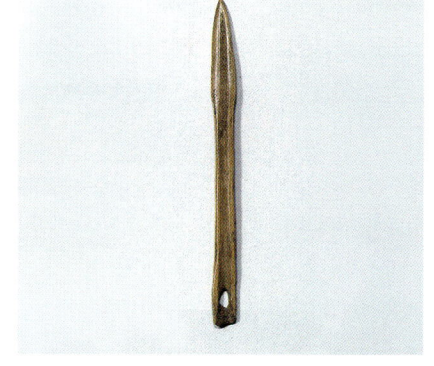

No. 2815-35 Otasamu	No. 2815-36/2 Otasamu	No. 2814-31 Biratori
L53.0 : W7.0 φ1.3	L54.5 : W14.0 : T1.2	L20.7 : W1.6 : T0.5

No. 2814-32 Biratori	No. 2814-33 Biratori
L18.0 : W3.0 : T0.7	L19.0 : W1.5 : T0.5

No. 2815-53	Otasamu	**No. 2815-51**	Maoka
ML23.0 L12.3 : φ1.7		ML40.0 L7.9 : W2.3 : T1.0 L16.2 : φ2.6	
No. 64-12	Maoka	**No. 64-23**	Maoka
ML55.7 L14.5 : W4.2		ML41.0 L15.3 : φ1.8×2.1	
No. 2815-52в	Maoka	**No. 2815-49**	Tarantomari
L20.0 : φ2.9		L15.4 : W3.4 : φ2.9	
No. 2815-76ав	Tarantomari	**No. 5110-14**	Tarantomari
ML31.7 а L10.8 : W3.4 : T1.6 в L23.9 : φ3.4		ML44.0 L21.0 : W2.6 : φ2.5	
No. 2815-58	Tarantomari	**No. 8761-10178**	—
ML56.0 L11.2 : W3.5 : T1.9		ML149.0 L13.3 : W4.4 : T2.0	
No. 8761-10182	—	**No. 2815-75**	Ochiho
L7.9 : W3.0 : T1.2		L21.0 : W9.0 : T5.3	

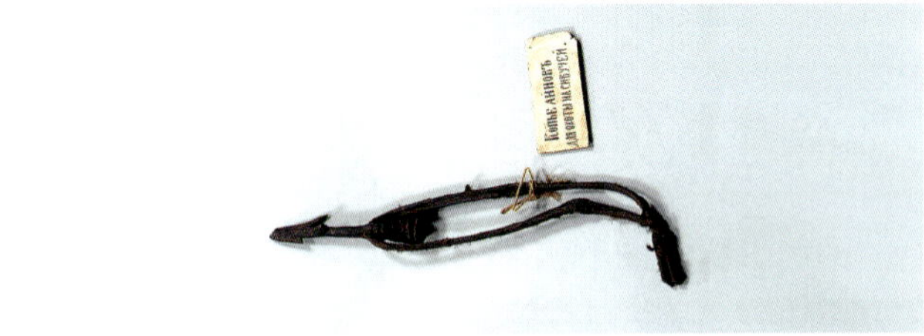

274

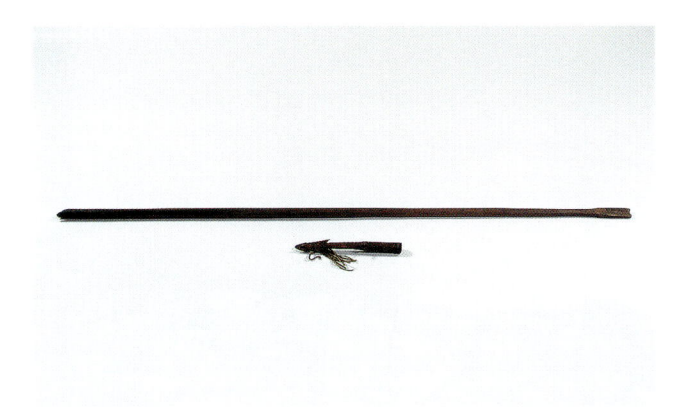

Husbandry

No. 2815-67авс　　　　　　　　　　　　　　　Maoka
а L11.0 : W4.0　в L24.5 : φ3.0　с L188.0 : W3.5

No. 5110-20　　　　　　　　　　　　　　　Tarantomari
ML276.0　L4.6 : W2.1 : T1.0

No. 2814-47/4　　　　　　　　　　　　　　Biratori
L8.0 : W4.3 : T1.6　　L7.8 : W4.0 : T1.6
L10.2 : W4.0 : T1.8　L9.6 : W4.6 : T1.5

No. 2815-77　　　　　　　　　　　　　　　Tarantomari
L1165.0 : W1.3 : T1.3

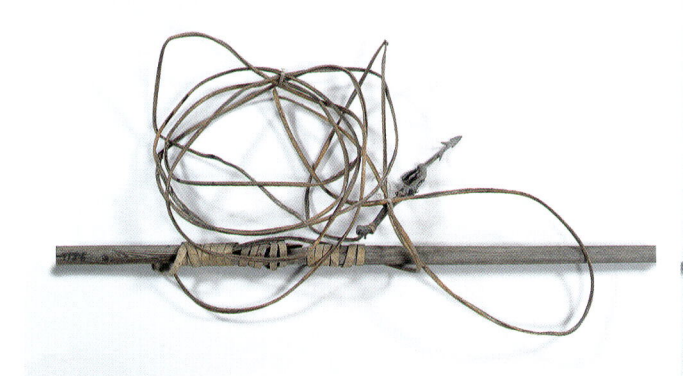

No. 2815-65авслеф　　　　　　　　　　　　Aihama
ML2814.0　а L515.0　в L716.0　с L636.0　д L666.0　е L281.0
ф L60.5 : W10.5 : T4.5　L12.6 : φ1.9

No. 6756-82　　　　　　　　　　　　　　　Tarantomari
L45.8 : W23.0/33.5

No. 6756-83　　　　　　　　　　　　　　　Biratori
L53.0 : W25.5/30.3

No. 2810-58　　Ootani L45.5 : W7.3 : T2.9	**No. 2812-130**　　Shiraura L28.0 : W16.5	**No. 8761-10224**　　— L29.5 : W16.5
No. 8761-10225　　— L30.3 : W12.5	**No. 2811-35**　　Biratori L9.2 : W4.0 : T1.2	**No. 2811-36**　　Biratori L10.0 : W4.3 : T1.4
No. 3006-50　　Aihama L61.5 : W21.7 : T3.1	**No. 2810-56**　　Maoka L70.0 : W19.6 : T2.8	**No. 2810-57**　　Maoka L63.5 : W20.5 : T2.8
No. 2811-34　　Biratori L29.8 : W21.3 : H9.1	**No. 2811-32**　　Biratori L38.0 : W20.5 : H10.3	

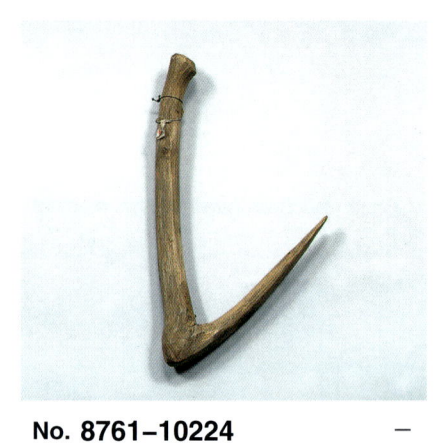

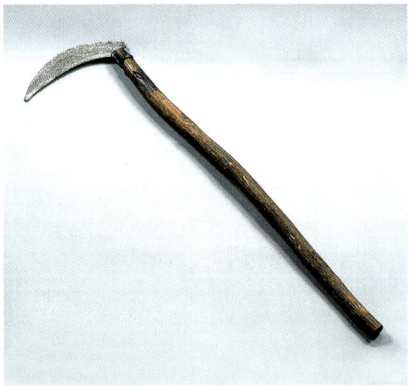

Husbandry

No. 2811-31/2 Biratori
L125.5 : W25.0 : H16.5   L136.5 : W29.5 : H17.5

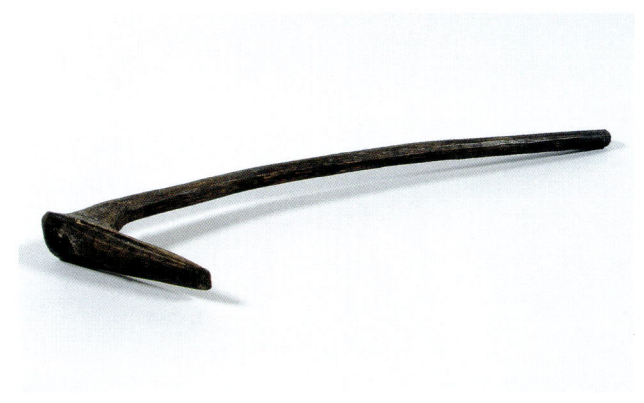

No. 2811-33 Biratori
L100.0 : W10.0

No. 2813-58 Biratori
L74.7 : φ4.0

No. 2813-74aB Biratori
a φ43.7 : H52.8
B L84.2 : φ7.8

No. 5102-197 Biratori
φ11.8 : H13.6

No. 2811-37 Biratori
L47.3 : W(18.0) : H(8.3)

No. 3006-37 Biratori
L45.5 : W42.5 : H11.0

No. 8761-10196 —
L54.5 : W22.5 : H4.2

277

No. 5110-96абвгд　　　　　　　　　　　　　Ootani

а L41.2：W13.7：H9.6　в L40.0：W16.0：T1.4　б L42.7：φ1.5
г L68.2：W7.4：T1.3　д L27.6：W5.0：T1.0

No. 2810-44авслефгх　　　　　　　　　　　Tonnai

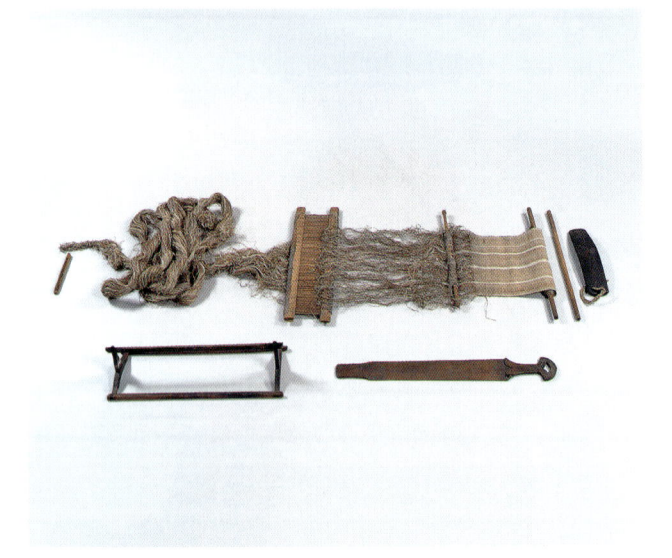

а L47.0：φ2.0　в L347.0：W32.7　с L48.0：W5.9：T2.8　д L68.5：W7.7：T1.3
е L52.3：φ1.3/2.0　ф L56.2：W17.5：H15.7　г L51.0：W14.9：T1.0　х L47.9：φ1.7

No. 2810-39авслефгхи　　　　　　　　　Tarantomari

ML843.2　а L34.0：W7.8：T1.4　в 56.0：W20.0：H14.3　с L38.2：W38.2　д L71.0：W8.8：T1.1
е L55.6：φ1.7　ф L50.0：φ1.6　г L59.5：W16.5：T1.5　х L：56.5：φ1.9　и 20.4：W1.3：T1.5

No. 5110-90абвг　　　　　　　　　　　Tarantomari

а L59.5：W17.0：H11.0　б L50.0：W15.0：T1.8　в L66.2：W8.3：T0.8　г L28.0：W5.6：T1.0

No. 3006-17авсл　　　　　　　　　　　　Biratori

а L46.8：W6.7：T0.4　в L68.6：W9.5：T1.7　с L53.2：W19.2：H15.2
д L59.9：W15.8：T1.4　д L58.0：W5.8：T：1.5

No. 8762-17143абвг　　　　　　　　　　　　—

ML550.0　а L44.0：W9.0　в L38.7：φ3.6　г L46.8：φ0.7

Manufacture

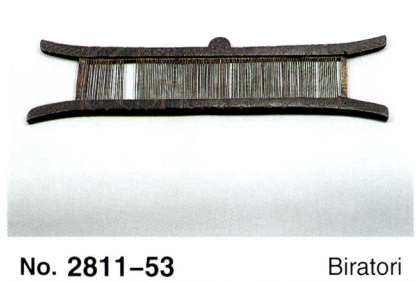

No. 2811-52　Biratori	No. 2811-53　Biratori	No. 2811-54　Biratori
L49.8 : W17.0 : T1.1	L58.6 : W14.7 : T1.2	L52.1 : W16.0 : T1.5
No. 5102-122　Biratori	No. 2810-86　Tarantomari	No. 2810-38　Maoka
L49.5 : W16.5 : T1.9	L37.4 : W8.4 : T1.0	L58.3 : W16.3 : H17.3
No. 2811-50　Biratori	No. 5102-120　Biratori	No. 5102-123　Biratori
L40.9 : W 9.6 : H8.7	L37.0 : W7.3 : T3.0	L43.5 : W11.5 : H10.5
No. 8761-10187　—	No. 2810-81　Ootani	No. 2810-80　Tarantomari
L60.3 : W18.9 : H14.3	L59.8 : φ2.4	L55.2 : φ1.7
No. 2811-51　Biratori	No. 2810-79　Tarantomari	No. 2811-3　Biratori
L50.4 : W1.8	L58.5 : W8.7 : T1.3	L46.5 : φ2.0

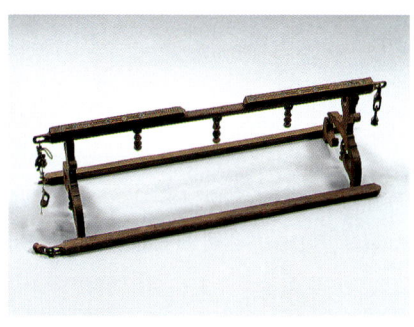

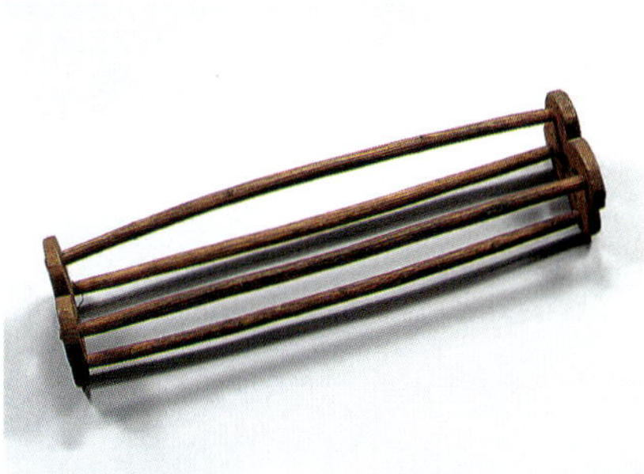

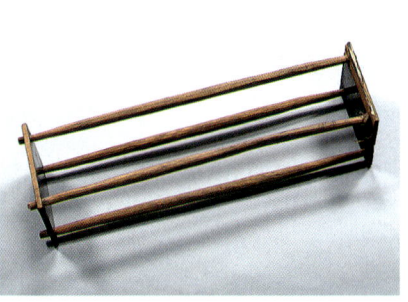

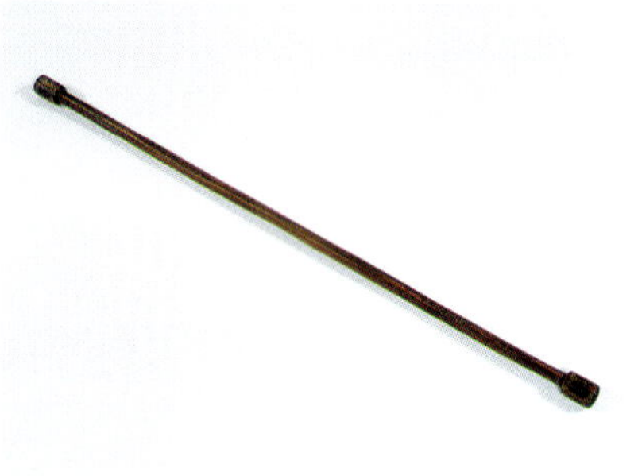

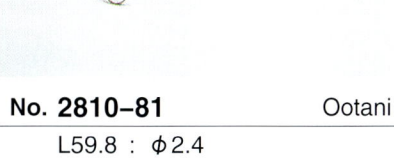

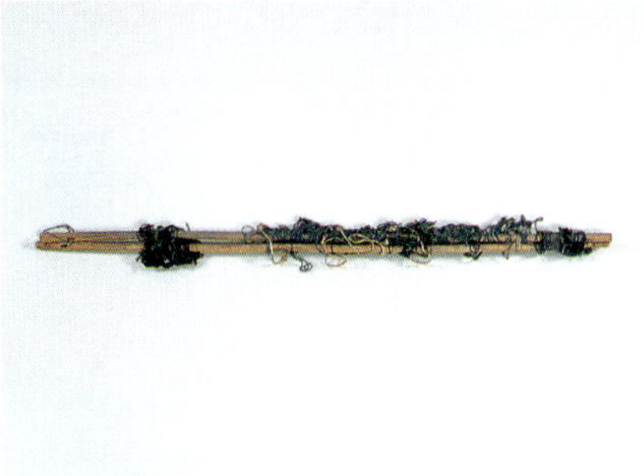

No. 2811-4	Biratori	No. 2811-5	Biratori	No. 2811-48	Biratori
L46.7 : φ4.3		L48.8 : φ3.5		L55.7 : W7.3	

No. 6756-30	Biratori	No. 2810-84	Naibuchi	No. 2810-85	Maoka
L64.2 : W3.1 : T1.5		L66.8 : W6.7 : T1.2		L67.0 : W9.7 : T0.9	

No. 2811-23	Biratori	No. 5102-121	Biratori	No. 5102-124	Biratori
L68.8 : W9.3 : T2.5		L64.5 : W9.5 : T1.6		L55.6 : W9.0 : T1.2	

No. 8761-10185	—	No. 8761-10186	—	No. 8761-11366	—
L69.8 : W7.0 : T1.7		L68.5 : W8.8 : T0.9		L25.0 : φ1.2	

No. 2810-78	Ootani	No. 2811-24	Biratori	No. 8762-10188	—
L28.4 : W5.3 : T1.3		L41.0 : W8.5 : T0.5		1 L51.8 2 L49.0 3 L45.5	

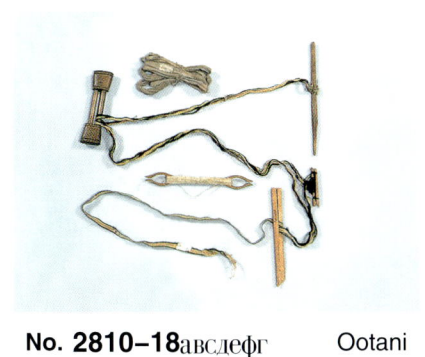

Manufacture

No. 2810-18авсдефг　Ootani	**No. 2811-16**авсдеф　Biratori	**No. 2811-17**авсд　Biratori
а L138.0　в L26.0　с L16.3　д L8.5　е L23.5　ф L20.0　г L139.0	а L67.0　в L43.5　с L32.0　д L10.7　е L8.2　ф L19.0	а L178.0：W2.8　в L9.8：W6.5：T0.4　с L9.3：W0.7

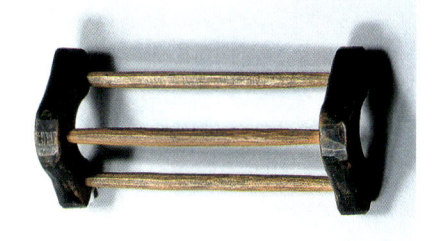

No. 2811-7　Biratori	**No. 2811-9**　Biratori	**No. 3006-18**　Biratori
L14.8 : W6.7 : T0.6	L13.6 : W7.0 : T0.6	L13.7 : W8.6 : T0.6

No. 5102-116　Biratori	**No. 5102-119**　Biratori	**No. 6756-60**　Biratori
L10.9 : W5.3 : T0.7	L13.0 : W6.0 : T0.6	L13.2 : W7.1 : T0.7

No. 2810-8　Tarantomari	**No. 2810-9**　Tarantomari	**No. 2811-6**　Biratori
L20.7 : W5.5 : H3.5	L18.9 : W5.5 : H2.3	L10.4 : W5.7 : H3.6

No. 3006-14　Naibuchi	**No. 2810-20**　Maoka	**No. 2810-19**　Tarantomari
L36.1 : W5.2 : T3.3	L29.7 : W4.0 : T2.7	L43.0 : W4.5 : T4.5

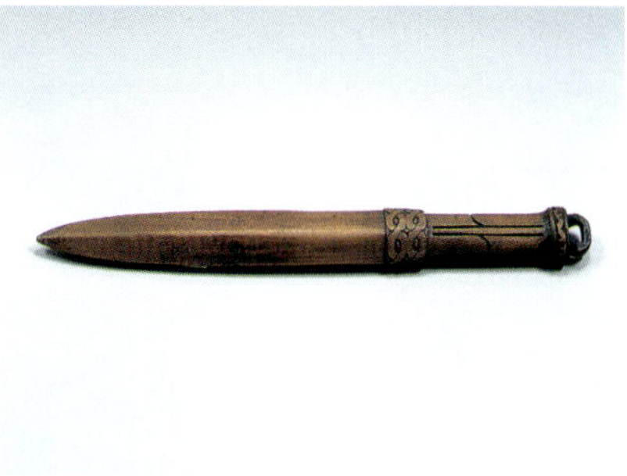

No. 2811-13	Biratori
L31.8 : W6.6 : T1.1	

No. 2811-14	Biratori
L33.3 : W6.1 : T2.4	

No. 2811-15	Biratori
L31.3 : W5.6 : T0.9	

No. 3006-13	Biratori
L34.0 : W6.3 : T1.0	

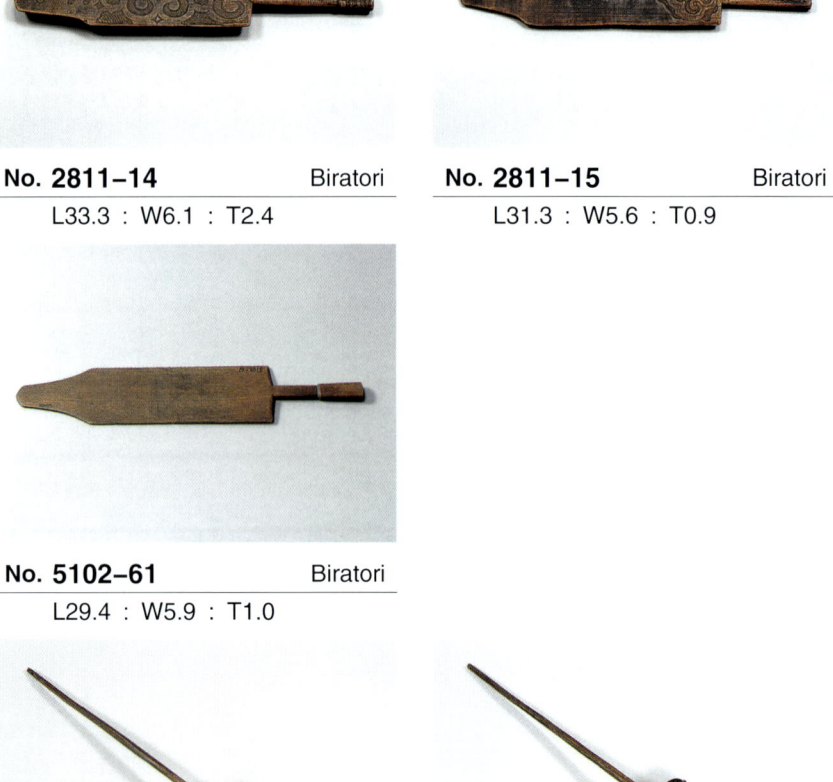

No. 5102-61	Biratori
L29.4 : W5.9 : T1.0	

No. 2810-83	Ootani
L63.0 : φ8.7〜9.4	

No. 5110-91	Ootani
L64.2 : φ8.9	

No. 2810-82	Tarantomari
L64.0 : φ8.3〜9.3	

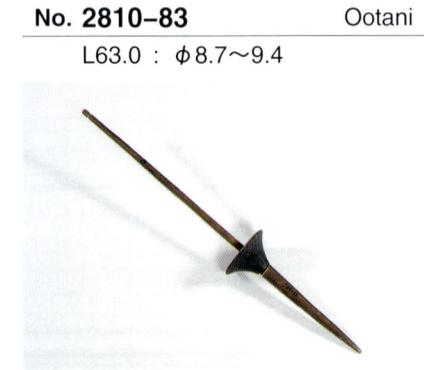

No. 5110-89	Tarantomari
L62.0 : φ8.8	

No. 8761-10180	—
L53.7 : φ7.1	

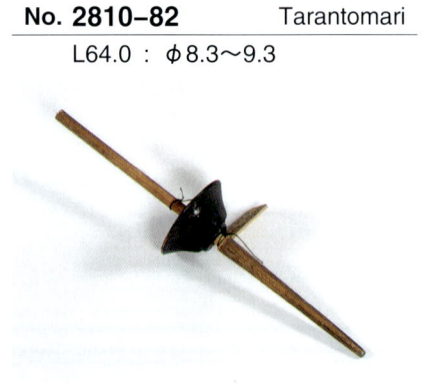

No. 8761-10181	—
L(37.0) : φ8.5	

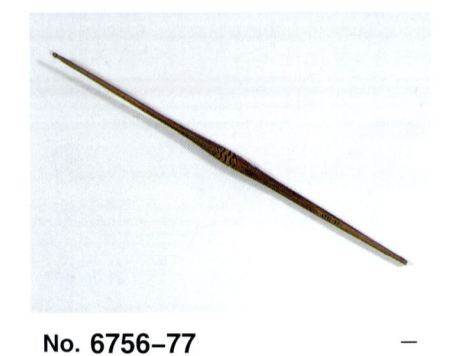

No. 6756-77	—
L(50.8) : φ1.6	

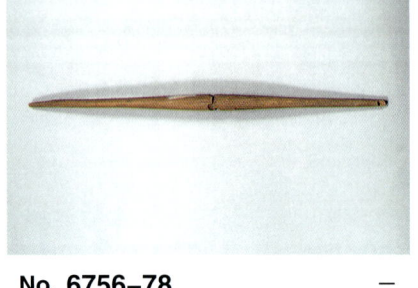

No. 6756-78	—
L(44.0) : φ1.7	

Manufacture

No. 2811-22	Biratori
L100.0 : W44.5 : φ2.8	

No. 2817-44	Biratori
L79.5 : W40.5 : φ2.0	

No. 2810-2	Naibuchi
L110.0	

No. 2810-3	Naibuchi
L75.0	

No. 2810-87	Ootani
φ8.5～10.0	

No. 2810-1	Tarantomari
L38.0 : W22.0 : T13.0	

No. 2814-46	Biratori
L22.3 : W2.9 : T0.6	

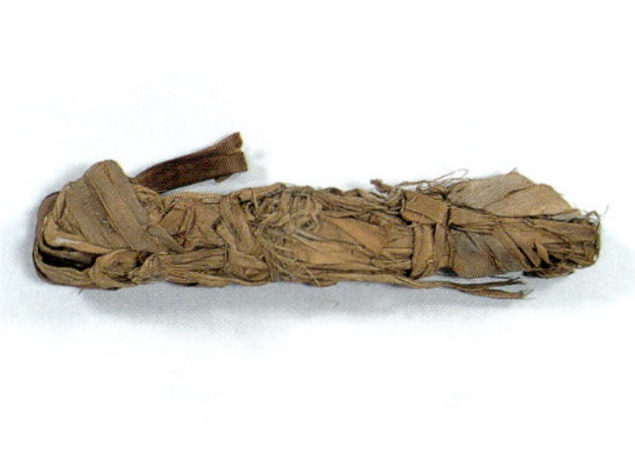

No. 2810-88	Ochiho
L41.0 : W8.0 : T6.0	

No. 6756-69	Tarantomari
ML207.0 : W3.1～4.2 : T0.1	

No. 2810-5	Tarantomari
L11.0 : W4.7 : T1.6	

No. 2810-6	Tarantomari
L(7.2) : W4.6 : T1.3	

No. 2810-7	Tarantomari
L(5.3) : W3.0 : T1.0	

No. 8761-10239	—
L9.0 : W3.9 : T1.5	

283

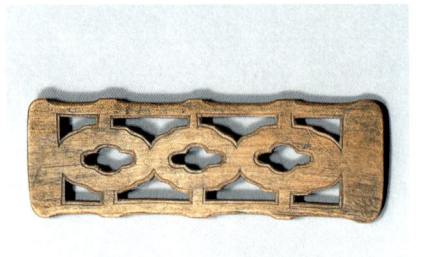

No. 2810-10 Maoka	No. 2810-12 Maoka	No. 2810-13 Maoka
L15.2 : W4.8 : T0.5	L15.9 : W5.1 : T0.7	L18.3 : W5.8 : T0.5
No. 2810-14 Maoka	No. 2810-15 Maoka	No. 3006-12 Biratori
L14.2 : W5.7 : T0.7	L14.7 : W3.3 : T1.0	L10.3 : W5.2 : T0.6
No. 2811-10 Biratori	No. 2811-11 Biratori	No. 2811-12aB Biratori
L6.8 : W6.6 : T0.5	L7.0 : W7.0 : T0.6	L7.7 : W7.1 : T0.9
No. 3006-11 Biratori	No. 5102-117 Biratori	No. 5102-118 Biratori
L7.9 : W7.0 : T0.6	L7.9 : W7.0 : T0.4	L7.3 : W6.6 : T0.5
No. 6756-26 Biratori	No. 6756-27 Biratori	No. 6756-28 Biratori
L7.8 : W6.9 : T0.6	L7.0 : W6.7 : T0.5	L7.7 : W7.4 : T0.6

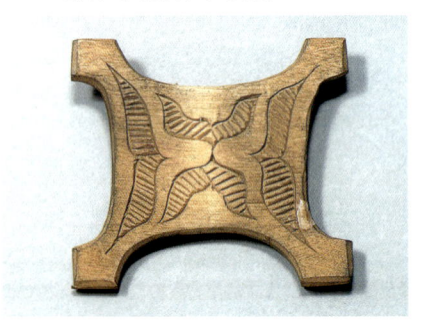

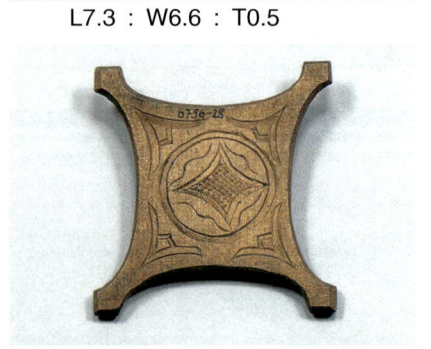

Manufacture

No. 6756-29	Biratori
L7.1 : W6.6 : T0.4	

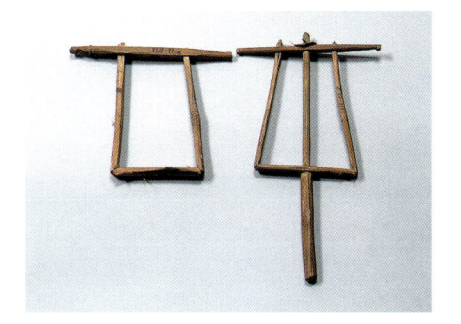

No. 2810-22ав	Manui
а L(15.3) : W18.9 : T1.7 в L28.2 : W16.5 : T1.8	

No. 3006-15	Manui
L31.1 : W15.2 : T1.8	

No. 2810-16	Otasamu
L6.5 : φ1.7	

No. 2810-17	Otasamu
L14.7 : φ1.9×2.2	

No. 64-20	Maoka
ML28.5 L8.2 : φ1.8〜2.9	

No. 2810-21	Tarantomari
ML23.2 L7.3 : φ2.1〜2.7	

No. 2811-18	Biratori
ML14.4 L12.9 : φ1.4	

No. 2810-23	Otasamu
L8.0 : W10.5	

No. 2810-42	Rorei
L37.0 : W30.5	

No. 2810-43	Maoka
L56.5 : W17.5	

No. 2810-89авсд	Naibuchi
а L220.0 : W101.0 в L118.3 : W3.8 : T1.5 с L60.3 : φ3.6 д L64.7 : φ3.0	

No. 2811-58	Biratori
L88.8 : W5.0 : T1.0	

285

莫　莚

No. 2810-37　　Hakoda	No. 5110-76　　Manui
L182.0：φ0.6	L39.0：W5.0：T6.0

No. 5110-52аб　　Hakoda	No. 2810-51　　Maoka	No. 2810-52　　Maoka
а L28.0：φ5.0　б L44.0：W2.9：T1.8	L28.4：φ3.8	L27.5：φ4.8　L33.5：φ3.2

No. 2810-49　　Otasamu	No. 2810-50　　Maoka	No. 5110-51　　Maoka
L25.8：φ2.3	L26.0：φ2.2	L11.7：W1.3：T0.8

No. 2810-53ав　　Tarantomari	No. 2811-25　　Biratori	No. 2811-26　　Biratori
ML31.0　а L29.5：φ3.0　в L16.7：φ2.3	L9.7：W2.4：T1.3	L16.0：W2.1：T1.2

No. 2810-48　　Hakoda	No. 2811-38　　Biratori	No. 2813-70　　Biratori
L28.2：W10.0：T3.3	L25.2：φ5.5〜6.5	L24.5：W15.0：φ5.5

Manufacture

No. 2811-29 Biratori
L21.2 : W7.9 : H8.7

No. 5102-125 Biratori
L23.3 : W6.1 : H7.6

No. 2810-55 Naibuchi
L55.0 : W6.4 : H21.0

No. 2811-30 Biratori
L24.6 : W10.5 : φ3.2

No. 2814-1 Biratori
L59.5 : W11.0 : φ2.3

No. 8761-11363 —
ML45.0 : W19.2 : φ1.9

No. 2811-27 Biratori
L17.8 : W3.8 : T1.2

No. 2811-28 Biratori
L14.2 : W2.9 : T1.9

No. 2810-46/2 Otasamu
L71.0 : W20.3 : T3.5

No. 5110-50 Kotani
L87.0 : W25.0 : T5.6   L70.5 : W21.0 : T6.5

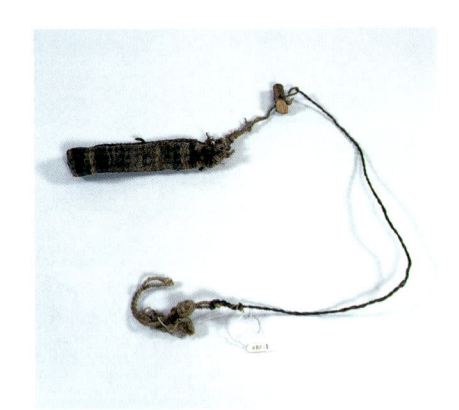

No. 2815-8	Shiraura
L127.0	

No. 2815-9	Otasamu
L77.0	

No. 2815-6	Aihama
L78.5	

No. 2815-4	Rorei
L72.0	

No. 2815-7	Ochiho
L102.0	

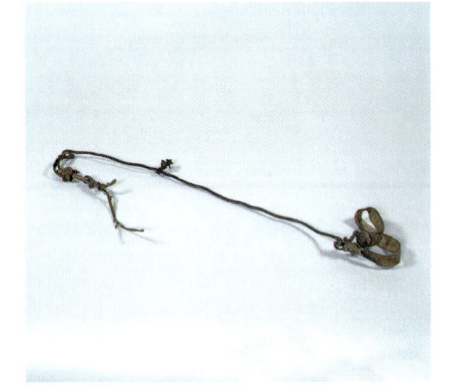

No. 64-21	Maoka
L123.0	

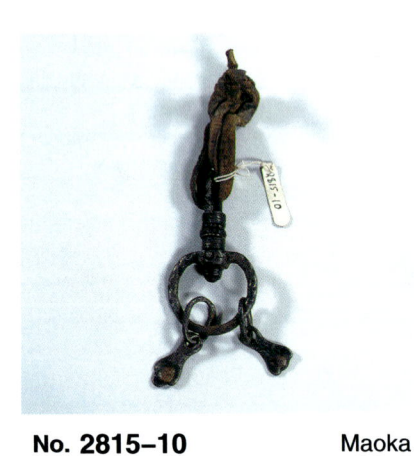

No. 2815-10	Maoka
L24.5 : W6.1 : T2.6	

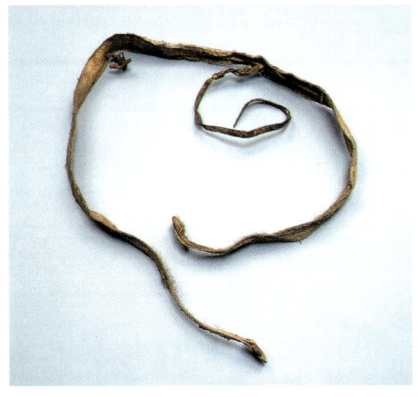

No. 6756-85	—
L58.0	

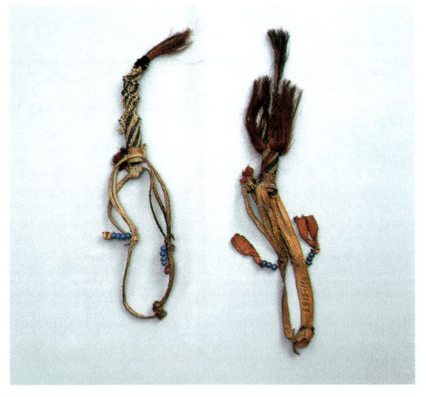

No. 2815-11/2	Tarantomari
L39.9／L39.0	

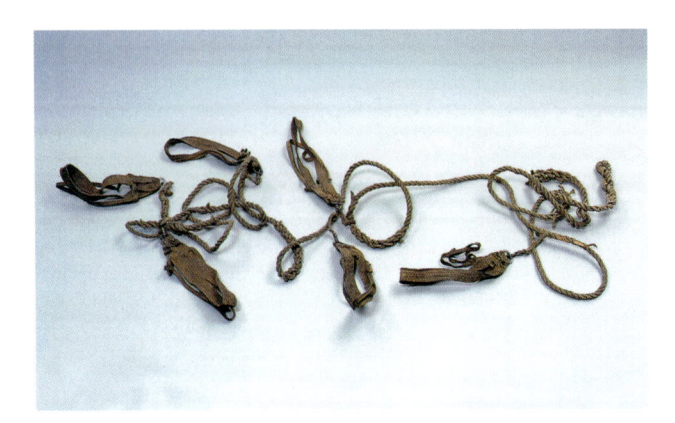

No. 2815-3	Rorei
L660.0	

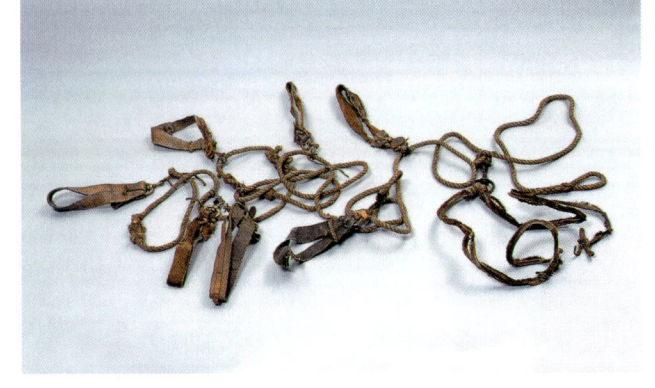

No. 2815-5	Maoka
L640.0	

Transportation

No. 2815-2   Rorei
L96.4 : φ4.3

No. 5110-100   Rorei
L97.0 : φ4.2

No. 2815-12/2   Aihama
L155.3 : W15.3 : T1.4   L153.0 : W15.5 : T1.3

No. 6756-31/2   Ochiho
L151.5 : W14.4 : T1.5   L151.0 : W15.0 : T1.7

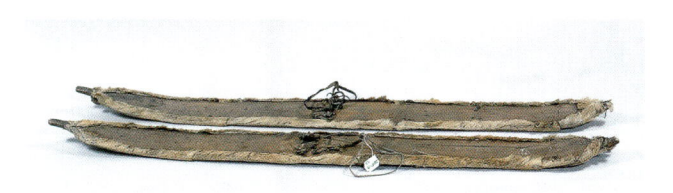

No. 2815-13/2   Tonnai
L182.5 : W18.2 : T3.5   L181.0 : W18.2 : T3.8

No. 2815-14/2   Tarantomari
L157.5 : W19.2 : T1.0

No. 64-14   Maoka
L141.0 : φ12.0

No. 2815-38   Tarantomari
L191.0 : W5.8 : T3.9

No. 2814-3   Biratori
L89.7 : φ4.0

No. 2814-14   Biratori
L103.0 : φ1.7

No. 4926-127   Biratori
L92.5 : φ2.2

No. 4926-129   Biratori
L99.6 : φ1.5

No. 5110-97/2	Ochiho
L52.0 : W22.6 : T1.3	

No. 64-13aв	Maoka
a L52.5 : W24.0 : T2.1	
в L52.2 : W23.0 : T2.1	

No. 3006-65aв	Tarantomari
a L49.8 : W26.8 : T2.0	
в L50.5 : W24.7 : T2.0	

No. 2814-38/2	Biratori
1 L40.4 : W21.7 : T2.6	
2 L39.4 : W21.7 : T2.6	

No. 2814-39/2	Biratori
1 L52.9 : W20.5 : T2.0	
2 L53.4 : W20.5 : T2.0	

No. 8761-10183	—
L46.5 : W26.0 : T3.2	

No. 2814-2	Biratori
L56.5 : W50.0 : H42.0	

No. 5102-45	Biratori
L185.0 : φ1.0	

No. 2815-15	Otasamu
L68.0 : W30.0 : T3.0	

No. 2815-22	Otasamu
L86.0 : W32.5 : T2.7	

No. 2815-64	Tarantomari
L83.2 : W39.6 : T5.0	

No. 8761-10222	—
L16.1 : W8.4 : T4.8	

Transportation

No. 5102-54аб Biratori
б L26.0 : W18.0 : T4.0

No. 5102-78 Biratori
L37.0 : W19.0 : T2.0

No. 5102-81 Biratori
L45.0 : W45.0 : T5.5

No. 5102-83 Biratori
L37.0 : W28.0 : T7.5

No. 5102-84 Biratori
L44.5 : W19.0 : T2.0

No. 5102-89 Biratori
L16.0 : W9.5 : T3.0

No. 5102-90 Biratori
L19.0 : W13.0 : T2.0

No. 5102-91 Biratori
L20.0 : W14.0 : T2.0

No. 5102-95 Biratori
L31.5 : W20.1 : T4.0

No. 5102-96 Biratori
L26.0 : W23.0 : T2.5

No. 5102-98 Biratori
L33.5 : W31.0 : T3.5

No. 5102-99 Biratori
L38.0 : W37.0 : T3.5

No. 5102-100 Biratori
L24.0 : W13.5 : T3.0

No. 8762-17128 Saru
L22.5 : W21.0

No. 8762-17129 Saru
L23.0 : W16.5

291

No. 8762-17130 Saru L21.0 : W17.5	**No. 2817-47** Biratori L27.5 : W21.5 : T3.5	**No. 5102-79** Biratori L41.0 : W35.5 : T4.0
No. 5102-87 Biratori L22.0 : W19.0 : T10.0	**No. 5102-94** Biratori L23.0 : W19.5 : T3.0	**No. 5102-107** Biratori L34.5 : W34.0 : T3.5
No. 2813-71 Biratori L75.0 : W55.0 : T6.5	**No. 5102-82** Biratori L44.5 : W37.0 : T5.5	**No. 5102-77** Biratori L70.0 : W46.0 : T3.5
No. 5102-40 Biratori L40.0 : W25.0 : T2.0	**No. 5102-80** Biratori L38.5 : W34.0 : T3.5	**No. 8762-17127** — L22.5 : W23.5
No. 5102-85 Biratori L13.0 : W12.0 : H19.0	**No. 5102-86** Biratori L14.0 : W12.0 : H18.5	**No. 5102-88** Biratori L25.0 : W17.0 : H26.0

Transportation

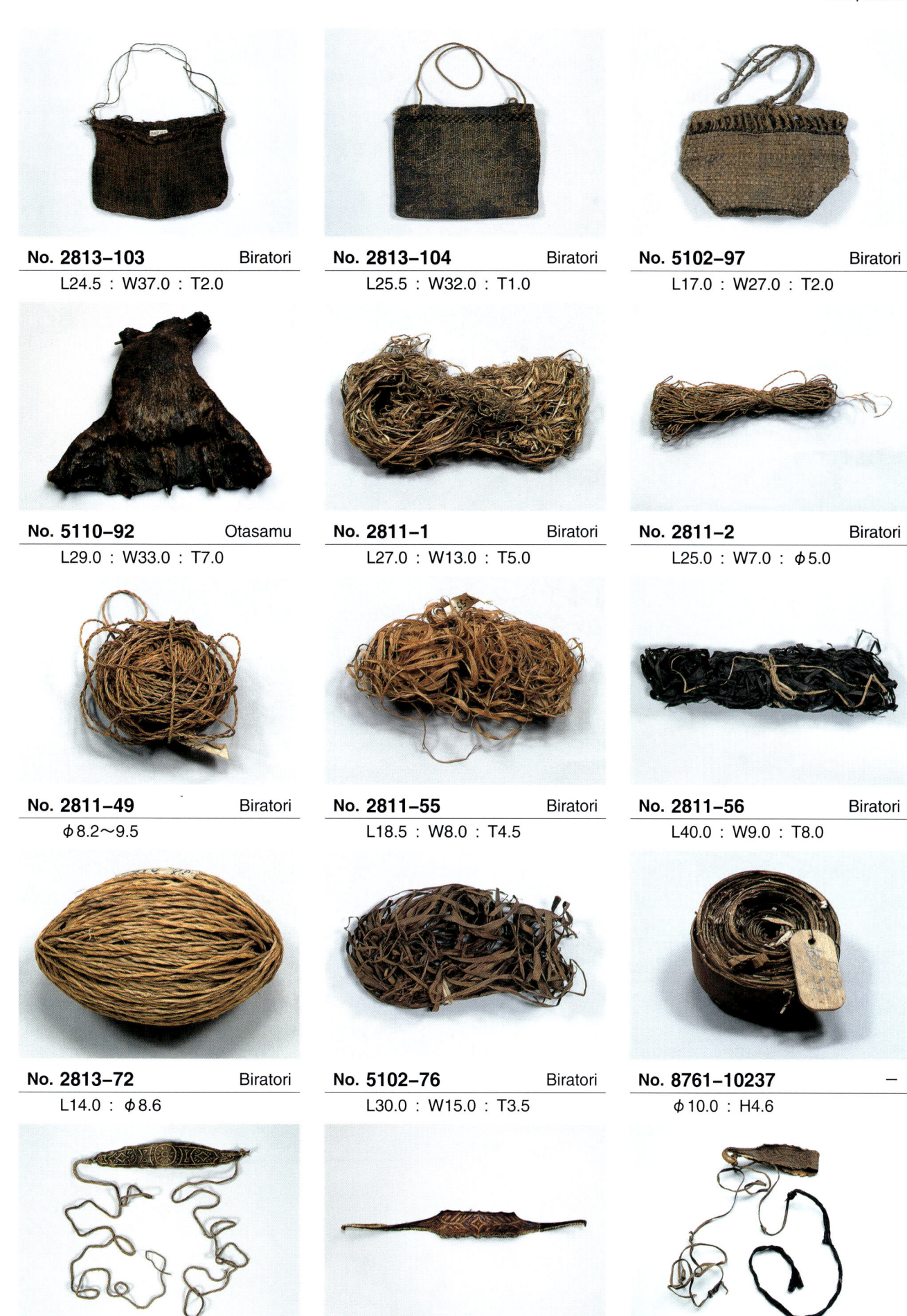

No. 2813-103 Biratori	No. 2813-104 Biratori	No. 5102-97 Biratori
L24.5 : W37.0 : T2.0	L25.5 : W32.0 : T1.0	L17.0 : W27.0 : T2.0

No. 5110-92 Otasamu	No. 2811-1 Biratori	No. 2811-2 Biratori
L29.0 : W33.0 : T7.0	L27.0 : W13.0 : T5.0	L25.0 : W7.0 : φ5.0

No. 2811-49 Biratori	No. 2811-55 Biratori	No. 2811-56 Biratori
φ8.2～9.5	L18.5 : W8.0 : T4.5	L40.0 : W9.0 : T8.0

No. 2813-72 Biratori	No. 5102-76 Biratori	No. 8761-10237 —
L14.0 : φ8.6	L30.0 : W15.0 : T3.5	φ10.0 : H4.6

No. 5110-98 Aihama	No. 5110-99/2 Aihama	
L523.0 : W7.5 : T0.3	L72.5 : W8.0	ML401.5 : L59.5 : W6.0

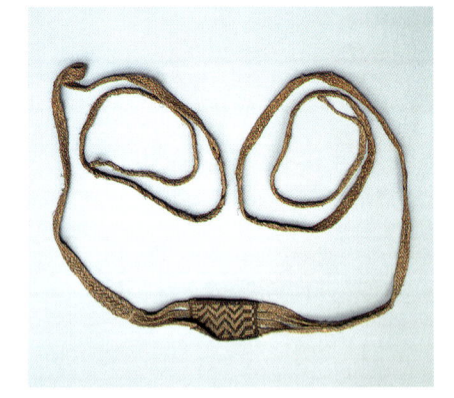

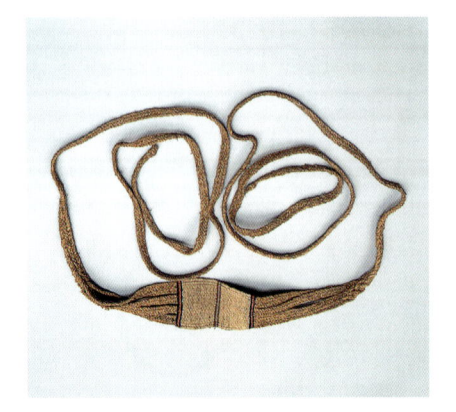

No. 2814-10 Biratori	No. 2814-13 Biratori	No. 2817-6 Biratori
L525.0 : W7.0	L514.0 : W7.3	L286.0 : W5.8
No. 5102-127 Biratori	No. 5102-128 Biratori	No. 5102-129 Biratori
L405.0 : W8.0	L553.0 : W8.2	L400.0 : W9.2
No. 5102-130 Biratori	No. 5102-291 Biratori	No. 8762-17108 Saru
L491.0 : W7.5	L312.0 : W5.7	L378.0 : W7.3
No. 8762-17125 Saru	No. 8761-10269 —	No. 2811-19 Biratori
L430.0 : W10.2	L468.0 : W8.0	L183.0 : W7.7

Transportation

No. 2811-20	Biratori
L94.0 : W13.0	

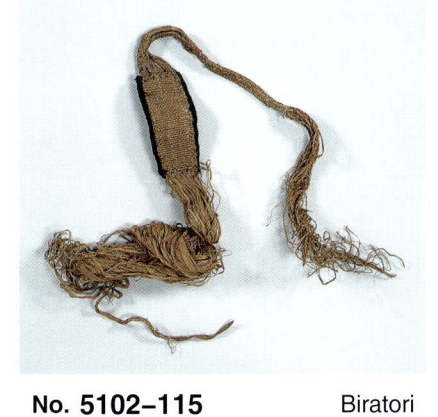

No. 5102-115	Biratori
L160.0 : W7.5	

No. 8761-10270	—
L(207.0) : W2.0	

No. 5110-93	Otasamu
L(≠3200.0) : W1.3 : T0.5	

No. 5110-94	Tonnai
L(≠800.0) : W1.0 : T0.4	

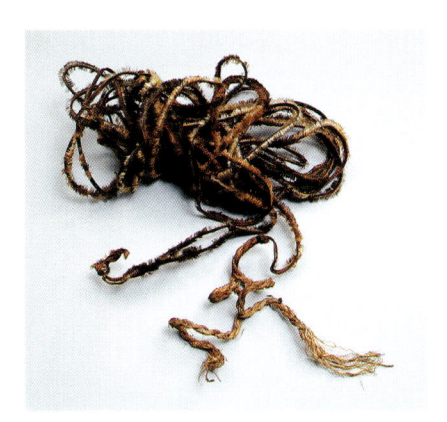

No. 5110-95	Tarantomari
W0.7 : T0.2	

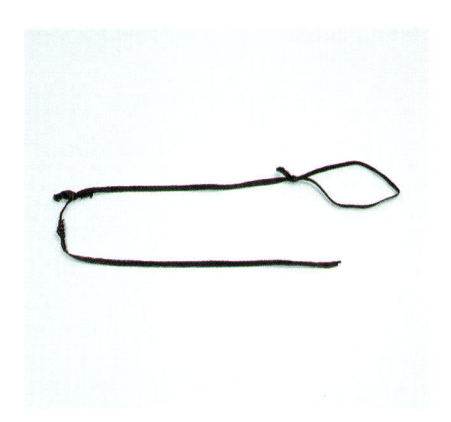

No. 6756-65	Biratori
L113.0 : W1.0	

No. 2814-61	Biratori
L7800.0 : φ1.0	

No. 6756-71	—
L920.0 : φ2.0	

No. 6756-89	—
L190.0 : φ1.0	

No. 2814-4	Biratori
L40.0 : W39.7 : T7.6	

No. 5110-88	Ochiho
L109.6 : W3.8 : T2.4	

295

No. 2816-113а/5в/5с/6д/6е/8ф/10г/3х/2и/2к/4л/4	Tonnai	**No. 2816-62**	Tarantomari
L160.0 : W150.0 : H85.0 MH161.0		L440.0	
2816-64	Shiraura	**6756-86**	Ootani
L78.5 : W11.5 : T5.8		L252.5 : W12.0 : T12.0	
2816-63	Tonnai	**5110-192**	Tonnai
L65.2 : W9.5 : T6.0		L105.0 : W11.5 : T6.0	
5102-298	Biratori	**8761-11368**	—
L57.2 : W12.0 : T8.5		L77.0 : W12.6 : T5.8	

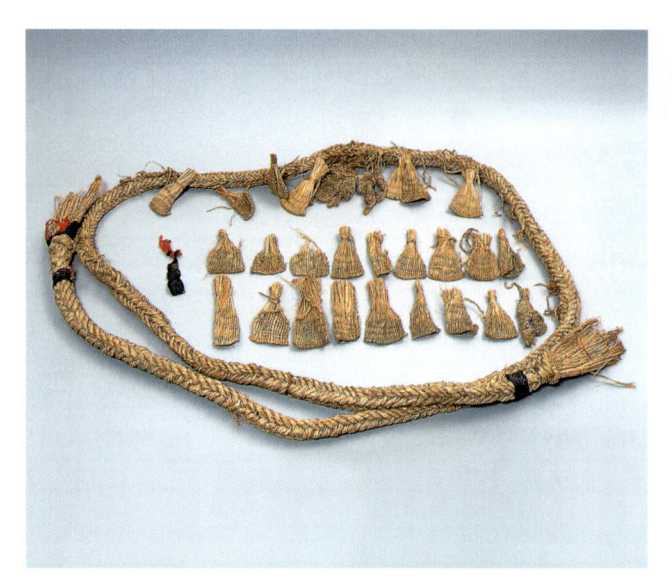

Ritual and belief

No. 3006-33 Shiraura
L57.0 : W(8.5) : H3.1

No. 3006-34 Tarantomari
(L51.6 : W10.3 : H6.2)

No. 2816-84/2 Tarantomari
L10.5 : W7.8 : T0.4

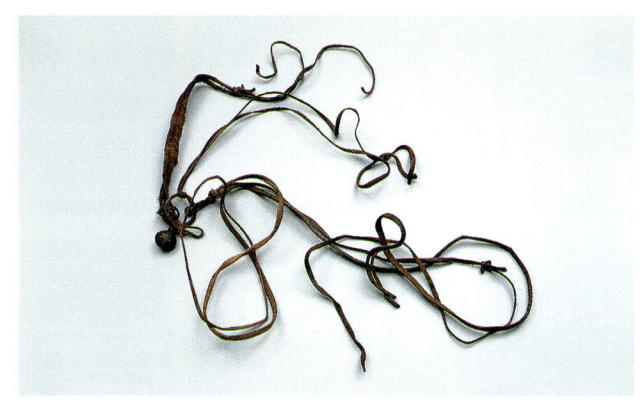

No. 2816-67 Tarantomari
L292.0

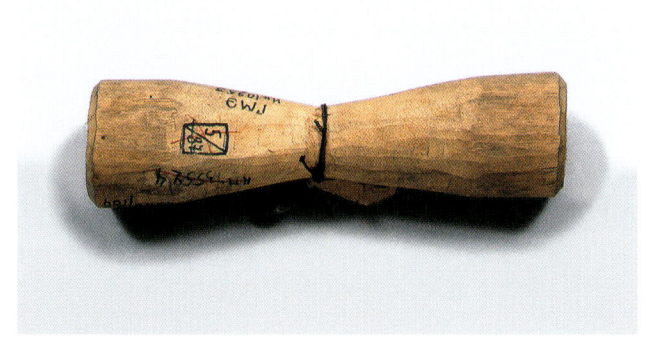

No. 8761-10253 —
L14.6 : φ3.8

No. 5110-11 Shiraura
L65.8 : φ1.0   L16.8 : φ1.6

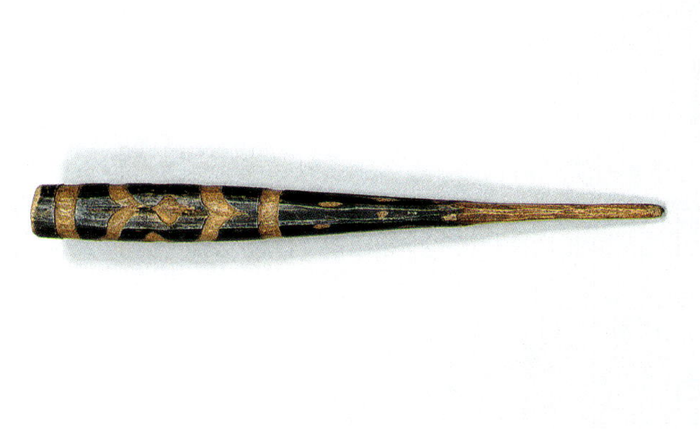

No. 5110-10 Otasamu
L17.2 : φ1.4

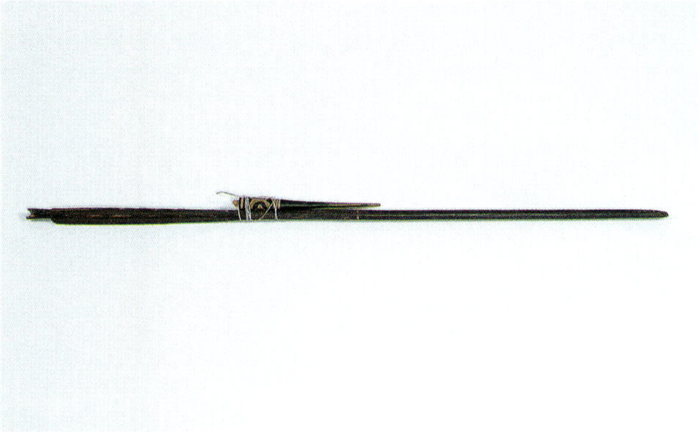

No. 5110-12 Tarantomari
L(67.3) : φ1.5

297

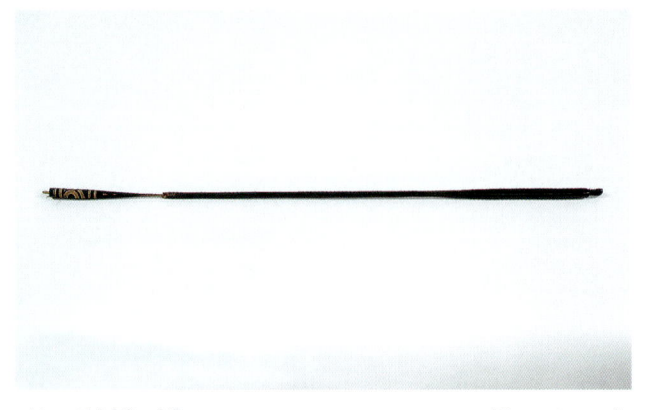

No. 5110-13	Tarantomari	**No. 2816-66**	Shiraura
L68.6 : φ1.5		L54.0 : φ1.8	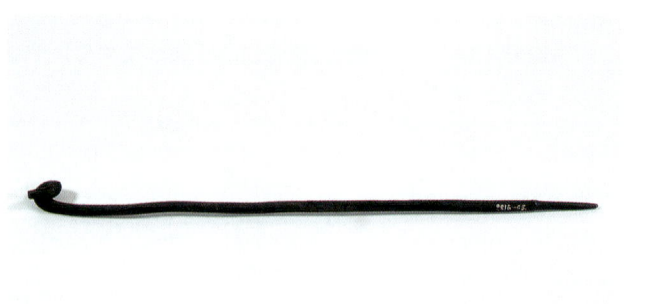
No. 2816-65	Tarantomari	**No. 8761-11369**	—
L64.5 : W3.6 : T2.6		L45.0 : W3.0	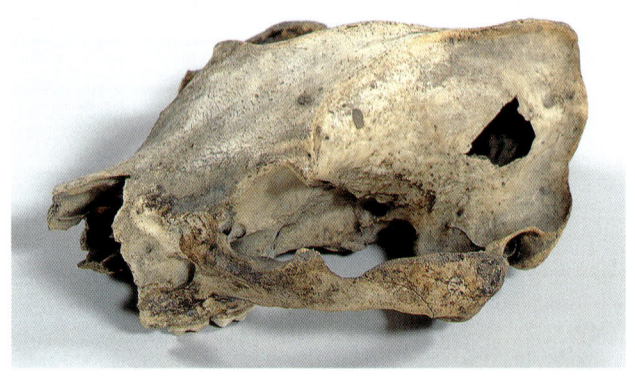
No. 2816-69	Naibuchi	**No. 2817-54**	Biratori
L(28.0) : W20.5 : H12.0		L28.0 : W4.0	

Ritual and belief

No. 2816-40 Otasamu	No. 2812-189 Naibuchi	No. 2812-190 Ootani
L10.5 : W4.3 : H38.5	L5.2 : W4.9 : H21.2	L4.6 : W4.6 : H14.7

No. 2816-43 Otasamu	No. 2816-42 Tonnai	No. 8761-10287 Saru
L29.5 : W21.0 : T12.0	L25.0 : W7.0 : T5.0	L16.0 : W14.0 : T8.0

No. 2817-35 Biratori	No. 2817-36 Biratori	No. 2817-90 Biratori
L19.0 : W6.0 : H5.5	L18.5 : W4.2 : H(2.2)	L28.2 : W7.3 : T2.7

No. 2817-91 Biratori	No. 2817-92 Biratori	No. 2817-93 Biratori
L24.7 : W8.4 : T1.2	L17.5 : W6.1 : T1.3	L15.2 : W7.2 : T1.9

No. 2817-94 Biratori	No. 2817-95 Biratori	No. 2817-96 Biratori
L14.3 : W4.7 : T0.4	L20.3 : W5.8 : T1.6	L18.0 : W6.0 : T0.9

No. 2817-97　　Biratori	No. 2817-98　　Biratori	No. 2817-99　　Biratori
L15.1 : W4.4 : T2.3	L15.3 : W5.7 : T0.3	L14.1 : W4.7 : T0.5
No. 5102-178　　Biratori	No. 5102-179　　Biratori	No. 5102-180　　Biratori
L16.5 : W6.6 : T0.6	L13.5 : W4.0 : T0.9	L18.3 : W5.9 : T0.9
No. 5102-181　　Biratori	No. 5102-182　　Biratori	No. 5102-183　　Biratori
L16.5 : W6.1 : T1.0	L15.9 : W4.9 : T1.0	L13.2 : W4.0 : T0.8
No. 5102-184　　Biratori	No. 5102-185　　Biratori	No. 5102-186　　Biratori
L12.5 : W2.1 : T0.8	L15.2 : W6.1 : T1.2	L(11.8) : W4.5 : T0.9
No. 2816-38　　Ootani	No. 5110-199　　Ootani	No. 2806-101　　Otasamu
L19.6 : W14.8	L17.7 : W13.5	L14.8 : W1.0 : T2.4

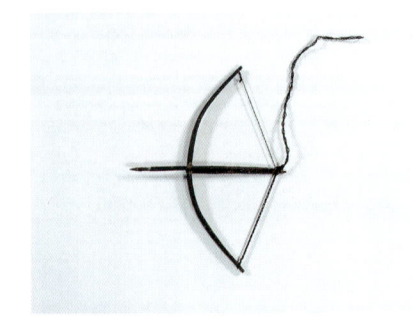

Ritual and belief

No. 5110-198aおB　　Aihama
L(31.0) : W31.0

No. 2816-88aB　　Shian
ML44.8　a L39.8 : W2.4 : T1.7　B L31.7 : W3.0 : T1.0

No. 2816-89aB　　Shian
a L(30.8) : W1.9 : T0.4　B L33.2 : W3.2 : T1.2

No. 2816-90aB　　Ootani
a L(20.8) : W1.5 : T0.5　B L27.3 : W2.2 : T1.1

No. 2817-63aB　　Biratori
L52.0 : W4.0 : T1.8

No. 2817-66　　Biratori
L33.3 : W3.3 : T2.0

No. 2817-67aB　　Biratori
a L38.1 : W2.6 : T1.0　B L68.0 : W2.0 : T0.2

No. 2817-77　　Biratori
L29.0 : W2.9 : T1.9

No. 2817-78　　Biratori
L29.8 : W2.1 : T1.0

No. 2817-79　　Biratori
L27.5 : W1.9 : T1.6

No. 2817-80　　Biratori
L25.6 : W2.0 : T1.0

No. 2817-81　　Biratori
L24.0 : W1.5 : T1.0

No. 2817-82　　Biratori
L22.0 : W2.1 : T1.0

No. 2817-83　　Biratori
L22.4 : W1.5 : T0.8

No. 2817-84　　Biratori
L20.8 : W2.7 : T0.7

301

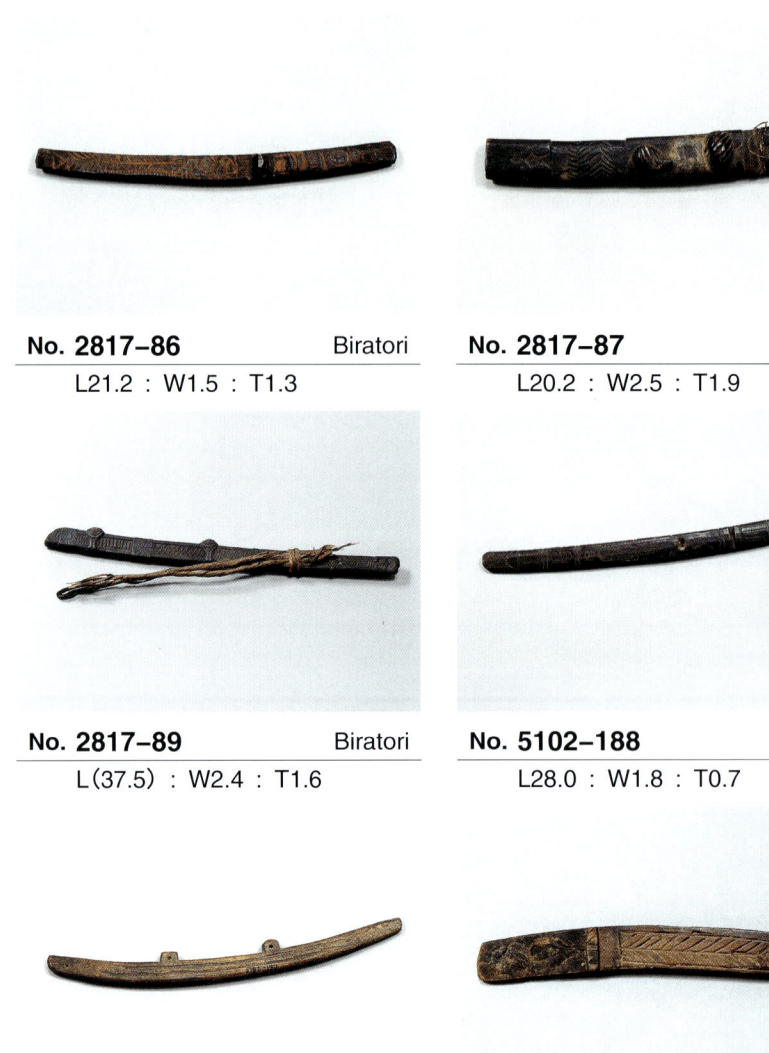

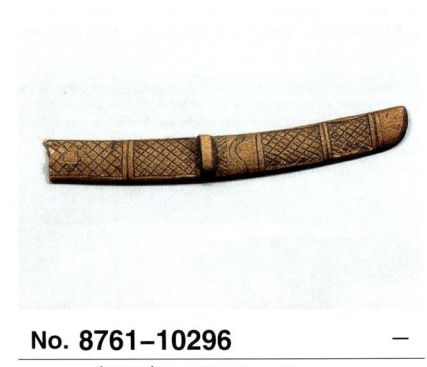

No. 2817-85　　Biratori	No. 2817-86　　Biratori	No. 2817-87　　Biratori
L21.5 : W1.7 : T1.0	L21.2 : W1.5 : T1.3	L20.2 : W2.5 : T1.9

No. 2817-88　　Biratori	No. 2817-89　　Biratori	No. 5102-188　　Biratori
L21.4 : W3.5 : T0.5	L(37.5) : W2.4 : T1.6	L28.0 : W1.8 : T0.7

No. 5102-189　　Biratori	No. 5102-190　　Biratori	No. 5102-191　　Biratori
L28.3 : W2.3 : T0.9	L24.6 : W3.3 : T0.6	L18.5 : W2.2 : T0.7

No. 5102-192　　Biratori	No. 5102-193　　Biratori	No. 5102-194　　Biratori
L32.6 : W2.4 : T1.4	L35.0 : W3.3 : T1.6	L25.5 : W2.1 : T1.3

No. 5102-195　　Biratori	No. 8761-10247　　Saru	No. 8761-10296　　―
L32.0 : W1.9 : T1.5	L24.0 : W1.7 : T1.4	L(17.5) : W2.2 : T1.1

Ritual and belief

No. 8761-10261　　　Saru
ϕ7.8 : T0.5

No. 2816-48ав　　　Otasamu
а L61.2 : W55.8 : T3.1　в L28.8 : W3.4 : T3.1

No. 5110-200аб　　　Shiyasu
а L66.0 : W50.5 : T2.1　б L28.6 : W3.0 : T1.4

No. 8761-11370аб　　　—
а L34.0 : W33.0 : T1.3

No. 8761-11372　　　—
L48.6 : W8.0

303

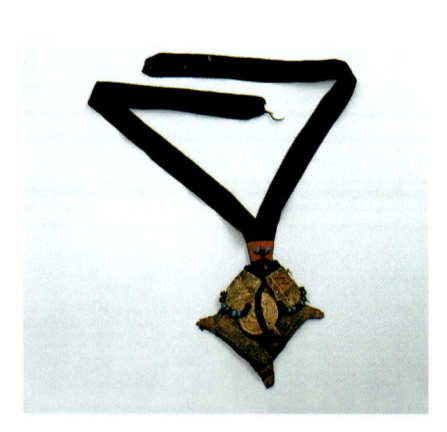

No. 2816-92 Hakoda	**No. 2816-91** Tarantomari	**No. 5110-202** Tarantomari
L31.5 : H6.3	L31.5 : H9.5	L33.7 : H6.0
No. 5110-201 Tarantomari	**No. 2816-94** Otasamu	**No. 5110-203** Otasamu
ML92.5　L73.0 : W6.1	ML67.5　L34.0 : W4.0	L45.0 : W4.1
No. 5110-206 Otasamu	**No. 5110-205** Naibuchi	**No. 2816-95** Otasamu
L40.5 : W2.5	L43.5 : W3.5	L25.7　φ4.7
No. 2816-96 Otasamu	**No. 2816-100** Otasamu	**No. 2816-98** Rorei
L29.1　φ5.6×5.9	L40.0　L5.5 : W5.5	L58.0　L15.0 : W13.8

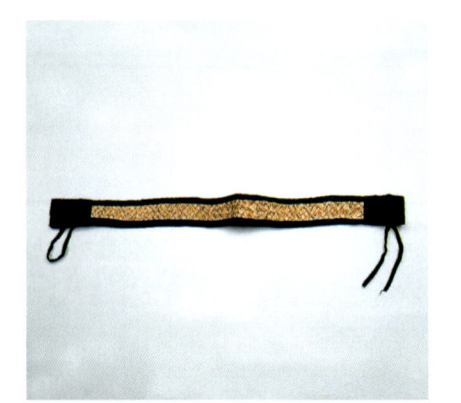

Ritual and belief

No. 2816-99 Rorei
L37.5 φ7.2

No. 2816-101 Shiyasu
L31.0 φ5.0

No. 2816-97 Ootani
L40.0 φ6.5

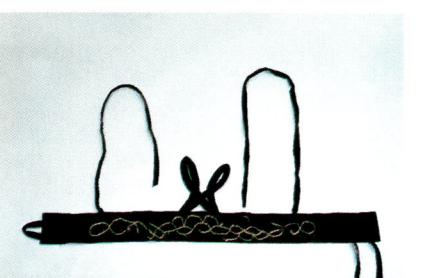

No. 2816-103 Hakoda
L81.0 : W7.4

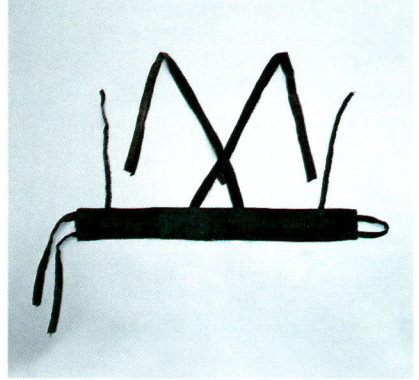

No. 5110-207 Otasamu
L48.5 : W5.5

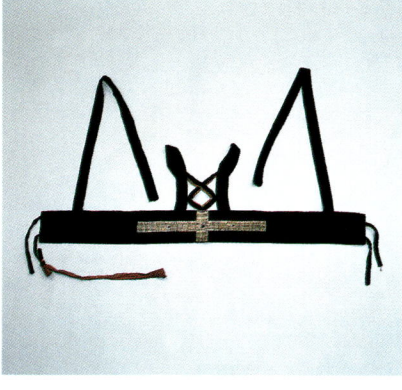

No. 2816-102 Naibuchi
L75.0 : W7.7

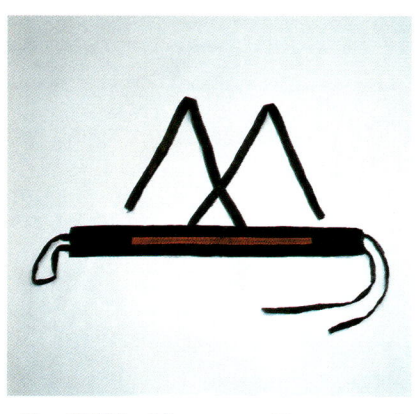

No. 6756-44 Tarantomari
L64.0 : W6.8

No. 5110-204 Otasamu
L36.5 : H6.1

No. 2816-93/2 Hakoda
L17.2 : W2.0 / L16.0 : W2.3

No. 5110-208/2 Shiraura
L7.8 : W10.0 / L11.1 : W12.0

No. 2817-100 Biratori
L206.5 : W6.7

No. 2816-26	Hakoda
L32.0 : φ1.6×1.2	

No. 2816-44	Hakoda
L81.0 : φ3.4	

No. 5110-197	Hakoda
L42.0 : W2.6 : φ2.0	

No. 2816-37aв	Manui
a L17.5 : W9.0 : H10.2	
в L54.5 : W2.1 : T1.5	

No. 2816-4aв	Shiraura
ML139.0 a L115.0 : W10.0 : φ5.8	
в L50.0 : φ2.5	

No. 2816-14a	Shiraura
L55.0 : W14.0 : φ2.0	

No. 2816-22aв	Shiraura
a L24.5 : W3.0 : φ1.2×0.9	
в L46.0 : W15.0 : φ3.1	

No. 2816-28aв	Shiraura
a L23.0 : W7.0 : φ1.5 в L7.5	

No. 2816-31aвc	Shiraura
a L35.0 : W9.0 : φ2.9 в L4.6 : W1.6 : φ1.3	
c L15.3 : W1.1 : T0.4	

No. 2816-34aв	Shiraura
a L27.0 в L19.8 : W1.7 : T1.0	

No. 2816-46aвcд	Shiraura
L33.5 : φ2.0	

No. 6756-46	Shiraura
L(29.0) : φ2.7	

Ritual and belief

No. 2816-27   Otasamu
L30.0 ： φ1.5×1.2

No. 2816-35aʙ   Otasamu
L37.0 ： φ1.3×0.7

No. 2816-8   Shian
L50.0 ： φ0.7×2.6

No. 2816-36aʙ   Shian
a L39.0 ： W12.0 ： T7.0
ʙ L30.3 ： φ1.7×1.3

No. 2816-32   Kotani
L26.5 ： φ7.0×4.0

No. 3006-61/4   Kotani
L34.0 : φ1.6×1.1 ／ L39.5 : φ1.7×1.0
L30.6 : φ1.8×1.2 ／ L32.4 : φ1.5×1.2

No. 2816-15   Ootani
L48.5 ： φ2.7×2.9

No. 2816-16   Ootani
L45.0 ： φ2.5

No. 2816-17   Ootani
L59.0 ： φ3.4

No. 2816-18   Ootani
L55.0 ： φ2.9

No. 2816-19   Ootani
L60.0 ： φ2.6

No. 2816-30aʙ   Ootani
a L45.0 ： φ1.5×1.3

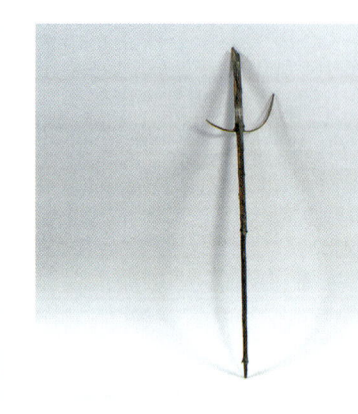

No. 5110-195　　Ootani	No. 5110-196　　Ootani	No. 2816-41ᴀʙ　　Ootani
L65.0 : φ3.1	L64.0 : φ2.9	L46.2 : φ5.2
No. 2816-12　　Tonnai	No. 2816-13　　Tonnai	No. 2816-21　　Tonnai
L53.0 : φ2.9	L48.0 : φ2.1×1.5	L45.6 : φ1.8×1.2
No. 2816-29　　Tonnai	No. 5110-193　　Tonnai	No. 5110-194　　Tonnai
L63.5 : φ3.8	L57.2 : W20.7 : φ1.7	L70.0 : W(16.0) : φ1.7
No. 2816-11　　Maoka	No. 64-26　　Maoka	No. 64-27　　Maoka
L68.0 : φ3.0	L75.5 : φ3.1	L59.0 : φ2.5

Ritual and belief

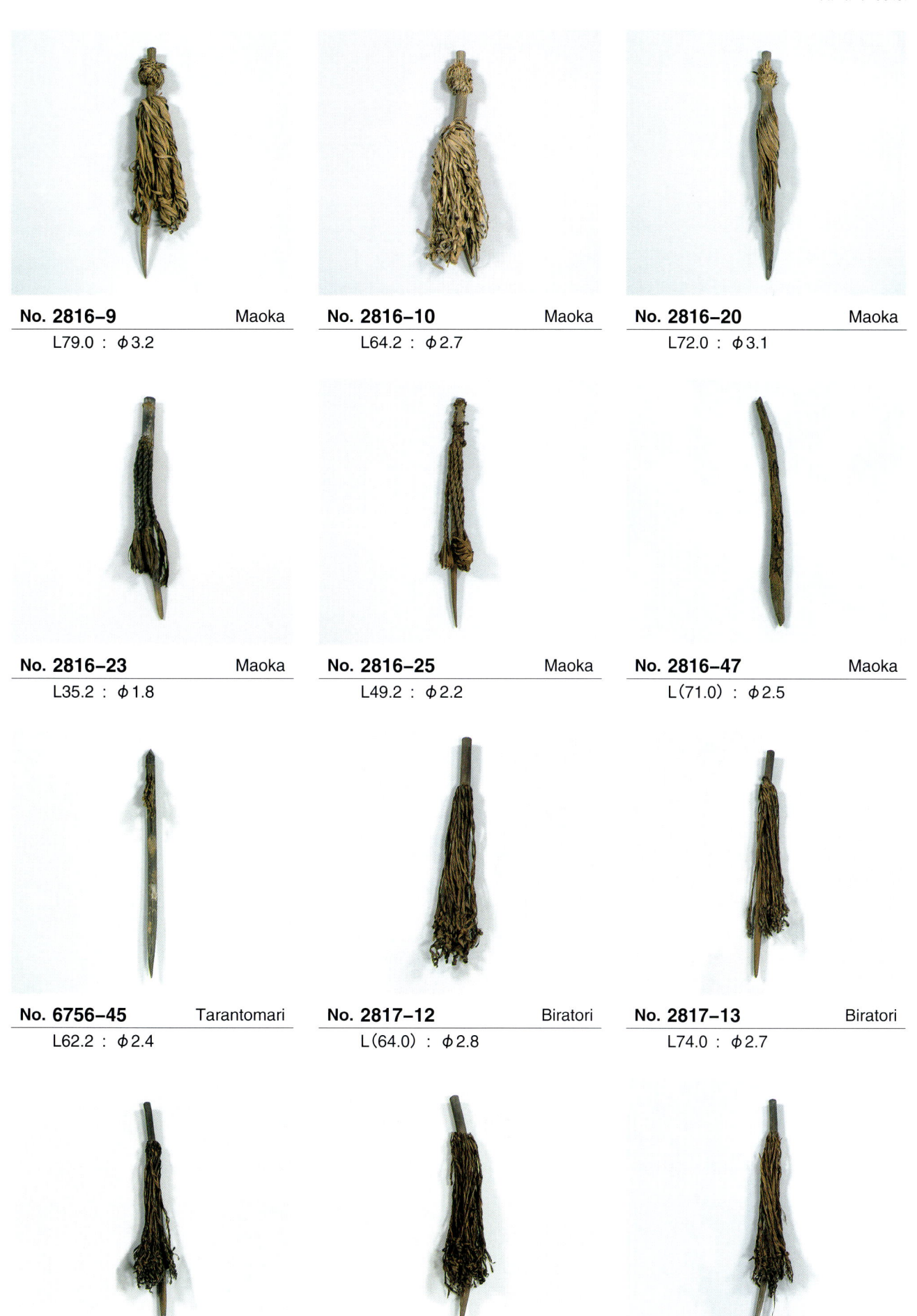

No. 2816-9 Maoka	No. 2816-10 Maoka	No. 2816-20 Maoka
L79.0 : φ3.2	L64.2 : φ2.7	L72.0 : φ3.1

No. 2816-23 Maoka	No. 2816-25 Maoka	No. 2816-47 Maoka
L35.2 : φ1.8	L49.2 : φ2.2	L(71.0) : φ2.5

No. 6756-45 Tarantomari	No. 2817-12 Biratori	No. 2817-13 Biratori
L62.2 : φ2.4	L(64.0) : φ2.8	L74.0 : φ2.7

No. 2817-14 Biratori	No. 2817-15 Biratori	No. 2817-16 Biratori
L75.8 : φ2.7	L74.0 : φ3.2	L79.5 : φ2.9

No. 2817-17　　Biratori	No. 2817-18　　Biratori	No. 2817-19　　Biratori
L(68.0) : φ3.2	L(64.0) : φ2.3	L(68.0) : φ2.9
No. 2817-20　　Biratori	No. 2817-21　　Biratori	No. 2817-22　　Biratori
L(70.0) : φ2.8	L(57.5) : φ2.8	L(65.0) : φ2.4
No. 2817-23　　Biratori	No. 2817-24　　Biratori	No. 2817-27авс　　Biratori
L(66.0) : φ3.2	L(70.0) : φ2.6	L49.0 : φ1.6　L40.0 : φ1.8 L34.0 : φ2.1
No. 2817-28авд　　Biratori	No. 2817-29/2　　Biratori	No. 2817-30　　Biratori
а L46.5 : φ1.5　в L40.0 : φ1.8 д L37.5 : φ2.0	L59.2 : φ1.8／L59.0 : φ2.0	L99.0 : φ5.6

Ritual and belief

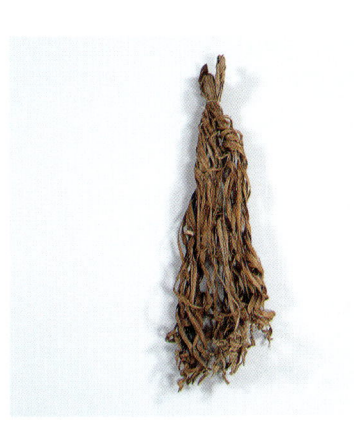

No. 2817-31　　Biratori	No. 2817-32　　Biratori	No. 2817-33　　Biratori
L(82.5) : W3.2 : φ2.5	L43.0 : φ1.5	L26.0 : φ2.6

No. 2817-34aвcдe　　Biratori	No. 2817-37/2　　Biratori	No. 2817-38aв　　Biratori
a L38.2 : φ3.7　в L38.8 : φ2.9　c L37.6 : φ3.1 д L35.2 : φ3.5　e L32.5 : φ3.2	L54.0 : W19.0	a L49.2 : φ2.5 в L13.5 : W10.5 : H6.6

No. 2817-39aв　　Biratori	No. 3006-58　　Biratori	No. 3006-59　　Biratori
a L(51.3) : φ1.7	L36.6 : φ3.4×2.8	L74.5 : φ2.6

No. 3006-60　　Biratori	No. 5102-299　　Biratori	No. 5102-300　　Biratori
L75.0 : φ2.3	L78.0 : φ3.0	L(80.0) : φ3.0

No. 5102–302　Biratori	No. 5102–303　Biratori	No. 5102–304　Biratori
L36.0 : φ1.5	L(82.5) : φ2.8	L(69.0) : φ2.6
No. 5102–306a/20/2　Biratori	No. 5102–307　Biratori	No. 5102–308　Biratori
L47.0 : W6.5 : T4.5	L49.3 : φ1.6	L48.0 : W11.0
No. 8761–10271　Saru	No. 8761–10272　Saru	No. 8761–10273　Saru
L28.5 : φ1.1	L26.5 : φ3.3×1.5	L26.0 : φ1.6
No. 8761–10274　Saru	No. 8761–10275　Saru	No. 8761–10276　Saru
L24.5 : φ1.6	L30.0 : φ1.9	L29.0 : φ1.4×1.0

Ritual and belief

No. 8761-10277 Saru	No. 8761-10278 Saru	No. 8761-10279 Saru
L60.0 : φ1.9	L64.4 : φ2.3	L79.5 : φ3.1

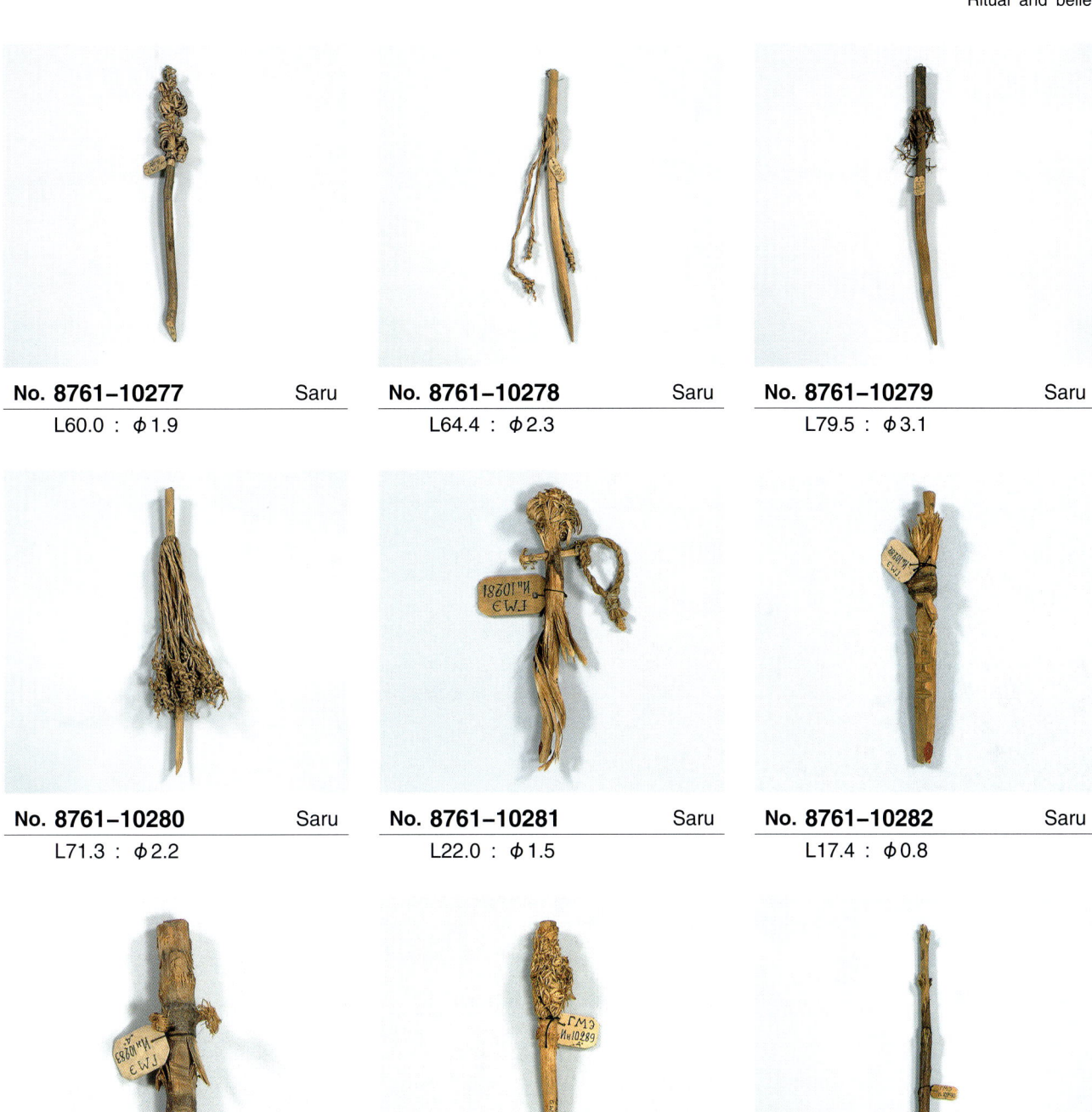

No. 8761-10280 Saru	No. 8761-10281 Saru	No. 8761-10282 Saru
L71.3 : φ2.2	L22.0 : φ1.5	L17.4 : φ0.8

No. 8761-10283 Saru	No. 8761-10289 Saru	No. 8761-10290 Saru
L14.3 : φ1.8	L16.3 : φ1.0	L64.5 : φ2.0

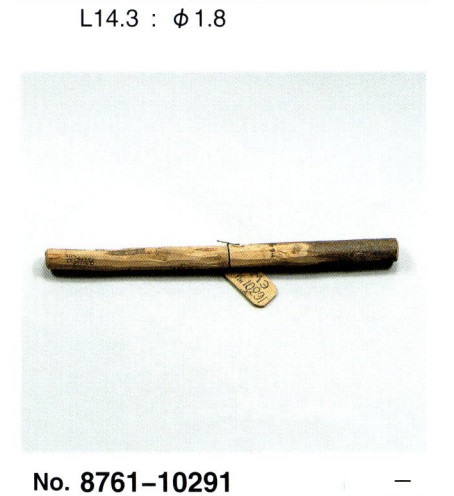

No. 8761-10291 —
L35.7 : φ2.6

313

No. 2816-76 Shiraura
L182.5 : φ5.0

No. 2816-111ав Shiraura
а L222.5 : W16.0 : φ8.0

No. 2816-112ав Shiraura
а L191.0 : W21.0 : φ9.5 в L42.0 : φ3.7

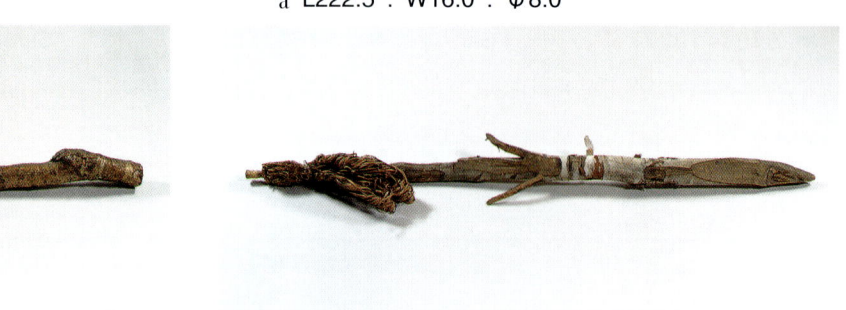

No. 2816-3ав Ootani
а L163.0 : W24.0 : φ9.5 в L59.0 : φ11.0

No. 2816-77 Tonnai
L76.5 : φ4.5 ／ L193.0 : φ4.0

No. 2816-78ав Tonnai
L171.5 : W20.0 : φ7.0

No. 2816-5аВС Maoka
ML221.0 а L189.5 : W18.0 : φ5.0 в L42.5 : φ7.0

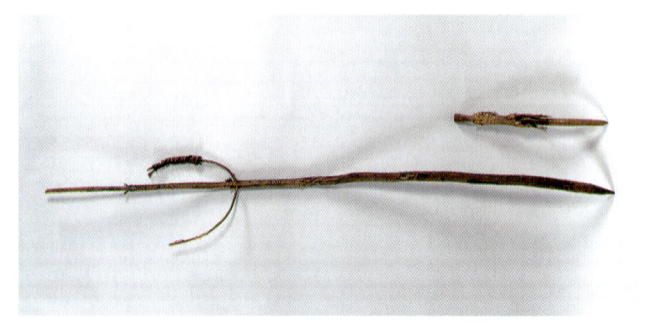

No. 2816-6 Maoka
L166.0 : W25.5 : φ2.9 L45.1 : φ2.3

No. 2817-56а/2вСде/26ф/4 Biratori
а 1 L108.3 : W12.0 : φ3.6 2 L107.5 : W13.0 : φ4.4

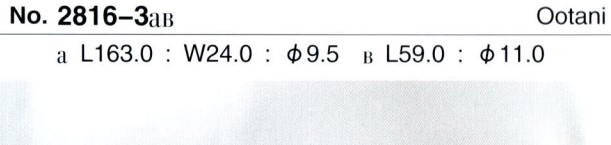

Ritual and belief

No. 2812-164   Hakoda
L30.2 : W2.2 : T0.9 : H3.8

No. 2812-170   Hakoda
L29.5 : W2.8 : T0.5 : H0.8

No. 2812-153   Manui
L33.5 : W2.3 : T0.6 : H1.2

No. 2812-154   Manui
L34.2 : W2.4 : T0.4 : H0.9

No. 2812-147   Shiraura
L31.1 : W3.2 : T0.7

No. 2812-167   Shiraura
L33.2 : W3.3 : T0.6 : H2.4

No. 2812-169   Shiraura
L30.2 : W3.3 : T0.5 : H1.7

No. 2812-171   Shiraura
L35.4 : W3.3 : T0.5 : H1.7

No. 2812-172   Shiraura
L31.0 : W2.7 : T0.8 : H1.5

No. 2812-173   Shiraura
L29.7 : W2.3 : T0.9 : H1.7

No. 2812-175   Shiraura
L29.0 : W2.2 : T0.7 : H1.9

No. 2812-176   Shiraura
L33.6 : W2.8 : T0.5 : H1.3

No. 2812-179   Shiraura
L34.5 : W3.1 : T0.4 : H1.1

No. 5110-235   Shiraura
L27.5 : W1.6 : T0.4

No. 5110-236   Shiraura
L31.7 : W2.1 : T0.3 : H1.0

No. 5110-237   Shiraura
L30.6 : W2.7 : T0.8

No. 5110–238	Shiraura
L31.2 : W2.7 : T0.4 : H1.5	

No. 5110–239	Shiraura
L33.5 : W2.1 : T0.3 : H0.7	

No. 5110–240	Shiraura
L33.0 : W3.2 : T0.6	

No. 5110–241	Shiraura
L26.2 : W2.2 : T0.4	

No. 5110–242	Shiraura
L30.6 : W2.5 : T0.7 : H1.0	

No. 2812–156	Otasamu
L34.6 : W2.7 : T0.7 : H2.3	

No. 2812–177	Otasamu
L29.7 : W2.6 : T0.4 : H1.5	

No. 5110–232	Otasamu
L30.0 : W2.3 : T0.7	

No. 5110–233	Otasamu
L28.4 : W2.7 : T0.4	

No. 5110–234	Otasamu
L29.4 : W2.6 : T0.7	

No. 5110–230	Naibuchi
L26.0 : W1.9 : T0.9 : H1.7	

No. 5110–231	Naibuchi
L29.4 : W2.5 : T0.6 : H1.3	

No. 2812–151	Shiyasu
L34.0 : W2.4 : T0.6 : H1.8	

No. 2812–160	Shiyasu
L35.6 : W2.7 : T0.5 : H1.6	

No. 3006–6	Shiyasu
L34.0 : W3.5 : T0.6	

No. 5110–278	Shiyasu
L33.4 : W1.6 : T0.6	

Ritual and belief

No. 5110-279 Shiyasu
L30.9 : W2.7 : T0.8

No. 5110-280 Shiyasu
L27.6 : W2.1 : T0.4

No. 5110-281 Shiyasu
L33.4 : W2.7 : T0.5

No. 5110-282 Shiyasu
L37.3 : W2.4 : T0.6 : H0.9

No. 2812-180 Ootani
L29.3 : W2.1 : T0.5 : H1.2

No. 5110-243 Ochiho
L33.7 : W2.8 : T1.0

No. 5110-244 Ochiho
L34.2 : W2.0 : T0.6

No. 5110-245 Ochiho
L32.0 : W3.6 : T0.6

No. 5110-246 Ochiho
L33.8 : W2.8 : T1.0

No. 5110-247 Ochiho
L32.0 : W2.8 : T0.4 : H1.6

No. 2812-157 Tonnai
L32.6 : W2.6 : T1.0

No. 5110-248 Tonnai
L31.2 : W3.1 : T0.5

No. 5110-249 Tonnai
L30.4 : W2.1 : T0.7 : H1.0

No. 5110-250 Tonnai
L28.2 : W1.5 : T0.5

No. 5110-251 Tonnai
L25.9 : W2.1 : T0.6

No. 5110-252 Tonnai
L35.0 : W3.5 : T0.6 : H1.3

No. 5110-253 Tonnai
L32.4 : W2.9 : T0.7

No. 5110-254 Tonnai
L37.2 : W2.4 : T0.9

No. 5110-255 Tonnai
L33.4 : W2.0 : T0.8 : H1.0

No. 2812-145 Maoka
L33.0 : W2.4 : T0.8

No. 2812-146 Maoka
L30.8 : W2.3 : T1.2

No. 2812-148 Maoka
L27.1 : W2.4 : T0.5

No. 2812-149 Maoka
L34.1 : W2.3 : T0.7 : H1.5

No. 2812-158 Maoka
L32.4 : W3.1 : T1.8 : H2.7

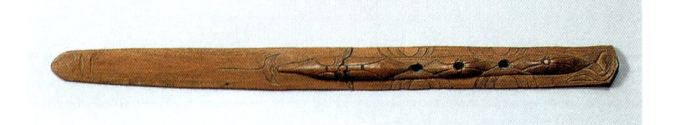

No. 2812-159 Maoka
L33.2 : W2.4 : T0.9 : H1.3

No. 2812-161 Maoka
L34.0 : W2.5 : T1.2 : H1.5

No. 2812-165 Maoka
L27.0 : W3.5 : T0.8 : H2.2

No. 2812-166 Maoka
L30.0 : W2.1 : T0.8 : H1.4

No. 2812-174 Maoka
L27.6 : W2.2 : T0.6 : H1.4

No. 3006-9 Maoka
L31.4 : W2.5 : T1.3

No. 5110-274 Maoka
L33.2 : W2.9 : T0.6

No. 5110-275 Maoka
L28.9 : W2.1 : T0.7 : H1.5

Ritual and belief

No. 5110-276 — Maoka
L31.8 : W2.7 : T0.6 : H1.1

No. 5110-277 — Maoka
L33.4 : W3.0 : T0.8

No. 2812-150 — Tarantomari
L33.7 : W2.7 : T0.7

No. 2812-152 — Tarantomari
L30.4 : W2.4 : T0.6

No. 2812-155 — Tarantomari
L30.2 : W2.6 : T0.6 : H2.3

No. 2812-163 — Tarantomari
L32.6 : W4.0 : T0.8 : H1.3

No. 2812-168 — Tarantomari
L31.4 : W2.2 : T0.6 : H1.0

No. 2812-181 — Tarantomari
L30.1 : W2.3 : T0.8 : H1.2

No. 5110-265 — Tarantomari
L29.2 : W1.5 : T0.7 : H1.4

No. 5110-266 — Tarantomari
L30.4 : W2.8 : T0.4

No. 5110-267 — Tarantomari
L32.3 : W2.2 : T0.9

No. 5110-268 — Tarantomari
L33.7 : W2.5 : T0.7

No. 5110-269 — Tarantomari
L28.4 : W2.7 : T0.7

No. 5110-270 — Tarantomari
L33.5 : W2.5 : T1.1

No. 5110-271 — Tarantomari
L31.3 : W2.5 : T0.5

No. 5110-272 — Tarantomari
L28.3 : W2.7 : T0.6

No. 5110-273 Tarantomari
L32.8 : W3.0 : T0.8

No. 2813-80 Biratori
L34.9 : W2.8 : T0.6

No. 2813-81 Biratori
L29.7 : W2.5 : T0.4

No. 2813-82 Biratori
L35.4 : W2.9 : T0.7

No. 2813-83 Biratori
L34.0 : W2.7 : T0.9

No. 2813-84 Biratori
L35.0 : W3.1 : T0.7

No. 2813-85 Biratori
L31.8 : W2.4 : T0.8

No. 2813-86 Biratori
L33.0 : W3.5 : T1.0 : H1.2

No. 2813-87 Biratori
L34.2 : W2.5 : T0.7

No. 2813-88 Biratori
L29.8 : W2.4 : T0.5

No. 2813-89 Biratori
L33.5 : W2.3 : T0.7

No. 2813-90 Biratori
L35.2 : W1.8 : T0.7

No. 2813-91 Biratori
L35.7 : W2.4 : T0.5

No. 2813-92 Biratori
L33.2 : W2.3 : T0.6

No. 2813-93 Biratori
L33.3 : W2.6 : T0.6

No. 2813-94 Biratori
L36.8 : W2.2 : T0.6

Ritual and belief

No. 2813-95 Biratori
L32.9 : W2.6 : T0.6 : H1.6

No. 2813-96 Biratori
L28.4 : W2.2 : T0.5 : H1.4

No. 2813-97 Biratori
L32.2 : W2.1 : T0.5 : H1.1

No. 2813-98 Biratori
L38.5 : W2.4 : T0.7 : H1.0

No. 2813-99 Biratori
L30.6 : W2.4 : T0.5 : H1.5

No. 2813-100 Biratori
L34.2 : W2.3 : T0.5 : H1.8

No. 2813-101 Biratori
L32.8 : W2.5 : T1.1 : H3.5

No. 2813-102 Biratori
L26.8 : W2.3 : T0.5

No. 2817-57 Biratori
L37.8 : W1.9 : T0.7

No. 2817-58 Biratori
L37.5 : W2.1 : T0.8 : H(1.0)

No. 2817-59 Biratori
L40.3 : W2.0 : T1.1 : H(3.1)

No. 3006-7 Biratori
L36.8 : W2.8 : T0.7

No. 3006-8 Biratori
L35.0 : W3.0 : T0.5

No. 5102-196 Biratori
L23.2 : W2.1 : T0.6 : H0.7

No. 5102-203 Biratori
L33.0 : W2.2 : T0.9

No. 5102-204 Biratori
L31.6 : W2.9 : T0.9

321

No. 5102-205 Biratori
L30.8 : W2.8 : T0.5

No. 5102-206 Biratori
L29.4 : W2.3 : T0.6

No. 5102-207 Biratori
L33.3 : W2.6 : T0.6

No. 5102-208 Biratori
L31.0 : W2.4 : T0.6

No. 5102-209 Biratori
L31.5 : W2.2 : T0.6

No. 5102-210 Biratori
L32.2 : W2.2 : T0.6

No. 5102-211 Biratori
L31.8 : W2.4 : T0.6

No. 5102-212 Biratori
L34.0 : W2.5 : T0.6

No. 5102-213 Biratori
L29.6 : W2.0 : T0.5

No. 5102-214 Biratori
L33.5 : W3.0 : T0.5

No. 5102-215 Biratori
L35.5 : W2.3 : T0.7

No. 5102-216 Biratori
L30.3 : W2.4 : T0.4

No. 5102-217 Biratori
L35.0 : W2.7 : T0.6

No. 5102-218 Biratori
L33.7 : W3.4 : T0.6

No. 5102-219 Biratori
L32.1 : W3.2 : T0.7

No. 5102-220 Biratori
L32.2 : W3.2 : T0.6

Ritual and belief

No. 5102-221 Biratori
L31.4 : W2.2 : T0.9

No. 5102-222 Biratori
L30.7 : W2.4 : T0.7

No. 5102-223 Biratori
L28.3 : W2.0 : T0.7

No. 5102-224 Biratori
L31.0 : W2.8 : T0.9

No. 5102-225 Biratori
L32.0 : W3.1 : T0.9

No. 5102-226 Biratori
L31.8 : W3.2 : T1.1

No. 5102-227 Biratori
L31.0 : W1.9 : T0.5

No. 5102-228 Biratori
L31.8 : W2.5 : T0.8

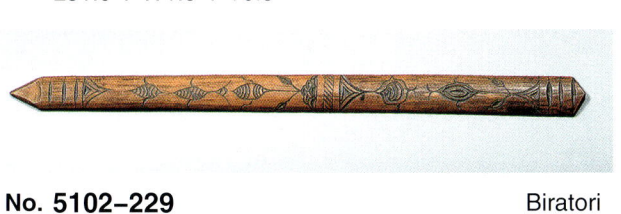

No. 5102-229 Biratori
L35.5 : W2.5 : T0.4

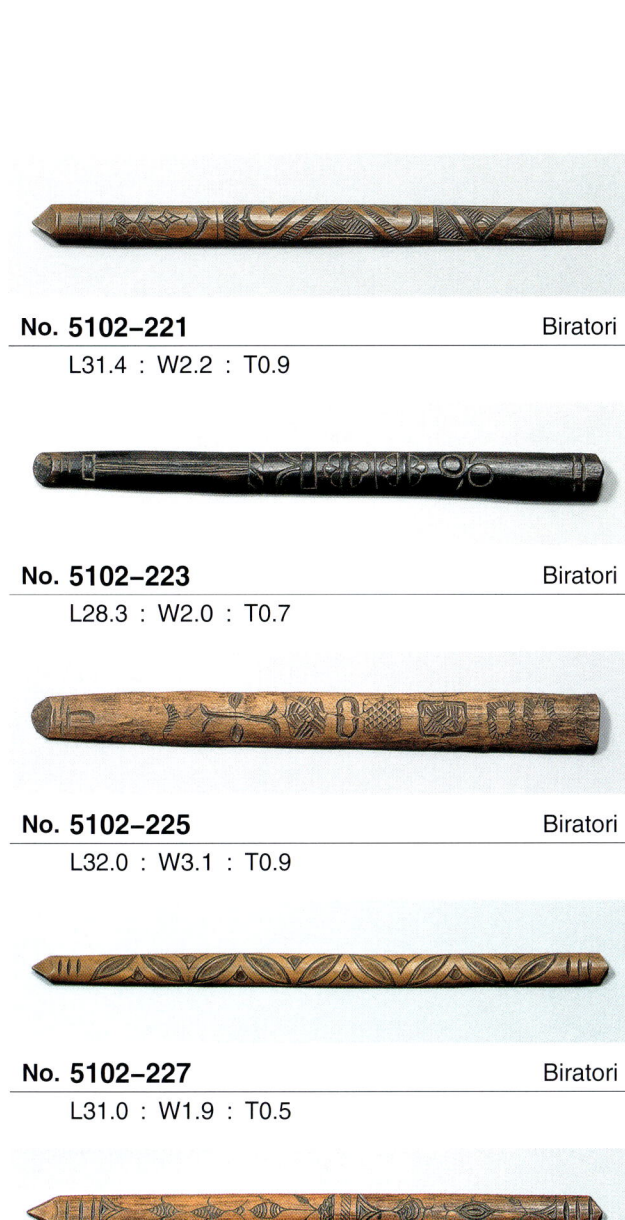

No. 5102-230 Biratori
L25.0 : W1.7 : T0.4

No. 5102-231 Biratori
L28.8 : W2.1 : T0.5

No. 5102-232 Biratori
L24.0 : W2.7 : T0.5

No. 5102-233 Biratori
L32.2 : W2.4 : T0.9

No. 5102-234 Biratori
L35.3 : W3.2 : T0.7

No. 5102-235 Biratori
L34.5 : W2.7 : T0.5

No. 5102-236 Biratori
L34.7 : W2.7 : T0.7

323

No. 5102-237　　　　　　　　　　Biratori
L30.9 : W2.7 : T0.6

No. 5102-238　　　　　　　　　　Biratori
L31.5 : W3.0 : T0.8

No. 5102-239　　　　　　　　　　Biratori
L34.8 : W2.5 : T0.7

No. 5102-240　　　　　　　　　　Biratori
L28.8 : W1.6 : T0.4

No. 5102-241　　　　　　　　　　Biratori
L32.2 : W2.9 : T0.6

No. 5102-242　　　　　　　　　　Biratori
L34.2 : W3.2 : T0.9

No. 5102-243　　　　　　　　　　Biratori
L35.2 : W2.1 : T0.6

No. 5102-244　　　　　　　　　　Biratori
L33.5 : W2.2 : T0.3

No. 5102-245　　　　　　　　　　Biratori
L31.2 : W2.8 : T0.6

No. 5102-246　　　　　　　　　　Biratori
L32.2 : W2.0 : T0.6

No. 5102-247　　　　　　　　　　Biratori
L33.3 : W3.9 : T1.2 : 2.0

No. 5102-248　　　　　　　　　　Biratori
L36.7 : W2.5 : T0.6

No. 5102-249　　　　　　　　　　Biratori
L31.9 : W2.8 : T0.8

No. 5102-250　　　　　　　　　　Biratori
L33.0 : W2.8 : T0.6 : H1.0

No. 5102-251　　　　　　　　　　Biratori
L31.3 : W2.6 : T0.7 : H1.0

No. 5102-252　　　　　　　　　　Biratori
L35.0 : W2.3 : T0.8

Ritual and belief

No. 5102-253 Biratori
L31.8 : W1.8 : T0.5 : H0.8

No. 5102-254 Biratori
L31.5 : W2.7 : T0.6 : H1.7

No. 5102-255 Biratori
L34.9 : W3.0 : T0.5 : H1.2

No. 5102-256 Biratori
L31.9 : W2.5 : T0.6 : H1.7

No. 5102-257 Biratori
L31.0 : W2.4 : T0.6

No. 5102-258 Biratori
L37.6 : W2.4 : T1.0

No. 5102-259 Biratori
L31.3 : W2.4 : T0.5

No. 5102-260 Biratori
L34.0 : W2.6 : T0.7 : H1.2

No. 5102-261 Biratori
L33.8 : W2.9 : T1.0

No. 5102-262 Biratori
L33.4 : W3.5 : T0.6

No. 5102-263 Biratori
L35.0 : W2.6 : T0.8

No. 5102-264 Biratori
L33.3 : W2.4 : T0.6

No. 5102-265 Biratori
L31.7 : W2.0 : T0.3 : H0.5

No. 5102-266 Biratori
L34.8 : W3.0 : T0.7

No. 5102-267 Biratori
L36.2 : W2.7 : T0.7 : H1.4

No. 5102-268 Biratori
L34.9 : W2.3 : T0.6

No. 5102-269 Biratori L33.8 : W3.6 : T0.8	**No. 5102-270** Biratori L32.0 : W2.3 : T0.7
No. 5102-271 Biratori L33.8 : W2.9 : T0.7 : H1.4	**No. 5102-272** Biratori L34.6 : W2.1 : T0.8
No. 5102-273 Biratori L28.5 : W2.1 : T0.7 : H(1.5)	**No. 5102-274** Biratori L31.2 : W1.6 : T0.6 : H(2.5)
No. 5102-275 Biratori L27.7 : W2.0 : T0.5 : H2.0	**No. 5102-276** Biratori L40.5 : W2.2 : T0.7 : H(1.0)
No. 5102-277 Biratori L40.0 : W2.4 : T1.1	**No. 5102-278** Biratori L38.7 : W2.4 : T0.8 : H(2.0)
No. 5102-279 Biratori L35.7 : W2.0 : T0.9 : H(2.8)	**No. 5102-280** Biratori L40.0 : W2.2 : T0.7 : H(2.7)
No. 5102-281 Biratori L41.3 : W2.2 : T0.8 : H(2.5)	**No. 5102-282** Biratori L38.8 : W2.2 : T0.7
No. 5102-284 Biratori L33.7 : W2.2 : T0.8 : H(3.0)	**No. 5102-285** Biratori L35.4 : W1.8 : T0.8 : H(2.0)

Ritual and belief

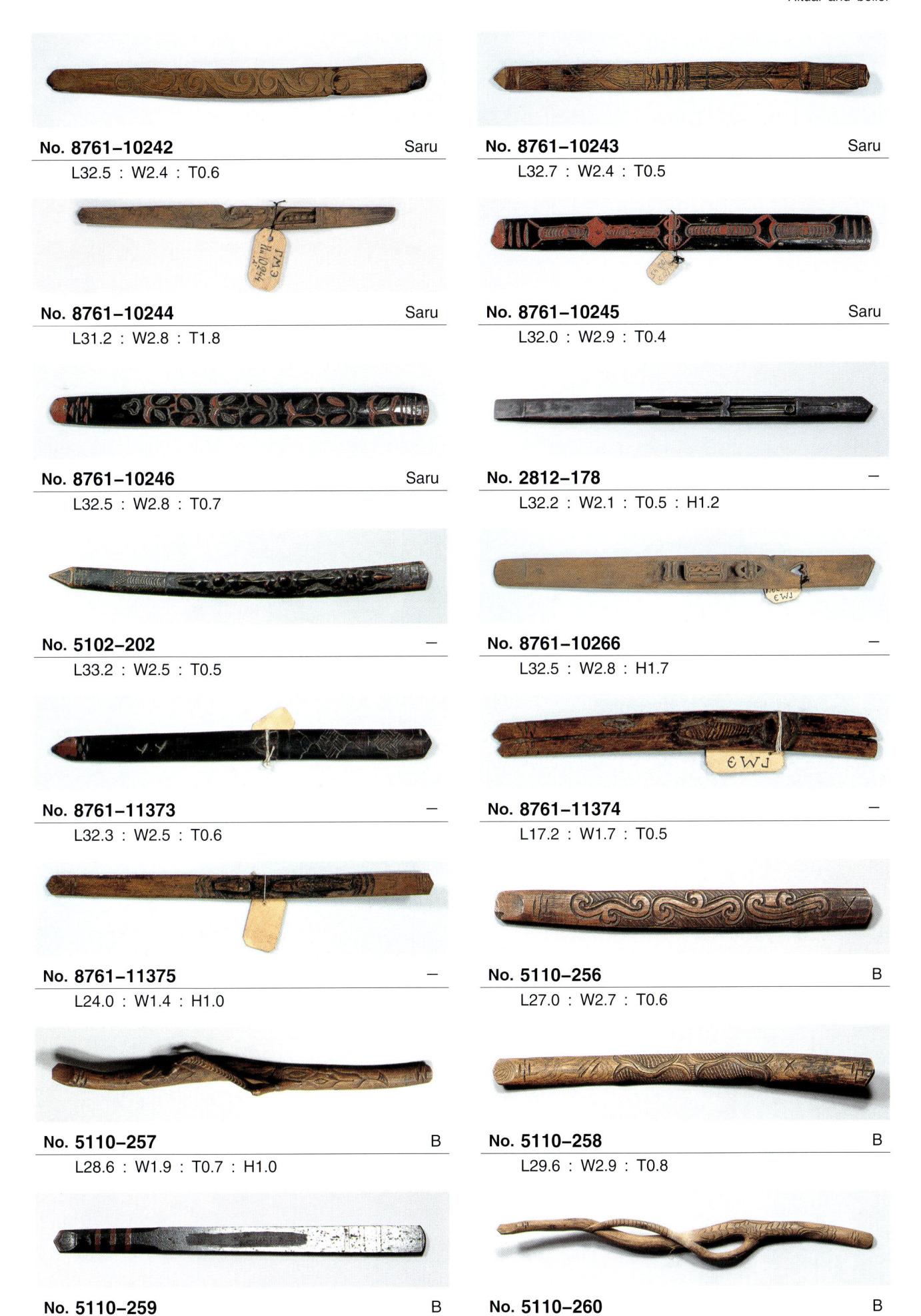

No. 8761-10242   Saru
L32.5 : W2.4 : T0.6

No. 8761-10243   Saru
L32.7 : W2.4 : T0.5

No. 8761-10244   Saru
L31.2 : W2.8 : T1.8

No. 8761-10245   Saru
L32.0 : W2.9 : T0.4

No. 8761-10246   Saru
L32.5 : W2.8 : T0.7

No. 2812-178   —
L32.2 : W2.1 : T0.5 : H1.2

No. 5102-202   —
L33.2 : W2.5 : T0.5

No. 8761-10266   —
L32.5 : W2.8 : H1.7

No. 8761-11373   —
L32.3 : W2.5 : T0.6

No. 8761-11374   —
L17.2 : W1.7 : T0.5

No. 8761-11375   —
L24.0 : W1.4 : H1.0

No. 5110-256   B
L27.0 : W2.7 : T0.6

No. 5110-257   B
L28.6 : W1.9 : T0.7 : H1.0

No. 5110-258   B
L29.6 : W2.9 : T0.8

No. 5110-259   B
L31.8 : W2.2 : T0.6

No. 5110-260   B
L28.6 : W1.3 : T0.6 : H1.0

No. 5110-261 B		**No. 5110-262** B	
L34.0 : W2.5 : T0.5		L28.6 : W2.0 : T1.3	
No. 5110-263 B		**No. 5110-264** B	
L30.3 : W3.2 : T0.6 : H1.1		L27.6 : W2.2 : T1.5	

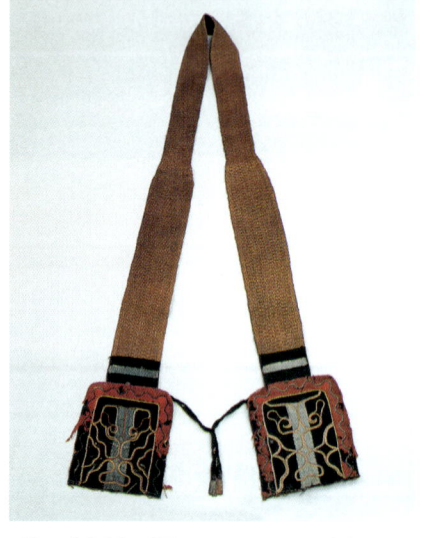

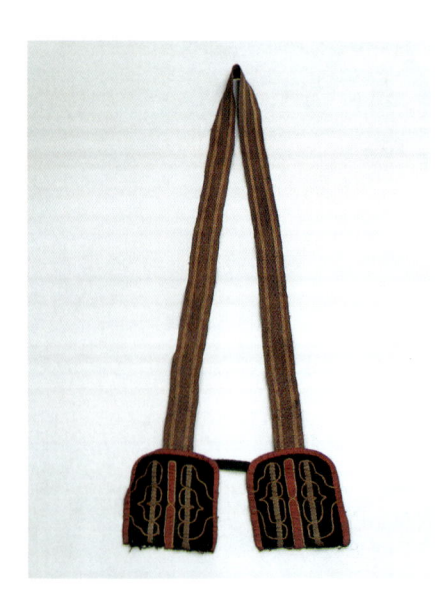

No. 2816-85 Shiraura	**No. 5110-17** Otasamu	**No. 2816-87** Maoka
L78.0 : W13.5	L79.0 : W15.0	L94.0 : W15.5
No. 5110-18 Tarantomari	**No. 2816-86** Tarantomari	**No. 2817-71** Biratori
L87.5 : W14.5	L76.0 : W15.0	L73.5 : W14.0

Ritual and belief

No. 2817-72 Biratori
L68.0 : W8.4

No. 2817-73 Biratori
L81.0 : W12.5

No. 5102-34ab Biratori
L75.5 : W14.5

No. 5102-39 Biratori
L81.5 : W12.5

No. 5110-16ab Maoka
ML71.7 a L50.4 : W3.4 : T2.0 L51.5 : W4.9 : T1.9

No. 2816-79 Tarantomari
ML81.0 L60.0 : W5.3 : T2.2 L21.0 : W3.2 : T2.0

No. 2816-81 Tarantomari
ML84.0 L64.0 : W4.8 : T2.4 L20.0 : W3.1 : T1.2

No. 5102-70 Biratori	No. 6756-8 Biratori	No. 6756-6 －
L23.7 : W4.0 : T1.9	L23.3 : W3.5 : T2.5	L10.5 : W2.0 : T1.3

No. 6756-7 －	No. 6756-9 －
L22.0 : W3.6 : T3.3	L22.0 : W4.5 : T2.5

No. 2816-82 Maoka	No. 2816-83 Maoka	No. 2817-68 Biratori
L21.2 : W2.5 : T0.7	L21.1 : W2.6 : T0.7	L15.8 : W3.4 : T0.6

No. 2817-69 Biratori	No. 2817-70 Biratori	No. 6756-41 Biratori
L14.8 : W3.3 : T0.5	L15.6 : W2.8 : T0.5	L25.7 : W2.7 : T0.7

No. 6756-42 Biratori	No. 6756-43 Biratori
L18.9 : W2.1 : T0.3 : H0.9	L21.1 : W2.6 : T0.5

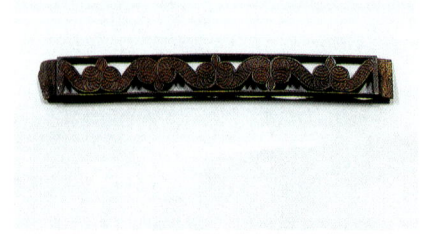

Ritual and belief

No. 2816-80   Tarantomari
L58.7 : W4.2 : T2.2

No. 2817-62   Biratori
L61.0 : W5.0 : T1.9

No. 2817-64   Biratori
L60.0 : W5.0 : T1.7

No. 2817-65   Biratori
L61.0 : W4.0 : T1.8

No. 5102-35   Biratori
L55.5 : W4.4 : T1.6

No. 6831-250   —
L61.8 : W3.4 : T0.5

No. 6831-251   —
L49.3 : W2.9 : T0.5

No. 6831-252   —
L56.2 : W2.8 : T0.6

No. 6831-373   —
L53.2 : W4.0 : T2.4

No. 5110-2 — Tonnai
L51.3 : W21.4 : T4.9

No. 2816-52 — Tarantomari
L53.3 : W21.7 : T4.8

No. 5110-3 — Tarantomari
L59.0 : W19.0 : T6.0

No. 2817-48 — Biratori
L39.9 : W20.7 : T5.1

No. 2817-49 — Biratori
L51.5 : W20.7 : T6.1

No. 2817-50 — Biratori
L59.0 : W24.5 : T5.5

No. 2817-74 — Biratori
L51.4 : W20.0 : T3.0

No. 2817-75 — Biratori
L51.4 : W21.0 : T3.5

No. 2817-76 — Biratori
L45.5 : W15.7 : T3.2

No. 5102-1 — Biratori
L54.7 : W19.0 : T5.2

Ritual and belief

No. 5102-2 Biratori
L45.5 : W17.8 : T4.8

No. 5102-3 Biratori
L49.2 : W17.3 : T4.8

No. 5102-4 Biratori
L57.3 : W17.0 : T5.6

No. 5102-5аб Biratori
L51.8 : W17.3 : T4.3

No. 5102-6 Biratori
L54.3 : W19.0 : T4.4

No. 5102-7 Biratori
L52.5 : W19.4 : T4.7

No. 5102-8 Biratori
L56.0 : W18.0 : T4.5

No. 5102-9 Biratori
L54.3 : W20.4 : T4.7

No. 5102-10 Biratori
L44.2 : W12.8 : T5.2

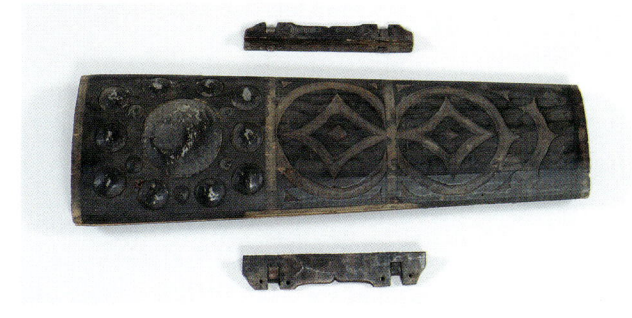

No. 5102-19абв Biratori
L51.2 : W17.8 : T4.8

333

No. 6756-1 Biratori
L54.4 : W14.6 : T5.2

No. 6831-356 —
L53.4 : W14.5 : T2.8

No. 8761-10172 —
L45.0 : W12.0 : T3.9

No. 8761-10255 —
L58.3 : W18.2 : T5.0

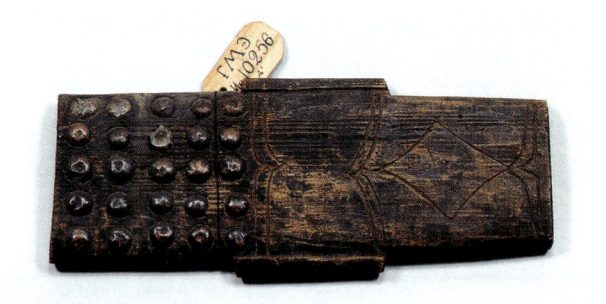

No. 8761-10256 —
L28.8 : W12.0 : T1.8

No. 2816-49 Shiraura
L47.0 : H8.0

No. 2816-50 Ootani
L48.0 : H8.5

No. 2816-51 Ootani
L45.5 : H4.0

No. 2816-59 Tonnai
L34.0 : H8.0

Ritual and belief

No. 2816-60 Tarantomari
L48.0 : H14.0

No. 2816-61 Tarantomari
L32.5 : H7.5

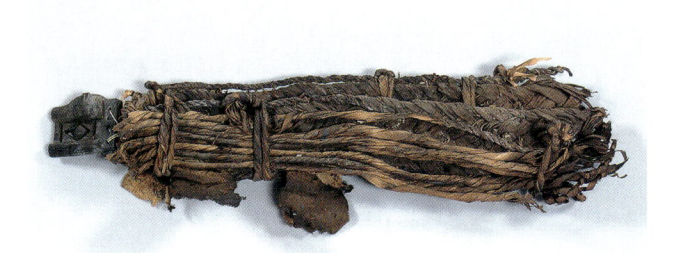

No. 2817-52 Biratori
L47.5 : H8.0

No. 2817-53 Biratori
L46.0 : H6.7

No. 2817-55 Biratori
L49.0 : H6.5

No. 3006-57 Biratori
L45.5 : H5.9

No. 5102-294 Biratori
L4.7 : W2.4 : H3.8

No. 5102-295 Biratori
L46.0 : H6.4

No. 5102-296 Biratori
L45.0 : H6.0

No. 8761-10288 Saru
L47.0 : H6.0

No. 2816-74 Shiraura	No. 2816-73 Maoka	No. 8761-10213 －
φ22.4 : H16.0	φ16.4 : H9.1	φ14.5 : H8.7

No. 8761-10214 －	No. 8761-10215 －	No. 2816-108 Shiraura
φ16.2 : H10.1	φ15.8 : H8.3	φ18.0 : H8.0

No. 6756-20 Otasamu	No. 2812-92 Ootani	No. 2816-72 Tonnai
φ12.3 : H9.5	φ12.6 : H7.0	φ12.5 : H6.8

No. 2816-71 Maoka	No. 2816-107 Maoka	No. 8761-10210 －
φ12.8 : H6.4	φ20.9 : H21.7	φ12.7 : H6.8

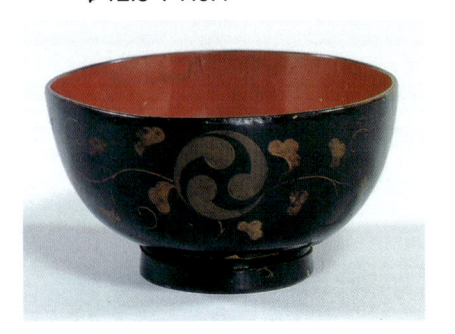

No. 8761-10211 －
φ12.4 : H6.7

Ritual and belief

No. 2816-106　　　　Shiraura
ML25.5 : φ19.6 : H13.7

No. 8761-10216　　　　—
L24.9 : φ19.4 : H12.8

No. 2812-96　　　　Otasamu
ML32.0　φ28.6 : H14.5

No. 64-7　　　　Maoka
L18.4 : W12.5 : H7.0

No. 2812-93　　　　Tarantomari
ML37.8　φ26.5 : H14.0

No. 2812-94　　　　Tarantomari
φ23.0×20.0 : H13.5

No. 8761-10201　　　　—
ML16.5　φ10.3 : H4.0

No. 2816-105aʙ　　　　Maoka
ML25.7 : MH20.7
a　φ18.2 : H18.5　ʙ　φ19.5 : H3.8

No. 4926-92aʙ　　　　Maoka
ML26.0 : MH(25.5)
φ20.0 : H(16.0)

No. 8761-10212　　　　—
L48.5　φ12.4 : H5.1

No. 2816-104aʙ　　　　Shiraura
MH24.0　a　φ33.5 : H17.0
　　　　　ʙ　φ33.0 : H8.0

No. 2817-101aʙ　　　　Biratori
MH36.0　a　φ25.0 : H29.5
　　　　　ʙ　φ20.0 : H8.5

337

No. 2817-102aB　Biratori	No. 8761-10208　—	No. 2816-109　Maoka
MH18.7　a φ24.2：H15.3 　　　　B φ20.3：H3.4	φ23.2：H16.7 φ23.6：H3.7	ML51.7：φ37.5：H17.3

No. 4926-93　Maoka	No. 2817-60　Biratori	No. 8761-10209　—
ML40.5　φ32.0：H15.0	ML43.5　φ30.3：H16.0	L33.2：φ26.4：H15.5

No. 4926-94aB　Shiraura	No. 2816-110aB　Maoka	No. 2817-61　Biratori
MH38.0　a φ31.5 　　　　B H4.0：φ35.5	a L30.0：W28.5：T0.8 B L33.7：W33.7：H(2.5)	L37.0：W37.0：H6.8

No. 2817-104aB　Biratori	No. 2817-105aB　Biratori	No. 2817-106aB　Biratori
MH19.5　a H3.7：φ16.1	MH43.0　a φ38.0：H11.0 　　　　B φ35.0	MH49.0 a H8.5　B W38.0：H48.3

Ritual and belief

No. 8761-10219аб —
MH40.0
а ϕ32.5 : H32.5
б ϕ35.2 : H7.5

No. 8761-10220аб —
MH46.2
а ϕ35.2 : H37.0
б ϕ37.5 : H11.3

No. 2816-70 Maoka
L43.0 : W43.0 : H24.3

No. 4926-83 Maoka
L19.0 : W18.6 : H2.0

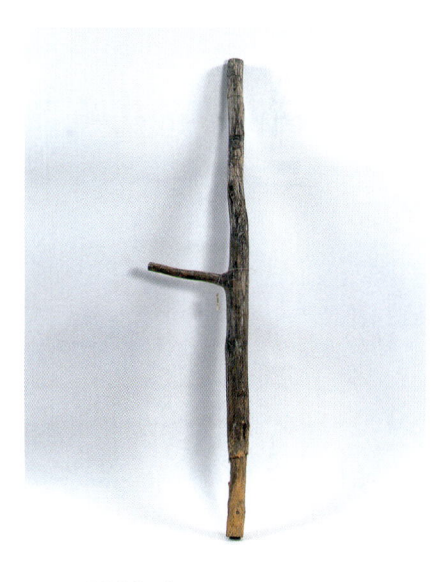

No. 2816-1 Tarantomari
L129.0 : W29.0 : ϕ6.0

No. 2816-2 Tarantomari
L156.0 : W24.0 : ϕ6.2

No. 2817-1 Biratori
L124.0 : ϕ11.0

No. 2817-2 Biratori
L125.0 : ϕ7.7

葬 具

No. 2817-3　　　　Biratori	No. 5102-287　　　　Biratori	No. 2817-4　　　　Biratori
L250.0 : W0.7 : T0.6	L230.0 : W0.7 : T0.3	L343.0 : W1.4 : T0.7

No. 2817-5　　　　Biratori	No. 5102-288　　　　Biratori	No. 5102-289　　　　Biratori
L323.0 : W2.0 : T0.4	L320.0 : W1.8 : T0.3	L360.0 : W1.9 : T0.4

No. 5102-290　　　　Biratori	No. 5102-292　　　　Biratori	No. 5102-293　　　　Biratori
L280.0 : W2.0 : T0.5	L320.0 : W1.5 : T0.3	L315.0 : W2.0 : T0.3

No. 2817-7/2　　　　Biratori	No. 2817-8　　　　Biratori	No. 2817-9/2　　　　Biratori
L12.0 : W10.8/L10.5 : W9.5	L27.5 : W14.5	L32.5 : W31.0／L32.5 : W31.0

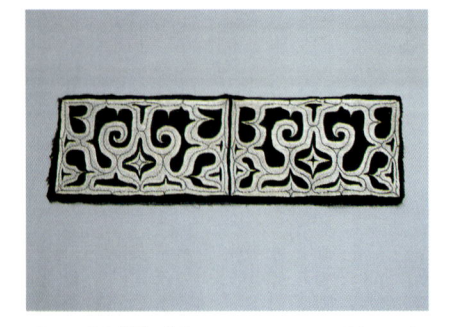

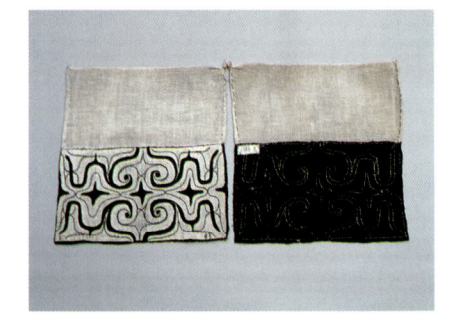

No. 2817-10　　　　Biratori	No. 2817-41　　　　Biratori	No. 2817-42　　　　Biratori
L66.0 : W21.0	L27.0 : W9.0 : T6.0	－

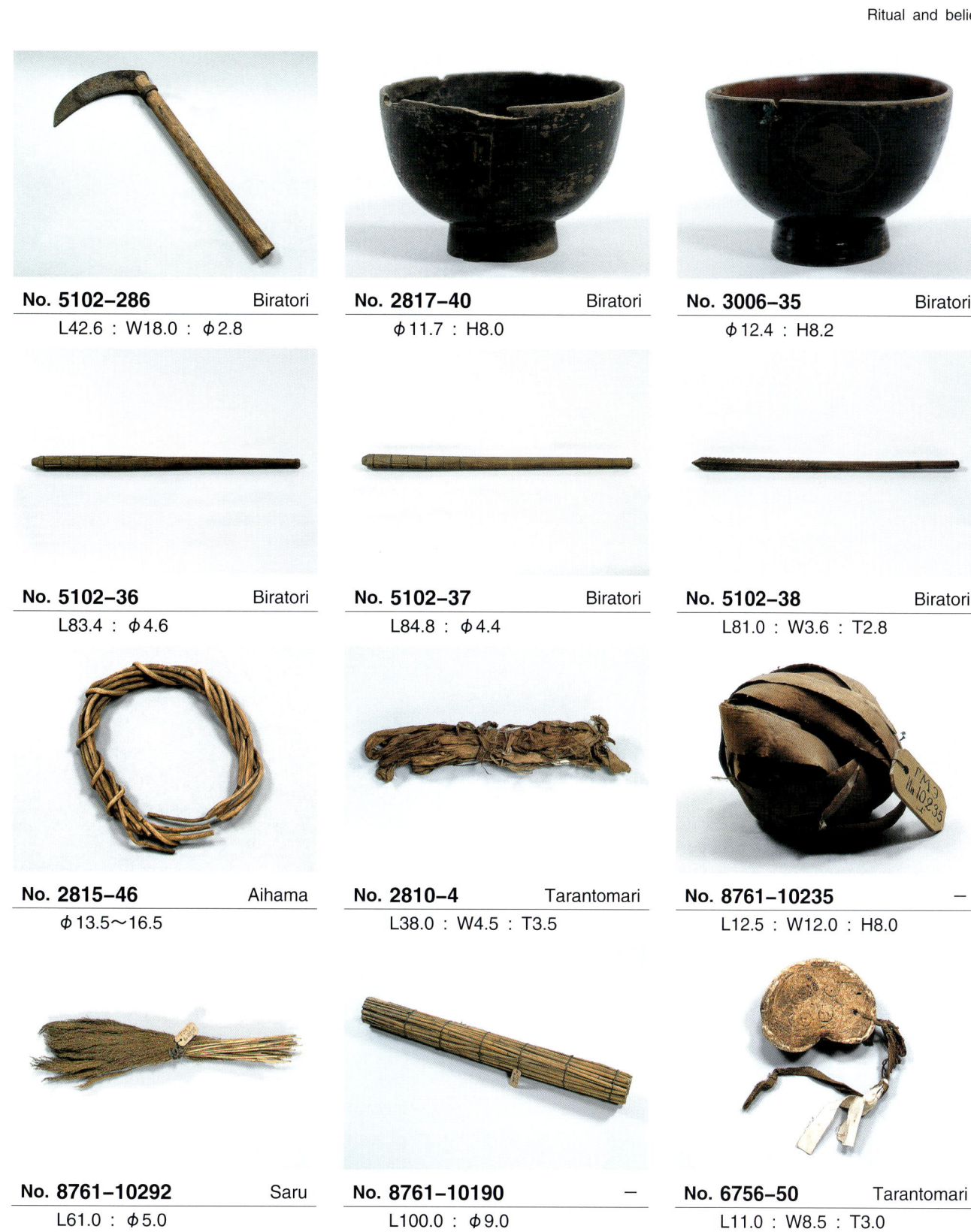

Ritual and belief

No. 5102-286 Biratori	No. 2817-40 Biratori	No. 3006-35 Biratori
L42.6 : W18.0 : φ2.8	φ11.7 : H8.0	φ12.4 : H8.2
No. 5102-36 Biratori	No. 5102-37 Biratori	No. 5102-38 Biratori
L83.4 : φ4.6	L84.8 : φ4.4	L81.0 : W3.6 : T2.8
No. 2815-46 Aihama	No. 2810-4 Tarantomari	No. 8761-10235 —
φ13.5〜16.5	L38.0 : W4.5 : T3.5	L12.5 : W12.0 : H8.0
No. 8761-10292 Saru	No. 8761-10190 —	No. 6756-50 Tarantomari
L61.0 : φ5.0	L100.0 : φ9.0	L11.0 : W8.5 : T3.0
No. 2811-57 Biratori	No. 6756-52 Shiraura	No. 6756-53 Shiraura
L94.0 : φ7.5	L110.0 : W50.0	L26.5 : W16.5

No. 6756-48 Maoka L9.3 : φ3.3×2.6	**No. 6756-70** Tarantomari L59.0 : W20.0 T0.05	**No. 2814-29** Biratori L22.5 : W5.0 : T4.0
No. 8761-10191 — L35.5 : W11.5 : H7.0	**No. 6756-58** Shiraura L10.3 : W7.5 : T2.5	**No. 6756-88/3** — L10.2 : W5.5 L7.7 : W4.0 L8.5 : W5.0
No. 5110-211 Shiraura L20.0	**No. 5110-212** Shiraura L34.0 : W8.0 : T4.5	**No. 5110-224** Shiraura L22.8 : W2.6 : T2.2
No. 5110-225 Shiraura L23.5 : φ3.6	**No. 5110-209** Otasamu L8.0 : W2.8 : T0.8	**No. 5110-229** Otasamu L17.2 : W4.1 : T1.6
No. 5110-210 Naibuchi L27.0 : W25.0	**No. 5110-218** Naibuchi L12.8 : W2.0 : T0.9	**No. 5110-219** Naibuchi Max L15.2

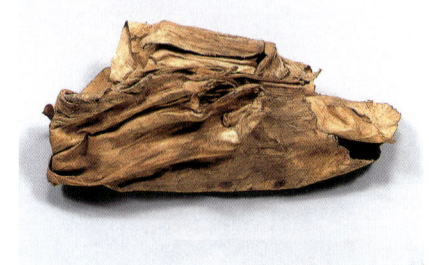

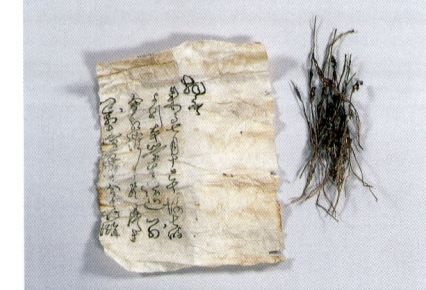

Sample / Folk knowledge

No. 5110-220 Naibuchi	No. 5110-221 Rorei	No. 5110-222 Rorei
L13.0 : W1.9 : T1.3	L15.2 : W1.8 : T1.8	L20.1 : W2.5 : T2.5
No. 5110-223 Rorei	No. 5110-226 Ochiho	No. 5110-227 Ochiho
L19.0 : W3.0 : T2.3	L20.0 : φ2.2	L18.2 : φ1.8
No. 5110-217 Tarantomari	No. 5110-228 Tarantomari	No. 5102-198 Biratori
L7.2 : W3.1 : T2.4	Max L18.0 : φ0.2	L8.7 : φ1.5
No. 5102-200 Biratori	No. 6756-72 Shiraura	No. 6756-47 Naibuchi
L7.0 : W4.0 : T2.0	L6.6 : W5.4 : T1.5	L26.0
No. 6756-73 Naibuchi	No. 5110-214 Maoka	No. 5102-199 Biratori
L3.2 : T1.3 L3.2 : T1.3 L2.7 : T0.6	ML 24.0	L25.0 : φ2.7

343

No. 2813–1 Biratori L69.0 : W31.8 : H5.5	**No. 3006–45** Biratori L69.7 : W28.0 : H5.6
No. 4926–130 Biratori L70.4 : W34.3 : H5.1	**No. 2813–65** Biratori L74.0 : W15.0 : φ2.2/L61.0 : W6.5 : φ4.3×2.0
No. 2813–8aB Biratori a L510.0 B L33.5 : φ3.5	**No. 5110–191** Shiraura L36.8 : W23.2 : H18.3
No. 2812–191 Tonnai L31.0 : W6.0 : T2.1	**No. 8761–11367** — L100.0 : W11.4 : φ2.0

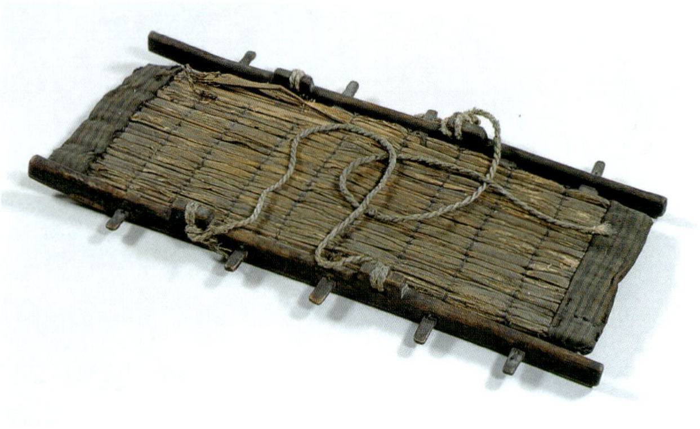

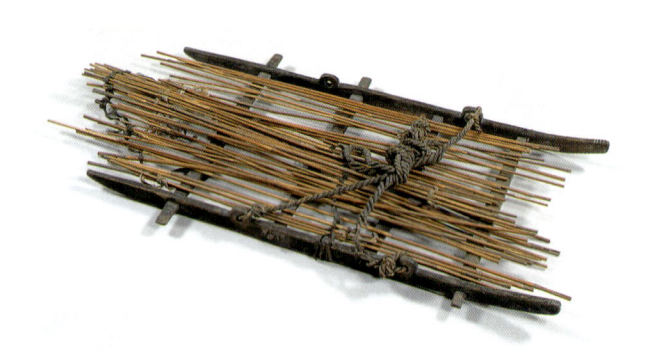

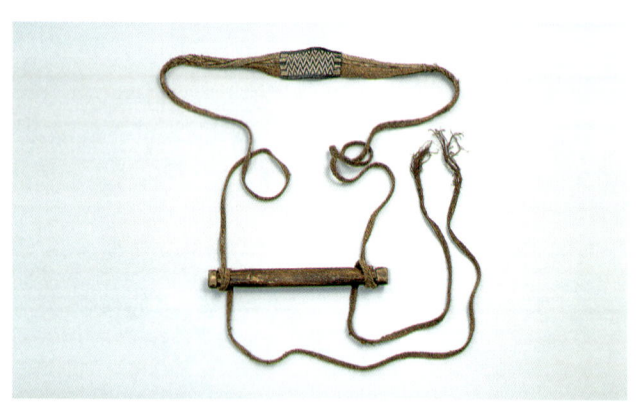

Nursing

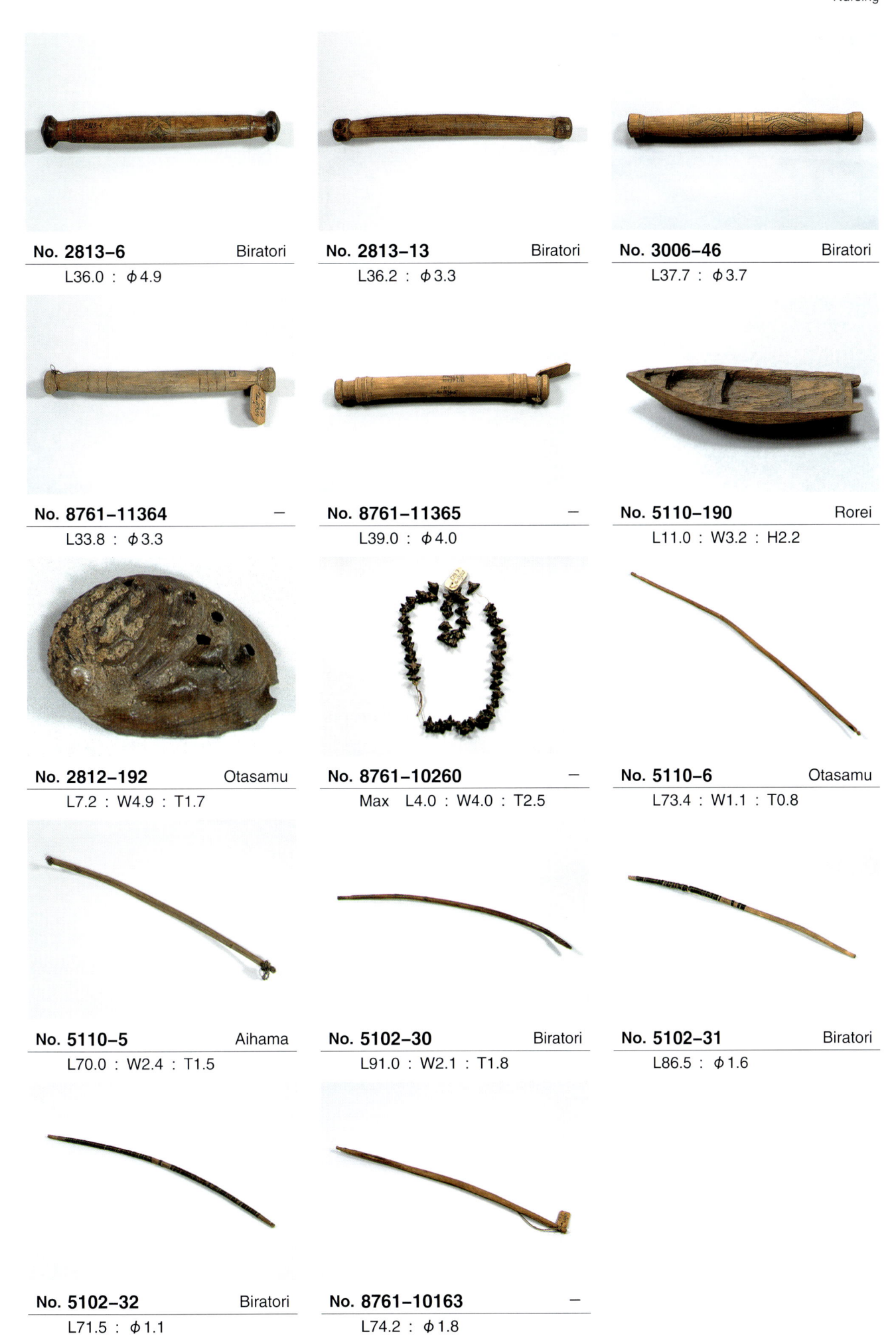

No. 2813-6　Biratori	No. 2813-13　Biratori	No. 3006-46　Biratori
L36.0 : φ4.9	L36.2 : φ3.3	L37.7 : φ3.7

No. 8761-11364　—	No. 8761-11365　—	No. 5110-190　Rorei
L33.8 : φ3.3	L39.0 : φ4.0	L11.0 : W3.2 : H2.2

No. 2812-192　Otasamu	No. 8761-10260　—	No. 5110-6　Otasamu
L7.2 : W4.9 : T1.7	Max　L4.0 : W4.0 : T2.5	L73.4 : W1.1 : T0.8

No. 5110-5　Aihama	No. 5102-30　Biratori	No. 5102-31　Biratori
L70.0 : W2.4 : T1.5	L91.0 : W2.1 : T1.8	L86.5 : φ1.6

No. 5102-32　Biratori	No. 8761-10163　—
L71.5 : φ1.1	L74.2 : φ1.8

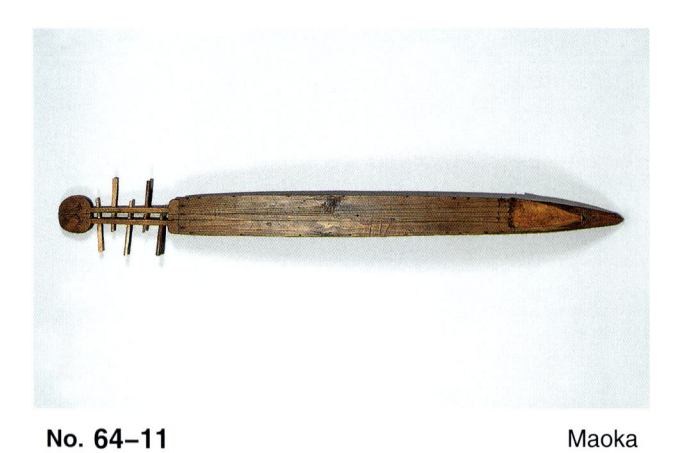

No. 64-11   Maoka
L149.3 : W10.7 : T5.3

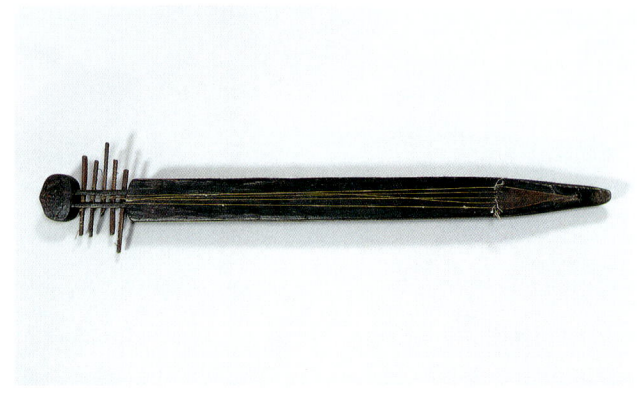

No. 6957-6   —
L105.0 : W7.5 : T4.0

No. 8761-10267   —
L97.8 : W7.7 : T4.5

No. 8761-10268   —
L120.5 : W7.7 : T4.0

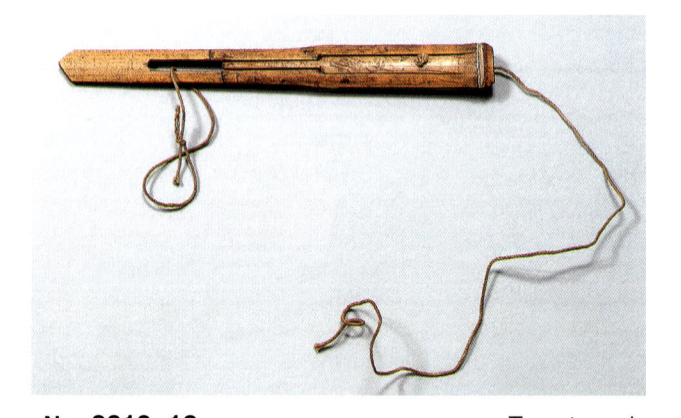

No. 2812-18   Tarantomari
L19.0 : W2.0 : T0.7

No. 5110-189   Naibuchi
L79.0 : W11.0 : T8.1

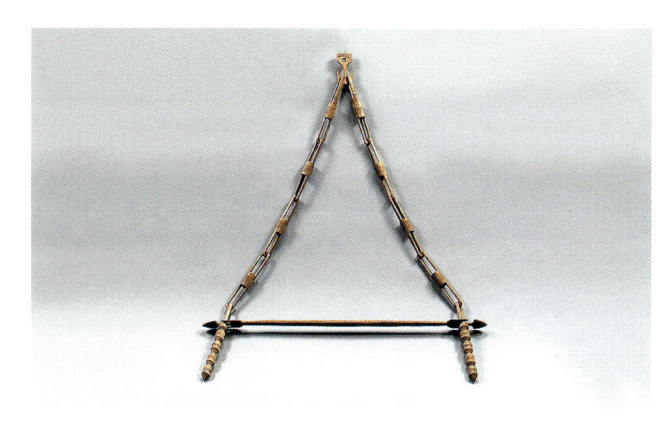

Souvenir

No. 2812-7 Tonnai
L71.0 : W55.1 : T2.7

No. 3006-10 Biratori
L12.9 : W6.9 : H1.6

No. 4926-98/2 Biratori
L12.5 : W6.8 : H1.0

No. 6756-19 B
L12.7 : W7.0 : H1.3

No. 6756-75 Sapporo
L26.8 : W12.6 : T1.1

No. 8761-15883 —
L11.8 : φ1.3

No. 6756-10 Biratori
L31.7 : W16.3 : T4.6

No. 8761-10174 / 8761-10175 —
L18.6 : W4.8 : T4.6／L11.9 : W6.7 : T4.0

347

LIST

No		Название предмета	資料名	Artifacts name	page
1	64-1	блюдо	皿(把手付)	platter	212
2	64-2	блюдо	皿(把手付)	platter	212
3	64-3	ложка	杓子	ladle	219
4	64-4	гребень	櫛	comb	248
5	64-5а	нож в ножнах	マキリ・鞘付	knife and sheath	253
6	64-6ав	нож в ножнах	マキリ・鞘付	knife with sheath	250
7	64-7	лакировка чаша для разливания саке	漆器・片口	lecquered pitcher	337
8	64-8ав	трубка	煙管	pipe	233
9	64-9	ложка	杓子	ladle	219
10	64-10	трутница	火口入	tinder case	257
11	64-11	музыкальный инструмент *тонгори*	楽器 トンコリ	five stringed musical instrument	346
12	64-12	гарпун наконечник	銛	harpoon	274
13	64-13ав	лыжи	かんじき	snow shoes	290
14	64-14	лыжный посох	ストック	ski sticks	289
15	64-15ав	самострел	仕掛弓	trap	268
16	64-17	лук	弓	bow	264
17	64-20	игольник	針入	needle case	285
18	64-21	упряжь собачья	犬ぞり(首輪)	dog sledge set	288
19	64-22	марек, деталь	マレク	hook	259
20	64-23	гарпун наконечник	銛	harpoon	274
21	64-24	сосуд для хранения жира	容器(海獣内臓)	vessel	231
22	64-26	*инау*	イナウ	*inaw*	308
23	64-27	*инау*	イナウ	*inaw*	308
24	64-28	женская головная повязка	帽子(鉢巻型・布・樹皮製)	head gear	179
25	64-29ав	обувь	靴(獣皮製・短靴)	shoes	195
26	64-30	шапка зимняя	帽子(毛皮つき)	cap	176
27	64-31ав	рукавицы	手袋(獣皮・布製・刺繍)	mitten	182
28	64-32	халат мужской	着物(イラクサ製)	garment	150
29	64-33	халат из рыбьей кожи	着物(魚皮製)	garment(fish skin)	160
30	64-34	жилища модель	家の模型	house(model)	239
31	64-35	циновка (японская)	茣蓙(和製)	mat	244
32	64-36	грузило для сети	石錘	anchor	263
33	64-37	крюк для развязывания узлов	綱通針	nettig needle	256
34	2806-1	головной убор женский	帽子(鉢巻型・布製・ビーズ付)	head band	178
35	2806-2	головной убор женский	帽子(鉢巻型・布製・ビーズ付)	head band	178
36	2806-3	головной убор женский	帽子(鉢巻型・布製・刺繍付)	head band	179
37	2806-4	головной убор женский	帽子(鉢巻型・木綿製)	head band	179
38	2806-5	головной убор женский	帽子(鉢巻型・獣皮付)	head band	178
39	2806-6	головной убор женский	帽子(鉢巻型・布製・刺繍付)	head band	179
40	2806-7	украшение женское нагрудное	装飾品(首飾り・鍔付)	necklacs	200
41	2806-8	украшение женское нагрудное	装飾品(首飾り)	necklacs	200
42	2806-9	украшение женское нагрудное	装飾品(首飾り・鍔付)	choker	200
43	2806-10	пояс женский	帯(織物・房飾り付)	sash	184
44	2806-11	передник женский	前掛け	apron	186
45	2806-12	рубашка женская	着物(木綿製)	garment(cotton)	168
46	2806-13	безрукавка женская	袖なし(綿入れ)	garment(sleeveiess)	169
47	2806-14	гребень (японская)	櫛(和製)	comb	248
48	2806-15	передник женский	前掛け	apron	187
49	2806-16	пояс женский	帯(織物)	sash	184
50	2806-17	шапка женская	帽子(木綿製)	cap	176
51	2806-18	пояс женский с ножнами	ベルト(円形飾り金具・マキリ鞘付)	belt	185
52	2806-19	шуба женская	着物(獣皮製)	garment(fur)	161
53	2806-20	халат женский	着物(木綿製)	garment(cotton)	167
54	2806-21	обувь женская	靴(獣皮・魚皮)	boots(seal skin+fish skin)	194
55	2806-22	головной убор женский	帽子(鉢巻型・獣皮付)	head band	178
56	2806-23	халат женский	着物(魚皮製)	garment(fish skin)	160
57	2806-24	халат женский	着物(木綿製)	garment(cotton)	167
58	2806-25	обувь женская	靴(獣皮・布製)	boots	194
59	2806-26	шапка женская	帽子(木綿製)	hat	177
60	2806-27	передник женский	前掛け	apron	186

	No	Название предмета	資料名	Artifacts name	page
61	2806-28	передник женский	前掛け	apron	187
62	2806-29	головной убор женский	帯(織物・細帯)	sash	184
63	2806-30	поясок детский	ベルト(布製・玩具、マキリ他付)	belt	198
64	2806-31	головной убор детский	帽子(木綿製・子供用)	hood	175
65	2806-32/2	рукавицы детские	手袋(獣皮付)	mitten	198
66	2806-33/2	рукавицы детские	手袋(獣皮製)	mitten	198
67	2806-34/2	рукавицы детские	手袋(獣皮付)	mitten	198
68	2806-35/2	обувь маленького ребёнка	靴(布製・子供用)	shoes	199
69	2806-36/2	подгузники детские	脚絆(布製・子供用)	leggings	199
70	2806-37	пояс мужской	ベルト(鹿角留具)	belt	185
71	2806-38	боа	襟巻き	muffler(fur)	181
72	2806-39/2	наушники от холода	耳あて	earlap	180
73	2806-40	козырёк для защиты глаз	日除け	sunvisor	181
74	2806-41	передник мужской	前掛け	apron	187
75	2806-42	пояс мужской	帯(織物)	sash	184
76	2806-43/2	гетры мужские	脚半	leggings	189
77	2806-44	халат мужской	着物(イラクサ製)	garment	149
78	2806-45/2	гетры мужские	脚半	leggings	190
79	2806-46	шапка мужская зимняя	帽子(毛皮つき)	cap	176
80	2806-47	наушники мужские	耳あて(刺繍付)	earlap	180
81	2806-48/2	нарукавники мужские	袖口飾り	arm band	181
82	2806-49/2	рукавицы мужские	手袋(布製・獣皮・刺繍付)	mitten	182
83	2806-50	пояс мужской	帯(布製)	sash	185
84	2806-51	юбка мужская	スカート(犬橇用)	skirt	188
85	2806-52/2	наголенники мужские	股引(獣皮製)	knee pads(dog skin)	188
86	2806-53/2	обувь мужская	靴(獣皮製)	boots	194
87	2806-54/2	обувь женская	靴(獣皮製)	boots	195
88	2806-55	шуба мужская зимняя	着物(獣皮製)	garment(fur)	162
89	2806-56	халат мужской	着物(イラクサ製)	garment	151
90	2806-57/2	наголенники мужские	股引(獣皮製)	knee pads(dog skin)	188
91	2806-58/2	наголенники мужские	股引(獣皮製)	knee pads(seal skin)	189
92	2806-59/2	обувь мужская	靴(魚皮製)	boots(fish skin)	194
93	2806-60	шапка детская	帽子(鳥皮製・子供用)	cap(water bird skin)	175
94	2806-61	шапка детская	帽子(トナカイ皮製・子供用)	hat	175
95	2806-62	шапка мужская зимняя	帽子(獣皮製)	hat	177
96	2806-63	жилет мужской, зимний	袖なし(獣皮付)	garment(sleeveiess)	169
97	2806-64	халат мужской	着物(イラクサ製)	garment	152
98	2806-65	халат мужской	着物(イラクサ製)	garment	152
99	2806-66	халат мужской	着物(イラクサ製)	garment	150
100	2806-67/2	обувь мужская зимняя	靴(獣皮製)	boots	195
101	2806-68/2	обувь девочки	靴(獣皮・布製・子供用)	shoes	199
102	2806-69/2	обувь ребёнка	靴(獣皮・布製・子供用)	shoes	199
103	2806-70/2	обувь ребёнка	靴(布製・子供用)	shoes	199
104	2806-71	халат девочки	着物(木綿製・子供用)	garment(cotton)	173
105	2806-72	халат ребёнка	着物(木綿製・子供用)	garment(cotton)	173
106	2806-73	шуба зимняя детская	着物(獣皮製・子供用)	garment(with dog skin)	171
107	2806-74	шуба десткая	着物(木綿製・子供用)	garment(cotton)	173
108	2806-75/2	полуперчатки мужские	手袋(布製・指なし・刺繍付)	mitten	183
109	2806-76/2	нарукавники мужские	袖口飾り	arm band	181
110	2806-77/2	рукавицы мужские	手袋(布製・獣皮・刺繍付)	mitten	182
111	2806-78/2	рукавицы мужские	手袋(獣皮・布製・刺繍)	mitten	182
112	2806-79	бумажник	小物入れ(財布・布製・刺繍入)	pouch	203
113	2806-80	бумажник	小物入れ(財布・布製・刺繍入)	pouch	203
114	2806-81	бумажник	小物入れ(財布・布製・刺繍入)	pouch	203
115	2806-82/2	гетры мальчика	脚半	leggings	190
116	2806-83/2	гетры мужские	脚半	leggings	190
117	2806-84/2	гетры мужские	脚半	leggings	191
118	2806-85/2	гетры мужские	脚半	leggings	191
119	2806-86/2	гетры мужские	脚半	leggings	190
120	2806-87/2	гетры мужские	脚半	leggings	190
121	2806-88	халат мужской	着物(イラクサ製)	garment	149
122	2806-89	пояс мужской	帯(織物)	sash	184

LIST

No		Название предмета	資料名	Artifacts name	page
123	2806-90/2	обувь мужская	靴(獣皮・布製)	boots	195
124	2806-91	безрукавка ребёнка	袖なし(綿入れ・子供用)	garment(sleeveiess)	175
125	2806-92/2	обувь ребёнка	靴(獣皮・布製・子供用)	shoes	199
126	2806-93	боа	襟巻き	muffler(fur)	181
127	2806-94	головной убор женский	帽子(木綿製)	cap	176
128	2806-95	головной убор женский	帽子(鉢巻型・獣皮付)	head band	178
129	2806-96	головной убор женский	帽子(鉢巻型・布製・ビーズ付)	head band	178
130	2806-97	шуба женская	着物(獣皮製)	garment(fur)	161
131	2806-98	халат женский из рыбьей кожи	着物(魚皮製)	garment(fish skin)	160
132	2806-99	подвеска к детскому поясу	玩具(がらがら)	ornament(belt)	198
133	2806-100авс	пояс женский	ベルト(布製・玩具、マキリ鞘付)	belt	198
134	2806-101	модель сабли	刀・模型	sword model	300
135	2807-1	украшение женское шейное	装飾品(チョーカー)	choker	200
136	2807-2	украшение женское шейное	装飾品(チョーカー・セントルイス万博記念メダル付)	choker	200
137	2807-3	украшение женское шейное	装飾品(チョーカー)	choker	200
138	2807-4	украшение женское шейное	装飾品(チョーカー)	choker	200
139	2807-5	украшение женское шейное	装飾品(チョーカー)	choker	200
140	2807-9	украшение женское шейное	装飾品(首飾り・ビーズ製)	necklacs	201
141	2807-10	бусы девичьи	装飾品(首飾り用ガラス玉)	beads	201
142	2807-11	ожерелье женское	装飾品(首飾り・ガラス玉)	necklacs	201
143	2807-13	ожерелье женское	装飾品(首飾り・ガラス玉・シトキ付)	necklacs	201
144	2807-14	низка бус	装飾品(首飾り用ガラス玉)	beads	201
145	2807-15	ожерелье женское	装飾品(首飾り・ガラス玉・シトキ付)	necklacs	201
146	2807-17	ожерелье девочки	装飾品(首飾り用ガラス玉)	beads	201
147	2807-18/2	серьги женские	装飾品(耳飾り)	earrings	202
148	2807-21	браслет девочки	装飾品(腕輪)	bracelet	202
149	2807-22	сумочка женская для мелочи	小物入れ(布製・ふた付・刺繍入)	pouch	203
150	2807-23/2	полуперчатки женские	手袋(布製・指なし・刺繍付)	mitten	183
151	2807-24	передник женский	前掛け	apron	187
152	2807-25	передник женский	前掛け	apron	187
153	2807-26	рубашка женская	着物(モウル)	women's inner clothes	168
154	2807-27	рубашка женская	着物(モウル)	women's inner clothes	168
155	2807-28	повязка женская	鉢巻(女性用・刺繍付)	head band	179
156	2807-29/2	обувь женская	靴(魚皮製・短靴)	shoes(fish skin)	196
157	2807-30	пояс женский	帯(兵児帯)	sash	185
158	2807-31	головной убор женский	帽子(木綿製・子供用)	hood	175
159	2807-32	халат женский	着物(木綿製)	garment(cotton)	167
160	2807-33	халат женский	着物(木綿製)	garment(cotton)	163
161	2807-34	ожерелье женское	装飾品(首飾り・ガラス玉)	necklacs	201
162	2807-35	головной убор женский	帽子(木綿製・子供用)	hood	175
163	2807-37/2	обувь женская	下駄	geta	197
164	2807-38	халат девочки	着物(オヒョウ製)	garment	155
165	2807-39	рубашка маленького ребёнка	着物(木綿製・子供用)	garment(cotton)	174
166	2807-40	головной убор детский	帽子(木綿製・子供用)	hood	175
167	2807-41	головной убор детский	帽子(木綿製・子供用)	hood	175
168	2807-42/2	наголенники для ребёнка	脚絆(布製・子供用)	leggings	199
169	2807-43/2	наручники детские	手甲(布製・子供用)	back of the hand	183
170	2807-44/2	обувь девочки яп.раб.	下駄	geta	197
171	2807-46	украшение мужское	装飾品(首飾り)	choker	202
172	2807-47	головной убор мужской	帽子(頭巾・木綿製・刺繍付)	hood	177
173	2807-48	головной убор старика	帽子(鉢巻型・樹皮製)	head gear	179
174	2807-49	халат мужской церемониальный	着物(木綿製)	garment(cotton)	165
175	2807-50/2	гетры мужские	脚半(靭皮製)	leggings	192
176	2807-51	пояс мужской	帯(織物)	sash	184
177	2807-52/2	обувь мужская	下駄	geta	197
178	2807-53	одежда детская	着物(獣皮製・子供用)	garment(with fur)	172
179	2807-55	халат мужской	着物(オヒョウ製)	garment	155
180	2807-56/2	обувь мужская зимняя	靴(獣皮製・短靴)	shoes	196
181	2807-58/2	обувь мужская	靴(獣皮製・短靴)	shoes	196
182	2807-59/2	обувь мужская	草鞋	straw sandals	197
183	2807-60	повязка головная женская	鉢巻(女性用・刺繍付)	head band	179

No		Название предмета	資料名	Artifacts name	page
184	2807-61	повязка головная женская	鉢巻(女性用・刺繍付)	head band	180
185	2807-62	пояс мужской	帯(織物)	sash	184
186	2807-63/2	полуперчатки мужские	手袋(布製・指なし・刺繍付)	mitten	183
187	2807-64	гетры мужские	脚半	leggings	191
188	2807-65	халат мужской	着物(木綿製)	garment(cotton)	168
189	2807-66	штаны мужские	股引(木綿製)	trousers	193
190	2807-67	халат девичий	着物(木綿製・子供用)	garment(cotton)	174
191	2807-68/2	гетры женские	脚半(靭皮・布製)	leggings	192
192	2807-69/2	обувь мальчика	草鞋	straw sandals	197
193	2807-70/2	обувь детская	草鞋(子供用)	straw sandals	199
194	2807-71/2	обувь женская	草鞋	straw sandals	197
195	2808-1	кисет для табака	煙草・小物入(布製)	tobacco case	237
196	2808-2ав	трутница	火口入	tinder case	257
197	2808-3ав	трутница	火口入	tinder case	257
198	2808-4	кисет	煙草・小物入(獣皮製)	tobacco case	238
199	2808-5	кисет	煙草・小物入(獣皮製)	tobacco case	238
200	2808-6	кисет	煙草・小物入(獣皮製)	tobacco case	238
201	2808-7	кисет	煙草・小物入(獣皮製)	tobacco case	238
202	2808-8	кисет	煙草・小物入(獣皮製)	tobacco case	238
203	2808-9	кисет для табака	煙草・小物入(皮製)	tobacco case	237
204	2808-10	кисет для табака	煙草・小物入(布製)	tobacco case	237
205	2808-11	кисет для табака	煙草・小物入(布製)	tobacco case	237
206	2808-12	трутница	火口入	tinder case	257
207	2808-13	огниво	火打ち金	steel	257
208	2808-14/2	кремни для добывания огня	火打石	flint	257
209	2808-15ав	трутница	火口入	tinder case	257
210	2808-16	трубка женская	煙管	pipe	233
211	2808-17	трубка женская	煙管	pipe	233
212	2808-18	трубка женская	煙管	pipe	233
213	2808-19	трубка мужская	煙管	pipe	233
214	2808-20	трубка женская	煙管	pipe	233
215	2808-21	трубка женская	煙管	pipe	233
216	2808-23	трубка мужская	煙管(和製)	pipe	233
217	2808-24авс	табакерка с футляром для трубки	煙草入・煙管差し付	tabacco case	234
218	2808-25авс	табакерка с футляром для трубки, клык	煙草入・煙管差し付	tabacco case	235
219	2808-26авс	табакерка с футляром для трубки	煙草入・煙管差し付	tabacco case	235
220	2808-27авс	табакерка	煙草入・煙管差し付	tabacco case	235
221	2808-28авс	табакерка с футляром для трубки	煙草入・煙管差し付	tabacco case	235
222	2808-29	футляр для трубки	煙管ケース	tabacco case	234
223	2808-31	футляр для трубки	煙管ケース	tabacco case	234
224	2809-1	трутница	火口入	tinder case	257
225	2809-2	огниво	火打ち金	steel	258
226	2809-3	огниво, кремни, мешочек	火打ち金・火打石	tinder case	258
227	2809-5	трубка	煙管(和製)	pipe	233
228	2809-6	нэцукэ	根付	netuke	236
229	2809-7	нэцукэ	根付	netuke	236
230	2809-8	нэцукэ	根付	netuke	236
231	2809-9 авсдеф	табакерка с футляром и трубка, клык	煙草入・煙管・煙管差し付	tabacco case	235
232	2809-10ав	табакерка с футляром для трубки	煙草入・煙管差し付	tabacco case	235
233	2809-11авсде	табакерка с футляром для трубки	煙草入・煙管差し付	tabacco case	235
234	2809-12ав	табакерка с футляром для трубки	煙草入・煙管差し付	tabacco case	235
235	2809-13авсде	табакерка с футляром и трубка	煙草入・煙管・煙管差し付	tabacco case	235
236	2809-14	футляр для трубки	煙管差し	pipe holder	234
237	2809-15	трут - гриб древесный	火口	tinder(a polypore)	258
238	2809-16	трут - гриб древесный	火口	tinder(a polypore)	258
239	2810-1	волокна крапивы	糸束(イラクサ)	bast thread(lime tree)	283
240	2810-2	волокна крапивы	糸束(イラクサ)	bast thread(lime tree)	283
241	2810-3	нитки крапивные	糸束(イラクサ)	bast thread(lime tree)	283
242	2810-4	образец волокна древесного луба	標本 植物	bast (lime tree)	341
243	2810-5	раковина-скребок для волокон крапивы	糸梳具	shell scraper	283

No		Название предмета	資料名	Artifacts name	page
244	2810-6	раковина-скребок для волокон крапивы	糸梳具	shell scraper	283
245	2810-7	раковина-скребок для волокон крапивы	糸梳具	shell scraper	283
246	2810-8	станок ткацкий для поясов деталь	織機・帯・上下糸分離器	handloom	281
247	2810-9	станок ткацкий для поясов деталь	織機・帯・上下糸分離器	handloom	281
248	2810-10	катушка	糸巻	spool	284
249	2810-12	катушка	糸巻	spool	284
250	2810-13	катушка	糸巻	spool	284
251	2810-14	катушка	糸巻	spool	284
252	2810-15	катушка	糸巻	spool	284
253	2810-16	катушка	糸巻	spool	285
254	2810-17	катушка	糸巻	spool	285
255	2810-18 авсдефг	станок ткацкий для поясов	織機・帯織	handloom	281
256	2810-19	станок ткацкий для поясов шпатель	織機・帯・筬	handloom	281
257	2810-20	станок ткацкий для поясов шпатель	織機・帯・筬	handloom	281
258	2810-21	игольник	針入	needle case	285
259	2810-22ав	вертушка для витья мотауза	糸巻(糸紡)	spool	285
260	2810-23	сумочка для швейных принадлежностей	小物入(裁縫用)	poach for sawing kit	285
261	2810-24	ножны	マキリ鞘	knife sheath	254
262	2810-25	ножны	マキリ鞘	knife sheath	253
263	2810-26	ножны	マキリ鞘	knife sheath	254
264	2810-27	ножны	マキリ鞘	knife sheath	254
265	2810-29	ножны	マキリ鞘	knife sheath	254
266	2810-30	ножны	マキリ鞘	knife sheath	254
267	2810-31	ножны	マキリ鞘	knife sheath	254
268	2810-32ав	нож в ножнах	マキリ・鞘付	knife	253
269	2810-33	нож	マキリ	knife	255
270	2810-34	нож	マキリ	knife	255
271	2810-35	нож	マキリ	knife	255
272	2810-36	нож	マキリ	knife	255
273	2810-37	циновка луб древесный материал	茣蓙・材料	base rope	286
274	2810-38	станок ткацкий деталь	織機・上下糸分離器	handloom	279
275	2810-39 авсдефгхи	станок ткацкий	織機	handloom	278
276	2810-40	образец ткани из волокон древесного луба	布(オヒョウ)	woven materials	158
277	2810-41	образец ткани из крапивных волокон	布(イラクサとオヒョウ)	woven materials	155
278	2810-42	вышивка образец	刺繍見本	sample of embroidery	285
279	2810-43	вышивка образец	刺繍見本	sample of embroidery	285
280	2810-44 авсдефгх	станок ткацкий	織機	handloom	278
281	2810-46/2	меха кузнечные	ふいご	bellows	287
282	2810-48	молоток	金槌	hammer	286
283	2810-49	шило	錐	drill	286
284	2810-50	шило	錐	drill	286
285	2810-51	сверло	錐	drill	286
286	2810-52	сверло	錐	drill	286
287	2810-53ав	сверло	錐	drill	286
288	2810-54ав	брусок точильный в чехле	砥石入・砥石	whetatone and case	258
289	2810-55	тесло для долбления лодок	手斧	ax	287
290	2810-56	серп для травы и морской капусты	鎌	sickle	276
291	2810-57	серп для травы и морской капусты	鎌	sickle	276
292	2810-58	мотыга для сбора картофеля	堀具(根堀具)	mattock	276
293	2810-59ав	нож в ножнах	マキリ・鞘付	knife sheath	251
294	2810-60	ножны	マキリ鞘	knife sheath	252
295	2810-61	ножны	マキリ鞘	knife sheath	251
296	2810-62	ножны	マキリ鞘	knife sheath	251
297	2810-63	нож	マキリ	knife	255
298	2810-64	ножны	マキリ鞘	knife sheath	252
299	2810-65ав	нож в ножнах	マキリ・鞘付	knife	250

No		Название предмета	資料名	Artifacts name	page
300	2810-66ав	нож в ножнах	マキリ・鞘付	knife	250
301	2810-67ав	нож в ножнах	マキリ・鞘付	knife	250
302	2810-68	нож	マキリ	knife	256
303	2810-69	нож	マキリ	knife	255
304	2810-70	нож	マキリ	knife	254
305	2810-71ав	нож в ножнах	マキリ・鞘付	knife	250
306	2810-72	нож	マキリ	knife	255
307	2810-73	нож	マキリ	knife	255
308	2810-74ав	нож в ножнах	マキリ・鞘付	knife	250
309	2810-75ав	нож в ножнах	マキリ・鞘付	knife	250
310	2810-76ав	нож в ножнах	マキリ・鞘付	knife	250
311	2810-77ав	брусок точильный в чехле	砥石入・砥石	whetatone and case	258
312	2810-78	станок ткацкий дощечка наспинная	織機・腰板	handloom	280
313	2810-79	станок ткацкий челнок	織機・梭	handloom	279
314	2810-80	станок ткацкий нитченка	織機・綜絖	handloom	279
315	2810-81	станок ткацкий нитченка	織機・綜絖	handloom	279
316	2810-82	веретено	紡錘車	spindle	282
317	2810-83	веретено	紡錘車	spindle	282
318	2810-84	станок ткацкий шпатель	織機・筬	handloom	280
319	2810-85	станок ткацкий шпатель	織機・筬	handloom	280
320	2810-86	станок ткацкий бердо	織機・筬	handloom	279
321	2810-87	нитки крапивные	糸玉（イラクサ）	bast thread(lime tree)	283
322	2810-88	луб древсный	糸材（オヒョウ内皮）	bast thread(elm)	283
323	2810-89авсд	циновка станок	茣蓙編機	mat weeving set	285
324	2811-1	волокна из древесного луба	サラニプ・材料	bast thread(lime tree)	293
325	2811-2	нитки из древесного луба	サラニプ・材料	bast thread(lime tree)	293
326	2811-3	станок ткацкий челнок	織機・梭	handloom	279
327	2811-4	станок ткацкий челнок	織機・梭	handloom	280
328	2811-5	станок ткацкий челнок	織機・梭	handloom	280
329	2811-6	станок ткацкий для поясов деталь	織機・帯・上下糸分離器	handloom	281
330	2811-7	станок ткацкий для поясов деталь	織機・帯・上下糸分離器	handloom	281
331	2811-9	станок ткацкий для поясов деталь	織機・帯・上下糸分離器	handloom	281
332	2811-10	катушка	糸巻	spool	284
333	2811-11	катушка	糸巻	spool	284
334	2811-12ав	катушка	糸巻	spool	284
335	2811-13	станок ткацкий для поясов шпатель	織機・帯・筬	handloom	282
336	2811-14	станок ткацкий для поясов шпатель	織機・帯・筬	handloom	282
337	2811-15	станок ткацкий для поясов шпатель	織機・帯・筬	handloom	282
338	2811-16авсдеф	станок ткацкий для поясов	織機・帯織	handloom	281
339	2811-17авсд	станок ткацкий для поясов	織機・帯織	handloom	281
340	2811-18	игольник	針入	needle case	285
341	2811-19	веревка для ношения груза	荷縄・製作見本	carrying strap	294
342	2811-20	веревка для ношения груза	荷縄・製作見本	carrying strap	295
343	2811-21	ножны	マキリ鞘	knife sheath	252
344	2811-22	развилка для наматывания нитей	糸巻取り棒（二股）	spool	283
345	2811-23	станок ткацкий шпатель	織機・筬	handloom	280
346	2811-24	станок ткацкий дощечка наспинная	織機・腰板	handloom	280
347	2811-25	правилка зубьев пилы	目立て具	sharpner	286
348	2811-26	напильник	ヤスリ	grinder	286
349	2811-27	посуда для приготовления клея	容器(膠用)	glue bowl	287
350	2811-28	посуда для приготовления клея	容器(膠用)	glue bowl	287
351	2811-29	инструмент плотничий	墨壺	ink pot for capenter	287
352	2811-30	тесло для долбления дерева	手斧	ax	287
353	2811-31/2	грабли	熊手	rake	277
354	2811-32	грабли	熊手	rake	276
355	2811-33	мотыга	鍬	mattock	277
356	2811-34	тяпка	除草具	mattock	276
357	2811-35	раковина для срезания колосьев	穂摘具	shell knife	276
358	2811-36	раковина для срезания колосьев	穂摘具	shell knife	276
359	2811-37	веялка	箕	winnow	277
360	2811-38	молоток	木槌	hammer	286
361	2811-39	ножны	マキリ鞘	knife sheath	252

No		Название предмета	資料名	Artifacts name	page
362	2811-40	ножны	マキリ鞘	knife sheath	252
363	2811-41	ножны	マキリ鞘	knife sheath	252
364	2811-42	ножны	マキリ鞘	knife sheath	252
365	2811-43ав	ножны	マキリ鞘	knife	252
366	2811-44	ножны	マキリ鞘	knife sheath	252
367	2811-45	ножны	マキリ鞘	knife sheath	253
368	2811-46	нож	マキリ	knife	255
369	2811-47ав	нож в ножнах	マキリ・鞘付	knife sheath	251
370	2811-48	станок ткацкий челнок	織機・梭	handloom	280
371	2811-49	веревка лубяная	サラニプ・材料	bast thread(lime tree)	293
372	2811-50	станок ткацкий деталь	織機・上下糸分離器	handloom	279
373	2811-51	станок ткацкий нитченка	織機・綜絖	handloom	279
374	2811-52	станок ткацкий бердо	織機・筬	handloom	279
375	2811-53	станок ткацкий бердо	織機・筬	handloom	279
376	2811-54	станок ткацкий бердо	織機・筬	handloom	279
377	2811-55	волокна луба	サラニプ・材料	bast thread(lime tree)	293
378	2811-56	волокна луба	サラニプ・材料	bast thread(lime tree)	293
379	2811-57	образец камыш	標本 植物	dried plant	341
380	2811-58	циновка станок	莫蓙編機(横棒)	mat weeving set	285
381	2812-1	циновка	莫蓙	mat	242
382	2812-2	циновка	莫蓙	mat	242
383	2812-3	циновка	莫蓙	mat	242
384	2812-4	циновка	莫蓙	mat	241
385	2812-6	веер для раздувания огня	団扇	fan	240
386	2812-7	сувенир вешалка	民芸品	towel hanger	347
387	2812-8	циновка	莫蓙	mat	242
388	2812-9	циновка	莫蓙	mat	242
389	2812-10	циновка	莫蓙	mat	242
390	2812-11	циновка	莫蓙	mat	241
391	2812-12	циновка	莫蓙	mat	241
392	2812-13	сумка	鞄(草本製)	bag	204
393	2812-14	циновка	莫蓙	mat	243
394	2812-15	циновка	莫蓙	mat	243
395	2812-16	циновка	莫蓙	mat	241
396	2812-18	музыкальный инструмент варган	楽器	jew's harp	346
397	2812-19	тарелка	皿(丸皿)	dish	210
398	2812-20	тарелка	皿(丸皿)	dish	210
399	2812-21	тарелка	皿(角皿)	trey	211
400	2812-22	тарелка	盆(角盆)	trey	212
401	2812-23	тарелка	皿(長円形)	platter	211
402	2812-24	тарелка	皿(長円形)	plate	212
403	2812-25	тарелка	皿(長円形)	plate	211
404	2812-26	тарелка	皿(丸皿)	dish	209
405	2812-27	тарелка	皿(丸皿)	dish	210
406	2812-28	тарелка	皿(把手付)	platter	212
407	2812-29	блюдо	皿(長円形・把手付)	trey	211
408	2812-30	тарелка	皿(長円形で木葉形)	plate	212
409	2812-31	чаша	皿(丸皿)	dish	210
410	2812-33	тарелка	皿(丸皿)	dish	210
411	2812-34	тарелка	皿(丸皿)	dish	209
412	2812-35	тарелка	皿(丸皿)	dish	210
413	2812-36	тарелка	皿(丸皿)	dish	210
414	2812-37	тарелка	皿(丸皿)	dish	210
415	2812-38	тарелка	皿(長円形で木葉形)	plate	211
416	2812-39	тарелка детская	皿(角皿)	plate	211
417	2812-40	блюдо	椀	bowl	207
418	2812-41	блюдо	椀	bowl	207
419	2812-42	блюдо	椀	bowl	207
420	2812-43	блюдо	椀	bowl	206
421	2812-44	блюдо	椀	bowl	207
422	2812-45	блюдо	椀	bowl	206
423	2812-46	чаша деревянная	椀	bowl	208

	No	Название предмета	資料名	Artifacts name	page
424	2812-47	ковш суповой	杓子	ladle	219
425	2812-48	ковш суповой	杓子	ladle	219
426	2812-49	ковш суповой	杓子	ladle	218
427	2812-50	ковш суповой	杓子	ladle	219
428	2812-51	ковш суповой	杓子	ladle	221
429	2812-52	ложка для вынимания рыбы из	杓子	ladle	220
430	2812-53	ложка суповая	杓子	ladle	220
431	2812-54	ложка для рыбы	杓子	ladle	220
432	2812-55	ковш суповой	杓子	ladle	220
433	2812-56	ложка для рыбы	杓子	ladle	219
434	2812-57	ложка суповая	杓子	ladle	221
435	2812-58	ложка для рыбы	杓子	ladle	220
436	2812-59	ковш суповой	杓子	ladle	218
437	2812-60	ложка для рыбы	杓子	ladle	220
438	2812-61	ковш суповой	杓子	ladle	221
439	2812-62	ложка суповая	杓子	ladle	220
440	2812-63	ложка суповая	杓子	ladle	220
441	2812-64	ковш суповой	杓子	ladle	221
442	2812-65	ложка	杓子	ladle	219
443	2812-66	черпак	柄杓	ladle	225
444	2812-67	ложка	杓子	ladle	221
445	2812-68	ложка суповая	杓子	ladle	220
446	2812-69	ложка суповая	杓子	ladle	220
447	2812-70	лопаточка для риса	杓子	ladle	220
448	2812-71	шумовка	杓子	ladle	219
449	2812-73/2	палочки для еды	箸	chopsticks	216
450	2812-74авсд	прибор столовый для по чётного гостя	箸(携帯用)	chopsticks	216
451	2812-75	лопаточка	匙	spoon	215
452	2812-76	ложка	匙	spoon	214
453	2812-77/4	палочки для еды	箸	chopsticks	215
454	2812-78/2	палочки для еды	箸	chopsticks	216
455	2812-79/2	палочки для еды	箸	chopsticks	216
456	2812-80/2	палочки для еды	箸	chopsticks	216
457	2812-81	футляр для палочек	箸入	chopsticks case	217
458	2812-82	ложка	匙	spoon	215
459	2812-83	ложка	匙	spoon	215
460	2812-86	ложка	匙	spoon	214
461	2812-87	ложка	匙	spoon	214
462	2812-88	ложка	匙	spoon	214
463	2812-89	ложка	匙	spoon	214
464	2812-90	ложка	匙	spoon	214
465	2812-91	ложка	匙	spoon	214
466	2812-92	лакировка чаша для саке	漆器・杯	lecquered cup	336
467	2812-93	лакировка чаша для разливания саке	漆器・片口	lecquered pitcher	337
468	2812-94	лакировка чаша для разливания саке	漆器・片口	lecquered pitcher	337
469	2812-95	ковш для черпания саке из бочки	柄杓	ladle	226
470	2812-96	лакировка чаша для разливания саке	漆器・片口	lecquered pitcher	337
471	2812-97	ведёрко для сбора ягод	容器(曲物)	roundchip-box	232
472	2812-98	ведёрко для воды	容器(曲物)	roundchip-box	232
473	2812-99	туес для жидкости	容器(白樺樹皮製)	vessel	230
474	2812-100	туес для разных продуктов	容器(白樺樹皮製)	vessel	230
475	2812-101	туес для хранения тарелок	容器(白樺樹皮製)	vessel	230
476	2812-102	футляр для ложек и вилок	箸入	chopsticks case	217
477	2812-103	футляр для ложечек и вилок	箸入	chopsticks case	217
478	2812-104	фетляр для ложек	箸入(網針入れか？)	net needle case	217
479	2812-105ав	футляр для ложечек и вилок	箸入	chopsticks case	217
480	2812-106	футляр для ложечек и вилок	箸入	chopsticks case	217
481	2812-107авс	футляр для ложечек и вилок	箸入	chopsticks case	217
482	2812-108	лоток для квашеного риса	盆(大型・角盆・酒造用)	tray	227

No		Название предмета	資料名	Artifacts name	page
483	2812-109	корытце для приготовления пищи	盆(大型)	bowl	227
484	2812-110	корытце для приготовления пищи	盆(大型)	bowl	227
485	2812-111	блюдо для приготовления пищи	盆(大型・深鉢形)	bowl	227
486	2812-112ав	сосуд для вещей	容器(曲物・漆塗)	roundchip-box	232
487	2812-113ав	сосуд для вещей	容器(曲物・漆塗)	roundchip-box	232
488	2812-114ав	коробка для вещей	箱	box	246
489	2812-115ав	коробка для вещей	箱	box	247
490	2812-116авс	коробка для вещей	箱	box	246
491	2812-117авс	коробка для вещей	箱	box	246
492	2812-118ав	коробка для вещей	箱	box	246
493	2812-119авс	коробка для вещей	箱	box	247
494	2812-120ав	коробка для вещей	箱	box	246
495	2812-121	подставка для котла	鍋敷	pan mat	229
496	2812-122	блюдо	皿(角皿)	pletter	211
497	2812-123	блюдо	皿(長円形)	platter	212
498	2812-124	рожон для жарения рыбы	串(焼き串)	spit	228
499	2812-125	лопаточка для риса при изготовлении вина	篦(酒造用)	spatula	224
500	2812-126	пест	杵(魚卵つぶし)	roe masher	226
501	2812-127	пест	杵(魚卵つぶし)	roe masher	226
502	2812-128	пест	杵(魚卵つぶし)	roe masher	226
503	2812-129	крюк для одежды	鈎(衣類用)	hook	246
504	2812-130	мотыга	堀具(鈎・鹿角製)	hook	276
505	2812-131	лопаточка для пепла	灰均し	ash reke	240
506	2812-133	крюк для развязывания узлов	綱通針	nettig needle	256
507	2812-134	крюк для развязывания узлов	綱通針	nettig needle	256
508	2812-135	светильник (подсвечник)	灯明・ローソク立	candle stand	240
509	2812-136	палочка для вытаскивания из пузыря нерпичьего жира	串(アザラシ脂を容器から取り出す棒)	hook	229
510	2812-137	сосуд для жира пузырь нерпы	容器(海獣内臓)	vessel	231
511	2812-138	сосуд для жира пузырь нерпы	容器(海獣内臓)	vessel	231
512	2812-139	бутылочка из кишок сивуча	容器(海獣内臓)	vessel	231
513	2812-140	сосуд для жира пузырь нерпы	容器(海獣内臓)	vessel	231
514	2812-141ав	сосуд для жира пузырь нерпы	容器(海獣内臓)	vessel	231
515	2812-142	сумочка для мелких вещей	鞄(草本製)	pouch	204
516	2812-143	сумочка для вещей	鞄(草本製)	pouch	204
517	2812-144	сумочка для вещей	鞄(草本製)	pouch	204
518	2812-145	икунис	イクニシ	libation stick	318
519	2812-146	икунис	イクニシ	libation stick	318
520	2812-147	икунис	イクニシ	libation stick	315
521	2812-148	икунис	イクニシ	libation stick	318
522	2812-149	икунис	イクニシ	libation stick	318
523	2812-150	икунис	イクニシ	libation stick	319
524	2812-151	икунис	イクニシ	libation stick	316
525	2812-152	икунис	イクニシ	libation stick	319
526	2812-153	икунис	イクニシ	libation stick	315
527	2812-154	икунис	イクニシ	libation stick	315
528	2812-155	икунис	イクニシ	libation stick	319
529	2812-156	икунис	イクニシ	libation stick	316
530	2812-157	икунис	イクニシ	libation stick	317
531	2812-158	икунис	イクニシ	libation stick	318
532	2812-159	икунис	イクニシ	libation stick	318
533	2812-160	икунис	イクニシ	libation stick	316
534	2812-161	икунис	イクニシ	libation stick	318
535	2812-163	икунис	イクニシ	libation stick	319
536	2812-164	икунис	イクニシ	libation stick	315
537	2812-165	икунис	イクニシ	libation stick	318
538	2812-166	икунис	イクニシ	libation stick	318
539	2812-167	икунис	イクニシ	libation stick	315
540	2812-168	икунис	イクニシ	libation stick	319
541	2812-169	икунис	イクニシ	libation stick	315
542	2812-170	икунис	イクニシ	libation stick	315
543	2812-171	икунис	イクニシ	libation stick	315
544	2812-172	икунис	イクニシ	libation stick	315
545	2812-173	икунис	イクニシ	libation stick	315

No		Название предмета	資料名	Artifacts name	page
546	2812-174	икунис	イクニシ	libation stick	318
547	2812-175	икунис	イクニシ	libation stick	315
548	2812-176	икунис	イクニシ	libation stick	315
549	2812-177	икунис	イクニシ	libation stick	316
550	2812-178	икунис	イクニシ	libation stick	327
551	2812-179	икунис	イクニシ	libation stick	315
552	2812-180	икунис	イクニシ	libation stick	317
553	2812-181	икунис	イクニシ	libation stick	319
554	2812-182	блюдо для приготовления пищи	盆(大型)	platter	227
555	2812-183	корытце	盆(大型)	bowl	227
556	2812-184	блюдо	盆(大型)	bowl	227
557	2812-185	сумочка	鞄(草本製)	pouch	204
558	2812-186	подголовник	枕(木製)	pillow	247
559	2812-187	подголовник	枕(木製)	pillow	247
560	2812-188	подушка	枕(草本製)	pillow	248
561	2812-189	кукла - нипопо	木偶・ニポポ	wooden idle	299
562	2812-190	кукла - нипопо	木偶・ニポポ	wooden idle	299
563	2812-191	воспитание детей игрушка - лошадь	育児 玩具	toy	344
564	2812-192	воспитание детей игрушка раковина	育児 玩具	toy	345
565	2812-194	тарелка	皿(丸皿)	dish	210
566	2812-195	лестница для свайного амбарчика	梯子	ledder	249
567	2813-1	воспитание детей колыбель	育児 揺かご	cradle	344
568	2813-2	метёлка для сора	箒	broom	249
569	2813-3	метёлка	箒	broom	249
570	2813-4	метелка из лыка	箒	broom	249
571	2813-5	кисть для чистки вещей	ブラシ	brush	249
572	2813-6	воспитание детей ношение детей	育児	strap for baby sling parts	345
573	2813-7	циновка	茣蓙	mat	243
574	2813-8ав	воспитание детей ношение детей	育児 負い紐	strap for baby sling	344
575	2813-9	циновка	茣蓙	mat	244
576	2813-10	циновка	茣蓙	mat	244
577	2813-11	циновка	茣蓙	mat	243
578	2813-12	циновка	茣蓙	mat	243
579	2813-13	воспитание детей ношение детей	育児	strap for baby sling parts	345
580	2813-14	крюк (вешалка для детского платья)	鉤(子供用物干し)	clothes' hunger	246
581	2813-15	тарелка	盆(角盆)	trey	213
582	2813-16	чаша	皿(丸皿)	dish	210
583	2813-17	чашка	椀	bowl	209
584	2813-18	ковш суповой	杓子	ladle	222
585	2813-19	ложка	杓子	ladle	223
586	2813-20	палочки для еды	箸	chopsticks	216
587	2813-21	палочки для еды	箸	chopsticks	216
588	2813-22/2	палочки для еды	箸	chopsticks	216
589	2813-23	ложка	匙	spoon	214
590	2813-24	ложка	匙	spoon	214
591	2813-25	ложка	匙	spoon	214
592	2813-26	ложка	匙	spoon	214
593	2813-27	ложка	杓子	ladle	224
594	2813-28	ложка	杓子	ladle	224
595	2813-29ав	бочка для саке	容器(樽・漆塗)	barrel	232
596	2813-30	ковш для разливания саке	柄杓	ladle	226
597	2813-31	котелок	鍋(鉄鍋)	iron pot	229
598	2813-32ав	котелок для варки пищи	鍋(鉄鍋)	iron pot	229
599	2813-33ав	сосуд для воды	容器(曲物・漆塗)	roundchip-box	232
600	2813-34	чаша для зерна и продуктов	鉢	bowl	228
601	2813-35	блюдо для продуктов	盆(大型)	platter	227
602	2813-36	блюдо для риса или проса	盆(大型)	platter	227
603	2813-37	блюдо для сушки продуктов	盆(大型)	platter	228
604	2813-38ав	ящик	箱(大型)	box	247
605	2813-40а	ящик	箱(大型)	box	247
606	2813-41ав	ящик	箱(大型)	box	247
607	2813-42	коробка для вещей (крышка)	箱	box	247

No		Название предмета	資料名	Artifacts name	page
608	2813-43а	коробка для вещей	箱	box	247
609	2813-44ав	коробка для вещей	箱	box	247
610	2813-45ав	коробка для вещей	箱	box	247
611	2813-46	коробка для вещей	箱	box	247
612	2813-47	циновка, для сушки рыбы и пр.	簾	build	245
613	2813-48ав	светильник	灯明・火皿	lamp	240
614	2813-49	блюдо	皿（長円形・把手付）	pletter	212
615	2813-50	блюдо	まな板	chopping board	226
616	2813-51	столик	まな板	chopping board	226
617	2813-53	приспособление для поджаривания бобов	鍋（焙烙）	baking pan	229
618	2813-54	тёрка для продуктов	おろし金	grater	229
619	2813-55	лопаточка для риса при изготовлении вина	箆（酒造用）	spatula	224
620	2813-56	лопаточка для риса при изготовлении вина	箆（酒造用）	spatula	224
621	2813-57	лопаточка для риса при изготовлении вина	箆（酒造用）	spatula	225
622	2813-58	пест	杵	pestle	277
623	2813-59	мутовка для саке	撹拌棒（酒造用）	stir stick	225
624	2813-61	крюк очажный	炉鉤	firepace hook	239
625	2813-62	крюк очажный	炉鉤	firepace hook	239
626	2813-63	крюк очажный	炉鉤	firepace hook	239
627	2813-64	крюк для одежды	鈎（衣類用）	hook	246
628	2813-65	воспитание детей колыбель	育児 揺かご 部品	hook	344
629	2813-66/2	щипцы очажные	火箸	sticks for hearth	240
630	2813-67	щипцы очажные	火箸	sticks for hearth	240
631	2813-68/2	щипцы очажные	火箸	sticks for hearth	240
632	2813-70	молоток кухонный	木槌	hammer	286
633	2813-71	мешок	サラニプ	basket	292
634	2813-72	клубок верёвок из луба	サラニプ・材料	bast thread(lime tree)	293
635	2813-73авс	крюк очажный	炉鉤	firepace hook	239
636	2813-74ав	пест и ступа	杵・臼	mortar and pestle	277
637	2813-75	спиночесалка	孫の手	back scratcher	248
638	2813-76	сосуд для жира пузырь нерпы	容器（海獣内臓）	vessel	231
639	2813-77	сумка для мелких предметов	鞄（草本製）	pouch	205
640	2813-78	сумка для мелких предметов	鞄（草本製）	pouch	205
641	2813-79	сумка для мелких предметов	鞄（草本製）	pouch	205
642	2813-80	*икупасуй*	イクパスイ	libation stick	320
643	2813-81	*икупасуй*	イクパスイ	libation stick	320
644	2813-82	*икупасуй*	イクパスイ	libation stick	320
645	2813-83	*икупасуй*	イクパスイ	libation stick	320
646	2813-84	*икупасуй*	イクパスイ	libation stick	320
647	2813-85	*икупасуй*	イクパスイ	libation stick	320
648	2813-86	*икупасуй*	イクパスイ	libation stick	320
649	2813-87	*икупасуй*	イクパスイ	libation stick	320
650	2813-88	*икупасуй*	イクパスイ	libation stick	320
651	2813-89	*икупасуй*	イクパスイ	libation stick	320
652	2813-90	*икупасуй*	イクパスイ	libation stick	320
653	2813-91	*икупасуй*	イクパスイ	libation stick	320
654	2813-92	*икупасуй*	イクパスイ	libation stick	320
655	2813-93	*икупасуй*	イクパスイ	libation stick	320
656	2813-94	*икупасуй*	イクパスイ	libation stick	320
657	2813-95	*икупасуй*	イクパスイ	libation stick	321
658	2813-96	*икупасуй*	イクパスイ	libation stick	321
659	2813-97	*икупасуй*	イクパスイ	libation stick	321
660	2813-98	*икупасуй*	イクパスイ	libation stick	321
661	2813-99	*икупасуй*	イクパスイ	libation stick	321
662	2813-100	*икупасуй*	イクパスイ	libation stick	321
663	2813-101	*икупасуй*	イクパスイ	libation stick	321
664	2813-102	*икупасуй*	イクパスイ	libation stick	321
665	2813-103	сумочка	サラニプ	basket	293
666	2813-104	сумочка	サラニプ	basket	293
667	2813-105	подушка	枕（草本製）	pillow	248

	No	Название предмета	資料名	Artifacts name	page
668	2813-106	подушка	枕(草本製)	pillow	248
669	2814-1	кайло	鳶口	ax	287
670	2814-2	седло с чепраком	鞍	saddle	290
671	2814-3	трость старика	杖	walking stick	289
672	2814-4	веревка	縄	make a rope	295
673	2814-5	колчан сумка охотничья	矢筒・鞄	bag(fur)	268
674	2814-6	кисет охотничий	火口・小物入(靭皮・布製)	poach	258
675	2814-7	кисет охотничий	火口・小物入(靭皮・布製)	poach	258
676	2814-8	колчан кора вишни материал	矢筒・桜皮・材料	bark(cheey)	268
677	2814-9	черкан	罠	trap	271
678	2814-10	веревка для ношения груза	荷縄	carrying strap	294
679	2814-11	сумка для вещей	鞄(草本製)	bag	205
680	2814-12	подушка	枕(草本製)	pillow	248
681	2814-13	веревка для ношения груза	荷縄	carrying strap	294
682	2814-14	трость старика	杖	walking stick	289
683	2814-15в	колчан часть	矢筒	quiver	268
684	2814-16	трутница	火口入	tinder case	257
685	2814-18	огниво	火打ち金	steel	258
686	2814-19	стрела	矢	arrow	265
687	2814-20	стрела	矢	arrow	265
688	2814-21	стрела	矢(中柄)	arrow shaft	265
689	2814-22	стрела	矢	arrow	266
690	2814-23	стрела	矢	arrow	266
691	2814-24	самострел стрела	仕掛弓・矢	arrow	269
692	2814-25	стрела	矢	arrow	265
693	2814-26	стрела	矢	arrow	266
694	2814-27	манок для оленя	鹿笛	deer call	271
695	2814-28	манок для оленя	鹿笛	deer call	271
696	2814-29	образец сухожилье	標本 腱	snew	342
697	2814-30	мерка для самострела	仕掛弓・仕掛け用具	trap	269
698	2814-31	нож для сдирания шкурок	マキリ 皮剥用・骨製	knife	273
699	2814-32	нож для сдирания шкурок	マキリ 皮剥用・骨製	knife	273
700	2814-33	нож для сдирания шкурок	マキリ 皮剥用・骨製	knife	273
701	2814-34ав	нож в ножнах	山刀	mountain knife	272
702	2814-35	лук	弓	bow	264
703	2814-36	лук	弓	bow	264
704	2814-37	лук	弓	bow	264
705	2814-38/2	лыжи ступательные	かんじき	snow shoes	290
706	2814-39/2	лыжи ступательные	かんじき	snow shoes	290
707	2814-40ав	копье с футляром	槍	spear	272
708	2814-41	стрела	矢	arrow	265
709	2814-42	марек острога для ловли рыбы	マレク	hook	259
710	2814-43	марек острога для ловли рыбы	マレク	hook	259
711	2814-44	марек деталь	マレク	hook	259
712	2814-45ав	факел при лучении рыбы	松明	torch	263
713	2814-46	нитки крапивные	糸巻(イラクサ)	bast thread(lime tree)	283
714	2814-47/4	гарпун наконечник	銛	harpoon head	275
715	2814-48	игла для вязания сети	網針	net needle	261
716	2814-49	игла для вязания сети	網針	net needle	261
717	2814-50	игла для вязания сети	網針	net needle	261
718	2814-51	игла для вязания сети	網針	net needle	261
719	2814-53	игла для вязания сети	網針	net needle	261
720	2814-54	игла для вязания сети	網針	net needle	261
721	2814-55	игла для вязания сети	網針	net needle	261
722	2814-56	игла для вязания сети	網針	net needle	261
723	2814-57	игла для вязания сети	網針	net needle	261
724	2814-58	игла для вязания сети	網針	net needle	261
725	2814-60	мерка для ячеек сети	網目定規	ruler for fishng net	261
726	2814-61	веревка	縄	rope	295
727	2814-62/2	наручники охотничьи	手甲(布製・獣皮製)	back of the hand	183
728	2814-63/45	крючки для перемета	釣針(延縄用)	fishing hook(of longline)	262
729	2814-64	сеть для ловли мелкой рыбы	網	fishing net	263

No		Название предмета	資料名	Artifacts name	page
730	2814-65	сеть бредень	網	fishing net	263
731	2815-2	тормоз для собачьих нарт	犬ぞり(制御棒)	dog sledge set	289
732	2815-3	упряжь собачья	犬ぞり(牽き綱)	dog sledge set	288
733	2815-4	упряжь собачья	犬ぞり(牽き綱)	dog sledge set	288
734	2815-5	упряжь собачья	犬ぞり(牽き綱)	dog sledge set	288
735	2815-6	упряжь собачья ошейник	犬ぞり(首輪)	dog sledge set	288
736	2815-7	упряжь собачья	犬ぞり(牽き綱)	dog sledge set	288
737	2815-8	упряжь собачья	犬ぞり(牽き綱)	dog sledge set	288
738	2815-9	упряжь собачья	犬ぞり(牽き綱)	dog sledge set	288
739	2815-10	упряжь собачья часть	犬ぞり(金具)	dog sledge set	288
740	2815-11/2	упряжь собачья украшение	犬ぞり(頭飾り)	head accessory for sledge dog	288
741	2815-12/2	лыжи голицы	スキー	ski	289
742	2815-13/2	лыжи охотничьи	スキー	ski	289
743	2815-14/2	лыжи охотничьи	スキー	ski	289
744	2815-15	поняги	背負子	carrying board	290
745	2815-16	крюк для развязывания узлов	綱通針	nettig needle	256
746	2815-17	трутница	火口入	tinder case	257
747	2815-18	крюк для головы добытой нерпы	鈎(漁猟)	hook	263
748	2815-19авсд	самострел на соболя	仕掛弓	setbow	270
749	2815-20авд	самострел на медведя	仕掛弓	setbow	270
750	2815-21	черкан	罠	trap	270
751	2815-22	поняги	背負子	carrying board	290
752	2815-23ав	колчан	矢筒	quiver	267
753	2815-24ав	трутница	火口入	tinder case	257
754	2815-26	лук	弓	bow	264
755	2815-27	стрела	矢	arrow	265
756	2815-28	стрела	矢	arrow	264
757	2815-29	самострел стрелы две	仕掛弓・矢	arrow	269
758	2815-31	стрела наконечник	矢(鏃)	arrowhead	265
759	2815-34авс	самострел на соболя и выдру	仕掛弓	setbow	270
760	2815-35	распялка для сушки собольих шкур	なめし具	tanning a tool	273
761	2815-36/2	распялка для сушки собольих шкур	なめし具	tanning a tool	273
762	2815-37	мерка для самострела	仕掛弓・仕掛け用具	trap	269
763	2815-38	лыжный посох	ストック	ski sticks	289
764	2815-39	копье наконечник	槍	spear	272
765	2815-40а/2в	крюк для ловли камбалы	釣針	fishing hook	260
766	2815-41ав	крюк для ловли камбалы	釣針	fishing hook	260
767	2815-42	крючки на мелкую рыбу	釣針	fishing hook	260
768	2815-43	крюк для подледного лова	釣針・竿	fishing rod	260
769	2815-44	крюк для ловли камбалы	釣針	fishing hook	260
770	2815-45	крюк для ловли камбалы	釣針	fishing hook	260
771	2815-46	образец свёрток древесного корня	標本 植物	pine root	341
772	2815-47	крюк для лова мелкой рыбы	釣針	fishing hook	260
773	2815-49	гарпун наконечник	銛	harpoon head	274
774	2815-51	гарпун наконечник	銛	harpoon head	274
775	2815-52в	гарпун наконечник	銛	shaft	274
776	2815-53	гарпун наконечник	銛	harpoon head	274
777	2815-54	крюк для подлёдного лова	釣針	fishing hook	260
778	2815-55	крюк для вытаскивания щуки	鈎(漁具)	hook	260
779	2815-56авс	крюк удочка	釣針	fishing rod and	260
780	2815-57	пешня для проруби	金てこ	crowbar	263
781	2815-58	гарпун наконечник	銛	harpoon head	274
782	2815-59	крюк для ловли кеты	鈎(漁具)	hook	260
783	2815-60	багор	鈎(漁具)	hook	259
784	2815-62	игла для вязания сети	網針	net needle	261
785	2815-63	перемёт	釣針(延縄)	longline	262
786	2815-64	якорь	錨	anchr	290
787	2815-65авсдеф	гарпун древко	銛(滑走銛)	floating hapoon	275
788	2815-66	марек, деталь	マレク	hook	259
789	2815-67авс	гарпун на сивуча	銛	harpoon	275
790	2815-68	сеть на сельдь	網	fishing net	262

No		Название предмета	資料名	Artifacts name	page
791	2815-69	сеть на кету	網	fishing net	262
792	2815-70	сеть на крабов	網	fishing net	262
793	2815-71	сеть на кету	網	fishing net	262
794	2815-72	сеть на мелкую рыбу	網	fishing net	262
795	2815-73	сеть на горбушу	網	fishing net	262
796	2815-74/2	желчи зажимы для медвежьей	胆嚢挟み	gall presser tool(for bear)	273
797	2815-75	колотушка для добивания нерпы	棍棒	club	274
798	2815-76ав	гарпун наконечник	銛	harpoon head	274
799	2815-77	гарпун ремень для древка	銛・皮紐	lether string	275
800	2815-78	марек, деталь	マレク	hook	259
801	2816-1	памятник намогильный	墓標	grave post	339
802	2816-2	памятник намогильный	墓標	grave post	339
803	2816-3	*инау*	イナウ	*inaw*	314
804	2816-4ав	*инау*	イナウ	*inaw*	306
805	2816-5авс	*инау*	イナウ	*inaw*	314
806	2816-6	*инау*	イナウ	*inaw*	314
807	2816-8	*инау*	イナウ	*inaw*	307
808	2816-9	*инау*	イナウ	*inaw*	309
809	2816-10	*инау*	イナウ	*inaw*	309
810	2816-11	*инау*	イナウ	*inaw*	308
811	2816-12	*инау*	イナウ	*inaw*	308
812	2816-13	*инау*	イナウ	*inaw*	308
813	2816-14а	*инау*	イナウ	*inaw*	306
814	2816-15	*инау*	イナウ	*inaw*	307
815	2816-16	*инау*	イナウ	*inaw*	307
816	2816-17	*инау*	イナウ	*inaw*	307
817	2816-18	*инау*	イナウ	*inaw*	307
818	2816-19	*инау*	イナウ	*inaw*	307
819	2816-20	*инау*	イナウ	*inaw*	309
820	2816-21	*инау*	イナウ	*inaw*	308
821	2816-22ав	*инау*	イナウ	*inaw*	306
822	2816-23	*инау*	イナウ	*inaw*	309
823	2816-25	*инау*	イナウ	*inaw*	309
824	2816-26	*инау*	イナウ	*inaw*	306
825	2816-27	*инау*	イナウ	*inaw*	307
826	2816-28ав	*инау*	イナウ	*inaw*	306
827	2816-29	*инау*	イナウ	*inaw*	308
828	2816-30ав	*инау*	イナウ	*inaw*	307
829	2816-31авс	*инау*	イナウ	*inaw*	306
830	2816-32	*инау*	イナウ	*inaw*	307
831	2816-34ав	*инау*	イナウ	*inaw*	306
832	2816-35ав	*инау*	イナウ	*inaw*	307
833	2816-36ав	*инау*	イナウ	*inaw*	307
834	2816-37ав	*инау*	イナウ	*inaw*	306
835	2816-38	модель лука и стрелы	弓・模型	bow model	300
836	2816-40	кукла - *нипопо* охранителя детей	木偶・ニポポ	wooden idle *nipopo*	299
837	2816-41ав	*инау*	イナウ	*inaw*	308
838	2816-42	изображение нерпы - *инока*	木偶・イノカ	wooden idle *inoka*	299
839	2816-43	изображение нерпы - *инока*	木偶・イノカ	wooden idle *inoka*	299
840	2816-44	*инау*	イナウ	*inaw*	306
841	2816-45	светильник (чаша каменная)	灯明・石皿	stone dish for lamp	240
842	2816-46 в	*инау*	イナウ	*inaw*	306
843	2816-47	*инау*	イナウ	*inaw*	309
844	2816-48ав	бубен шаманский с колотушкой	太鼓 撥付	drum and drum stick	303
845	2816-49	головной убор церемониальный	被物・儀式用	ritual head gear	334
846	2816-50	головной убор церемониальный	被物・儀式用	ritual head gear	334
847	2816-51	головной убор церемониальный	被物・儀式用	ritual head gear	334
848	2816-52	колчан церемониальный	矢筒・儀式用	ritual quiver	332
849	2816-53	колчан	矢筒	quiver	267
850	2816-55	стрела для медведя при празднике	矢	arrow	265
851	2816-56	стрела для медведя при празднике	矢	arrow	265
852	2816-57	стрела для медведя при празднике	矢	arrow	265
853	2816-58	лук для медвежьего праздника	弓	bow	264
854	2816-59	головной убор церемониальный	被物・儀式用	ritual head gear	334

LIST

	No	Название предмета	資料名	Artifacts name	page
855	2816-60	головной убор церемониальный	被物・儀式用	ritual head gear	335
856	2816-61	головной убор церемониальный	被物・儀式用	ritual head gear	335
857	2816-62	пояс медвежий ритуальный	クマ送り・飾り帯	bear belt for bear sending	296
858	2816-63	корытце для кормления медведя	給餌器 クマ	bear feeder	296
859	2816-64	корытце для кормления медведя	給餌器 クマ	bear feeder	296
860	2816-65	палочка для дразнения медведя	クマ送り・棒	stick for bear retual	298
861	2816-66	колышек для вытаскивания мяса	クマ送り・クマ肉用棒	stick	298
862	2816-67	ремень для вождения медвежонка	クマ送り・牽き綱	sash for bear	297
863	2816-68ав	колчан	矢筒	quiver	267
864	2816-69	череп медведя	クマ送り・頭骨	bear skull	298
865	2816-70	лакировка столик	漆器・膳	trey	339
866	2816-71	лакировка чаша для саке	漆器・杯	lecquered cup	336
867	2816-72	лакировка чаша для саке	漆器・杯	lecquered cup	336
868	2816-73	лакировка подставка	漆器・天目台	cap stand	336
869	2816-74	лакировка подставка	漆器・天目台	cap stand	336
870	2816-76	*инау*	イナウ	*inaw*	314
871	2816-77	*инау*	イナウ	*inaw*	314
872	2816-78ав	*инау*	イナウ	*inaw*	314
873	2816-79	сабля	刀	sword	329
874	2816-80	сабля ножны	刀・鞘	sword sheath	331
875	2816-81	сабля	刀	sword	329
876	2816-82	сабля накладка	刀・鞘飾り	sword sheath ornament	330
877	2816-83	сабля накладка	刀・鞘飾り	sword sheath ornament	330
878	2816-84/2	наушники медвежьи ритуальные	クマ送り・耳飾り	ear accessary for bear	297
879	2816-85	перевязь к сабле	帯・刀帯	sword holder	328
880	2816-86	перевязь к сабле	帯・刀帯	sword holder	328
881	2816-87	перевязь к сабле	帯・刀帯	sword holder	328
882	2816-88ав	модель сабли	刀・模型	sword model	301
883	2816-89ав	модель сабли	刀・模型	sword model	301
884	2816-90ав	модель сабли	刀・模型	sword model	301
885	2816-91	головной убор лечебный	帽子(鉢巻形・治療用)	head gear(for remedy)	304
886	2816-92	головной убор лечебный	帽子(鉢巻形・治療用)	head gear(for remedy)	304
887	2816-93/2	повязка амулет детский	帯(手首・お守り)	bracelet	305
888	2816-94	повязка лечебная	首飾り(チョーカー・治療用)	choker(for remedy)	304
889	2816-95	ожерелье лечебное	首飾り(治療用)	choker(for remedy)	304
890	2816-96	ожерелье лечебное	首飾り(治療用)	choker(for remedy)	304
891	2816-97	ожерелье лечебное	首飾り(治療用)	choker(for remedy)	305
892	2816-98	ожерелье лечебное	首飾り(治療用)	choker(for remedy)	304
893	2816-99	ожерелье лечебное	首飾り(治療用)	choker(for remedy)	305
894	2816-100	ожерелье лечебное	首飾り(治療用)	choker(for remedy)	304
895	2816-101	ожерелье лечебное	首飾り(治療用)	choker(for remedy)	305
896	2816-102	повязка лечебная	帯(治療用)	belt(for remedy)	305
897	2816-103	повязка лечебная	帯(治療用)	belt(for remedy)	305
898	2816-104ав	лакировка миска	漆器・鉢	bowl	337
899	2816-105ав	лакировка чаша для разливания саке	漆器・湯桶	lecquered pitcher	337
900	2816-106	лакировка чаша для разливания саке	漆器・片口	lecquered pitcher	337
901	2816-107	лакировка чаша для саке	漆器・杯	lecquered cup	336
902	2816-108	лакировка чаша для саке	漆器・杯	lecquered cup	336
903	2816-109	лакировка чаша	漆器・たらい	bowl	338
904	2816-110ав	лакировка сосуд	漆器・行器・部品	lecquered box	338
905	2816-111ав	*инау*	イナウ	*inaw*	314
906	2816-112ав	*инау*	イナウ	*inaw*	314
907	2816-113 а/5 в/5 с/6 д/6 е/8 ф/10 г/3 х/2 и/2 к/4 л/4	клетка для содержания медвежонка	クマ檻	bear cege	296
908	2817-1	памятник намогильный мужской	墓標	grave post	339
909	2817-2	памятник намогильный женский	墓標	grave post	339
910	2817-3	веревка погребальная	紐・葬儀	rope for grave post	340
911	2817-4	веревка погребальная	紐・葬儀	rope used for wrapping the	340
912	2817-5	веревка погребальная	紐・葬儀	rope used for wrapping the	340

	No	Название предмета	資料名	Artifacts name	page
913	2817-6	веревка для ношения груза	荷縄	carrying strap	294
914	2817-7/2	наручники погребальные	手甲（死者用）	back of the hand(for the dead)	340
915	2817-8	наручники погребальные	手甲（死者用）	back of the hand(for the dead)	340
916	2817-9/2	гетры погребальные	脚絆（死者用）	leggings(for the dead)	340
917	2817-10	гетры погребальные	脚絆（死者用）	leggings(for the dead)	340
918	2817-11	тростника пучок для крепления *инау*	葦束・イナウ用	reed bundlel(fot the inaw)	239
919	2817-12	*инау*	イナウ	*inaw*	309
920	2817-13	*инау*	イナウ	*inaw*	309
921	2817-14	*инау*	イナウ	*inaw*	309
922	2817-15	*инау*	イナウ	*inaw*	309
923	2817-16	*инау*	イナウ	*inaw*	309
924	2817-17	*инау*	イナウ	*inaw*	310
925	2817-18	*инау*	イナウ	*inaw*	310
926	2817-19	*инау*	イナウ	*inaw*	310
927	2817-20	*инау*	イナウ	*inaw*	310
928	2817-21	*инау*	イナウ	*inaw*	310
929	2817-22	*инау*	イナウ	*inaw*	310
930	2817-23	*инау*	イナウ	*inaw*	310
931	2817-24	*инау*	イナウ	*inaw*	310
932	2817-27авс	*инау*	イナウ	*inaw*	310
933	2817-28авд	*инау*	イナウ	*inaw*	310
934	2817-29/2	*инау*	イナウ	*inaw*	310
935	2817-30	*инау*	イナウ	*inaw*	310
936	2817-31	*инау*	イナウ	*inaw*	311
937	2817-32	*инау*	イナウ	*inaw*	311
938	2817-33	*инау*	イナウ	*inaw*	311
939	2817-34авсde	*инау*	イナウ	*inaw*	311
940	2817-35	*инау* альбатросу	イナウ・コアホウドリ・頭骨	*inaw* albatrros skull	299
941	2817-36	*инау* альбатросу	イナウ・コアホウドリ・頭骨	*inaw* albatrros skull	299
942	2817-37/2	*инау*	イナウ	*inaw*	311
943	2817-38ав	*инау*	イナウ	*inaw*	311
944	2817-39ав	*инау*	イナウ	*inaw*	311
945	2817-40	похороны чашка	副葬品　漆椀	cup(grave goods)	341
946	2817-41	похороны пучок древесного луба	副葬品　植物繊維束	bast (grave goods)	340
947	2817-42	похороны пучок древесного луба	副葬品　植物繊維束	bast (grave goods)	340
948	2817-44	развилка для наматывания нитей	糸巻取り棒（二股）	spool	283
949	2817-47	мешок	サラニプ	basket	292
950	2817-48	колчан церемониальный	矢筒・儀式用	ritual quiver	332
951	2817-49	колчан церемониальный	矢筒・儀式用	ritual quiver	332
952	2817-50	колчан церемониальный	矢筒・儀式用	ritual quiver	332
953	2817-51	колчан	矢筒	quiver	267
954	2817-52	головной убор церемониальный	被物・儀式用	ritual head gear	335
955	2817-53	головной убор церемониальный	被物・儀式用	ritual head gear	335
956	2817-54	когти медведя - предмет культа	クマ送り・爪	bear claw	298
957	2817-55	головной убор церемониальный	被物・儀式用	ritual head gear	335
958	2817-56 a/2всdе/26ф/4	*инау* из священной изгороди *нусасан*	イナウ	*inaw*	314
959	2817-57	*икупасуй*	イクパスイ	libation stick	321
960	2817-58	*икупасуй*	イクパスイ	libation stick	321
961	2817-59	*икупасуй*	イクパスイ	libation stick	321
962	2817-60	лакировка чаша	漆器・たらい	bowl	338
963	2817-61	лакировка сосуд	漆器・行器・部品	lecquered box	338
964	2817-62	сабля ножны	刀・鞘	sword sheath	331
965	2817-63ав	модель сабли	刀・模型	sword model	301
966	2817-64	сабля ножны	刀・鞘	sword sheath	331
967	2817-65	сабля ножны	刀・鞘	sword sheath	331
968	2817-66	модель сабли	刀・模型	sword model	301
969	2817-67ав	модель сабли	刀・模型	sword model	301
970	2817-68	сабля накладка	刀・鞘飾り	sword sheath ornament	330
971	2817-69	сабля накладка	刀・鞘飾り	sword sheath ornament	330
972	2817-70	сабля накладка	刀・鞘飾り	sword sheath ornament	330
973	2817-71	перевязь к сабле	帯・刀帯	sword holder	328
974	2817-72	перевязь к сабле	帯・刀帯	sword holder	329

No		Название предмета	資料名	Artifacts name	page
975	2817-73	перевязь к сабле	帯・刀帯	sword holder	329
976	2817-74	колчан церемониальный	矢筒・儀式用	ritual quiver	332
977	2817-75	колчан церемониальный	矢筒・儀式用	ritual quiver	332
978	2817-76	колчан церемониальный	矢筒・儀式用	ritual quiver	332
979	2817-77	модель сабли	刀・模型	sword model	301
980	2817-78	модель сабли	刀・模型	sword model	301
981	2817-79	модель сабли	刀・模型	sword model	301
982	2817-80	модель сабли	刀・模型	sword model	301
983	2817-81	модель сабли	刀・模型	sword model	301
984	2817-82	модель сабли	刀・模型	sword model	301
985	2817-83	модель сабли	刀・模型	sword model	301
986	2817-84	модель сабли	刀・模型	sword model	301
987	2817-85	модель сабли	刀・模型	sword model	302
988	2817-86	модель сабли	刀・模型	sword model	302
989	2817-87	модель сабли	刀・模型	sword model	302
990	2817-88	модель сабли	刀・模型	sword model	302
991	2817-89	модель сабли	刀・模型	sword model	302
992	2817-90	модель колчана	矢筒・模型	quiver model	299
993	2817-91	модель колчана	矢筒・模型	quiver model	299
994	2817-92	модель колчана	矢筒・模型	quiver model	299
995	2817-93	модель колчана	矢筒・模型	quiver model	299
996	2817-94	модель колчана	矢筒・模型	quiver model	299
997	2817-95	модель колчана	矢筒・模型	quiver model	299
998	2817-96	модель колчана	矢筒・模型	quiver model	299
999	2817-97	модель колчана	矢筒・模型	quiver model	300
1000	2817-98	модель колчана	矢筒・模型	quiver model	300
1001	2817-99	модель колчана	矢筒・模型	quiver model	300
1002	2817-100	кишка медведя для роженицы	クマの腸（妊婦用）	bear gut	305
1003	2817-101ав	лакировка сосуд	漆器・壺	pot	337
1004	2817-102ав	лакировка миска	漆器・鉢	bowl	338
1005	2817-103ав	бочка для саке	容器（樽・漆塗）	barrel	232
1006	2817-104ав	лакировка сосуд	漆器・行器	lecquered box	338
1007	2817-105ав	лакировка сосуд	漆器・行器	lecquered box	338
1008	2817-106ав	лакировка сосуд	漆器・行器	lecquered box	338
1009	3006-1ав	нож в ножнах	マキリ・鞘付	knife sheath	251
1010	3006-2ав	нож в ножнах	マキリ・鞘付	knife	250
1011	3006-3ав	нож в ножнах	マキリ・鞘付	knife	250
1012	3006-4ав	нож в ножнах	マキリ・鞘付	knife	250
1013	3006-5	ножны	マキリ鞘	knife sheath	253
1014	3006-6	*икунис*	イクニシ	libation stick	316
1015	3006-7	*икупасуй*	イクパスイ	libation stick	321
1016	3006-8	*икупасуй*	イクパスイ	libation stick	321
1017	3006-9	*икунис*	イクニシ	libation stick	318
1018	3006-10	сувенир блюдце для чашек	民芸品	saucer	347
1019	3006-11	катушка	糸巻	spool	284
1020	3006-12	катушка	糸巻	spool	284
1021	3006-13	станок ткацкий для поясов шпатель	織機・帯・筬	handloom	282
1022	3006-14	станок ткацкий для поясов шпатель	織機・帯・筬	handloom	281
1023	3006-15	вертушка для витья ниток	糸巻（糸紡）	spool	285
1024	3006-16	игла для вязания сети	網針	net needle	261
1025	3006-17авсд	станок ткацкий	織機	handloom	278
1026	3006-18	станок ткацкий для поясов деталь	織機・帯・上下糸分離器	handloom	281
1027	3006-19	лопаточка для пепла	灰均し	ash reke	240
1028	3006-20	лопаточка для пепла	灰均し	ash reke	240
1029	3006-21	ложка суповая	杓子	ladle	222
1030	3006-22	ложка суповая	杓子	ladle	222
1031	3006-23	ложка	杓子	ladle	222
1032	3006-24	ложка	杓子	ladle	222
1033	3006-25	поварёшка	杓子	ladle	218
1034	3006-26	ложка	杓子	ladle	218
1035	3006-27	ложка	杓子	ladle	220
1036	3006-28	ложка суповая	杓子	ladle	223

No		Название предмета	資料名	Artifacts name	page
1037	3006-29	лопаточка для размешивания браги	杓子（しゃもじ）	ladle	223
1038	3006-30ав	крюк очажный, часть	炉鈎	firepace hook	239
1039	3006-31	крюк для одежды	鈎（衣類用）	hook	246
1040	3006-32	крюк очажный	炉鈎	firepace hook	239
1041	3006-33	корытце для кормления медведя	給餌器 クマ	bear feeder	297
1042	3006-34	корытце для кормления медведя	給餌器 クマ	bear feeder	297
1043	3006-35	похороны чашка	副葬品 漆椀	sickle(grave goods)	341
1044	3006-36	корзинка	容器（白樺樹皮製）	vessel	230
1045	3006-37	веялка	箕	winnow	277
1046	3006-38	блюдо	皿（長円形で木葉形）	platter	212
1047	3006-39	блюдо	盆（角盆）	trey	213
1048	3006-40	блюдо	皿（丸皿）	dish	209
1049	3006-41	блюдо	皿（丸皿）	dish	210
1050	3006-42	блюдо	椀	bowl	207
1051	3006-43	блюдо	椀	bowl	207
1052	3006-44	пест	杵（魚卵つぶし）	roe masher	226
1053	3006-45	воспитание детей колыбель	育児 揺かご	cradle	344
1054	3006-46	воспитание детей ношение детей	育児 負ぶい紐	strap for baby sling parts	345
1055	3006-47	обувь мальчика	下駄	geta	197
1056	3006-48	обувь женская	草鞋	straw sandals	197
1057	3006-49	трутница	火口入	tinder case	257
1058	3006-50	серп	鎌	sickle	276
1059	3006-51авсд	самострел	仕掛弓	setbow	270
1060	3006-52	лук	弓	bow	264
1061	3006-53	стрела	矢	arrow	265
1062	3006-54	трубка	煙管	pipe	233
1063	3006-57	головной убор церемониальный	被物・儀式用	ritual head gear	335
1064	3006-58	инау	イナウ	inaw	311
1065	3006-59	инау	イナウ	inaw	311
1066	3006-60	инау	イナウ	inaw	311
1067	3006-61/4	инау	イナウ	inaw	307
1068	3006-62	блюдо	皿（丸皿）	dish	210
1069	3006-63	ковшик для воды	柄杓	ladle	226
1070	3006-65ав	лыжи ступательные	かんじき	snow shoes	290
1071	3006-66	крюк для развязывания узлов	網通針	nettig needle	256
1072	4926-1	ковшик для воды	柄杓	ladle	225
1073	4926-2	ковшик для воды	柄杓	ladle	226
1074	4926-3	ковшик для воды	柄杓	ladle	225
1075	4926-4	ложка	杓子	ladle	221
1076	4926-5	ложка для рыбы	杓子	ladle	221
1077	4926-6	ложка для рыбы	杓子	ladle	218
1078	4926-7	ложка для рыбы	杓子	ladle	218
1079	4926-8	ложка для рыбы	杓子	ladle	219
1080	4926-9	ложка для рыбы	杓子	ladle	218
1081	4926-10	черпак для рыбы	杓子	ladle	219
1082	4926-11	ложка для рыбы	杓子	ladle	218
1083	4926-12	ложка для рыбы	杓子	ladle	221
1084	4926-13	ложка для рыбы	杓子	ladle	221
1085	4926-14	ложка для рыбы	杓子	ladle	221
1086	4926-15	ложка для рыбы	杓子	ladle	221
1087	4926-16	ложка суповая	杓子	ladle	218
1088	4926-17	ложка суповая	杓子	ladle	218
1089	4926-19	ложка суповая	杓子	ladle	218
1090	4926-20	ложка суповая	杓子	ladle	222
1091	4926-21	ложка суповая	杓子	ladle	222
1092	4926-22	ложка суповая	杓子	ladle	222
1093	4926-23	ложка суповая	杓子	ladle	222
1094	4926-24	ложка суповая	杓子	ladle	222
1095	4926-25	ложка суповая	杓子	ladle	222
1096	4926-26	ложка суповая	杓子	ladle	218
1097	4926-27	ложка суповая	杓子	ladle	223
1098	4926-28	ложка суповая	杓子	ladle	223

No		Название предмета	資料名	Artifacts name	page
1099	4926-29	ковш суповой	杓子	ladle	219
1100	4926-30	ложка суповая	杓子	ladle	221
1101	4926-31	ложка суповая	杓子	ladle	223
1102	4926-32	ложка суповая	杓子	ladle	223
1103	4926-33	ковш суповой	杓子	ladle	219
1104	4926-34	ковш суповой	杓子	ladle	222
1105	4926-35	ковш для рыбы	杓子	ladle	223
1106	4926-36	ковш суповой	杓子	ladle	223
1107	4926-37	ложка суповая	杓子	ladle	223
1108	4926-38	ковш суповой	杓子	ladle	223
1109	4926-39	блюдо для рыбьих костей	皿（角皿）	platter	211
1110	4926-40	блюдо для рыбьих костей	皿（長円形で木葉形）	plate	212
1111	4926-41	блюдо для рыбьих костей	皿（長円形で木葉形）	dish	211
1112	4926-42	блюдо для рыбьих костей	皿（長円形で木葉形）	plate	211
1113	4926-43	тарелка для рыбьих костей	皿（角皿）	plate	211
1114	4926-44	блюдо для рыбьих костей	皿（長円形）	plate	211
1115	4926-45	блюдо	皿（長円形で木葉形）	plate	212
1116	4926-46	блюдо	皿（長円形）	plate	212
1117	4926-47	блюдо	皿（長円形）	pletter	212
1118	4926-48	блюдо для рыбьих костей	皿（長円形）	platter	211
1119	4926-49	блюдо	皿（丸皿）	dish	210
1120	4926-50	блюдо	皿（長円形）	plate	211
1121	4926-51	блюдо	皿（丸皿）	dish	209
1122	4926-52	блюдо	皿（丸皿）	dish	209
1123	4926-53	блюдо	皿（丸皿）	dish	210
1124	4926-54	блюдо	皿（丸皿）	dish	210
1125	4926-55	корытце	椀	bowl	207
1126	4926-56	корытце	椀	bowl	207
1127	4926-57	корытце	椀	bowl	207
1128	4926-58	корытце	椀	bowl	207
1129	4926-59	корытце	椀	bowl	207
1130	4926-60	корытце	椀	bowl	207
1131	4926-61	корытце	椀	bowl	207
1132	4926-62	корытце	椀	bowl	207
1133	4926-63	корытце	椀	bowl	208
1134	4926-64	корытце	椀	bowl	208
1135	4926-65	корытце	椀	bowl	206
1136	4926-66	блюдо	皿（クマの顔形）	platter	213
1137	4926-67	миска	椀	bowl	208
1138	4926-68	миска	椀	bowl	208
1139	4926-69	миска	椀	bowl	208
1140	4926-70	миска	椀	bowl	208
1141	4926-71	миска	椀	bowl	208
1142	4926-72	миска	椀	bowl	209
1143	4926-73	миска	椀	bowl	208
1144	4926-74	миска	椀	bowl	209
1145	4926-75	миска	椀	bowl	209
1146	4926-76	поднос	盆（角盆）	trey	213
1147	4926-77	поднос	盆（角盆）	trey	213
1148	4926-78	поднос	盆（角盆）	trey	213
1149	4926-79	поднос	盆（角盆）	trey	213
1150	4926-80	поднос	折敷	trey	213
1151	4926-81	поднос	折敷	trey	213
1152	4926-82	поднос	折敷	trey	213
1153	4926-83	лакировка столик	漆器・膳	trey	339
1154	4926-84	блюдо	椀	bowl	208
1155	4926-85	блюдо	椀	bowl	207
1156	4926-86	блюдо	椀	bowl	208
1157	4926-87	ложка	杓子	ladle	224
1158	4926-88	миска	鉢	bowl	228
1159	4926-89	блюдо	盆（大型）	platter	228
1160	4926-90	блюдо	盆（大型）	platter	228

No		Название предмета	資料名	Artifacts name	page
1161	4926-91	блюдо	盆(大型)	platter	227
1162	4926-92ав	лакировка чаша для разливания саке	漆器・提子	lecquered pitcher	337
1163	4926-93	лакировка чаша	漆器・たらい	bowl	338
1164	4926-94ав	лакировка сосуд	漆器・行器	lecquered box	338
1165	4926-95	мутовка для саке	撹拌棒(酒造用)	stir stick	225
1166	4926-96	ложка споваяя	杓子	ladle	223
1167	4926-97ав	котелок	鍋(鉄鍋)	iron pot	229
1168	4926-98/2	сувенир блюдца	民芸品	saucer	347
1169	4926-99	футляр для ложек	箸入	spoon case	217
1170	4926-100	футляр для ложек	箸入	spoon case	217
1171	4926-101	футляр для ложек	箸入(網針入れか？)	net needle case	217
1172	4926-102авс	футляр для ложек	箸入(網針入れか？)	net needle case	217
1173	4926-103ав	футляр для ложек	箸入(網針入れか？)	net needle case	217
1174	4926-104ав	футляр для ложек	箸入(網針入れか？)	net needle case	217
1175	4926-105в	ручка от берестяного сосуда	容器(把手)	vessel	230
1176	4926-106	ручка от берестяного сосуда	容器(白樺樹皮製)	vessel	230
1177	4926-107	блюдо	盆(大型)	platter	227
1178	4926-108	пест	杵(魚卵つぶし)	roe masher	226
1179	4926-109	тёрка для картофеля	おろし金	grater	229
1180	4926-110	корыто для кормления собак	給餌器	feeder	249
1181	4926-112ав	крюк очажный	炉鈎	firepace hook	239
1182	4926-113	крюк для одежды	鈎(衣類用)	hook	246
1183	4926-114	крюк для одежды	鈎(衣類用)	hook	246
1184	4926-115	крюк для одежды	鈎(衣類用)	hook	246
1185	4926-116	крюк очажный	炉鈎	firepace hook	239
1186	4926-117	крюк для одежды	鈎(衣類用)	hook	246
1187	4926-118	столик	まな板	chopping board	226
1188	4926-119	столик	まな板	chopping board	227
1189	4926-120	столик	折敷	trey	213
1190	4926-121	подголовник	枕(木製)	pillow	247
1191	4926-122	подголовник	枕(木製)	pillow	247
1192	4926-123	подголовник	枕(木製)	pillow	247
1193	4926-124авс	трубка	煙管	pipe	233
1194	4926-125	футляр для трубки	煙管ケース	pipe holder	234
1195	4926-127	трость	杖	walking stick	289
1196	4926-129	трость	杖	walking stick	289
1197	4926-130	воспитание детей колыбель	育児 揺かご	cradle	344
1198	4926-131	крюк удочка	釣針	spatula	260
1199	5102-1	колчан церемониальный	矢筒・儀式用	ritual quiver	332
1200	5102-2	колчан церемониальный	矢筒・儀式用	ritual quiver	333
1201	5102-3	колчан церемониальный	矢筒・儀式用	ritual quiver	333
1202	5102-4	колчан церемониальный	矢筒・儀式用	ritual quiver	333
1203	5102-5аб	колчан церемониальный	矢筒・儀式用	ritual quiver	333
1204	5102-6	колчан церемониальный	矢筒・儀式用	ritual quiver	333
1205	5102-7	колчан церемониальный	矢筒・儀式用	ritual quiver	333
1206	5102-8	колчан церемониальный	矢筒・儀式用	ritual quiver	333
1207	5102-9	колчан церемониальный	矢筒・儀式用	ritual quiver	333
1208	5102-10	колчан церемониальный	矢筒・儀式用	ritual quiver	333
1209	5102-11аб	колчан фрагменты	矢筒	quiver	268
1210	5102-12абв	колчан	矢筒	quiver	267
1211	5102-13абв	колчан	矢筒	quiver	267
1212	5102-14аб	колчан	矢筒	quiver	267
1213	5102-15аб	колчан	矢筒	quiver	267
1214	5102-16абв	колчан	矢筒	quiver	267
1215	5102-17абв	колчан	矢筒	quiver	267
1216	5102-18	самострел колчан для стрел	仕掛弓・矢覆い	trap	268
1217	5102-19абв	колчан церемониальный	矢筒・儀式用	ritual quiver	333
1218	5102-20	самострел стрела	仕掛弓・矢	arrow	269
1219	5102-21	самострел стрела	仕掛弓・矢	arrow	269
1220	5102-22	самострел стрела	仕掛弓・矢	arrow	269
1221	5102-23	самострел стрела	仕掛弓・矢	arrow	269

LIST

No		Название предмета	資料名	Artifacts name	page
1222	5102-24	древко стрелы	矢	arrow	265
1223	5102-25	древко стрелы	矢	arrow	266
1224	5102-26	древко стрелы	矢	arrow	266
1225	5102-27	самострел стрела	仕掛弓・矢	arrow	269
1226	5102-28	стрела	矢	arrow	266
1227	5102-29	стрела	矢	arrow	266
1228	5102-30	воспитание детей лук	育児 玩具	toy bow	345
1229	5102-31	воспитание детей лук	育児 玩具	toy bow	345
1230	5102-32	воспитание детей лук	育児 玩具	toy bow	345
1231	5102-33аб	нож в ножнах	山刀	mountain knife	272
1232	5102-34аб	перевязь к сабле	帯・刀帯	sword holder	329
1233	5102-35	сабля ножны	刀・鞘	sword sheath	331
1234	5102-36	палица	制裁棒	punish club	341
1235	5102-37	палица	制裁棒	punish club	341
1236	5102-38	палица	制裁棒	punish club	341
1237	5102-39	перевязь к сабле	帯・刀帯	sword holder	329
1238	5102-40	мешок	サラニプ	basket	292
1239	5102-41аб	черкан	罠	trap	271
1240	5102-42аб	ловушка	罠	trap	271
1241	5102-43	игла для вязания сети	網針	net needle	261
1242	5102-44	циновка, для сушки рыбы и пр.	簾	build	245
1243	5102-45	недоуздок конский	手綱	reins	290
1244	5102-46/4	стебли кукурузы	食料(トウモロコシ)	food specimen(corn)	206
1245	5102-47/3	початки кукурузы	食料(トウモロコシ)	food specimen(corn)	206
1246	5102-49	мука из клубней сараны	食料(デンプン)	food specimen (starch)	206
1247	5102-51аб	стебли дикого лука	食料(乾燥植物)	food specimen	206
1248	5102-52	растение съедобное зонтичное	食料(乾燥植物)	food specimen	206
1249	5102-53	стебли растения - продукт питания	食料(乾燥植物)	food specimen	206
1250	5102-54аб	мешок для грибов	サラニプ	basket	291
1251	5102-56	лопаточка для риса при изготовлении вина	篦(酒造用)	spatula	225
1252	5102-57	лопаточка для риса при изготовлении вина	篦(酒造用)	spatula	225
1253	5102-58	лопаточка для риса при изготовлении вина	篦(酒造用)	spatula	225
1254	5102-59	лопаточка для риса при изготовлении вина	篦(酒造用)	spatula	225
1255	5102-60	лопаточка для риса при изготовлении вина	篦(酒造用)	spatula	225
1256	5102-61	станок ткацкий для поясов шпатель	織機・帯・篦	handloom	282
1257	5102-62	лопаточка для риса при изготовлении вина	篦(酒造用)	spatula	225
1258	5102-63абв	табакерка с футляром для трубки	煙草入・煙管差し付	tabacco case	235
1259	5102-64аб	футляр для трубки	煙管差し	pipe holder	234
1260	5102-65	трубка (мундштук)	煙管	pipe	233
1261	5102-68абв	нож в ножнах	マキリ・鞘付	knife sheath	251
1262	5102-69аб	ножны	マキリ鞘	knife sheath	253
1263	5102-70	сабля рукоять	刀・柄	sword handle	330
1264	5102-71	ножны	マキリ鞘	knife sheath	253
1265	5102-72аб	ножны	マキリ鞘	knife	253
1266	5102-73	ножны	マキリ鞘	knife sheath	254
1267	5102-74	ножны	マキリ鞘	knife sheath	253
1268	5102-75	лопаточка для пепла	灰均し	ash reke	240
1269	5102-76	луб ивы	材料・柳皮	bake(willow)	293
1270	5102-77	мешок	サラニプ	basket	292
1271	5102-78	мешок	サラニプ	basket	291
1272	5102-79	мешок	サラニプ	basket	292
1273	5102-80	мешок	サラニプ	basket	292
1274	5102-81	мешок	サラニプ	basket	291
1275	5102-82	мешок	サラニプ	basket	292
1276	5102-83	мешок	サラニプ	basket	291
1277	5102-84	мешок	サラニプ	basket	291
1278	5102-85	корзинка	サラニプ	basket	292

No		Название предмета	資料名	Artifacts name	page
1279	5102-86	корзинка	サラニㇷ゚	basket	292
1280	5102-87	мешок	サラニㇷ゚	basket	292
1281	5102-88	корзинка	サラニㇷ゚	basket	292
1282	5102-89	мешок	サラニㇷ゚	basket	291
1283	5102-90	мешок	サラニㇷ゚	basket	291
1284	5102-91	мешок	サラニㇷ゚	basket	291
1285	5102-94	мешок	サラニㇷ゚	basket	292
1286	5102-95	мешок	サラニㇷ゚	basket	291
1287	5102-96	мешок	サラニㇷ゚	basket	291
1288	5102-97	сумочка	サラニㇷ゚	basket	293
1289	5102-98	мешок	サラニㇷ゚	basket	291
1290	5102-99	мешок	サラニㇷ゚	basket	291
1291	5102-100	мешок	サラニㇷ゚	basket	291
1292	5102-101	корзинка	容器(草本製)	vessel	230
1293	5102-102аб	корзинка	容器(靭皮製)	vessel	230
1294	5102-103	сумочка	小物入れ(靭皮製・ふた付・刺繍入)	pouch	203
1295	5102-104	сумочка	小物入れ(布製・ふた付・刺繍入)	pouch	203
1296	5102-105	подушка	枕(草本製)	pillow	248
1297	5102-106	подушка	枕(草本製)	pillow	248
1298	5102-107	мешок	サラニㇷ゚	basket	292
1299	5102-108	сумочка	小物入れ(布製・ふた付・刺繍入)	pouch	203
1300	5102-109	сумка	鞄(草本製)	pouch	205
1301	5102-110	подушка	枕(草本製)	pillow	248
1302	5102-111	подушка	枕(草本製)	pillow	248
1303	5102-112	подушка женская	鞄(草本製)	pouch	205
1304	5102-113	подушка	枕(草本製)	pillow	248
1305	5102-114	подушка	枕(草本製)	pillow	248
1306	5102-115	веревка для ношения груза	荷縄・製作見本	carrying strap	295
1307	5102-116	станок ткацкий для поясов деталь	織機・帯・上下糸分離器	handloom	281
1308	5102-117	катушка	糸巻	spool	284
1309	5102-118	катушка	糸巻	spool	284
1310	5102-119	станок ткацкий для поясов деталь	織機・帯・上下糸分離器	handloom	281
1311	5102-120	станок ткацкий деталь	織機・上下糸分離器	handloom	279
1312	5102-121	станок ткацкий шпатель	織機・筬	handloom	280
1313	5102-122	станок ткацкий бердо	織機・筬	handloom	279
1314	5102-123	станок ткацкий деталь	織機・上下糸分離器	handloom	279
1315	5102-124	станок ткацкий шпатель	織機・筬	handloom	280
1316	5102-125	инструмент плотничий	墨壷	ink pot for capenter	287
1317	5102-126	камень для приготовлении яда	敲石	stone	271
1318	5102-127	веревка для ношения груза	荷縄	carrying strap	294
1319	5102-128	веревка для ношения груза	荷縄	carrying strap	294
1320	5102-129	веревка для ношения груза	荷縄	carrying strap	294
1321	5102-130	веревка для ношения груза	荷縄	carrying strap	294
1322	5102-131	халат мужской рабочий	着物(オヒョウ製)	garment	156
1323	5102-132	халат мужской	着物(オヒョウ製)	garment	156
1324	5102-133	халат мужской рабочий	着物(オヒョウ製)	garment	156
1325	5102-134	халат мальчика	着物(オヒョウ製・子供用)	garment	171
1326	5102-135	халат старухи	着物(オヒョウ製)	garment	157
1327	5102-136	халат мальчика	着物(オヒョウ製・子供用)	garment	171
1328	5102-137	халат женский	着物(木綿製)	garment(cotton)	164
1329	5102-138	халат мужской	着物(木綿製)	garment(cotton)	163
1330	5102-139	халат мужской церемониальный	着物(木綿製)	garment(cotton)	165
1331	5102-140	халат мужской церемониальный	着物(木綿製)	garment(cotton)	166
1332	5102-141	халат женский	着物(木綿製)	garment(cotton)	164
1333	5102-142	халат женский	着物(木綿製)	garment(cotton)	164
1334	5102-143	халат мужской церемониальный	着物(木綿製)	garment(cotton)	166
1335	5102-144	передник женский	前掛け	apron	187
1336	5102-145	пояс мужской	帯(兵児帯)	sash	185
1337	5102-146	штаны мужские	股引(木綿製)	trousers	193
1338	5102-147	штаны мужские	股引(木綿製)	trousers	193
1339	5102-148	полотенце японское	手拭	towel	249
1340	5102-149	полотенце японское	手拭	towel	249

No		Название предмета	資料名	Artifacts name	page
1341	5102-150	головной убор мужской	帽子（頭巾・木綿製・刺繍付）	hood	177
1342	5102-151	головной убор детский	帽子（木綿製・子供用）	hood	175
1343	5102-152	головная повязка мужская	鉢巻（女性用・刺繍付）	head band	180
1344	5102-153	головная повязка мужская	鉢巻（女性用・刺繍付）	head band	180
1345	5102-155/2	серьги из белого металла	装飾品（耳飾り）	earrings	202
1346	5102-156	украшение женское шейное	装飾品（チョーカー）	choker	200
1347	5102-157	ожерелье	装飾品（首飾り）	necklacs	201
1348	5102-158/2	наголенники женские	脚半（靭皮・布製）	leggings	192
1349	5102-159/2	наголенники мужские	脚半（靭皮・布製）	leggings	192
1350	5102-160/2	наголенники мужские	脚半（靭皮・布製）	leggings	192
1351	5102-161/2	гетры мужские	脚半	leggings	191
1352	5102-162/2	гетры мужские	脚半	leggings	191
1353	5102-163/2	наголенники мужские	脚半	leggings	191
1354	5102-164/2	наголенники детские	脚絆（布製・子供用）	leggings	199
1355	5102-165/2	обувь женская	靴（獣皮製・短靴）	shoes(fish skin)	196
1356	5102-166/2	обувь мужская	靴（獣皮製・短靴）	shoes	196
1357	5102-167/2	обувь мужская	草鞋	straw sandals	197
1358	5102-168/2	обувь девочки	草鞋	straw sandals	197
1359	5102-169аб	обувь женская	足袋	japanese socks	193
1360	5102-170/2	обувь мужская	草鞋	straw sandals	197
1361	5102-171/2	обувь детская	草鞋（子供用）	straw sandals	199
1362	5102-172/2	обувь мужская	草鞋	straw sandals	197
1363	5102-173/2	полуперчатки женские	手甲（布製）	back of the hand	183
1364	5102-174аб	полуперчатки женские	手袋（布製・指なし・刺繍付）	mitten	183
1365	5102-175/2	наручники	手甲（布製）	back of the hand	184
1366	5102-176/2	наручники детские	手袋（布製）	back of the hand	198
1367	5102-177аб	полуперчатки	手袋（布製・指なし）	mitten	183
1368	5102-178	модель колчана	矢筒・模型	quiver model	300
1369	5102-179	модель колчана	矢筒・模型	quiver model	300
1370	5102-180	модель колчана	矢筒・模型	quiver model	300
1371	5102-181	модель колчана	矢筒・模型	quiver model	300
1372	5102-182	модель колчана	矢筒・模型	quiver model	300
1373	5102-183	модель колчана	矢筒・模型	quiver model	300
1374	5102-184	модель колчана	矢筒・模型	quiver model	300
1375	5102-185	модель колчана	矢筒・模型	quiver model	300
1376	5102-186	модель колчана	矢筒・模型	quiver model	300
1377	5102-188	модель сабли	刀・模型	sword model	302
1378	5102-189	модель сабли	刀・模型	sword model	302
1379	5102-190	модель сабли	刀・模型	sword model	302
1380	5102-191	модель сабли	刀・模型	sword model	302
1381	5102-192	модель сабли	刀・模型	sword model	302
1382	5102-193	модель сабли	刀・模型	sword model	302
1383	5102-194	модель сабли	刀・模型	sword model	302
1384	5102-195	модель сабли	刀・模型	sword model	302
1385	5102-196	*икупасуй*	イクパスイ	libation stick	321
1386	5102-197	ступка - игрушка	臼（模型）	mortar(model)	277
1387	5102-198	образец растение лекарственное	標本　植物	botanical specimen	343
1388	5102-199	образец penis медведя	標本　クマ	bear's penis for medicine	343
1389	5102-200	образец растение лекарственное	標本　植物	medicin (pine resin)	343
1390	5102-201	аконит корни	トリカブトの根	aconite	271
1391	5102-202	*икупасуй*	イクパスイ	libation stick	327
1392	5102-203	*икупасуй*	イクパスイ	libation stick	321
1393	5102-204	*икупасуй*	イクパスイ	libation stick	321
1394	5102-205	*икупасуй*	イクパスイ	libation stick	322
1395	5102-206	*икупасуй*	イクパスイ	libation stick	322
1396	5102-207	*икупасуй*	イクパスイ	libation stick	322
1397	5102-208	*икупасуй*	イクパスイ	libation stick	322
1398	5102-209	*икупасуй*	イクパスイ	libation stick	322
1399	5102-210	*икупасуй*	イクパスイ	libation stick	322
1400	5102-211	*икупасуй*	イクパスイ	libation stick	322
1401	5102-212	*икупасуй*	イクパスイ	libation stick	322
1402	5102-213	*икупасуй*	イクパスイ	libation stick	322

No	Название предмета	資料名	Artifacts name	page
1403 5102-214	*икупасуй*	イクパスイ	libation stick	322
1404 5102-215	*икупасуй*	イクパスイ	libation stick	322
1405 5102-216	*икупасуй*	イクパスイ	libation stick	322
1406 5102-217	*икупасуй*	イクパスイ	libation stick	322
1407 5102-218	*икупасуй*	イクパスイ	libation stick	322
1408 5102-219	*икупасуй*	イクパスイ	libation stick	322
1409 5102-220	*икупасуй*	イクパスイ	libation stick	322
1410 5102-221	*икупасуй*	イクパスイ	libation stick	323
1411 5102-222	*икупасуй*	イクパスイ	libation stick	323
1412 5102-223	*икупасуй*	イクパスイ	libation stick	323
1413 5102-224	*икупасуй*	イクパスイ	libation stick	323
1414 5102-225	*икупасуй*	イクパスイ	libation stick	323
1415 5102-226	*икупасуй*	イクパスイ	libation stick	323
1416 5102-227	*икупасуй*	イクパスイ	libation stick	323
1417 5102-228	*икупасуй*	イクパスイ	libation stick	323
1418 5102-229	*икупасуй*	イクパスイ	libation stick	323
1419 5102-230	*икупасуй*	イクパスイ	libation stick	323
1420 5102-231	*икупасуй*	イクパスイ	libation stick	323
1421 5102-232	*икупасуй*	イクパスイ	libation stick	323
1422 5102-233	*икупасуй*	イクパスイ	libation stick	323
1423 5102-234	*икупасуй*	イクパスイ	libation stick	323
1424 5102-235	*икупасуй*	イクパスイ	libation stick	323
1425 5102-236	*икупасуй*	イクパスイ	libation stick	323
1426 5102-237	*икупасуй*	イクパスイ	libation stick	324
1427 5102-238	*икупасуй*	イクパスイ	libation stick	324
1428 5102-239	*икупасуй*	イクパスイ	libation stick	324
1429 5102-240	*икупасуй*	イクパスイ	libation stick	324
1430 5102-241	*икупасуй*	イクパスイ	libation stick	324
1431 5102-242	*икупасуй*	イクパスイ	libation stick	324
1432 5102-243	*икупасуй*	イクパスイ	libation stick	324
1433 5102-244	*икупасуй*	イクパスイ	libation stick	324
1434 5102-245	*икупасуй*	イクパスイ	libation stick	324
1435 5102-246	*икупасуй*	イクパスイ	libation stick	324
1436 5102-247	*икупасуй*	イクパスイ	libation stick	324
1437 5102-248	*икупасуй*	イクパスイ	libation stick	324
1438 5102-249	*икупасуй*	イクパスイ	libation stick	324
1439 5102-250	*икупасуй*	イクパスイ	libation stick	324
1440 5102-251	*икупасуй*	イクパスイ	libation stick	324
1441 5102-252	*икупасуй*	イクパスイ	libation stick	324
1442 5102-253	*икупасуй*	イクパスイ	libation stick	325
1443 5102-254	*икупасуй*	イクパスイ	libation stick	325
1444 5102-255	*икупасуй*	イクパスイ	libation stick	325
1445 5102-256	*икупасуй*	イクパスイ	libation stick	325
1446 5102-257	*икупасуй*	イクパスイ	libation stick	325
1447 5102-258	*икупасуй*	イクパスイ	libation stick	325
1448 5102-259	*икупасуй*	イクパスイ	libation stick	325
1449 5102-260	*икупасуй*	イクパスイ	libation stick	325
1450 5102-261	*икупасуй*	イクパスイ	libation stick	325
1451 5102-262	*икупасуй*	イクパスイ	libation stick	325
1452 5102-263	*икупасуй*	イクパスイ	libation stick	325
1453 5102-264	*икупасуй*	イクパスイ	libation stick	325
1454 5102-265	*икупасуй*	イクパスイ	libation stick	325
1455 5102-266	*икупасуй*	イクパスイ	libation stick	325
1456 5102-267	*икупасуй*	イクパスイ	libation stick	325
1457 5102-268	*икупасуй*	イクパスイ	libation stick	325
1458 5102-269	*икупасуй*	イクパスイ	libation stick	326
1459 5102-270	*икупасуй*	イクパスイ	libation stick	326
1460 5102-271	*икупасуй*	イクパスイ	libation stick	326
1461 5102-272	*икупасуй*	イクパスイ	libation stick	326
1462 5102-273	*икупасуй*	イクパスイ	libation stick	326
1463 5102-274	*икупасуй*	イクパスイ	libation stick	326
1464 5102-275	*икупасуй*	イクパスイ	libation stick	326

No		Название предмета	資料名	Artifacts name	page
1465	5102-276	икупасуй	イクパスイ	libation stick	326
1466	5102-277	икупасуй	イクパスイ	libation stick	326
1467	5102-278	икупасуй	イクパスイ	libation stick	326
1468	5102-279	икупасуй	イクパスイ	libation stick	326
1469	5102-280	икупасуй	イクパスイ	libation stick	326
1470	5102-281	икупасуй	イクパスイ	libation stick	326
1471	5102-282	икупасуй	イクパスイ	libation stick	326
1472	5102-284	икупасуй	イクパスイ	libation stick	326
1473	5102-285	икупасуй	イクパスイ	libation stick	326
1474	5102-286	похороны серп	副葬品 鎌	sickle(grave goods)	341
1475	5102-287	веревка погребальная	紐・葬儀	rope for grave post	340
1476	5102-288	веревка погребальная	紐・葬儀	rope used for wrapping the	340
1477	5102-289	веревка погребальная	紐・葬儀	rope used for wrapping the	340
1478	5102-290	веревка погребальная	紐・葬儀	rope used for wrapping the	340
1479	5102-291	веревка для ношения груза	荷縄	carrying strap	294
1480	5102-292	веревка погребальная	紐・葬儀	rope used for wrapping the	340
1481	5102-293	веревка погребальная	紐・葬儀	rope used for wrapping the	340
1482	5102-294	головной убор церемониальный часть	被物・部品	ritual head gear	335
1483	5102-295	головной убор церемониальный	被物・儀式用	ritual head gear	335
1484	5102-296	головной убор церемониальный	被物・儀式用	ritual head gear	335
1485	5102-297	циновка	茣蓙	mat	244
1486	5102-298	корытце для кормления медведя	給餌器 クマ	bear feeder	296
1487	5102-299	инау	イナウ	inaw	311
1488	5102-300	инау	イナウ	inaw	311
1489	5102-302	инау	イナウ	inaw	312
1490	5102-303	инау	イナウ	inaw	312
1491	5102-304	инау	イナウ	inaw	312
1492	5102-306а/2 б/2	инау	イナウ	inaw	312
1493	5102-307	инау	イナウ	inaw	312
1494	5102-308	инау	イナウ	inaw	312
1495	5110-2	колчан церемониальный	矢筒・儀式用	ritual quiver	332
1496	5110-3	колчан церемониальный	矢筒・儀式用	ritual quiver	332
1497	5110-4	колчан	矢筒	quiver	267
1498	5110-5	воспитание детей лук	育児 玩具	toy bow	345
1499	5110-6	воспитание детей лук	育児 玩具	toy bow	345
1500	5110-7	стрела	矢(鏑矢)	arrow	266
1501	5110-8	стрела	矢	arrow	265
1502	5110-10	наконечник стрелы	クマ送り・花矢	decorated arrow	297
1503	5110-11	стрела	クマ送り・花矢	decorated arrow	297
1504	5110-12	стрела	クマ送り・花矢	decorated arrow	297
1505	5110-13	стрела	クマ送り・花矢	decorated arrow	298
1506	5110-14	гарпун наконечник	銛	harpoon head	274
1507	5110-16аб	сабля	刀	sword	329
1508	5110-17	перевязь к сабле	帯・刀帯	sword holder	328
1509	5110-18	перевязь к сабле	帯・刀帯	sword holder	328
1510	5110-19	патронташ	弾帯	gan belt	271
1511	5110-20	гарпун на выдру	銛	harpoon head	275
1512	5110-21	петли на соболя	罠縄	trap	270
1513	5110-22	марек острога для ловли рыбы	マレク	hook	259
1514	5110-23	поплавки	浮子	float	261
1515	5110-25	стебли растения - продукт питания	食料(オオハナウド)	food specimen(a cow parsnip)	206
1516	5110-27	кишки нерпы- продукт питания	食料(腸)	food specimen(seal the	206
1517	5110-31	ложка	匙	spoon	215
1518	5110-32	ложка	匙	spoon	215
1519	5110-33/2	палочки для еды	箸	chopsticks	216
1520	5110-34/2	палочки для еды	箸	chopsticks	215
1521	5110-35	ложка	匙	spoon	215
1522	5110-36	ложка	匙	spoon	214
1523	5110-37	ложка	匙	spoon	215
1524	5110-38	ложка	匙	spoon	215
1525	5110-39	ложка	匙	spoon	215

No		Название предмета	資料名	Artifacts name	page
1526	5110-40	ложка	匙	spoon	215
1527	5110-41	палочка для еды	箸	chopsticks	216
1528	5110-42	палочка для еды	箸	chopsticks	216
1529	5110-43	кисет	煙草・小物入(獣皮製)	tobacco case	238
1530	5110-44	трава, заменяющая табак	煙草(代用品)	dried plant for smoking	236
1531	5110-45	кисет	煙草・小物入(獣皮製)	tobacco case	238
1532	5110-46	кисет	煙草・小物入(獣皮製)	tobacco case	238
1533	5110-47	кисет	煙草・小物入(獣皮製)	tobacco case	238
1534	5110-48	кисет для табака	煙草・小物入(布製)	tobacco case	237
1535	5110-49	кисет для табака	煙草・小物入(布製)	tobacco case	237
1536	5110-50	меха кузнечные	ふいご	bellows	287
1537	5110-51	сверло	錐	drill	286
1538	5110-52аб	сверло	錐	drill	286
1539	5110-53	ножны	マキリ鞘	knife sheath	254
1540	5110-54	ножны	マキリ鞘	knife sheath	251
1541	5110-55	ножны	マキリ鞘	knife sheath	251
1542	5110-56	ножны	マキリ鞘	knife sheath	251
1543	5110-57аб	ножны	マキリ鞘	knife sheath	252
1544	5110-58	ножны	マキリ鞘	knife sheath	252
1545	5110-59	ножны	マキリ鞘	knife sheath	252
1546	5110-60	ножны	マキリ鞘	knife sheath	254
1547	5110-61	ножны	マキリ鞘	knife sheath	254
1548	5110-62/2	желчи зажимы для медвежьей	胆嚢挟み	gall presser tool(for bear)	273
1549	5110-63	сумочка	鞄(草本製)	pouch	204
1550	5110-65	сумочка	鞄(草本製)	pouch	204
1551	5110-66	сумочка	鞄(草本製)	pouch	204
1552	5110-67	сумочка	鞄(草本製)	pouch	204
1553	5110-68	сумка	鞄(草本製)	pouch	204
1554	5110-69	сумка	鞄(草本製)	pouch	204
1555	5110-70	сумка	鞄(草本製)	pouch	204
1556	5110-71	сумка	鞄(草本製)	pouch	204
1557	5110-72	сумка	鞄(草本製)	pouch	204
1558	5110-73	циновка	莫蓙	mat	241
1559	5110-74	циновка	莫蓙	mat	241
1560	5110-75	циновка	莫蓙	mat	243
1561	5110-76	циновка трава материал	莫蓙・材料	dried plant for mat	286
1562	5110-77	трава для стелек	靴用敷草	dried plant	196
1563	5110-79	кожа сивуча	靴用獣皮	sea lion skin(shoes material)	196
1564	5110-81	ножны	マキリ鞘	knife sheath	251
1565	5110-82	ножны	マキリ鞘	knife sheath	251
1566	5110-83	сумочка женская для мелочи	小物入れ(魚皮製)	pouch	203
1567	5110-84	сумочка женская для мелочи	小物入れ(魚皮製)	pouch	203
1568	5110-85	брусок (чехол)	砥石入	whetatone and case	258
1569	5110-86аб	кисет для табака	煙草・小物入(布製)	tobacco case	237
1570	5110-87	сосуд для жира пузырь нерпы	容器(海獣内臓)	vessel	231
1571	5110-88	мотовило для ниток	縄綯い具(部品)	spool	295
1572	5110-89	веретено	紡錘車	spindle	282
1573	5110-90абвг	станок ткацкий	織機	handloom	278
1574	5110-91	веретено	紡錘車	spindle	282
1575	5110-92	лапа сивуча - заготовка для сумки	小物入・トド鰭	bag(sea lion skin)	293
1576	5110-93	ремень из шкуры сивуча	綱・トド皮	rope(sukin)	295
1577	5110-94	ремень из шкуры нерпы	綱・トド皮	rope(sukin)	295
1578	5110-95	ремень из шкуры сивуча	綱・トド皮	rope(sukin)	295
1579	5110-96абвгд	станок ткацкий	織機	handloom	278
1580	5110-97/2	лыжи ступательные	かんじき	snow shoes	290
1581	5110-98	веревка для ношения груза	荷縄	carrying strap	293
1582	5110-99/2	веревка для ношения груза	荷縄	carrying strap	293
1583	5110-100	тормоз для собачьих нарт	犬ぞり(制御棒)	dog sledge set	289
1584	5110-101	козырек мужской	日除け	sunvisor	181
1585	5110-102	шапка женская	帽子(木綿製)	cap	176
1586	5110-103	козырёк для защиты глаз	日除け	sunvisor	181
1587	5110-104	шапка мужская зимняя	帽子(毛皮つき)	cap	176

No		Название предмета	資料名	Artifacts name	page
1588	5110-105	шапка мужская зимняя	帽子(獣皮製)	hat	177
1589	5110-106	наушники	耳あて	earlap	180
1590	5110-107	головной убор женский	帽子(木綿製)	hat	177
1591	5110-108	козырёк для защиты глаз	日除け	sunvisor	181
1592	5110-109	головной убор женский	帽子(鉢巻型・布製・ビーズ付)	head band	179
1593	5110-110	головной убор женский	帽子(鉢巻型・布製・ビーズ付)	head band	178
1594	5110-111	шапка мужская зимняя	帽子(毛皮つき)	cap	176
1595	5110-112	головной убор женский	帽子(鉢巻型・獣皮付)	head band	178
1596	5110-113	шапка мужская зимняя	帽子(毛皮つき)	cap	176
1597	5110-114	головной убор женский	帽子(鉢巻型・布製・ビーズ付)	head band	178
1598	5110-115	украшение детское	装飾品(布製・子供用)	pincushion	198
1599	5110-116	украшение детское	装飾品(布製・子供用)	pincushion	198
1600	5110-117	шуба мужская	着物(獣皮製)	garment(fur)	162
1601	5110-118	шуба мальчика	着物(獣皮製・子供用)	garment(dog skin)	172
1602	5110-119	шуба мальчика	着物(獣皮製・子供用)	garment(dog skin)	171
1603	5110-120	халат женский	着物(魚皮製)	garment(fish skin)	159
1604	5110-121	халат женский	着物(魚皮製)	garment(fish skin)	159
1605	5110-122	халат мужской	着物(イラクサ製)	garment	152
1606	5110-123	халат девочки	着物(木綿製・子供用)	garment(cotton)	173
1607	5110-124	халат девочки	着物(木綿製・子供用)	garment(cotton)	174
1608	5110-125	халат мужской	着物(木綿製)	garment(cotton)	163
1609	5110-126	халат детский	着物(イラクサ製・子供用)	garment	170
1610	5110-127	халат мальчика	着物(イラクサ製・子供用)	garment	170
1611	5110-128	халат мужской	着物(イラクサ製)	garment	150
1612	5110-129	халат мужской	着物(イラクサ製)	garment	153
1613	5110-130	халат подростка	着物(イラクサ製・子供用)	garment	170
1614	5110-131	халат мужской	着物(イラクサ製)	garment	153
1615	5110-132	халат мужской	着物(イラクサ製)	garment	153
1616	5110-133	халат мужской	着物(イラクサ製)	garment	151
1617	5110-134	халат женский	着物(イラクサ製)	garment	154
1618	5110-135	халат мужской	着物(イラクサ製)	garment	154
1619	5110-136	халат женский	着物(イラクサ製)	garment	148
1620	5110-137	халат мужской	着物(イラクサ製)	garment	148
1621	5110-138	халат мужской	着物(イラクサ製)	garment	148
1622	5110-139	халат мужской	着物(イラクサ製)	garment	149
1623	5110-140	халат мужской	着物(イラクサ製)	garment	151
1624	5110-141	безрукавка женская	袖なし(綿入れ)	garment(sleeveiess)	169
1625	5110-142	безрукавка мужская церемониальная	袖なし(陣羽織)	tabard	169
1626	5110-143	безрукавка мужская церемониальная	袖なし(陣羽織)	tabard	169
1627	5110-144	накидка женская	ケープ	shawl	181
1628	5110-145	рубашка детская	着物(木綿製・獣皮付・子供用)	garment(cotton)	172
1629	5110-146	рубашка детская	着物(木綿製・子供用)	garment(cotton)	172
1630	5110-147	рубашка детская	着物(木綿製・子供用)	garment(cotton)	174
1631	5110-148	халат детский	着物(木綿製・子供用)	garment(cotton)	174
1632	5110-149	передник детский	前掛け(エプロン・子供用)	apron	198
1633	5110-150	передник женский	前掛け	apron	187
1634	5110-151	передник женский	前掛け	apron	186
1635	5110-152	передник женский	前掛け	apron	186
1636	5110-153	передник женский	前掛け	apron	186
1637	5110-154	передник женский	前掛け	apron	187
1638	5110-155	юбка мужская дорожная	スカート(犬橇用)	skirt(fish skin)	188
1639	5110-156	штаны мальчика	ズボン(木綿製・子供用)	tyousers	175
1640	5110-157	штаны мальчика	ズボン(木綿製・子供用)	tyousers	175
1641	5110-158/2	наголенники мужские	股引(獣皮製)	knee pads(dog skin)	188
1642	5110-159/2	наголенники мужские	股引(獣皮製)	knee pads(dog skin)	189
1643	5110-160/2	наголенники мужские	股引(獣皮製)	knee pads(dog skin)	189
1644	5110-161/2	наголенники мужские	股引(獣皮製)	knee pads(dog skin)	189
1645	5110-162/2	наголенники мужские	股引(獣皮製)	knee pads(seal skin)	188
1646	5110-163/2	наголенники мужские	脚半	leggings	189
1647	5110-164/2	наголенники мужские	脚半	leggings	190

No		Название предмета	資料名	Artifacts name	page
1648	5110-165/2	наголенники мужские	脚半	leggings	191
1649	5110-166/2	наголенники мужские	脚半	leggings	191
1650	5110-167/2	обувь мужская	靴（獣皮・魚皮）	boots	194
1651	5110-168/2	обувь мужская зимняя	靴（獣皮・魚皮）	boots	194
1652	5110-169/2	обувь детская	靴（獣皮・布製・子供用）	shoes	199
1653	5110-170/2	обувь женская	靴（獣皮・布製）	boots	195
1654	5110-171/2	обувь мужская	靴（獣皮製）	boots	194
1655	5110-172/2	обувь женская	靴（獣皮・魚皮）	boots	194
1656	5110-173/2	рукавицы мужские	手袋（獣皮・布製・刺繍）	mitten	182
1657	5110-174/2	нарукавники мужские	袖口飾り	arm band	181
1658	5110-175/2	полуперчатки мужские	手袋（布製・指なし・刺繍付）	mitten	182
1659	5110-176/2	полуперчатки мужские	手袋（布製・指なし・刺繍付）	mitten	182
1660	5110-177/2	рукавицы детские	手袋（布製）	mitten	198
1661	5110-178	рукавица детская зимняя	手袋（布製）	mitten	198
1662	5110-179/2	нарукавники	手甲（布製・刺繍付）	back of the hand	183
1663	5110-180/2	рукавицы зимние	手袋（獣皮・布製・刺繍）	mitten	182
1664	5110-181аб	пояс женский с ножнами	ベルト（円形飾り金具・マキリ鞘付）	belt	186
1665	5110-182	пояс мужской	ベルト（鹿角留具）	belt	185
1666	5110-183	подушка для сидения	座布団	pillow	248
1667	5110-184/2	заготовка для гетр	脚半	leggings	190
1668	5110-185/2	заготовка для гетр	脚半	leggings	190
1669	5110-186	бумажник для денег	小物入れ（財布・布製・刺繍入）	pouch	203
1670	5110-187	бумажник для денег	小物入れ（財布・布製・刺繍入）	pouch	203
1671	5110-188	бумажник для денег	小物入れ（財布・布製・刺繍入）	pouch	203
1672	5110-189	музыкальный инструмент	楽器	musical instrument	346
1673	5110-190	воспитание детей игрушка	育児　玩具	boat(model)	345
1674	5110-191	воспитание детей игрушка-телега	育児　玩具	cart(model)	344
1675	5110-192	корытце для кормления медведя	給餌器　クマ	bear feeder	296
1676	5110-193	инау	イナウ	inaw	308
1677	5110-194	инау	イナウ	inaw	308
1678	5110-195	инау	イナウ	inaw	308
1679	5110-196	инау	イナウ	inaw	308
1680	5110-197	инау	イナウ	inaw	306
1681	5110-198абв	модель сабли	刀・模型	sword model	301
1682	5110-199	модель лука и стрелы	弓・模型	bow model	300
1683	5110-200аб	бубен шаманский с колотушкой	太鼓　撥付	drum and drum stick	303
1684	5110-201	повязка лечебная	首飾り（チョーカー・治療用）	belt(for remedy)	304
1685	5110-202	головной убор лечебный	帽子（鉢巻形・治療用）	head gear(for remedy)	304
1686	5110-203	повязка лечебная	首飾り（チョーカー・治療用）	choker(for remedy)	304
1687	5110-204	повязка лечебная	帯（治療用）	belt(for remedy)	305
1688	5110-205	повязка лечебная	首飾り（チョーカー・治療用）	choker(for remedy)	304
1689	5110-206	повязка лечебная	首飾り（チョーカー・治療用）	choker(for remedy)	304
1690	5110-207	повязка лечебная	帯（治療用）	belt(for remedy)	305
1691	5110-208/2	пузыри рыбьи - от вздутия живота	魚の浮袋（治療用）	fish intestine	305
1692	5110-209	образец растение лекарственное	標本　植物	botanical specimen	342
1693	5110-210	образец растение лекарственное	標本　植物	botanical specimen	342
1694	5110-211	образец корни	標本　植物	botanical specimen	342
1695	5110-212	образец луб тальника	標本　植物	botanical specimen	342
1696	5110-213	желчь сивуча	胆嚢	walrus gall	273
1697	5110-214	образец сивуч	標本　トド	sea lion's penis for medicine	343
1698	5110-215аб	рыбка сушенная - средство от брюшной боли	串（焼き串）	spit	228
1699	5110-217	образец растение лекарственное	標本　植物	botanical specimen	343
1700	5110-218	образец растение лекарственное	標本　植物	botanical specimen	342
1701	5110-219	образец растение лекарственное	標本　植物	botanical specimen	342
1702	5110-220	образец растение лекарственное	標本　植物	botanical specimen	343
1703	5110-221	образец растение лекарственное	標本　植物	botanical specimen	343
1704	5110-222	образец растение лекарственное	標本　植物	botanical specimen	343
1705	5110-223	образец растение лекарственное	標本　植物	botanical specimen	343
1706	5110-224	образец растение лекарственное	標本　植物	botanical specimen	342
1707	5110-225	образец растение лекарственное	標本　植物	botanical specimen	342
1708	5110-226	образец растение лекарственное	標本　植物	botanical specimen	343

No		Название предмета	資料名	Artifacts name	page
1709	5110-227	образец растение лекарственное	標本 植物	botanical specimen	343
1710	5110-228	образец растение лекарственное	標本 植物	botanical specimen	343
1711	5110-229	образец растение лекарственное	標本 植物	botanical specimen	342
1712	5110-230	икунис	イクニシ	libation stick	316
1713	5110-231	икунис	イクニシ	libation stick	316
1714	5110-232	икунис	イクニシ	libation stick	316
1715	5110-233	икунис	イクニシ	libation stick	316
1716	5110-234	икунис	イクニシ	libation stick	316
1717	5110-235	икунис	イクニシ	libation stick	315
1718	5110-236	икунис	イクニシ	libation stick	315
1719	5110-237	икунис	イクニシ	libation stick	315
1720	5110-238	икунис	イクニシ	libation stick	316
1721	5110-239	икунис	イクニシ	libation stick	316
1722	5110-240	икунис	イクニシ	libation stick	316
1723	5110-241	икунис	イクニシ	libation stick	316
1724	5110-242	икунис	イクニシ	libation stick	316
1725	5110-243	икунис	イクニシ	libation stick	317
1726	5110-244	икунис	イクニシ	libation stick	317
1727	5110-245	икунис	イクニシ	libation stick	317
1728	5110-246	икунис	イクニシ	libation stick	317
1729	5110-247	икунис	イクニシ	libation stick	317
1730	5110-248	икунис	イクニシ	libation stick	317
1731	5110-249	икунис	イクニシ	libation stick	317
1732	5110-250	икунис	イクニシ	libation stick	317
1733	5110-251	икунис	イクニシ	libation stick	317
1734	5110-252	икунис	イクニシ	libation stick	317
1735	5110-253	икунис	イクニシ	libation stick	318
1736	5110-254	икунис	イクニシ	libation stick	318
1737	5110-255	икунис	イクニシ	libation stick	318
1738	5110-256	икунис	イクニシ	libation stick	327
1739	5110-257	икунис	イクニシ	libation stick	327
1740	5110-258	икунис	イクニシ	ritual quiver	327
1741	5110-259	икунис	イクニシ	libation stick	327
1742	5110-260	икунис	イクニシ	libation stick	327
1743	5110-261	икунис	イクニシ	libation stick	328
1744	5110-262	икунис	イクニシ	libation stick	328
1745	5110-263	икунис	イクニシ	libation stick	328
1746	5110-264	икунис	イクニシ	libation stick	328
1747	5110-265	икунис	イクニシ	libation stick	319
1748	5110-266	икунис	イクニシ	libation stick	319
1749	5110-267	икунис	イクニシ	libation stick	319
1750	5110-268	икунис	イクニシ	libation stick	319
1751	5110-269	икунис	イクニシ	libation stick	319
1752	5110-270	икунис	イクニシ	libation stick	319
1753	5110-271	икунис	イクニシ	libation stick	319
1754	5110-272	икунис	イクニシ	libation stick	319
1755	5110-273	икунис	イクニシ	libation stick	320
1756	5110-274	икунис	イクニシ	libation stick	318
1757	5110-275	икунис	イクニシ	libation stick	318
1758	5110-276	икунис	イクニシ	libation stick	319
1759	5110-277	икунис	イクニシ	libation stick	319
1760	5110-278	икунис	イクニシ	libation stick	316
1761	5110-279	икунис	イクニシ	libation stick	317
1762	5110-280	икунис	イクニシ	libation stick	317
1763	5110-281	икунис	イクニシ	libation stick	317
1764	5110-282	икунис	イクニシ	libation stick	317
1765	6756-1	колчан церемониальный	矢筒・儀式用	ritual quiver	334
1766	6756-2	колчан	矢筒	quiver	267
1767	6756-3	лук самострел на медведя	弓	bow	264
1768	6756-4абвд	самострел	仕掛弓	setbow	268
1769	6756-5	стрела	矢	arrow	265
1770	6756-6	сабля рукоять	刀・柄	sword handle	330
1771	6756-7	сабля рукоять	刀・柄	sword handle	330
1772	6756-8	сабля рукоять	刀・柄	sword handle	330
1773	6756-9	сабля рукоять	刀・柄	sword handle	330

No		Название предмета	資料名	Artifacts name	page
1774	6756-10	мотыга	石斧	stone ax	347
1775	6756-11	связка морской капусты	食料（コンブ）	food specimen(kombu)	206
1776	6756-12	трубка (чубук)	煙管	pipe	234
1777	6756-13	клык кабарги для чистки трубки	煙草（掃除具）	tusk for pipe creaning	236
1778	6756-14	ложка суповая	杓子	ladle	224
1779	6756-15	ложка суповая	杓子	ladle	224
1780	6756-16	стакан	コップ	cup	209
1781	6756-17	стаканчик с могилы	コップ	cup	209
1782	6756-18	тарелка	皿（丸皿）	dish	209
1783	6756-19	сувенир блюдечко для чашек	民芸品	saucer	347
1784	6756-20	лакировка чаша для саке	漆器・杯	lecquered cup	336
1785	6756-22	сосуд	容器（刳物）	bowl	232
1786	6756-23	чаша	鉢	bowl	228
1787	6756-24	крюк очажный	炉鈎	firepace hook	239
1788	6756-25	крюк для одежды	鈎（衣類用）	hook	246
1789	6756-26	катушка	糸巻	spool	284
1790	6756-27	катушка	糸巻	spool	284
1791	6756-28	катушка	糸巻	spool	284
1792	6756-29	катушка	糸巻	spool	285
1793	6756-30	станок ткацкий челнок	織機・梭	handloom	280
1794	6756-31/2	лыжи	スキー	ski	289
1795	6756-32	халат мужской	着物（魚皮製）	garment(fish skin)	159
1796	6756-33	головной убор женский	帽子（鉢巻型・獣皮付）	head band	178
1797	6756-34	нарукавник женский	脚半	leggings	192
1798	6756-35	головной убор детский	帽子（木綿製・環状）	head gear	175
1799	6756-36	пояс детский	帯（織物・細帯）	sash	184
1800	6756-37/3	обувь детская	草鞋（子供用）	shoes	199
1801	6756-38	обувь мужская	下駄	*geta*	197
1802	6756-39	светильник (фонарь)	灯明・ランプ	lamp	240
1803	6756-40	футляр для трубки	煙管差し	pipe holder	234
1804	6756-41	сабля накладка	刀・鞘飾り	sword sheath ornament	330
1805	6756-42	сабля накладка	刀・鞘飾り	sword sheath ornament	330
1806	6756-43	сабля накладка	刀・鞘飾り	sword sheath ornament	330
1807	6756-44	повязка лечебная	帯（治療用）	belt(for remedy)	305
1808	6756-45	*инау*	イナウ	*inaw*	309
1809	6756-46	*инау*	イナウ	*inaw*	306
1810	6756-47	образец угорь	標本　ヤツメウナギ	dried fish for medicine	343
1811	6756-48	образец зуб сивуча	標本　歯	warlus teeth	342
1812	6756-49	колчан часть	矢筒	quiver	268
1813	6756-50	образец гриб	標本　植物	dried plant	341
1814	6756-52	образец шкура оленя	標本　毛皮・トナカイ	reindeer fur	341
1815	6756-53	образец шкура с головы оленя	標本　毛皮・トナカイ	reindeer head fur	341
1816	6756-54/2	наголенники мужские	股引（獣皮製）	knee pads(dog skin)	189
1817	6756-55	кисет (шкурка с ласты нерпы)	煙草・小物入（獣皮・材料）	tobacco case	238
1818	6756-56	пояс домотканный	帯（織物）	sash	185
1819	6756-57/2	верёвки	下紐	cord amulet for women	186
1820	6756-58	образец раковина	標本　貝	shell	342
1821	6756-59	чашка для риса	鉢	bowl	228
1822	6756-60	станок ткацкий для поясов деталь	織機・帯・上下糸分離器	handloom	281
1823	6756-61	рожон для жаренья рыбы	串（焼き串）	spit	228
1824	6756-62	крюк для развязывания узлов	綱通針	nettig needle	256
1825	6756-63аб	трубка	煙管	pipe	234
1826	6756-64	тигель	坩堝	crucible	271
1827	6756-65	веревка	紐	rope(sukin)	295
1828	6756-66	сосуд для жира пузырь нерпы	容器（海獣内臓）	vessel	231
1829	6756-67	сосуд для жира пузырь нерпы	容器（海獣内臓）	vessel	231
1830	6756-68	сосуд для жира пузырь нерпы	容器（海獣内臓）	vessel	231
1831	6756-69	кишки сивуча для пошива одежды	糸材（トドの腸）	seal gut	283
1832	6756-70	образец кожа нерпы	標本　皮	sample of seal leather	342
1833	6756-71	веревка	縄	rope	295
1834	6756-72	образец морская звезда	標本　ヒトデ	starfish	343
1835	6756-73	образец ракушки	標本　貝	shell for midicine	343

	No	Название предмета	資料名	Artifacts name	page
1836	6756-75	сувенир блюдо	民芸品	top	347
1837	6756-76	стрела	矢(花矢)	arrow	266
1838	6756-77	веретено	紡錘車	spindle	282
1839	6756-78	веретено	紡錘車	spindle	282
1840	6756-79	ножны	マキリ鞘	knife sheath	253
1841	6756-80	чашка для саке	椀	bowl	209
1842	6756-81	обувь мужская	靴(獣皮製・短靴)	shoes	196
1843	6756-82	гарпун мешок для наконечников	銛・収納袋	poach	275
1844	6756-83	гарпун мешок для наконечников	銛・収納袋	poach	275
1845	6756-85	упряжь собачья	犬ぞり(牽き綱)	dog sledge set	288
1846	6756-86	корыто для кормления щенков	給餌器 イヌ	bear feeder	296
1847	6756-87	самострел стрела	仕掛弓・矢	arrow	269
1848	6756-88/3	образец раковины	標本 貝	shell	342
1849	6756-89	веревка	縄	rope	295
1850	6756-90	сеть	網	fishing net	263
1851	6831-37	ножны	マキリ鞘	knife sheath	253
1852	6831-250	сабля клинок	刀・刀身	sword blade	331
1853	6831-251	сабля клинок	刀・刀身	sword blade	331
1854	6831-252	сабля клинок	刀・刀身	sword blade	331
1855	6831-356	колчан церемониальный	矢筒・儀式用	ritual quiver	334
1856	6831-373	сабля	刀	sword	331
1857	6831-453	ножны	マキリ鞘	knife sheath	251
1858	6957-6	музыкальный инструмент *тонгори*	楽器 トンコリ	five stringed musical instrument	346
1859	8762-10188	станок ткацкий	織機	handloom	280
1860	8761-10162	лук	弓	bow	264
1861	8761-10163	воспитание детей лук	育児 玩具	toy bow	345
1862	8761-10164	стрела	矢(鏑矢)	arrow	266
1863	8761-10165	нож	マキリ	knife	255
1864	8761-10166	нож	マキリ	knife	255
1865	8761-10167	нож	マキリ	knife	255
1866	8761-10168	нож	山刀	mountain knife	272
1867	8761-10169аб	нож в ножнах	マキリ・鞘付	knife	253
1868	8761-10170	нож ножны	山刀	mountain knife	272
1869	8761-10171	нож в ножнах	マキリ・鞘付	knife	250
1870	8761-10172	колчан церемониальный	矢筒・儀式用	ritual quiver	334
1871	8761-10173/2	колчан со стрелой	矢筒	quiver	268
1872	8761-10174	долото каменное	石斧	stone ax	347
1873	8761-10175	топор каменный	石斧	stone ax	347
1874	8761-10176/2	марек острога для ловли рыбы	マレク	hook	259
1875	8761-10177/2	самострел	仕掛弓	trap	268
1876	8761-10178	гарпун наконечник	銛	harpoon head	274
1877	8761-10179	марек острога для ловли рыбы	マレク	hook	259
1878	8761-10180	веретено	紡錘車	spindle	282
1879	8761-10181	веретено	紡錘車	spindle	282
1880	8761-10182	гарпун наконечник	銛	harpoon head	274
1881	8761-10183	лыжа ступательная	かんじき	snow shoes	290
1882	8761-10184	черкан	罠	trap	271
1883	8761-10185	станок ткацкий шпатель	織機・筬	handloom	280
1884	8761-10186	станок ткацкий шпатель	織機・筬	handloom	280
1885	8761-10187	станок ткацкий деталь	織機・上下糸分離器	handloom	279
1886	8761-10189	циновка, для сушки рыбы и пр.	簾	reed screen	245
1887	8761-10190	образец камыш	標本 植物	dried plant	341
1888	8761-10191	образец кишки	標本 腸	gut	342
1889	8761-10192	лопаточка для пепла	灰均し	ash reke	240
1890	8761-10193	гребень	櫛	comb	248
1891	8761-10194	котелок	鍋(鉄鍋)	iron pot	229
1892	8761-10195	корытце	盆(大型・槽形)	platter	228
1893	8761-10196	веялка	箕	winnow	277
1894	8761-10197	блюдо	椀	bowl	208
1895	8761-10198	блюдо	椀	bowl	208
1896	8761-10199	блюдо	椀	bowl	208

No		Название предмета	資料名	Artifacts name	page
1897	8761-10200	блюдо	椀	bowl	208
1898	8761-10201	лакировка чаша для разливания саке	漆器・片口	lecquered pitcher	337
1899	8761-10202	блюдо	椀(角製)	bowl	209
1900	8761-10203	сосуд	容器(刳物)	bowl	232
1901	8761-10204	ведерко берестяное для воды	容器(白樺樹皮製)	vessel	230
1902	8761-10205	коробка берестяная	容器(白樺樹皮製)	vessel	230
1903	8761-10206	блюдо	皿(丸皿)	dish	211
1904	8761-10207	поднос	盆(角盆)	trey	213
1905	8761-10208	лакировка миска	漆器・鉢	bowl	338
1906	8761-10209	лакировка чаша	漆器・たらい	bowl	338
1907	8761-10210	лакировка чаша для саке	漆器・杯	lecquered cup	336
1908	8761-10211	лакировка чаша для саке	漆器・杯	lecquered cup	336
1909	8761-10212	лакировка черпак	漆器・柄杓	dipper	337
1910	8761-10213	лакировка подставка	漆器・天目台	cap stand	336
1911	8761-10214	лакировка подставка	漆器・天目台	cap stand	336
1912	8761-10215	лакировка подставка	漆器・天目台	cap stand	336
1913	8761-10216	лакировка чаша для разливания саке	漆器・片口	lecquered pitcher	337
1914	8761-10217	поднос	膳(漆塗り)	trey	213
1915	8761-10218	стакан	コップ	cup	209
1916	8761-10219аб	лакировка сосуд	漆器・行器	lecquered box	339
1917	8761-10220аб	лакировка сосуд	漆器・行器	lecquered box	339
1918	8761-10221	миска	鉢	bowl	228
1919	8761-10222	черпак	あか汲み	bail	290
1920	8761-10223	крюк для одежды	鈎(衣類用)	hook	246
1921	8761-10224	мотыга	堀具(鈎・木製)	hook	276
1922	8761-10225	мотыга	堀具(鈎・木製)	hook	276
1923	8761-10226	марек, крюк	マレク	hook	259
1924	8761-10227	сосуд для жира пузырь нерпы	容器(海獣内臓)	vessel	231
1925	8761-10228	аконит ковш для яда	トリカブト・矢毒用容器	arrow poison bowl	271
1926	8761-10229	ложка	杓子	ladle	224
1927	8761-10230	ложка	杓子	ladle	224
1928	8761-10231	ложка	杓子	ladle	224
1929	8761-10232	метелка из лыка	箒	broom	249
1930	8761-10233	метелка из лыка	箒	broom	249
1931	8761-10234аб	табакерка	煙草入	tabacco case	236
1932	8761-10235	образец береста	標本 植物	bark (birch)	341
1933	8761-10236	факел связка бересты	松明	torch	263
1934	8761-10237	рулон бересты	材料・樺皮	bake(birch tree)	293
1935	8761-10238	колчан	矢筒	quiver	268
1936	8761-10239	раковина-скребок для волокон крапивы	糸梳具	shell knife	283
1937	8761-10240	футляр для трубки	煙管差し	pipe holder	234
1938	8761-10241/2	обувь	草鞋	straw sandals	197
1939	8761-10242	*икунис/икупасуй*	イクニシ・イクパスイ	libation stick	327
1940	8761-10243	*икунис/икупасуй*	イクニシ・イクパスイ	libation stick	327
1941	8761-10244	*икунис/икупасуй*	イクニシ・イクパスイ	libation stick	327
1942	8761-10245	*икунис/икупасуй*	イクニシ・イクパスイ	libation stick	327
1943	8761-10246	*икунис/икупасуй*	イクニシ・イクパスイ	libation stick	327
1944	8761-10247	модель сабли	刀・模型	sword model	302
1945	8761-10248	подставка для рубки табака	煙草(刻み台)	chopping board	236
1946	8761-10251	лук	弓	bow	264
1947	8761-10252	лук	弓	bow	264
1948	8761-10253	модель игрушки для медвежонка	玩具 クマ用	bear toy	297
1949	8761-10254	поднос из тростника	盆(葦製)	trey	213
1950	8761-10255	колчан церемониальный	矢筒・儀式用	ritual quiver	334
1951	8761-10256	колчан церемониальный	矢筒・儀式用	ritual quiver	334
1952	8761-10257	стрела	矢	arrow	266
1953	8761-10258	стрела	矢	arrow	266
1954	8761-10259	самострел	仕掛弓	setbow	268
1955	8761-10260	воспитание детей игрушка орехи	育児 玩具	toy	345
1956	8761-10261	гарда (цуба) от японского меча	鍔	tuba	303

No	Название предмета	資料名	Artifacts name	page
1957 8761-10264	корытце	皿（長円形・把手付）	plate	212
1958 8761-10265	корытце	皿（角皿）	plate	212
1959 8761-10266	*икунис/икупасуй*	イクニシ・イクパスイ	libation stick	327
1960 8761-10267	музыкальный инструмент *тонгори*	楽器　トンコリ	five stringed musical instrument	346
1961 8761-10268	музыкальный инструмент *тонгори*	楽器　トンコリ	five stringed musical instrument	346
1962 8761-10269	веревка для ношения груза	荷縄	carrying strap	294
1963 8761-10270	веревка для ношения груза	荷縄	carrying strap	295
1964 8761-10271	*инау*	イナウ	*inaw*	312
1965 8761-10272	*инау*	イナウ	*inaw*	312
1966 8761-10273	*инау*	イナウ	*inaw*	312
1967 8761-10274	*инау*	イナウ	*inaw*	312
1968 8761-10275	*инау*	イナウ	*inaw*	312
1969 8761-10276	*инау*	イナウ	*inaw*	312
1970 8761-10277	*инау*	イナウ	*inaw*	313
1971 8761-10278	*инау*	イナウ	*inaw*	313
1972 8761-10279	*инау*	イナウ	*inaw*	313
1973 8761-10280	*инау*	イナウ	*inaw*	313
1974 8761-10281	*инау*	イナウ	*inaw*	313
1975 8761-10282	*инау*	イナウ	*inaw*	313
1976 8761-10283	*инау*	イナウ	*inaw*	313
1977 8761-10286	ложка для помешивания пищи	杓子	ladle	224
1978 8761-10287	изображение медведя - *инока*	木偶・イノカ	wooden idle	299
1979 8761-10288	головной убор церемониальный	被物・儀式用	ritual head gear	335
1980 8761-10289	*инау*	イナウ	*inaw*	313
1981 8761-10290	*инау*	イナウ	*inaw*	313
1982 8761-10291	*инау* палка	イナウ／サケの打頭棒	stick	313
1983 8761-10292	образец травы	標本　植物	dried plant	341
1984 8761-10293	копье наконечник	槍	spear	272
1985 8761-10294	ножны	マキリ鞘	knife sheath	254
1986 8761-10296	модель сабли	刀・模型	sword model	302
1987 8761-11357	самострел	仕掛弓	setbow	269
1988 8761-11358	марек острога для ловли рыбы	マレク	hook	259
1989 8761-11359	копье	槍	spear	272
1990 8761-11360	крышка от табакерки	煙草入	tabacco case	236
1991 8761-11362	коробочка с палочками для еды	箸入	chopsticks and case	217
1992 8761-11363	мотыга	手斧	ax	287
1993 8761-11364	воспитание детей ношение детей	育児	strap for baby sling parts	345
1994 8761-11365	воспитание детей ношение детей	育児	strap for baby sling parts	345
1995 8761-11366	станок ткацкий колышек	織機・杭	handloom	280
1996 8761-11367	воспитание детей палка для пеленок	育児　棒	diaper hook	344
1997 8761-11368	корытце для кормления медведя	給餌器　クマ	bear feeder	296
1998 8761-11369	модель медвежьего столба	クマ送り・繋ぎ棒・模型	stick for bear (model)	298
1999 8761-11370a	бубен шамана	太鼓	drum and drum stick	303
2000 8761-11371	стрела	矢	arrow	266
2001 8761-11372	подвеска к бубну шамана	太鼓　部品	drum parte	303
2002 8761-11373	*икунис/икупасуй*	イクニシ・イクパスイ	libation stick	327
2003 8761-11374	*икунис/икупасуй*	イクニシ・イクパスイ	libation stick	327
2004 8761-11375	*икунис/икупасуй*	イクニシ・イクパスイ	libation stick	327
2005 8761-11376	копье наконечник	槍	spear	272
2006 8761-11377	копье наконечник	槍	spear	272
2007 8761-15840	сумочка из травы	鞄（草本製）	pouch	205
2008 8761-15882	ловушка	罠	trap	271
2009 8761-15883	сувенир вешалка часть	民芸品	towel hanger	347
2010 8762-17081	халат мужской	着物（獣皮製）	garment(fur)	162
2011 8762-17082	халат мужской	着物（オヒョウ製）	garment	157
2012 8762-17083	халат	着物（オヒョウ製）	garment	157
2013 8762-17084	халат из крапивы	着物（オヒョウ製）	garment	158
2014 8762-17085	халат	着物（オヒョウ製）	garment	158
2015 8762-17086	халат церемониальный	着物（木綿製）	garment(cotton)	166

	No	Название предмета	資料名	Artifacts name	page
2016	8762-17087	халат	着物（木綿製）	garment(cotton)	165
2017	8762-17088	халат женский	着物（イラクサ製）	garment	154
2018	8762-17089	халат женский из рыбьей кожи	着物（魚皮製）	garment(fish skin)	161
2019	8762-17090	одежда детская	着物（イラクサ製・子供用）	garment	170
2020	8762-17091	юбка мужская дорожная	スカート（犬橇用）	skirt(fish skin)	188
2021	8762-17092	юбка мужская дорожная	スカート（犬橇用）	skirt(fish skin)	188
2022	8762-17096	передник женский	前掛け	apron	186
2023	8762-17097 абвгези	пояс мужской с кисетами	ベルト（小物入・砥石入他付）	belt	256
2024	8762-17098	пояс	帯（織物）	sash	185
2025	8762-17099	пояс	帯（織物）	sash	185
2026	8762-17100	головой убор мужской	帽子（毛皮つき）	cap	176
2027	8762-17101	головной убор	帽子（獣皮製）	hat	177
2028	8762-17102	головной убор	帽子（頭巾・木綿製・刺繍付）	hood	177
2029	8762-17103	головной убор	帽子（頭巾・木綿製・刺繍付）	hood	177
2030	8762-17104	повязка головная	帽子（鉢巻型・布・樹皮製）	head gear	179
2031	8762-17105	повязка головная женская	鉢巻（女性用・刺繍付）	head band	180
2032	8762-17106	повязка головная женская	鉢巻（女性用・刺繍付）	head band	180
2033	8762-17107	повязка головная	帽子（鉢巻型・布製）	head gear	179
2034	8762-17108	веревка для ношения груза	荷縄	carrying strap	294
2035	8762-17109	часть серьги	装飾品（石製・円形）	ornament	203
2036	8762-17110	кольцо агатовое	装飾品（石製・円形）	ornament	202
2037	8762-17111	кольцо костяное	装飾品（石製・円形）	ornament	202
2038	8762-17112	подвеска	装飾品（石製・鈴状）	ornament	202
2039	8762-17113	подвеска	装飾品（石製・鈴状）	ornament	202
2040	8762-17114	кольцо, надевалось на палец при стрельбе из лука	装飾品（石製・円形）	ornament	202
2041	8762-17115	кольцо, надевалось на палец при стрельбе из лука	装飾品（石製・円形）	ornament	202
2042	8762-17116/2	подвески к серьгам	装飾品（石製・円形）	ornament	203
2043	8762-17117	рукавицы из собачьей шкуры	手袋（獣皮・布製・刺繍付）	mitten	182
2044	8762-17118	обувь	靴（獣皮製）	boots(seal skin)	195
2045	8762-17119	обувь	靴（獣皮・魚皮）	boots(fish skin)	195
2046	8762-17120	обувь	靴（獣皮製）	boots(seal skin)	195
2047	8762-17121	обувь	草鞋	straw sandals	197
2048	8762-17122	наголенники	股引（獣皮製）	knee pads(dog skin)	189
2049	8762-17123	наголенники	脚半（靭皮・布製）	leggings	192
2050	8762-17124	наголенники	脚半（靭皮製）	leggings	192
2051	8762-17125	веревка для ношения груза	荷縄	carrying strap	294
2052	8762-17126/2	носки	靴下（靭皮製）	socks	193
2053	8762-17127	мешок	サラニプ	basket	292
2054	8762-17128	мешок	サラニプ	basket	291
2055	8762-17129	мешок	サラニプ	basket	291
2056	8762-17130	мешок	サラニプ	basket	292
2057	8762-17131	сумка	鞄（草本製）	pouch	205
2058	8762-17132	сумка	鞄（草本製）	pouch	205
2059	8762-17133	сумка	鞄（草本製）	pouch	205
2060	8762-17134	сумочка	鞄（草本製）	pouch	205
2061	8762-17135	сумочка	小物入れ（布製・ふた・刺繍）	pouch	204
2062	8762-17136	кисет	煙草・小物入（布製）	tobacco case	237
2063	8762-17137	кисет	煙草・小物入（獣皮製）	tobacco case	238
2064	8762-17138	сумка	鞄（草本製）	mat	205
2065	8762-17139	циновка	莫蓙	mat	244
2066	8762-17140	циновка (японская)	莫蓙（和製）	mat	245
2067	8762-17141	циновка (японская)	莫蓙（和製）	mat	245
2068	8762-17142	циновка	莫蓙	handloom	244
2069	8762-17143 абвг	станок ткацкий	織機	ornament	278
2070	8762-20271	пластина костяная	装飾品（獣骨製・装飾板）	handloom	203

Фотография

写真資料

Photograph

Photograph

2448-001  2448-002  2448-003  2448-004

2448-005  2448-006  2448-007  2448-008

2448-009  2448-010  2448-011  2448-012

2448-013  2448-014  2448-015 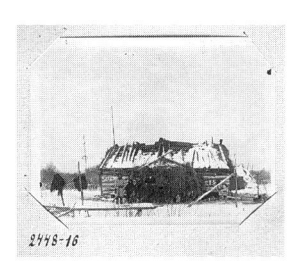 2448-016

2448-017  2448-018  2448-019  2448-020

2448-021	2448-022	2448-023	2448-024
2448-025	2448-026	2448-027	2448-028
2448-029	2448-030	2448-031	2448-032
2448-033	2448-034	2448-035	2448-036
2448-037	2448-038	2448-039	2448-040

Photograph

2448-041 　　2448-042 　　2448-043 　　2448-044

2448-045 　　2448-046 　　2448-047 　　2448-048

2448-049 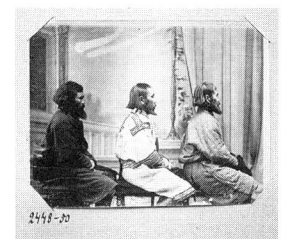　　2448-050 　　2448-051 　　2448-052

2448-053 　　2448-054 　　2448-055 　　2448-056

2448-057 　　2448-058 　　2448-059 　　2448-060

2448-061 　　2448-062 　　2448-063 　　2448-064

2448-065 　　2448-066 　　2448-067 　　2448-068

2448-069 　　2448-070 　　2448-071 　　2448-072

2448-073 　　2448-074 　　2448-075 　　2448-076

2448-077 　　2448-078 　　2448-079 　　2448-080

Photograph

2448–081

2448–082

2448–083

2448–084

2448–085

2448–086

2448–087

2448–088

2448–089

2448–090

2448–091

2448–092

2448–093

2448–094

2448–095

2448–096

2448–097

2448–098

2448–099

2448–100

389

2448–101  2448–102  2448–103  2448–104

2448–105  2448–106  2448–107  2448–108

2448–109  2448–110  2448–111  2448–112

2448–113  2448–114  2448–115  2448–116

2448–117  2448–118  2448–119  2448–120

Photograph

2611-001

2611-002

2611-003

2611-004

2611-005

2611-006

2611-007

2611-008

2611-009

2611-010

2611-011

2611-012

2611-013

2611-014

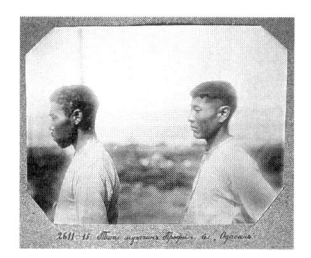

2611-015

2611-016

2611-017

2611-018

2611-019

2611-020

2611-021    2611-022    2611-023    2611-024

2611-025    2611-026    2611-027    2611-028

2611-029    2611-030    2611-031    2611-032

2611-033    2611-034    2611-035    2611-036

2611-037    2611-038    2611-039    2611-040

Photograph

2611-041  2611-042  2611-043  2611-044

2611-045  2611-046  2611-047  2611-048

2611-049  2611-050  2611-051  2611-052

2611-053  2611-054  2611-055  2611-056

2611-057  2611-058  2611-059 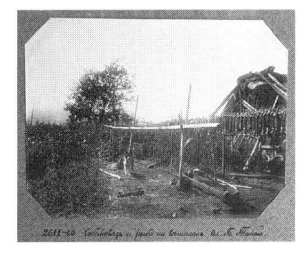 2611-060

2611-061    2611-062    2611-063    2611-064

2611-065    2611-066    2611-067    2611-068

2611-069    2611-070    2611-071    2611-072

2611-073    2611-074    2611-075    2611-076

Photograph

10542-24

10542-25

10542-26

10542-27

10542-28

10542-29

10542-30

10542-31

10542-32

Коллекция №2448
Приобретена от Б.О.Пилсудского на средства Этнографического Отдела Государственного Русского музея в 1909г.
Аины. Фотографические снимки: 9х12, 9х9 и 12х16см

資料番号2448
国立ロシア博物館民族学部門の資金によりB.O.ピウスツキから1909年収蔵。アイヌ写真 9x12, 9x9 and 12x16 cm

Col.No.2448
Accepted from B.O.Pilsudskij by means of the Ethnographical Division, National Russian Museum in 1909.
Ainu. Photographs: 9x12, 9x9 and 12x16 cm

1 Аин (Сахалин, восточный берег)	
アイヌ人男性(サハリン東岸) / an Ainu (Sakhalin, east coast)	
2 Аин (Сахалин, восточный берег)	
アイヌ人男性(サハリン東岸) / an Ainu (Sakhalin, east coast)	
3 Аин (Сахалин, восточный берег)	
アイヌ人男性(サハリン東岸) / an Ainu (Sakhalin, east coast)	
4 Аин (Сахалин, восточный берег)	
アイヌ人男性(サハリン東岸) / an Ainu (Sakhalin, east coast)	
5 Аинка с девочкой (Сахалин, восточный берег)	
アイヌ人女性と少女(サハリン東岸) / An Ainu woman with a girl (Sakhalin, east coast)	
6 Дети Аин (Сахалин, восточный берег)	
子供たち(サハリン東岸) / Ainu children (Sakhalin, east coast)	
7 Девушка (Сахалин, западный берег)	
娘(サハリン西岸) / A girl (Sakhalin, west coast)	
8 Девушка с воточного берега. Налево стоит дочь русского и айнки; перед ней дети (Сахалин, восточный берег)	
東岸出身の少女。左側に立っているのはロシア人男性とアイヌ人女性の娘。その前に子供たち(サハリン東岸)	
Girls from east coast. On the left stands a daughter of a Russian and an Ainu woman; in front - her children (Sakhalin, east coast)	
9 Девушка играющие (о.Сахалин)	
遊んでいる少女たち(サハリン) / Girls are playing (Sakhalin)	
10 Девушки мнут кожу (о.Сахалин)	
毛皮を鞣す少女たち(サハリン) / Girls are softening a skin (Sakhalin)	
11 Мальчики (Сахалин, восточный берег)	
少年たち(サハリン東岸) / Boys (Sakhalin, east coast)	
12 Старик с внучкой (Сахалин,западный берег)	
老人と孫娘 (サハリン西岸) / An old man with a grandson (Sakhalin, west coast)	
13 Женщины с. Мауки. Направо мальчик – сын японца и аинки; на руках – сын русского и аинки;девочка – чистая аинка, но в японском платье (с. Маука)	
マウカ村の婦人。右側の少年は和人男性とアイヌ人女性の息子。抱いているのはロシア人男性とアイヌ人女性の息子。少女は生粋のアイヌ人だが、和服を着用 (マウカ)	
Women from village Mauka. On the right. a boy - son of a Japanese and an Ainu woman; in the arms - the son of a Russian and an Ainu woman; the girl -genuine Ainu in Japanese kimono (vil. Mauka)	
14 Кузнец с сыном; мальчик имеет сильно японский внешний вид; считается сыном двух аинов (с. Маука)	
鍛冶屋と息子。少年は非常に和人的な容貌をしているが、アイヌの両親の息子とみなされている (マウカ)	
A smith with his son; the boy has quite a Japanese feature, but thought to be a son of an Ainu pair (vil. Mauka)	
15 Дом по архитектуре на половину аинский, на половину – японский (Сахалин,западный берег)	
半ばアイヌ風建築、半ば和風の家屋(サハリン西岸) / A house - half of Ainu type, half of Japanese (Sakhalin, west coast)	
16 Дом аинского типа (с. Такоэ)	
アイヌ風の家屋 (タコイ) / A house of Ainu type (vil.Takoe)	
17 Остов заброшенного дома (Сахалин,западный берег)	
廃屋の骨組 (サハリン西岸) / Structure of an abandonned house (Sakhalin, west coast)	

18	Клетка медвежья сзади дома (Сахалин, западный берег)
	家屋の裏側にあるクマ檻 (サハリン西岸) / Bear cage behind the house (Sakhalin, west coast)
19	Клетка медвежья, крытая соломой (о.Сахалин)
	藁葺きのクマ檻 (サハリン) / Bear cage covered with straw (Sakhalin)
20	Место привязи собак аинов (о.Сахалин)
	アイヌの犬繋ぎ場 (サハリン) / A place where the dogs are leashed (Sakhalin)
21	Приготовление нарт к отъезду (о.Сахалин)
	橇での旅立ち (サハリン) / A sled is to start (Sakhalin)
22	Беление крапивных ниток зимою (о.Сахалин)
	冬、イラクサ糸を晒す (サハリン) / Bleaching nettle fiber in winter (Sakhalin)
23	Женщина за тканьем пояса (о.Сахалин)
	帯を織る婦人 (サハリン) / A women is weaving a sash (Sakhalin)
24	Мальчик вешает собак (о.Сахалин)
	犬を吊るす少年 (サハリン) / Boys are hanging dogs (Sakhalin)
25	«Инау» - в честь бога моря (о.Сахалин)
	海神に捧げるイナウ (サハリン) / "Inau" for the sea deity (Sakhalin)
26	Талисман, имеющий целью изгнать оспу по указанию шамана (о.Сахалин)
	シャマンの指示により天然痘を追い出すための魔除け (サハリン)
	A talisman against small pox, arranged according to the instruction of a shaman (Sakhalin)
27	Пень, поставленный верх корнями с целью изгнать оспы по указанию шамана (о.Сахалин)
	シャマンの指示により天然痘を追い出すため根を上に立てた木株 (サハリン)
	A stump against small pox put the roots up according to the instruction of a shaman (Sakhalin)
28	Место, где укладываются лисьи головы (о.Сахалин)
	キツネの頭を安置する場所 (サハリン) / The place where the fox heads are put (Sakhalin)
29	Лисицы, приготовленные к убиению (о.Сахалин)
	供儀されるキツネ (サハリン) / Foxes are to be slayed (Sakhalin)
30	Женщина с сестрой (с. Маука)
	婦人とその姉（妹） (マウカ) / A woman with her sister (vil. Mauka)
31	Старуха – аинка, встреченная собирателем на Амуре среди Ольчей (о.Сахалин)
	アムールのオロチたちのなかで出会ったアイヌの老婦人 (サハリン)
	An old Ainu woman, whom the collector met in Amur basin among the Ul'chi (Sakhalin)
32	Женщина молодая и два мальчика (о.Сахалин)
	若い婦人と少年2人 (サハリン) / A young woman and two boys (Sakhalin)
33	Девочка – нянька (о.Сахалин)
	子守りの少女 (サハリン) / A girl - nanny (Sakhalin)
34	Группа аинов (с. Маука)
	アイヌのグループ (マウカ) / A group of Ainu (vil. Mauka)
35	Вид селения аинов с русским домом (о.Сахалин)
	ロシア人住居のあるアイヌコタンの景観 (サハリン) / A view of an Ainu village with a Russian house (Sakhalin)
36	Памятник могильный (с. Маука)
	墓標 (マオカ) / Grave posts (vil. Maoka)
37	Аинка с сестрой и дочерью (о.Сахалин)
	アイヌ女性と姉（妹）と娘 (サハリン) / An Ainu woman with sister and her daughter (Sakhalin)
38	Мать, занятая поиском насекомых в голове ребенка (о.Сахалин)
	子供の頭の虫を探す母親 (サハリン) / Mother in seeking for lice in the head of the baby (Sakhalin)
39	Вид селени зимой (о.Сахалин)
	集落冬景 (サハリン) / A view of an Ainu village in winter (Sakhalin)
40	Группа аинов (Сахалин, северо-восточный берег)
	アイヌのグループ (サハリン北東海岸) / A group of the Ainu (Sakhalin, north-east coast)

41 Дочь корейца и аинки, левее две жены корейцев (о.Сахалин)
朝鮮人とアイヌ女性の娘、左側に朝鮮人たちの妻2人 (サハリン)
A daughter of a Korean and an Ainu woman, left two wives of the Koreans (Sakhalin)

42 Склады на столбах при юртах (о.Сахалин)
家屋に付随した杭上の倉庫 (サハリン) / Storehouse on post by the yurt (Sakhalin)

43 Талисман, сделанный по указанию шамана для отгнания инфлуэнции в 1905 г. (о.Сахалин)
シャマンの指示により作られたインフルエンザ除けの護符 (サハリン)
Talisman, prepared according to the instruction of a shaman for the sake to drive off the influenza in 1905(Sakhalin)

44 Шаман камлает с бубном в руках (о.Сахалин)
太鼓を手に儀式をするシャマン (サハリン)
A shaman is giving service with a drum in hands (Sakhalin)

45 Вид внутренности юрты (о.Сахалин)
家屋の内部 (サハリン) / An inside view of the house (Sakhalin)

46 Аин обруселый с восточного берега (о.Сахалин)
東岸出身のロシア化したアイヌ (サハリン)
A Russianized Ainu from the east coast (Sakhalin)

47 Старики: слева с западного берега, справа с Анивского залива (о.Сахалин)
老人たち。左側は西岸出身、右側は亜庭湾出身 (サハリン)
Old men: the left one - from west coast, the right- from Aniwa bay (Sakhalin)

48 Старики: слева с западного берега, справа с Анивского залива (о.Сахалин)
老人たち。左側は西岸出身、右側は亜庭湾出身 (サハリン)
Old men: the left one - from west coast, the right- from Aniwa bay (Sakhalin)

49 Мужчины в возрасте 30-40 лет: направо в гиляцком одежде, налево в русской (с. Такое)
30〜40才の男性；右側はギリヤークの服を着用、左側はロシア服を着用 (タコエ)
Men of 30-40 years old: the right one - in Gilyak wearing, the left in - Russian (vil. Takoe)

50 Мужчины в возрасте 30-40 лет: направо в гиляцкой одежде, налево – в русской (с. Такое)
30〜40才の男性；右側はギリヤークの服を着用、左側はロシア服を着用 (タコエ)
Men of 30-40 years old: the right one - in Gilyak wearing, the left - in Russian (vil. Takoe)

51 Мужчина лет 40 и два юноши (о.Сахалин)
40才台の男性と2人の若者 (サハリン) / A man of 40s with two youths (Sakhalin)

52 Мужчина лет 40 и два юноши (Сахалин, восточный берег)
40才台の男性と2人の若者 (サハリン東岸) / A man of 40s with two youths(Sakhalin、east coast)

53 Мужчины лет 30-35: слева – имеющий отдаленных предков гиляков, справа – чистый аин с западного берега(о.Сахалин)
30〜35才の男性。左側はギリヤークを遠い祖先に持つ、右側は西岸出身の純粋のアイヌ (サハリン)
Men of 30-35 years old: the left one has remote Gilyak ancestors, the right genuine Ainu from west coast (Sakhalin)

54 Мужчина лет 30-35: слева – имеющий отдаленных предков гиляков, справа – чистый тип с западного берега (о.Сахалин)
30〜35才の男性。左側はギリヤークを遠い祖先に持つ、右側は西岸出身の純粋のアイヌ (サハリン)
Men of 30-35 years old: the left one has remote Gilyak ancestors, the right genuine Ainu from west coast (Sakhalin)

55 Мужчина лет 30-35: слева – имеющий отдаленных предков гиляков, справа – чистый тип с западного берега(о.Сахалин)
30〜35才の男性。左側はギリヤークを遠い祖先に持つ、右側は西岸出身の純粋のアイヌ (サハリン)
Men of 30-35 years old: the left one has remote Gilyak ancestors, the right genuine Ainu from west coast (Sakhalin)

56 Мужчины с восточного берега: у правого виден на голове парш(о.Сахалин)
東岸出身の男性。右側の男性の頭に疥癬が見える (サハリン)
Men from east coast: the right is seen with a tetter on head (Sakhalin)

57 Мужчины: слева с западного берега и в национальной одежде: справа – с восточного берега и в европейском костюме(о.Сахалин)

男性たち。左側は西岸出身で民族衣装を着用、右側は東岸出身で西欧風の服装 (サハリン)

Men: the left one - from west coast, in ethnic wearing: the right from east coast , in western suit (Sakhalin)

58 Мужчины: слева сын японца и аинки, справа – чистый японец, обритый и подстриженный по японски (о.Сахалин)

男性たち。左側は和人男性とアイヌ女性の息子、右側は和風に散髪した純粋の和人 (サハリン)

Men: the left - son of a Japanese and an Ainu woman, the right- genuine Japanese,shaved and has a haircut in Japanese style (Sakhalin)

59 Мужчины: слева сын японца и аинки, справа – чистый японец, обритый и подстриженный по японски (о.Сахалин)

男性たち。左側は和人男性とアイヌ女性の息子、右側は和風に散髪した純粋の和人 (サハリン)

Men: the left - son of a Japanese and an Ainu woman, the right- genuine Japanese, shaved and has a haircut in Japanese style (Sakhalin)

60 Мужчины: слева сын японца и аинки, справа чистый тип,подстриженный по японски (о.Сахалин)

男性たち。左側は和人男性とアイヌ女性の息子、右側は和風に散髪した純粋の和人 (サハリン)

Men: the left - son of a Japanese and an Ainu woman, the right- genuine Japanese,shaved and has a haircut in Japanese style (Sakhalin)

61 Мужчины: слева сын японца и аинки, справа чистый тип,подстриженный по японски (о.Сахалин)

男性たち。左側は和人男性とアイヌ女性の息子、右側は和風に散髪した純粋の和人 (サハリン)

Men: the left - son of a Japanese and an Ainu woman, the right- genuine Japanese,shaved and has a haircut in Japanese style (Sakhalin)

62 Мужчины с восточного берега (о.Сахалин)

東岸出身の男性たち (サハリン) / men from east coast (Sakhalin)

63 Мужчины с восточного берега (о.Сахалин)

東岸出身の男性たち (サハリン) / Men from east coast (Sakhalin)

64 Мужчины: слева – сын японца и японки, справа – внук японца, имеющий мать и бабушку – аинок (о.Сахалин)

男性たち。左側は和人男女の息子。右側はアイヌの母親と祖母を持つ (サハリン)

Men: the left -son of Japanese couple; the right - grandson of a Japanese, who had Ainu mother and grandmother (Sakhalin)

65 Мужчины, слева – сын японца и японки, справа – подстриженный аин с восточного берега(о.Сахалин)

男性たち。左側は和人男女の息子。右側は東岸出身の散髪したアイヌ人 (サハリン)

Men: the left - son of Japanese couple;the right -Ainu hair-cut from east coast (Sakhalin)

66 Мужчины: слева – внук японца (по отцу), имеющий мать и бабушку(кол. 2448-64) аинок, справа – подстриженнй аин с восточного берега(о.Сахалин)

男性たち。左側はアイヌ人の母親と祖母 (Col.No.2448-64) を持つ。右側は散髪した東岸出身のアイヌ人男性(サハリン)

Men: the left -grandson of a Japanese(paternal),who has Ainu mother and grandmother(col. No.2448-64), the right –Ainu hair-cut from east coast (Sakhalin)

67 Молодые аины с восточного берега (о.Сахалин)

東岸出身の若いアイヌの人たち (サハリン) / Young Ainu from east coast (Sakhalin)

68 Молодые аины с восточного берега (кол.2448-65) (о.Сахалин)

東岸出身の若いアイヌの人たち (Col.No.2448-65)(サハリン) / Young Ainu from east coast(col.No.2448-65) (Sakhalin)

69 Мужчины: слева – молодой, японизирующийся, справа – с северо-восточного берега, имеющий по предкам часть гиляцкой примеси (о. Сахалин)

男性たち。左は和人化した若者。右は北東岸出身で、祖先に一部ギリーク人の混血がある (サハリン)

Men: the left - young Japanized, the right - from north-east coast, who has partly gilyak mixture in ancestor (Sakhalin)

70	Мужчины, слева – с северо-восточного берега, имеющий по предкам часть гиляцкой примеси (сидящий справа на снимке кол.№2448-69), справа – гиляк, сидящий в средине на фотографии кол.№2448-49 (о. Сахалин) 男性たち。左は北東海岸出身で、祖先に一部ギリヤーク人の混血がある。（Col.No.2448-69 の写真の右側に座している）。右は Col.No.2448-49 の写真の中央に座している）ギリヤーク（サハリン） Men: the left from north-east coast has gilyak mixture in ancestor(sitting on the right in the photogragh col.No.2448-69), the right is the gilyak, sitting in the center of the photogragh col.No.2448-49. (Sakhalin)
71	Певец в обычной позе (о. Сахалин) 謡い手の通常の姿勢 (サハリン) ／ Singer in normal pose (Sakhalin)
72	Группа японизирующихся молодых – с западного берега; направо – в аинской одежде, с восточного берега (о. Сахалин) 西岸出身の和人化したグループ。右は東岸出身でアイヌ服を着用 (サハリン) A group of young Japanized Ainu from west coast;the right - in Ainu garment, from east coast (Sakhalin)
73	Группа мужчин в национальных одеждах (о. Сахалин) 民族衣装を纏った男性のグループ(サハリン) ／ A group of men in ethnic garment (Sakhalin)
74	Молодые японизирующие аины с восточного берега (о. Сахалин) 東岸出身の和人化したアイヌの若者たち （サハリン） ／ A group of young Japanaized Ainu from east coast (Sakhalin)
75	Группа: четыре сестры с восточного берега и муж, рядом с ними стоящий; ниже две дочери стоящей по средине и стоящего мужчины(сына японца и аинки) (о. Сахалин) 東岸出身の4人姉妹とその側に立つ夫。下にいるのは中央の女性と男性(和人男性とアイヌ女性の息子)の娘 (サハリン) A group: four sisters from east coast and a husband, standing next to them; below - two daughters of the one in the center and the man standing(son of a Japanese and an Ainu woman) (Sakhalin).
76	Семья аинов с западного берега (о. Сахалин) 西岸出身のアイヌ人の家族 (サハリン) ／ An Ainu family from west coast (Sakhalin)
77	Русский поселенец с женой (дочерью японца и аинки) и их дети (о. Сахалин) ロシア人移民とその妻(和人男生とアイヌ女性の娘)と子供たち (サハリン) A Russian immigrant with his wife(daughter of a Japanese and an Ainu woman) and their children (Sakhalin)
78	Группа почтенных жителей на с.Мауки: сидящий слева – старшина, сын японца и айнки; справа – чистый аин (с. Мауки) マウカ村の偉い人たち。左に座しているのは長老、和人男性とアイヌ人女性の息子。右側は生粋のアイヌ人(マウカ) A group of honored inhabitants in village Mauka: sitting on the left - chief, son of a Japanese and an Ainu woman; the right -genuine Ainu (vil. Mauka)
79	Группа жителей с.Мауки (о. Сахалин) マウカ村の住人たち (サハリン) ／ A group of inhabitants in village of Mauka (Sakhalin)
80	Аин в одежде богатого человека (о. Сахалин) 富裕者の服を着用したアイヌ人(サハリン) ／ An Ainu in a rich garment (Sakhalin)
81	Аин в одежде богатого человека(о. Сахалин) 富裕者の服を着用したアイヌ人(サハリン) ／ An Ainu in a rich garment (Sakhalin)
82	Группа: муж с женой, родной сестрой держащей ребенка на руках и с двоюродной сестрой – с восточного берега (о. Сахалин) 東岸出身の夫妻、幼児を抱いた実の姉(妹)と従姉妹 (サハリン) Group: husband with wife, his sister, holding a child in the arms and with her cousin. from east coast (Sakhalin)
83	Молодые женины: справа – внучка японца, слева – сестры типа, показанного справа на снимке кол.№2448-64 (о. Сахалин) 若い婦人。右側は和人男性の孫。左側はCol.No.2448-64 の写真に写っている男性の姉(妹) (サハリン) Young women: the right - granddaughter of a Japanese, left - sisters of the one shown on the right in the photograph col. No. 2448-64 (Sakhalin)
84	Обкладывание юрты на зиму снопами травы(о. Сахалин) 冬用に草束を家屋に被せる作業 (サハリン) ／ Covering the yurt for the winter with sheaves of grass (Sakhalin)
85	Сбор волокон крапивы(о. Сахалин) イラクサの繊維の採集 (サハリン) ／ Gathering of nettle fiber (Sakhalin)

86 Очистка волокон крапивы(о. Сахалин)
　　イラクサの繊維の処理 (サハリン) ／ Preparing nettle fiber (Sakhalin)

87 Вид разрушенной юрты(о. Сахалин)
　　廃屋の外観 (サハリン) ／ Ruin of a yurt (Sakhalin)

К медвежьему празднику　　クマ送り儀礼　　**Bear sending-off**

88 Вид «инау» сзади дома, с висящим ящиком, в котором находятся инстурменты для разрезывания межвежьей туши и два висящих колчана (о. Сахалин)
　　家屋の背後にあるイナウの全景。吊り下がっている箱のなかにはクマを解体する道具が収められている。矢筒が２つ吊るしてある。(サハリン)
　　"Inau" behind the house, with a box hung in which there are tools for dissecting the killed bear: with two quivers hung.(Sakhalin)

89 Вид медведя, выскакивающего из клетки, предназначенного для убиения(о. Сахалин)
　　殺されることになるクマが檻から飛び出てくる様子 (サハリン) ／A bear to be killed is jumping out of the cage (Sakhalin)

90 Медведь – не желающий пдти на место казни(о. Сахалин)
　　屠殺場に行きたがらないクマ (サハリン) ／ The bear wouldn't go to the place of slaughter (Sakhalin)

91 Медведь – украшенный поясом(о. Сахалин)
　　帯で飾られたクマ (サハリン) ／ The bear with decorated belt (Sakhalin)

92 Группа детей, наряженных в шелковые платья и бусы для учатья в шествии мимо медведя (кол.№2448-89) (о. Сахалин)
　　クマに付き添って歩く行列に参加する子供たち、絹織物の着物を着てビーズ玉を付けている。(Col.No.2448-89) (サハリン)
　　A group of children dressed up in silk garment and necklace are prepared to take part in procession along with the bear. (Col.No.2448-89) (Sakhalin)

93 Прощальная речь перед межведем у лобного места(о. Сахалин)
　　クマに向かってお別れを告げる (サハリン) ／ Farewell adress in front of the bear (Sakhalin)

94 Медведь(кол.№2448-89)- ранен стрелою, роет снег(о. Сахалин)
　　矢で傷ついたクマ（Col.No.2448-89）が雪を掘る (サハリン)
　　The bear (col.No.2448-89) shot with arrows digs the snow (Sakhalin)

95 Изображение момента, когда на умирающего медведя ложатся несколько стариков(о. Сахалин)
　　瀕死のクマの上にのる数人の老人たち (サハリン) ／ The moment when some old men lie on the dying bear (Sakhalin)

96 Вид убитого медведя(кол.№2448-89) на лобном месте (о. Сахалин)
　　殺されたクマ(Col.No.2448-89) (サハリン) ／ Killed bear (col.No.2448-89)

97 Вид пиршества около растянутой туши убитого медведя(кол.№2448-89) (о. Сахалин)
　　死んで、安置されたクマのかたわらでの宴会 (サハリン)
　　The feast by the stretched carcass of the killed bear(col.No.2448-89) (Sakhalin)

98 Вид группы гостей и части забора, на котором развешены снятые с детей (кол.№2448-92) одежды (о. Сахалин)
　　客人の集団と祭壇の一部。そこには子供の脱がされた着物 (Col.No.2448-92)が掛けられている。(サハリン)
　　A group of guests and a part of the altar where the garment undressed of the children (col.No.2448-92) are hung (Sakhalin)

99 Общий вид лобного места, где совершено было убиение медведя (кол.№2448-89) (о. Сахалин)
　　クマの屠殺(Col.No.2448-89)が行われた祭場の全景 (サハリン)
　　The place of the ritual where the slaughter of the bear (col.No.2448-89) was taken place (Sakhalin)

100 Вид места в лесу, где укладываются кости медведя(кол.№2448-89) и устанавливается его голова (о. Сахалин)
　　クマ(Col.No.2448-89)の骨と頭骨が安置される林の風景 (サハリン)
　　View of the place in the forest, where the carcass and the skull of the bear (col.No.2488-89) are placed (Sakhalin)

101 «Инау», где вешаются головы орлов (о. Сахалин)
　　ワシの頭が掛けられるイナウ (サハリン) ／ "Inau", where the heads of eagle are hung (Sakhalin)

102	Установление елок и «инау» на месте убиения медведя (колл.№2448-89) (о. Сахалин)
	クマの屠殺場にモミの木とイナウを立てる (サハリン)
	Setting up the fir tree and "inau" in the place for the slaughter of the bear (col. No.2488-89) (Sakhalin)
103	Общий вид места убиения медведя(кол.№2448-89) (о. Сахалин)
	クマ屠殺場の全景 (Col.No.2448-89) (サハリン) / Over view of the place for slaughtering the bear (col.No.2448-89) (Sakhalin)
104	Общий вид места убиения медведя в честь праздника – в другом селении (о. Сахалин)
	クマ送りのクマの屠殺場の全景。別の村。(サハリン)
	Over view of the place for slaughtering the bear (col.No.2448-89), in the another village (Sakhalin)
105	Кожа убитого медведя, растянутая в юрте на нарах. Мужчины делают «инау»(сцена из летнего межвежьего праздника) (о. Сахалин)
	板床に広げられたクマの毛皮。男性がイナウを制作している（夏のクマ送りの一場面）。(サハリン)
	Fur of the bear stretched on the floor in the yurt. Men are making "inau" (a scene from a summer bear ritual) (Sakhalin)
106	Угощение стариков возле убитого медведя (колл.№2448-99)
	死んだクマ(Col.No 2448-89)のかたわらでの老人たちの宴会。(サハリン)
	Feast of old men by the killed bear (Col.No.2448-99) (Sakhalin)
107	Сцена, как медведя возят гулять по берегу моря (о. Сахалин)
	クマが海岸を連れまわされる様子 (サハリン) / A scene how the bear is drawn along the sea shore (Sakhalin)
108	Старик приносит жертву богам, охраняющим селение(о. Сахалин)
	老人が村の守り神に供物を捧げる様子 (サハリン) / An old man offers the deities- guardian of the village (Sakhalin)
109	Вид нарты и собачьей упряжки (о. Сахалин)
	橇と犬の索具 (サハリン) / A sledge and dog harness (Sakhalin)
110	Сцена встречи «кунгаса», на котором ездят на о.Монерон ловить морских львов (о. Сахалин)
	モネロン島のアシカ猟から帰ってきた舟「クンガス」を迎える (サハリン)
	Meeting the "kungas", on its board they go to is.Moneron for sea-lion hunting (Sakhalin)
111	Сцена возвращения с охоты и пересказы друг другу новостей (о. Сахалин)
	狩から戻ってきて、四方山話をする (サハリン) / Coming back from the hunting and changing news each other (Sakhalin)
112	Типы молодых женщин из с. Мауки; вторая слева – дочь японца и аинки (о. Сахалин)
	マウカ村出身の若い婦人。左から2人めは和人男性とアイヌ人女性の娘 (サハリン)
	Types of young women from village Mauki; second from the left - daughter of a Japanese and a Ainu woman (Sakhalin)
113	Типы корейцев(два) и их жен – аинок(с. Мауки) и детей. Налево стоят дочь и сын той же женщины аинки от первого мужа – аина (о. Сахалин)
	2人の朝鮮人とそのアイヌ人妻たち（マウカ村）と子供。左にいるのはその一人のアイヌ人女性と前夫アイヌ人男性との娘と息子(サハリン)
	Types of Koreans(two) and their wives - Ainu(vil.Mauka) and children. On the left stand the daughter and son of one oft he Ainu woman from the first husband – Ainu (Sakhalin)
114	Группа молодежи – аинов из с.Мауки, японизированных (о. Сахалин)
	マウカ村のアイヌの若者たち。和人化している (サハリン)
	A group of youths - Ainu from village Mauka, who are Japanized (Sakhalin)
115	Вид склада «инау» на берегу моря (о. Сахалин)
	海岸に置かれた「イナウ」 (サハリン) / A view of piled "inau" on the seashore (Sakhalin)
116	Вид постановки «инау» - богу солнца (о. Сахалин)
	太陽神への立てられたイナウ (サハリン) / A view of setting the "inau" for the sun deity (Sakhalin)
117	Типы детей: справа – дочь англичанина и аинки; другая высокая – дочь манзы и аинки (о. Сахалин)
	子供たち。右は英国人男性とアイヌ人女性の娘、もう一人背の高い娘は満州人男性とアイヌ人女性の娘 (サハリン)
	Types of children: the right - daughter of an Englishman and an Ainu woman; another tall one - daughter of a Manzu and an Ainu woman (Sakhalin)
118	Группа: двое слева – дети японца и аинки (Сахалин,восточный берег)
	集合写真。左側の2人は和人男性とアイヌ人女性の子供 (サハリン東岸)
	A group : the left two - children of a Japanese and an Ainu woman (Sakhalin, east coast)

119 Сцена питья «саке» (о. Сахалин)
   飲酒の場面 (サハリン) / A scene of drinking "sake" (Sakhalin)

120 Вид самострелов: слева – на медведя; справа – на зайца и внизу – на мышей (о. Сахалин)
   仕掛け弓。左側はクマ用、右側はウサギ、下はネズミ用 (サハリン)
   Cross bow: the left - for bear; the right - for hare, the below - for rat (Sakhalin)

Кол.№2584 (Япония. Острова Иезо. От В.Н.Васильева, в 1912)

資料番号:2584　（日本、エゾ島。V.N.ヴァシーリエフ 1912 年)

Col.No.2584 (Japan. Is.Yezo. From V.N.Vasil'ev in1912)

Кол.№2611
Собрана В.Н.Васильевым по поручению Этнографического отдела государственного Русского Музея в 1912г. Регистрировал В.Н.Васильев. Япония, ост.Сахалин, сел.Найбучи, сел.Сирарока, Очобоко, Одасан, Тарантомари, Ай, Большой Такой.

資料番号:2611

日本国サハリン島のアイヌ、1912年ロシア博物館民族学部門の命によりV. N.ヴァシーリエフが収集。ヴァシーリエフによる登録。日本、サハリン島(ナイブチ、シラロカ、オチョボコ、オダサン、タラントマリ、アイ、ボリショイ・タコイ村)

Col.No.2611

Collected by V.N.Vasil'ev on a commission from the Ethnographical division of National Russian Museum in 1912. Resistration Was done by V.N.Vasil'ev. Japan, Is.Sakhalin, villages Naibuchi, Siraroka, Ochoboko,Odasan, Tarantomari, Ai, Bol'shoi Takoi.

1 Типы стариков, фас. сел. Наибичи
   老人たちのタイプ、正面 (ナイブチ) / Types of old men,front (Naibuchi)

2 Типы стариков, профиль. сел. Наибичи
   老人たちのタイプ、横向き (ナイブチ) / Types of old men,profile (Naibuchi)

3 Типы мужчин, фас. сел. Сирарока
   男性のタイプ、正面 (シラロカ) / Types of men,front (Siraroka)

4 Типы мужчин, профиль. сел. Сирарока
   男性のタイプ、横向き(シラロカ) / Types of men, profile (Siraroka)

5 Типы стариков, фас. сел. Сирарока
   老人たちのタイプ、正面 (シラロカ) / Types of old men, front (Siraroka)

6 Типы стариков, профиль. сел. Сирарока
   老人たちのタイプ、横向き(シラロカ) / Types of old men, profile (Siraroka)

7 Старик в рост, фас. сел. Сирарока
   老人、全身、正面 (シラロカ) / An old man.standing,front (Siraroka)

8 Типы мужчин, фас. сел.Очобоко
   男性のタイプ、正面 (オチョボコ) / Types of men,front (Ochoboko)

9 Типы мужчин, профиль. сел.Очобоко
   男性のタイプ、横向き (オチョボコ) / Types of men,profile (Ochoboko)

10 Типы мужчин, фас. сел. Очобоко
   男性のタイプ、正面 (オチョボコ) / Types of men,front (Ochoboko)

11 Типы мужчин, профиль. сел. Очобоко
   男性のタイプ、横向き (オチョボコ) / Types of men,profile (Ochoboko)

12 Типы мужчин, фас. сел. Очобоко
   男性のタイプ、正面 (オチョボコ) / Types of men,front (Ochoboko)

13 Типы мужчин, профиль. сел. Очобоко
   男性のタイプ、横向き (オチョボコ) / Types of men,profile (Ochoboko)

14 Типы мужчин, фас. сел. Одасан
　　男性のタイプ、正面 (オダサン)　/　Types of men, front (Odasan)

15 Типы мужчин, профиль. сел. Одасан
　　男性のタイプ、横向き(オダサン)　/　Types of men,profile (Odasan)

16 Два старика в рост, фас. сел. Тарантомари
　　老人2名、全身、正面 (タラントマリ)　/　Two old men standing,front (Tarantomari)

17 Два старика в рост, спина. Тарантомари
　　老人2名、全身、背面 (タラントマリ)　/　Two old men standing,back (Tarantomari)

18 Двое мужчин в рост, фас. сел. Тарантомари
　　男性2名、全身、正面 (タラントマリ)　/　Two men standing,front (Tarantomari)

19 Двое мужчин в рост, спина. сел. Тарантомари
　　男性2名、全身、背面 (タラントマリ)　/　Two men standing,back (Tarantomari)

20 Двое мужчин в рост, фас. сел. Тарантомари
　　男性2名、全身、正面 (タラントマリ)　/　Two men standing,front (Tarantomari)

21 Два мужчины в рост, спина. сел. Тарантомари
　　男性2名、全身、背面 (タラントマリ)　/　Two men standing,back (Tarantomari)

22 Типы женщин, фас. сел. Сирарока
　　女性のタイプ、正面 (シラロカ)　/　Types of women,front (Siraroka)

23 Типы женщин, профиль. сел. Сирарока
　　女性のタイプ、横向き (シラロカ)　/　Types of women,profile (Siraroka)

24 Женщины с детьми. фас.
　　子供を抱いた婦人、正面　/　Women with children. front

25 Женщины с детьми. профиль.
　　子供を抱いた婦人、横向き　/　Women with children. profile

26 Типы женщин, фас. сел. Найбичи
　　女性のタイプ、正面 (ナイブチ)　/　Types of women,front (Naibuchi)

27 Типы женщин, профиль. сел. Найбичи
　　女性のタイプ、横向き(ナイブチ)　/　Types of women,profile (Naibuchi)

28 Две женщины в рост, спина. сел. Сирарока
　　女性2名、全身、背面(シラロカ)　/　Two women standing,back (Siraroka)

29 Две женщины и девочка в рост, фас. сел. Тарантомари
　　女性2名と女児、全身、正面(タラントマリ)　/　Two women and a girl standing,front (Tarantomari)

30 Две женщины и девочка в рост, спина. сел. Тарантомари
　　女性2名と女児、全身、背面(タラントマリ)　/　Two women and a girl standing,back (Tarantomari)

31 Две женщины в рост, фас. сел. Тарантомари
　　女性2名、全身、正面(タラントマリ)　/　Two women standing,front (Tarantomari)

32 Две женщины в рост, спина. сел. Тарантомари
　　女性2名、全身、背面(タラントマリ)　/　Two women standing,back (Tarantomari)

33 Две женщины в рост. фас. сел. Тарантомари
　　2人の婦人、全身、正面(タラントマリ)　/　Two women, standing. front (Tarantomari)

34 Две женщины в рост. спина. сел. Тарантомари
　　2人の婦人、全身、背面(タラントマリ)　/　Two women, standing. back (Tarantomari)

35 Группа детей. сел. Сирарока
　　子供たち(シラロカ)　/　A group of children (Siraroka)

36 Группа мужчин, женщин и детей. сел. Найбичи
　　男性、女性と子供たち（ナイブチ）　/　A group of men, women and children (Naibuchi)

37 Группа мужчин, женщин и детей, вместе с японскими чиновниками. сел. Сирарока
　　男性、女性、子供たち、和人官吏とともに（シラロカ）　/　A group of men, women and children with Japanese officers (Siraroka)

38 Старик и трое детей. сел. Ай
　　老人と3人の子供（アイ）　/　An old man and three children (Ai)

39 Школьный учитель и ученики. сел. Тарантомари
　　学校の教師と生徒(タラントマリ)　/　A school teacher and pupils (Tarantomari)

40 Сушка морской капусты на улице селения. сел. Тарантомари
　　村の路上でのコンブ干し（タラントマリ）　/　Drying sea weeds on the street of the village (Tarantomari)

41 Старик японец объаинившийся, в аинском костюме. сел. Тарантомари
　　アイヌ服を着たアイヌ化した和人の老人（タラントマリ）　/　An Ainized Japanese old man in Ainu garment (Tarantomari)

42 Группа мужчин, женщин и детей с японскими чиновниками. сел. Очобоко
　　集合写真、男性、女性、子供たち、和人役人と共に（オチョボコ）
　　A group of men, women and children with Japanese officers (Ochoboko)

43 Группа мужчин, женщин и детей, вместе с японскими чиновниками. сел. Тарантомари
　　男性、女性、子供、和人官吏と共に（タラントマリ）
　　A group of men, women and children with Japanese officers (Tarantomari)

44 Группа мужчин, женщин и детей. сел. Сирарока
　　男性、女性、子供たち（シラロカ）　/　A group of men, women and children (Siraroka)

45 Собаковязь. сел. Найбичи
　　犬繋ぎ（ナイブチ）　/　Dog-post (Naibuchi)

46 Вид по восточному берегу. Сахалин, у сел. Ай
　　サハリン東岸風景（アイ）　/　View of the east coast of Sakhalin. (Ai)

47 Вид по восточному берегу, близ сел. Найбичи
　　サハリン東岸風景、ナイブチ村近辺　/　View of the east coast of Sakhalin, near vil. Naibuchi

48 Вид по восточному берегу, близ сел. Ай
　　サハリン東岸風景、アイ村近辺　/　View of the east coast of Sakhalin, near vil. Ai

49 Вид сел. Сирарока. Сахалин
　　シラロカ村風景（サハリン）　/　View of vil. Siraroka (Sakahlin)

50 Вид сел. Сирарока. Сахалин
　　シラロカ村風景（サハリン）　/　View of vil. Siraroka (Sakahlin)

51 Улица в сел. Б. Такой. Сахалин
　　ボリショイ・タコイ村の路上風景　/　Streets in the vil. B.Takoi

52 Пляж у сел. Тарантомари. Сахалин
　　タラントマリ村の浜（サハリン）　/　Beach of vil. Tarantomari (Sakhalin)

53 Женщина и амбары в сел.Найбичи. Сахалин
　　女性と納屋（ナイブチ）　/　A woman and storehouse in the vil.Naibuchi (Naibuchi)

54 Гостиница айнская, общественная. сел. Тарантомари
　　旅館(タラントマリ)　/　An inn (Tarantomari)

55 Дом полурусского типа. сел. Найбичи
　　半ロシア風の住居（ナイブチ）　/　A house of semi-Russian type (Naibuchi)

56 Дом жилой.сел. Тарантомари
　　住居（タラントマリ）　/　A dwelling (Tarantomari)

57 Дом и амбар. сел. Очобоко
　　家屋と納屋　　（オチョボコ）　/　A dwelling and a storehouse (Ochoboko)

58 Амбар для хранения имущества и запасов. сел. Б.Такой
　　財産と貯蔵品の保管用倉庫（ボリショイ・タコイ）　/　A storehouse for keeping belongings and stock (B.Takoi)

59 Сушка и уборка морской капусты. сел. Тарантомари
　　昆布の乾燥と取入れ (タラントマリ)　/　Drying and gathering of sea weed (Tarantomari)

60 Собаковод и рыба на вешалах. сел.Б.Такой
　　犬飼育と魚干し棚の魚（ボリショイ・タコイ）　/　Dogfeeding and fish drying (B.Takoi)

61 Жилище, рыба на вешалке, телега. сел.Б.Такой
　家屋、干し棚の魚、荷車（ボリショイ・タコイ）　/　A dwelling, fish on the rack, cart (B.Takoi)

62 Вяление рыбы. сел. Б. Такой. Сахалин
　魚を干す(ボリショイ・タコイ)　/　Drying fish (B. Takoi)

63 Вяление рыбы и сушка платья. сел.Наибичи
　魚の天日干と衣服の乾燥（ナイブチ）　/　Drying fish and clothes (Naibuchi)

64 Вид на огороды и селение. сел.Тарантомари
　菜園と集落の風景（タラントマリ）　/　A view of vegitable gardens and the village (Tarantomari)

65 Вешалы рыбы и постройка. сел. Найбичи
　魚の乾燥棚と建物(ナイブチ)　/　Racks of fish and a construction (Naibuchi)

66 Старик с луком и стрелой, в головном уборе медвежьего праздника. сел.Тарантомари
　弓矢を持ち、クマ送りの被り物を被った老人（タラントマリ）
　An old man with a bow and arrow, in head gear for bear ritual (Tarantomari)

67 Старик с колчаном, луком и стрелой, в головном уборе медвежьего праздника. сел.Тарантомари
　矢筒と弓矢をもち、クマ送りの被り物を被った老人（タラントマリ）
　An old man with a quiver, bow and arrow,in head gear for bear ritual (Tarantomari)

68 Шесты и инау от медвежьего праздника. сел.Ай
　クマ送りの祭壇とイナウ（アイ）　/　Poles and inau out of the bear ritual (Ai)

69 Шесты с инау и медвежьими поясами. сел.Тарантомари
　イナウとクマ帯をかざった祭壇（タラントマリ）　/　Poles with inau, belts for the bear (Tarantomari)

70 Шесты с инау и медвежьими поясами. сел.Тоннайча
　イナウとクマ帯をかざった祭壇（タラントマリ）　/　Poles with inau, belts for the bear (Tarantomari)

71 Шесты от медвежьего праздника. сел.Ай
　クマ送りの後の祭壇（アイ）　/　Poles out of the bear ritual (Ai)

72 Шесты от медвежьего праздника. сел. Тоннайча
　クマ送りの後の祭壇（トンナイチャ）　/　Poles out of the bear ritual (Tonnaica)

73 Инау, охраняющий дом. сел. Ай
　家を守護するイナウ(アイ)　/　Inau–guardian of the house (Ai)

74 Шесты от медвежьего праздника, близ сел. Ай
　クマ送りの後の祭壇(アイ)　/　Poles out of the bear ritsual, near vil. Ai

75 Клетка медвежья. сел. Ай
　クマ檻（アイ）　/　Bear cage (Ai)

76 Могильные памятники. сел. Тарантомари
　墓標（タラントマリ）　/　Grave posts (Tarantomari)

ГМЭ10542

*Коллекция фотографий приобретена через закупочную комиссию ГМЭ народов СССР от Чувиковской А.Н. в 1984г. Коллекция собрана морским врачаом Андреевым Н.Н., дедом владельцыв Приморской, Амурской, Забайкальской области, на о.Сахалин и о.Хоккайдо(бывший Мацмай) в 1877-1883 гг. Фотографии наклеены в альбом (*примечание: здесь путаница: о.Хоккайдо до 1868 называлось как «Езо», а не как «Мацмай», что являлся названием места, где существовал центр управления острова. Дальше ошибка исправлена.ред)

資料番号:GME 10542

　1984年ソ連邦諸民族博物館購入委員会がA.N.チュビコワより入手。本コレクションは所有者の祖父に当たる船医N.N.アンドレーエフが、沿海州、アムール州、ザバイカル州、サハリン島及び北海道において1877-1883年に収集した。

Col.No.GME10542

Photo-collection, gained by the committee of Ethnographical division, the Museum of the peoples of USSR from Chuvikovskaya A.N. in 1984. The collection was gathered by a navy doctor Andreev N.N., grandfather of the owner, in the area Primorskaya, Amurskaya, Zabaikal'skaya, on the Isl.Sakhalin and Hokkaido in 1877-1883. The photos were affixed in albums.

ГМЭ10542-24

Общий вид на айнскую деревню на о.Хоккайдо, о.Хоккайдо, 80е XIXв.

アイヌコタン全景。1880 年代 北海道 /　Overview of an Ainu village 1880s Hokkaido

---

ГМЭ10542-25

Вид на айнскую деревню на о. Хоккайдо(фрагмент). В центре медвежье молебище, на фоне которого сидят две айнки. о.Хоккайдо, айны 80е XIXв.

アイヌコタンの風景。中央にクマの祭壇。その前にアイヌ人女性 2 人が座っている。1880 年代 北海道

A view of an Ainu village (fragment). A bear altar is seen in the center, in front of it there are two Ainu women. 1880s Hokkaido

---

ГМЭ10542-26

Айнкие медвежье молебище на о.Хоккайдо, на фоне которого сидит группа айнов в национальной одежде. о.Хоккайдо, айны 80е XIXв.

クマの祭壇。その前に民族衣装のアイヌの人々が座っている。1880 年代 北海道

A bear altar in Hokkaido. In front-a group of Ainu in ethnic garment.1880s Hokkaido

---

ГМЭ10542-27

Медвежье молебище на о. Хоккайдо,о.Хоккайдо, айны 80е XIXв.

クマの祭壇。1880 年代 北海道 /　A bear altar in Hokkaido.1880s Hokkaido

ГМЭ10542-28

Айнская деревня на о.Хоккайдо. На фоне свайных построек из тростника видна айнская семья. о.Хоккайдо, айны 80е XIXв.

アイヌコタン。茅の杭上構築物を背景にしたアイヌの家族。1880 年代 北海道

Ainu village. In front of the construction of reeds on posts there is an Ainu family. 1880s Hokkaido

---

ГМЭ10542-29

Усадьба в айнской деревне на о. Хоккайдо. На переднем плане огород; дальше – шалаш и свайная постройка из тростника. о.Хоккайдо, айны 80е XIXв.

アイヌコタンの家。前景に菜園、その向こうに小屋と茅葺きの杭上構築物。1880 年代 北海道

A house in an Ainu village. In front - a vegetable garden ; behind -a hut and a construction of reeds on posts. 1880s Hokkaido

---

ГМЭ10542-30

Группа айнов в национальтных халатах на фоне каркасного жилища, крытого соломой. Айны сидят в два ряда: в первом мужчины, во втором – женщины. о.Езо(Хоккайдо), айны. 1883 г.

茅で覆われた骨組構造の住居を後景に民族衣装を纏ったアイヌ人たち；2 列に座っている、前列に男性、後列に女性。1883 年 北海道

A group of Ainu in ethnic garments in front of a house covered with reed. The Ainu in two rows: in the front -men, in the back – women. 1883 Hokkaido

---

ГМЭ10542-31

Группа айнок в традиционных халатах сидит на фоне каркасного жилища, крытого тростником. У женщин первого ряда выполнена татуировка на верхней и нижней губах. о.Езо(Хоккайдо), айны. 1883 г.

茅で覆われた骨組構造の住居を背景にした民族衣装のアイヌの女性。前列の女性には上下の唇に刺青がみられる。1883 年 北海道

A group of women in ethnic garment, sitting in front of a house covered with reed. The women in the front row have tattoo on lips. 1883 Hokkaido

---

ГМЭ10542-32

Два айна в национальном одежде в лодке долбленке. о.Езо(Хоккайдо), айны. 1883 г.

丸木舟に乗った民族衣装のアイヌ人 2 人。1883 年 北海道 /　Two Ainu in ethnic garment on dugout. 1883 Hokkaido